国家社科基金后期资助项目(16FZS038)

抉择与书写

抗战时期的中国史家群体研究(1937~1945)

郑善庆 著

商务印书馆
创于1897
The Commercial Press

图书在版编目(CIP)数据

抉择与书写:抗战时期的中国史家群体研究:1937～1945/郑善庆著.—北京:商务印书馆,2022(2023.7重印)
ISBN 978-7-100-21566-4

Ⅰ.①抉… Ⅱ.①郑… Ⅲ.①史学家—研究—中国—1937—1945 Ⅳ.①K825.81

中国版本图书馆 CIP 数据核字(2022)第 150348 号

权利保留,侵权必究。

抉择与书写

抗战时期的中国史家群体研究
(1937～1945)

郑善庆 著

商 务 印 书 馆 出 版
(北京王府井大街36号 邮政编码100710)
商 务 印 书 馆 发 行
北京虎彩文化传播有限公司印刷
ISBN 978-7-100-21566-4

2022年12月第1版　　开本710×1000 1/16
2023年7月北京第2次印刷　印张16¾

定价:88.00元

国家社科基金后期资助项目
出版说明

后期资助项目是国家社科基金设立的一类重要项目,旨在鼓励广大社科研究者潜心治学,支持基础研究多出优秀成果。它是经过严格评审,从接近完成的科研成果中遴选立项的。为扩大后期资助项目的影响,更好地推动学术发展,促进成果转化,全国哲学社会科学工作办公室按照"统一设计、统一标识、统一版式、形成系列"的总体要求,组织出版国家社科基金后期资助项目成果。

全国哲学社会科学工作办公室

序　言

抗日战争时期，许多历史学家在民族危难关头，忍受艰苦条件，坚持学术研究，借史学以钩沉家国历史，探赜文化兴替，追寻民族精神，将自身所学贡献于那个战火纷飞的特殊时代。

这一时期也是中国现代史学发展的重要时段。学术与政治倾向不同的史家们在生活上遭受严酷的考验，其学术也呈现出特殊的蕴涵。深入研究这一群体，有助于发扬以史为鉴的优良传统。我们不禁要问，在那艰苦备尝的环境中，还能名家辈出，其中的机制是什么？这值得好好挖掘。

郑善庆博士的《抉择与书写：抗战时期的中国史家群体研究（1937～1945）》一书，以抗战时期史家因不同地域、不同学术倾向而形成的"群体"为主要研究视角，考察"留守"与"南迁"两大史家群体的组织、思想、学术活动及史学成就，进而反思在爱国主义、民族主义语境下，史家所面临的诸多复杂问题，展示了战时史学的多重面向，重塑了抗战时期中国史学发展与流变的整体场景。可以说，这是一个颇具特色的研究成果。

本书的鲜明特点就是内容充实，视野广阔。全书以七章的篇幅，通过考察留守、南迁等不同地域下的史家群体，进而考量他们身份的多元性、史学著述的政治化色彩，以及在此背景下史家群体间的论争等诸多问题。全书从史学发展的学理性出发，对战时史学进行横向比较和综合考量，详尽展现了这一特定时期史家群体的整体面貌。

郑善庆博士具有很大的学术勇气和强烈的创新意识，实现了对研究薄弱环节的突破。如对战时北京大学、辅仁大学等文科研究所及史学人才培养机制的研究，对战时史学出现的互相借鉴与融合风气原因的探究，对战时史学"二律背反"倾向的分析，均能发前人之所未发。同时，本书对抗战时期的北京古学院、国民党官方史学编纂机构、高校文科研究所等未深入研究的方向，加以探究。再者，本书能考订史实、纠正讹误。比如，本书认为陈垣《通鉴胡注表微》的完稿时间应为1946年7月中旬，纠正了此前认为陈著成书于抗战时期的观点。

本书的成果具有重要学术价值。在我看来,如下几个方面显示了其不俗的成就:

(一)为史学弘扬爱国主义精神提供借鉴。本书对抗战时期史家群体的探讨,展现了这一群体重塑国民意识、褒扬爱国情怀、激励民族精神的丰富场景。其史学撰述中所形成的爱国话语,以及对国民意识觉醒的激励,都具体而微地为今日学术如何发挥和弘扬爱国主义精神,提供了有益的借鉴。

尤见深度者,是书中对爱国主义之下学术与政治利益纠葛的探讨。通过对"中华民族是一个"论争进行重新审视,对抗战时期史家抉择问题展开探讨,对沦陷区史家的节操观念进行考析,展现了学术与政治观念的交错纠缠。本书认为肇始为顾颉刚、费孝通,而后有傅斯年、吴文藻、翦伯赞、白寿彝、张维华等人参与的"中华民族是一个"论争,因双方缺少共同而纯粹的学术讨论平台,并夹杂了过多的国家意识、阶级对立、政治歧见和学科偏向,最终溢出了纯粹学术探讨的范畴。在分析留守史家的节操观念时,作者一方面表彰许多留守史家在生存自保的前提下,以避世、杜门谢客等"潜在抵抗"的形式,操守志节、不事敌伪、著书撰文,寓爱国气节于激扬文字之中;另一方面又分析了部分学人在沦陷区遇到的种种诱惑、欺骗与威胁,认为在当时纷乱横生、真假难辨的抗战时期,学人本身很是难以拿捏与辨别现实情况。这种辩证看问题的态度,在论定大是大非问题时显得难能可贵。

(二)探讨马克思主义史学话语对中国学术的影响。马克思主义史家群体对爱国话语、革命话语的塑造,形成了后来史学表述的重要基调。追溯这种史学话语的历史渊源,抗战时期本是其重要一环,然而这方面的研究较为薄弱。本书对马克思主义史学着墨颇多。譬如第四章,从抗战时期马克思主义史家与史学的整体地位、内涵与理解分歧、学术转变三个侧面,进行集中梳理和分析。通过对以《中苏文化》杂志为中心的马克思主义史家群体的形成与撰述特色的研究,重新考量了战时马克思主义史家群体的理论性创建。本书系统梳理了马派史家群体何以发展壮大,以及在政治与学术论争中如何确立自身地位,并揭示抗战时期马克思主义史学的中国化、政治化特色,说明在抗战时期"学术中国化"潮流的影响下,史学撰述的政治化色彩日渐明显,而马克思主义史家在与其他政见不同的学术群体的论争中,重塑了马克思主义和唯物史观的正统性地位。

作者还提出了进一步拓展对马克思主义史家与史学的研究应该注意的几个要素:"(1)研究者要具备良好的马克思主义理论与哲学素养,能够认识到史家撰述背后的理论关照和文化意涵。(2)要超越主观情感与意识形态的束缚,以客观理性的心态,认识马克思主义史家与政治的复杂关联和互动关系。(3)要在史料相互排比参证的基础上,了解具体环境下史家的心路历程,及其作品产生的政治大背景与学术小环境,进而打破个案分析的窠臼,从群体的视角来看待马派史家的特色及其转变。当然,对于马克思主义史家的观点、思想与政见,似乎应将其放置于整个民国学界的大背景下去看待,将赞同、反对、异议的不同见解综括汇集,进而在并立的诸说之中,相互参证,得其大观。"可以说,这是有的放矢的精到见解。

(三)总结学术共同体建设方面的宝贵经验。本书提供了"非常态时期"学术群体兴衰的现代启示。抗战时期存在史家与社会政治环境的互动,以及史家个人、社群之间的竞争与合作等诸多问题,其地域上的流徙、学术上的争鸣、政治上的分化,皆对今日学术群体的发展形成或隐或显的影响。本书用细腻的笔触描画出当时的场景,如以齐鲁大学国学研究所为例对战时顾颉刚及其领导的史家群体的探讨,对北平、重庆、延安史家群体间的流动与学术观念变革的描述。同时本书也关注以高校文科研究所为中心的史家群体,对研究所创办与运作的过程、研究生培养的模式、史学刊物的刊行进行分析;通过对战时史语所"精英化"培养模式的研究,探讨战时史语所成就卓绝的原因;对高校文科研究所、史语所与国民政府官方的史料编纂机构间的关系,从人员聘任的竞争、研究资源的合作利用、学术观念的冲突等侧面加以论证,探讨学术机构间的竞争与合作问题。这些都为当今学术共同体的建设提供正反两面的经验。

善庆的这部著作是在博士学位论文基础上改定的。论文选题的思路来自他自己。当年入学后不久,他就选题问题多次和我交换意见,表达了不想选一人一书为研究对象的意愿,想通过更广泛的研究视野,把握民国的学术与社会。我知道实现这个愿望是有难度的,但很赞赏他的勇气与锐气,最终就确立了这样一个题目。事实证明,这是一个充满挑战却也很有意义的选题。

善庆从我学习三年,较长时间的相处,使我非常欣赏他的为人踏实、办事严谨、勤奋好学、不骄不躁。本书内容充实、论述深刻,也完全得自他做学问像其为人一样扎扎实实。他为了查找资料而奔波于各地的档案馆和图书馆,视野遍及民国期刊、日记、书信、回忆录,乃至一些高校所藏的校史资料。他的细心和善于思考促使他在研究中不断发现问题。善庆在写作期间不时同我分享获得资料和破解问题的喜悦,我也亲眼见证他为了完成学业所付出的种种辛苦。当他如期把沉甸甸的论文摆到我的案头时,我知道这将是一部成功的学术著作。

转眼间,善庆毕业已有十年。无论是职称的晋升还是专著的出版,我都为他能在学术事业上永不停歇而感到欣慰。

是为序。

南开大学历史学院　姜胜利

2021 年 10 月 25 日

目　　录

绪论 ……………………………………………………………………… 1

第一章　留守与南迁视野下的史家们 ………………………………… 12

　第一节　战前中国史学发展的"黄金时代" ………………………… 12
　　一、整理国故运动与现代中国史学的形成 ………………………… 12
　　二、史家与政治的相对疏离 ………………………………………… 14
　　三、民族危机与史家治学的转变——以傅斯年、顾颉刚为例 …… 16
　第二节　战争之下的史家南迁与留守 ………………………………… 21
　　一、史学机构的内迁 ………………………………………………… 21
　　二、南下之史家 ……………………………………………………… 23
　　三、留守之史家 ……………………………………………………… 27
　　四、何以留守？何以南迁？ ………………………………………… 29

第二章　留守北平的史家群体 …………………………………………… 32

　第一节　何以自处：留守者的心态与境遇 …………………………… 32
　　一、留守学人的政治心态 …………………………………………… 32
　　二、灰色地带：北平留守史家们的交际网络 ……………………… 35
　　三、北平留守史家们的生存与反抗 ………………………………… 39
　　四、何以遗忘？ ……………………………………………………… 44
　第二节　战时辅仁大学史家——陈垣 ………………………………… 45
　　一、《通鉴胡注表微》发覆 …………………………………………… 45
　　二、抗战时期陈垣的其他著述 ……………………………………… 54
　　三、战时陈垣撰述的方法与特色 …………………………………… 60
　　四、评价 ……………………………………………………………… 61
　第三节　战时辅仁大学史家——余嘉锡 ……………………………… 63
　　一、师友弟子的多面印象 …………………………………………… 64
　　二、战时的史学撰述——以"小说考证"为特色 ………………… 66
　　三、陈垣、余嘉锡与胡适派学人的观念之别 ……………………… 69
　第四节　战时燕京大学的史家 ………………………………………… 70

一、洪业、邓之诚与燕京大学的史学研究 …………………… 71
　　二、燕京大学的解散 ………………………………………… 76
第五节　遗老们的文史之学——以古学院为例 …………………… 77
　　一、北京古学院的组成与运作 ……………………………… 78
　　二、学术贡献 ………………………………………………… 80
　　三、余论 ……………………………………………………… 84

第三章　南迁者：以重庆、昆明为中心的官方史家群体 …………… 86
　第一节　战时的官方史学编纂机构与正统性塑造 ……………… 86
　　一、国民党党史史料编纂委员会 …………………………… 86
　　二、中日战事史料征集会 …………………………………… 88
　　三、国史馆筹备委员会 ……………………………………… 90
　　四、国民政府史料编纂的特色与局限 ……………………… 93
　第二节　战时的齐鲁大学国学研究所及其业绩 ………………… 96
　　一、战时齐鲁大学国学研究所的学术成绩 ………………… 96
　　二、钱穆与顾颉刚的纠葛 …………………………………… 103
　　三、顾派学人孙次舟及其遭遇 ……………………………… 107
　第三节　战争年代傅斯年与史语所的转变 ……………………… 115
　　一、北京大学与史语所的合作与互动 ……………………… 116
　　二、傅斯年与战时史语所的转变 …………………………… 118

第四章　战时国统区的马克思主义史家群体 ………………………… 123
　第一节　对马克思主义史家的认识与分歧 ……………………… 123
　　一、何以边缘化？ …………………………………………… 123
　　二、几种认识与争论 ………………………………………… 124
　第二节　战时马克思主义史家的撰述环境 ……………………… 127
　　一、抗战时期的报刊审查 …………………………………… 127
　　二、马克思主义史家的撰述环境 …………………………… 130
　第三节　以《中苏文化》为中心的马克思主义史家群体 ……… 132
　　一、《中苏文化》的创办与马克思主义史家的介入 ……… 133
　　二、《中苏文化》中马克思主义史家的主导作用 ………… 135
　　三、《中苏文化》中的史学特色与论争 …………………… 138
　第四节　抗战时期马克思主义史家群体的撰述特色 …………… 143
　　一、面向大众的写作方式 …………………………………… 144
　　二、对社会现实的影射 ……………………………………… 151
　第五节　马克思主义史家群体的转向与论争 …………………… 154
　　一、马克思主义史家群体转向的背景 ……………………… 154
　　二、转向：方法的合流与政治的隔阂 ……………………… 157

三、马克思主义史家对历史和当下的批判 …………………… 160
　　　四、对马克思主义史家作品的批评与回应 ………………… 166
　第六节　何以认识？ …………………………………………… 173
第五章　抗战时期史学作品的学术评价与争议 …………………… 175
　第一节　"学审会"的成立与运作 …………………………… 175
　第二节　陈寅恪《唐代政治史述论稿》的评审 …………………… 176
　　　一、《唐代政治史述论稿》的刊刻与反响 ……………………… 177
　　　二、评审与分歧 ………………………………………………… 178
　第三节　柴德赓《鲒埼亭集谢三宾考》的评审 ………………… 179
　　　一、《鲒埼亭集谢三宾考》的撰写与发表 …………………… 180
　　　二、评审与争议 ………………………………………………… 181
　第四节　史学获奖作品的统计与分析 ………………………… 185
第六章　高校文科研究所与战时中国史学的发展 ………………… 190
　第一节　文科研究所创设的背景 ……………………………… 190
　　　一、国家对学术整合的结果 …………………………………… 190
　　　二、学人倡导与学术专业化的要求 …………………………… 192
　第二节　战时的北京大学文科研究所 ………………………… 194
　　　一、战时文科研究所的恢复与成绩 …………………………… 195
　　　二、研究生之培养 ……………………………………………… 195
　第三节　辅仁大学文科研究所 ………………………………… 200
　　　一、创建及师资力量 …………………………………………… 200
　　　二、研究生之培养 ……………………………………………… 204
　第四节　其他高校的文科研究所 ……………………………… 205
　　　一、金陵大学文科研究所 ……………………………………… 205
　　　二、清华大学文科研究所 ……………………………………… 207
　　　三、燕京大学文科研究所 ……………………………………… 208
　　　四、金毓黻与东北大学文科研究所 …………………………… 213
　第五节　战时文科研究所的本土化转向 ……………………… 217
第七章　爱国主义、群体争竞与政治纠葛下的战时史学场景 …… 221
　第一节　战时中国史家民族观与节操观的重新审视 ………… 221
　　　一、爱国的逾越："中华民族是一个"论争的再审视 ……… 221
　　　二、沦陷区史家的节操观 ……………………………………… 225
　　　三、几点思考 …………………………………………………… 228
　第二节　战时史学机构间的竞争——以顾颉刚的遭遇为个案 … 229
　　　一、顾颉刚学术世界中的"竞争者" ………………………… 229
　　　二、史学社群兴衰背后的因素 ………………………………… 232

三、余论 ……………………………………………………… 237
　第三节　学术整合与政治分野 ………………………………… 238
　　一、战时史学的学术融合倾向 ………………………………… 238
　　二、战时史家的政治分野 ……………………………………… 241
　　三、战时史学"二律背反"倾向之分析 ………………………… 243
　第四节　战时中国史学的场景及其可能 ……………………… 245

主要参考文献 …………………………………………………… 251

后记 ……………………………………………………………… 253

绪　　论

抗日战争时期的中国史学受诸多因素的影响而发生转变。原有的研究主要从爱国主义、民族主义层面对此时期的史学进行阐述和论析，在专题与个案探讨上，皆取得不俗的成绩。这些研究，无疑为进一步探讨抗战时期的史学奠定了良好基础。但不可否认的是，对战时中国史学的研究，仍有可进一步开拓的空间。

首先，在研究取径上，目前学界对战时史学的研究多以宏观论述为主，即使有个案研究，也是从爱国主义、民族主义视角进行史料采择和论析。这无形中屏蔽了史家群体的地域性色彩、史家所凭借的史学机构的发展状况，以及史家的学术转变和自身诉求等诸多问题。

其次，在史家的地域性变化上，"七七事变"导致了史家群体的大转移与大流徙。此后，史家聚集的北平沦陷，而上海一度成为"孤岛"，大批史家纷纷转至西南地区，故而重庆、成都等地不可避免地成为史学争鸣的重镇。与此同时，各大院校的史学院系、史学专业研究机构亦南下重组。随着抗战进入相持阶段，学术研究的三大区域——沦陷区、革命区、国统区亦日渐形成。我们对沦陷区史学相关问题的探讨，受史料散佚、史家避讳、党派纠葛等诸多因素的影响，尚待进一步深入。同时，学界对国统区、沦陷区史学的关注，亦多局限于对个体史家、个别史学机构，缺少从整体上关注与把握地域分野之下的史学群体。

再次，在史学研究的趋向上，一方面，抗战军兴促进了经世史学的兴起，爱国主义、民族主义成为不可逆转的潮流。借史学以经世，陈古证今、砥砺名节、抗敌御侮成为史学撰述的一个明显表征。在此背景下，抗战军兴史等开始勃兴，相关的研究机构和团体大量产生。另一方面，史家受自身学术发展"内在理路"的影响，史学活动与著述亦随着战前的研究路径不断延伸、拓展。史家的研究虽受战争因素影响而有所延缓，但仍取得不俗成绩。

最后，史家群体之间的派分依然存在，史学与政治间的纠葛更为明显。(1)受史家的治学取向、研究方法，乃至领军人物不同个性的影响，战时史学机构间呈现出合作与竞争并存之势。(2)学术与政治的关系更为密切。抗战兴起后,史家成为"入世"的知识分子,一改"五四运动"后逃避政治的风气,而转为积极参与。学术整合与政治分野,成为这一时期不可避免的双重变奏。(3)史家的政治派分日渐明显,史家身份更为复杂。特别是抗战后期,国共两党由合作日渐转向分歧、分裂,这致使政治身份不同的史家,即使其治学虽或有相互借鉴之处,但仍不可避免地出现分野。史家的政治化最终促成史家群体的大分流。可以说,这既是政治纷争下不可避免的结局,也是史家在追求史学发展、考虑自身生存与自我诉求等多重困境中不得已的抉择。溯其源流,这实与战争之下史家政治化的分途有莫大关系。

综上,本书力图探讨的问题主要集中于:(1)以地域之下的沦陷区与国统区为探讨范围,对战时的史学研究机构,包括高校的史学专业研究院所、国家或地方性的史学研究团体、长期或临时性的史学研究会等,予以较为全面的考察。(2)侧重对史学研究机构之下的史家群体、史学撰述及学术刊物的系统把握,分析其研究与著述的特色、撰稿人的群体特性及研究趋向的取舍等问题。(3)关注战时史家所面临的爱国压力、生存压力及政治压力等问题,分析史家在此背景下的遭遇与最终抉择。

总而言之,从史家所处地域、史学机构及史家抉择等侧面对抗日战争时期的史家群体进行有益的探讨,仍为切要之事。

一、学术史回顾

对战时中国史学的状况,民国时期的学人已有粗略介绍。20世纪40年代,诸多学人发表论述,以亲历者的身份总结中国抗战时期的史学变化和趋势。孙本文等编《中国战时学术》一书,其中《抗战以来中国史学之趋向》(徐名珊所撰)部分,可谓是对战时史学研究状况的最早总结。[①] 此外,顾颉刚《当代中国史学》、周予同《五十年来中国之新史学》、叶蠖生《抗战以来的历史学》、齐思和《近百年来中国史学的发展》、吴泽(署名哲夫)《中国历史著作论——关于几本中国历史著作的批评与介绍》等论述纷纷出现,对战时的史学状况皆有论及。

1949年以后,特别是20世纪80年代以来,史学复兴,诸多学人开始关注战时中国史学。其中,比较有代表性的有白寿彝、瞿林东、陈其泰、蒋俊、王学典、张书学、侯云灏、田亮、彭明辉等人。

白寿彝既是抗战时期史学的亲历者和代表人物,又是当代著名史学史

---

① 参见孙本文等编《中国战时学术》,上海,正中书局,1946年。

专家，其《谈谈近代中国的史学》一文从"救亡图存的爱国主义思潮""史学近代化的几种倾向""历史考据学"三个层面，整体论述了近代中国史学的发展特点。① 瞿林东《二十世纪的中国史学》等文综述20世纪中国史学的整体场景。② 陈其泰《中国近代史学的历程》一书在下编"20世纪的中国近代史学"中，论述了"史学二陈"以及马克思主义史家郭沫若、范文澜、侯外庐等人的史学特色和精神。③ 王学典的《20世纪中国史学评论》一书提出了"战时史学"的概念，并认为"40年代中后期唯物史观派"出现了从强调一般到注重特殊、从追求致用到向往求真、从偏重方法到兼重材料的转变。④

尤为值得注意的是，田亮所著的《抗战时期史学研究》。此书主要从抗日战争时期爱国主义史学的层面进行探讨，论述了延安、重庆的马克思主义史家，以及禹贡学派、新考据学派、战国策派乃至文化民族主义史学。此书涉及郭沫若、吕振羽、翦伯赞、吴泽、华岗、顾颉刚、傅斯年、陈垣、陈寅恪、吕思勉、钱穆、柳诒徵、缪凤林等相关史家。该书以史家个案为主线，对战时史学做整体性的观瞻。⑤

另外，白寿彝《中国史学史》、陈其泰《20世纪中国历史考证学研究》、瞿林东《20世纪中国史学散论》、马金科与洪京陵《中国近代史学发展绪论(1840—1949)》、蒋俊《中国史学近代化历程》、张书学《中国现代史学思潮研究》、胡逢祥和张文建《中国近代史学思潮与流派》、桂遵义《马克思主义史学在中国》等书，对战时中国史学皆有论及。

相关的硕博学位论文亦对战时中国史学进行探讨：北京师范大学黄静的博士学位论文《抗战时期史学流派研究(1931—1945)》(2003年)选取了五个史学流派——禹贡派、战国策派、食货学派、实证学派、马克思主义史学派作为研究对象，分别加以阐述分析。中国人民大学杜学霞的硕士学位论文《抗战史学研究》(2004年)，以及中国人民大学王磊的博士学位论文《建国前后的史学转型(1937～1956)》(2009年)，对战时中国史学多有阐述。

对战时史学进行整体论述的相关论文亦有参考意义。台湾地区学人冯

---

① 参见白寿彝《谈谈近代中国的史学》，《史学史研究》1983年第3期。
② 参见瞿林东《二十世纪的中国史学》(上、下)，《历史教学》2000年第3、5期。
③ 参见陈其泰《中国近代史学的历程》，郑州，河南人民出版社，1994年。
④ 参见王学典《20世纪中国史学评论》，济南，山东人民出版社，2002年。关于"战时史学"的概念，陈其泰在《史学与民族精神》(北京，学苑出版社，1999年，第125页)一书中提出商榷。本书在运用"战时史学"的概念时，并不将其限于马克思主义史学一端，而仅为泛指抗战时期中国史学整体场景的一种简洁表述方式，并不含有过多的意识形态色彩。
⑤ 田亮：《抗战时期史学研究》，北京，人民出版社，2005年。按，此书由其博士学位论文《抗日战争时期爱国主义史学思想研究》修订而来。

启宏的《战争与文化:近十年抗战时期文化史的研究回顾》,对抗战时期的史学研究状况有较为全面的总结。① 彭明辉的《民族主义史学的兴起:以考据与经世为主轴的讨论(1919~1945)》,注重时代时局与史学变动的关系,并从柳诒徵、傅斯年、雷海宗、陈寅恪、陈垣等史家个案研究的角度,论述考据与经世主题之下的民族主义史学。② 牛润珍等认为抗战史学出现两大趋向,一为各派史学的融合,一为马克思主义史学逐步成为中国史学发展的主流。③ 另外,张书学、周文玖等学人从思想转变、通史撰述等侧面,对抗战时期的中国史学也进行了较为系统的分析。④

以地域而论,自抗战全面爆发后,中国的政治区域逐渐划分为沦陷区、国统区和革命区,战时的文化区域也基本依此而形成。本书论述的范围如下:(1)沦陷区北平的史学机构与史家群体。(2)西南地区的重庆、成都等城市的史学机构与史家群体。革命区的史学与史家,受史料等因素影响则不在论述范围之内。如下,将以地域为划分,对相关的研究情形予以总结。

对战时沦陷区北平史家群体的探讨。"七七事变"以后,北平学界的史家纷纷南下,而仍有部分学人,出于主客观等诸多原因选择了留守。较之于对沦陷区文学的研究,学界对这一时期北平史家的相关研讨,受史料零散、史家自身回避等问题的掣肘,则显得较为薄弱。如有之,也主要集中于个案分析。同时,在爱国主义这种相对单一的表述方式下,相关研究也不免忽略了沦陷区北平史家的真实状况。

史家的著述活动主要凭依于高校,所以对战时北平史家的探讨,也主要围绕燕京大学和辅仁大学而展开。除了一般性的师友回忆与教会学校的介绍性文章外,对两校史学活动进行探讨的研究著述有李斐亚的《侵略或合作?日本占领下北京的文化活动,1937~1945 年》("*Aggression or Cooperation? Cultural Activities in Peking under the Japanese Occupation, 1937~1945*", Illinois Papers in Asian Study, Vol.2, 1983.)以及《战时北京教育》(*Education in Wartime Beijing 1937~1945*, Michigan, University of Michigan Press, 1997)论述了沦陷区北京的教育概况,认为日本人对占领区的"同化教育",实际效果并不明显。文章对辅仁、燕京大学的情况亦多

---

① 冯启宏:《战争与文化:近十年抗战时期文化史的研究回顾》,《"中央研究院近代史研究所"集刊》2006 年第 53 期。
② 彭明辉:《民族主义史学的兴起:以考据与经世为主轴的讨论(1919—1945)》,魏格林、施耐德编:《中国史学史研讨会:从比较观点出发论文集》,台北,稻香出版社,1999 年,第 249~295 页。
③ 牛润珍、杜学霞:《略论抗日战争时期中国史学的学术趋向》,《中共党史研究》2005 年第 6 期。
④ 张书学:《论抗战时期中国史学思想的转变》,《山东大学学报》1995 年第 2 期;周文玖:《我国二十世纪三四十年代的史学述评》,《史学理论研究》1999 年第 2 期。

有述及。然作者所论多关注于初、中等教育层面，对高校史学的相关情形着墨较少。

另外，尤为值得注意的是台湾师范大学陈建守的硕士学位论文《燕京大学与现代中国史学发展（1919～1952）》（2007年）。该文能够注重政治、学术环境的外在变迁对燕大史学所造成的影响，以及学术团体所扮演的角色。在第二章"史学课程的设置与发展"部分，对1937～1941年史学课程的变化，加以条分缕析，论述详瞻。华东师范大学石增银的硕士学位论文《燕京大学历史学会初探》（2006年），主要对燕大历史学会的发展阶段、机构建置、主要活动与人员构成、治史风格与成就等方面，予以整体性概述。

与对燕京大学较为全面的研究相比，对战时辅仁大学的探讨则显得薄弱。除对战时陈垣等史家的关注较多外，[①]学界对同一时期、同一地域的史家如余嘉锡、邓之诚等人的关注则甚为欠缺。同时对辅仁大学史学研究机构如文科研究所等的探讨，尚待展开。张越《记〈辅仁学志〉》一文记述了刊物的发展历程，并对此刊的文章加以分类，对战时《辅仁学志》的情形亦有论及。[②]郝刚的《余嘉锡史学述论》介绍了余嘉锡在历史考证学和编纂学上的贡献，[③]所述较为粗疏，仍有进一步探讨的空间。另外，涉及辅仁大学的师友回忆性文章颇多。

对沦陷区上海的探讨，虽不在本书研究范围之内，然部分成果亦有借鉴参考的价值。美籍华人傅葆石的《灰色上海，1937—1945——中国文人的隐退、反抗与合作》一书，以《古今》杂志等为依托，探讨了沦陷时期上海文人群体的抉择——隐匿逃避、勇敢抵抗与妥协合作。其研究取径在某种程度上超越了爱国主义、民族主义诠释的范围，此书也尝试摆脱"非爱国即叛国"的二元对立表述方法，其研究视角值得借鉴。[④]符静《上海沦陷时期的史学研究》论述了日占时期上海史学研究的社会环境、撰述方式的转变，并从政治倾向上将这一时期的上海史学划分为抗日爱国史学、亲日史学和夹缝中求

---

① 相关文章有方豪：《对日抗战时期之陈援庵先生》（陈垣：《陈援庵先生全集》[书信附录]，台北，新文丰出版社，1993年，第661～684页）；刘乃和：《陈垣先生在抗战时期》（《史学史研究》1995年第3期）；孙邦华：《陈垣与抗日战争时期的北平辅仁大学》（《北京社会科学》2007年第4期）；许殿才：《抗战时期陈垣先生的史学成就》（《淮阴师范学院学报》2002年第3期）；许辉：《北平沦陷时期陈垣先生的史学研究》（张泉主编：《抗日战争时期沦陷区史料与研究》第一辑，南昌，百花洲文艺出版社，2007年，第118～127页）等。
② 张越：《记〈辅仁学志〉》，《史学史研究》1992年第3期。
③ 郝刚：《余嘉锡史学述论》，《西藏民族学院学报》2008年第29卷第4期。
④ 〔美〕傅葆石：《灰色上海，1937—1945——中国文人的隐退、反抗与合作》，张霖译，北京，生活·读书·新知三联书店，2012年。

生存的史学。①

对南迁重庆、成都等地史家群体的探讨。从整体上讲,诸多学人对战时西南、西北地区抗战文化的整体性论述,②以及对战时知识分子群体的探讨,③较为深入,成果颇多。但具体到南迁史家与史学,则不见专门著作,专题性论文亦不甚丰富。陈国生、郑家福《抗战时期西南地区的史学研究》,对内迁西南的高校史学院系、史学机构和主要史家,做了整体性的介绍,④文多铺陈,论述较略。另外,Kan Liang 的博士学位论文《战争中的中国知识分子:重庆,1937—1945》("Chinese Intellectuals in the War:ChongQing, 1937—1945",Doctoral Dissertation, New Haven:Yale University, 1996)主要从重庆的文化组织"文协"、梁实秋战时著述中的"国家主义"等侧面,对战时的作家群体加以探讨。

对国统区史学研究机构的探讨。原有关注的焦点,主要集中于战时中央研究院等主要机构,对史语所的探讨是其中的一个重要侧面。杜正胜把史语所的战时时期称为"动荡困顿期"⑤。对这一时期史语所成就的论述,则有孔祥成《史语所与抗战史学研究》一文,其以《史语所集刊》为线索,探讨了史语所与抗战史学的关系、结构及功能。⑥复旦大学陈洪波的博士学位论文《史语所的实践与中国科学考古学的兴起,1928—1949》(2008年)论述了史语所在抗战"延续期"的考古学成绩。另外,《新学术之路:中央研究院历史语言研究所七十周年纪念文集》⑦等书,亦多有对战时史语所的回忆性文章。然而,从总体上看,学界对战时其他学术机构的关注,则显得较为薄弱。

---

① 符静:《上海沦陷时期的史学研究》,北京,社会科学文献出版社,2010年。
② 以"抗战文化"为探讨视角的著述有冯崇义:《国魂,在国难中挣扎——抗战时期的中国文化》,桂林,广西师范大学出版社,1995年;刘大年、白介夫编:《中国复兴枢纽——抗日战争的八年》,北京,北京出版社,1995年;文丰义:《血铸的丰碑:中国抗战文化》,桂林,广西师范大学出版社,2003年;王同起:《论抗日战争时期的文化思潮》,南开大学博士学位论文,2000年。
③ 相关著述有王金鋙:《抗战时期中国的知识分子》,北京,中国社会出版社,1996年;魏继昆:《国统区抗日知识分子的历史轨迹及其贡献》,东北师范大学博士学位论文,1996年;林志宏:《战时中国学界的"文化保守"思潮(1941—1948)——以〈思想与时代〉为中心》,台湾"中央大学"历史系硕士学位论文,1997年;张红:《抗战中内迁西南的知识分子》,南昌,江西人民出版社,2004年等。相关论文繁多,不一一列举。
④ 陈国生、郑家福:《抗战时期西南地区的史学研究》,《史学史研究》1998年第3期。
⑤ 杜正胜:《史语所的过去、现在与未来——代序》,《学术史与方法学的省思:"中央研究院"历史语言研究所七十周年研讨会论文集》,台北,"中央研究院"历史语言研究所出版品编辑委员会,2000年。
⑥ 孔祥成:《史语所与抗战史学研究》,《河北学刊》2003年第1期。
⑦ 杜正胜、王汎森主编:《新学术之路:中央研究院历史语言研究所七十周年纪念文集》,台北,"中央研究院"历史语言研究所,1998年。

对民国国史馆的探讨。华东师范大学夏雨的硕士学位论文《民国国史馆研究》(2006年)第一章第三节"内迁重庆时期"能够利用档案史料对战时国史馆的筹备人员、规则条例、工作计划进行较为详细的陈述。然而文章对张继、金毓黻等人的贡献,以及国史馆的官方背景等问题,论述较略。另外,陈光《民国国史馆述略》(《民国春秋》1988年第1期)、孙武《民国时期国史馆筹备过程中对档案的收集》(《档案管理》1990年第2期)等文,则多为铺叙之作。

除此之外,对战时史料征集会、国民党党史史料编纂委员会等研究组织与机构的探讨,甚为欠缺。闻黎明《抗日战争与中国知识分子——西南联合大学的抗战轨迹》一书的第八章第一节部分,对编纂抗日史料的规划设计、组织实施、编纂目的,有所述及。① 然其所论仅限于西南联大一端,且编纂缘由与影响等则缺略不详。可以说,对国民党官方色彩史学机构的关注,有待加强。其他相关论文有:于文善《抗战时期的"学术中国化"——以重庆马克思主义史家为视角》(《华东师范大学学报》2010年第3期)、黄静《抗战时期重庆马克思主义史家对古代社会史和思想史的研究》(《史学史研究》2005年第3期)、洪认清《抗战时期延安与重庆马克思主义史学的区域特色》(《三明学院学报》2006年第1期)、孙旭红《抗战时期郭沫若在重庆的史学研究》(《重庆社会科学》2010年第3期)等。可以看出,上述文章仍以个案探讨为主。

对国统区马克思主义史家群体的探讨。对战时马克思主义史家的探讨,以地域而论,分为革命区和国统区。对革命区延安史学的研究,已有洪认清《抗战时期的延安史学》一书,其论述较详。② 另外,田亮所著的《抗战时期史学研究》有"马克思主义史学之一——延安篇"③。故而本书所论,主要从国统区的马克思主义史家与史学着眼,并对以《中苏文化》为中心的马克思主义史家群体展开论述。其中既有对重庆马克思主义史家的关注,主要着力于个案式的研讨;又有对当时史家的撰述环境、论争方式、撰述转变等侧面的关注。

海外学者对这一问题亦有相关探讨。德国学人罗梅君《政治与科学之间的历史编纂——30和40年代中国马克思主义历史学的形成》一书,主要对当时中国马克思主义历史学存在的问题进行了批判性分析。④ 作者的初

---

① 闻黎明:《抗日战争与中国知识分子——西南联合大学的抗战轨迹》,北京,社会科学文献出版社,2009年。
② 洪认清:《抗战时期的延安史学》,合肥,安徽大学出版社,2006年。
③ 田亮:《抗战时期史学研究》,第40~75页。
④ 〔德〕罗梅君:《政治与科学之间的历史编纂——30和40年代中国马克思主义历史学的形成》,孙立新译,济南,山东教育出版社,1997年。

衷是探讨中国意识形态的变革,并亲自走访了侯外庐、胡绳等著名的马克思主义史家,立论较为平实公允。美国学者阿里夫·德里克(Arif Dirlik)《革命与历史:中国马克思主义历史学的起源,1919—1937》一书,虽然对马克思主义史家有所批评,却也是抱着一种"同情的了解"的态度,对当时备受压制、被视为"异端"的马克思主义史学给予了应有的地位。此书的着力点在于:(1)作者认为,此前的研究过分关注于1949年以后,这种片面的选择未能完整展现马克思主义史学对中国历史的贡献。(2)原有的研究过分关注马克思主义史学所履行的政治功能,而20世纪30年代的马克思主义史学研究,则呈现出相当的多样性。在时限上,此书对马克思主义史家的论析,主要限于抗战以前。①

以民国史学机构为研究视角的探讨。目前学界对高校文科研究所的探讨,显得较为薄弱。《民国时期史学专业研究生培养述评——以中山大学文科研究所为例》从个案的角度,论述了文科研究所研究生培养的模式与意义。② 其他则以师友回忆、纪念性文章为主。对这一领域的整体性研究,有待进一步开展。

台湾地区学人刘龙心所著的《学术与制度:学科体制与现代中国史学的建立》一书,在充分利用现有民国史学期刊与档案的基础上,以"学术与制度的互动关系"为切入点,对民国史学的学院化与专业化趋向,进行了深入探讨。在"从国学研究到专史设科——史学专门化的确立""专业史家资格的评核与认证——教学与研究"两小节中,对战时史学学科的设置变化、大学史学教员的资格审查等问题皆有论及。同时,作者以中国史学的制度层面为探讨视角,与"从学派、人物、思潮、运动或特定机构的角度来观察"的传统方法多有不同。③ 另外,南开大学朱洪斌博士学位论文《清华国学院与民国新史学》(2007年)、陈以爱《中国现代学术研究机构的兴起:以北大研究所国学门为中心的探讨》④,皆为本书的探讨提供了有益借鉴。

值得重视的是,华东师范大学史学史专业的相关研究者,近年亦致力于对民国史学研究机构的个案探讨,有《齐鲁大学国学研究所初探》(王雪

---

① 〔美〕阿里夫·德里克:《革命与历史:中国马克思主义历史学的起源 1919—1937》,翁贺凯译,南京,江苏人民出版社,2005年。
② 王传:《民国时期史学专业研究生培养述评——以中山大学文科研究所为例》,《江西师范大学学报》2010年第43卷第2期。
③ 刘龙心:《学术与制度:学科体制与现代中国史学的建立》,北京,新星出版社,2007年。
④ 陈以爱:《中国现代学术研究机构的兴起:以北大研究所国学门为中心的探讨》,南昌,江西教育出版社,2002年。另外,陈氏所著《学术与时代:整理国故运动的兴起、发展与流行》(台湾政治大学博士学位论文,2001年)亦值得借鉴。

玲,华东师范大学硕士学位论文,2007年)、《国立中山大学语言历史学研究所初探》(刁娅君,华东师范大学硕士学位论文,2008年)、《北平研究院史学研究所初探》(王传,华东师范大学硕士学位论文,2009年),其中所论亦有涉及战时史学之处。

在专题论文方面,胡逢祥《现代中国史学专业机构的建制与运作》把史学机构划分为"地方性"和"高校系统"两类,并对中国史学专业机构的运作实践加以审视。① 可以说,以民国时期的史学机构为视角的探讨,对当下的史学研究趋向多有裨益。另外,还有林国华、陈峰《论延安时期史学机构的产生、沿革及特点》②等文。

综上所述,对战时史学的探讨,无论是对个案的史家、机构,还是对史学流派等,学界研究皆取得相当进展。这些成果也为本书的撰写提供了有益的参考和借鉴。

二、思路与方法

20世纪的中国史家群体,在地域层面上经历了两次重要的分流:一为抗日战争时期,一为1949年前后。这两次转变,也在某种程度上奠定了中国近现代史学发展与转变的基石。本书从留守与南迁的地域性视角,对抗战时期的中国史家群体予以探讨。

第一部分为留守与南迁视野下的史家群体研究。留守北平的史家群体身处沦陷区,面临着多重压力:安身立命的困扰、政治高压下个人言论的不自由,以及政治上非坚定爱国者的嫌疑。在这一背景下,沦陷区史家的撰述表现出一种更为潜在、幽暗的爱国意识。本书主要探讨北平史家群体的政治心态、生存环境、交际网络,并在此基础上尝试分析身处沦陷之域的他们何以留守的复杂原因。

至于南迁重庆等地的史家群体,本书从政治倾向上将其划分为:马克思主义史家群体和国民党官方色彩的史学编纂群体。首先,考察重庆马克思主义史家群体所遭逢的政治环境,论述其史学撰述的特色,揭示其在政治论争中确立自身地位的过程。其次,国民政府对当代史料的关注日增,官方色彩的史料编纂机构如国史馆、中日抗战史料征集会、党史编纂委员会相继成立,其史料搜集力度之大、史家参与之众、后世影响之深皆成为民国学术的重要特色。

---

① 胡逢祥:《现代中国史学专业机构的建制与运作》,《史林》2007年第3期。
② 林国华、陈峰:《论延安时期史学机构的产生、沿革及特点》,《山东大学学报(哲学社会科学版)》2006年第3期。

本书又进一步考察北平、重庆史家群体间的流动与学术观念的变革。主要从不同地域下史家群体的流动性视角,看待史家在民族危亡的背景下所面临的个人抉择和政治转变问题。同时,在此基础上对不同地域史家群体的撰述动机、论学宗旨和政治诉求等问题,进行横向分析。

　　第二部分主要探讨史学机构的内迁与精英化人才培养模式的转变。在考察抗战时期的史学精英人才培养模式的过程中,本书选取两个主要的视角进行探讨。(1)高校文科研究所。对其创办与运作过程、研究生培养模式、史学刊物特色予以较为系统的论述。在此基础上,本书认为,抗战时期文科研究所的创设乃是国家学术整合和学人积极倡导的结果;其精英化和本土化的研究生培养模式,最终促成了新一代史家群体的形成。(2)抗战时期史语所"精英化"人才培养模式。对史语所何以能保持较为稳定且高素质的史学研究群体,如何延续战前的史学研究课题,如何因地制宜开展地方史研究,进行系统地探讨。可以说,史语所"精英化"的人才培养模式、其执掌者傅斯年的精心筹划,以及较为丰富的图书资源和资金支持,都是促成其成就卓绝的原因。

　　除此之外,本书还探讨了学术社群之间的竞争与合作问题。此部分主要从研究资源的利用、人员聘任的竞争、学术观念的冲突等侧面对高校文科研究所、历史语言研究所、齐鲁大学国学研究所,以及国民政府官方色彩的史料编纂机构之间的关系详加论析。

　　第三部分主要论述史家撰述的转向与爱国的压力。首先,讨论抗战史家群体在历史写作上的转向,其具体表现在:边疆史地研究的兴起、对民族问题的讨论、马克思主义史家群体的转向。抗战时期国共两党从各自利益出发,致力于"学术中国化"的提倡,透过民族文化的建构来界定国家民族的意图十分明显。在这一共同诉求下,史学出现了大众化、通俗化和民族化的转向。在史学撰述中所形成的爱国话语则激励了国民意识的普遍觉醒,并成为影响至今的史学表述形式。

　　其次,对爱国主义、民族主义单一话语进行反思研究。爱国主义的话语本身不免忽略了史家因地域之别、著述环境不同而形成的爱国泛化与压力问题。故而,对"中华民族是一个"的民族观念重新加以审视、对沦陷区史家的节操观念加以考析,皆能为抗战时期史家抉择问题的探讨,提供一个更为合理的解释。本书认为史家因身处沦陷区本身,即暗含着爱国不力、操守不谨,甚至是有失操守的嫌疑,从而遭受了更大的压力。

　　第四部分着重探究史家的历史表述与国家认同的关系。首先,探讨集学术、政治于一体的史家身份与困境问题。随着战争危机的加深和政治危机的深化,史家对当下政治的关注日渐强烈,何以保持生存的尊严与学者的常态,成为不小的挑战。在学术为抗战服务的背景下,史家个体的独立话语权和超然于政治之外的学术立场,都变得更为狭小。政见不同的史家群体间,虽然在治学方法与史学理念上出现了相互借鉴的合流倾向,然而,政治立场的歧异乃至对立,使得他们在日常交往与史学评判中日渐疏离和分化,从而形成了学术合流与政治分野的吊诡现象。

其次,探讨史学撰述与意识形态、国家民族认同的关系问题。史家的历史书写方式,与他们的政治立场有莫大关系。抗战时期的部分史家不免将自身的学术观念与意识形态和政治信仰交织在一起,并在此语境中塑造自己的历史表述方式。本书主要考察史家叙事背后的政治动机和思想假设,进而探讨政治立场不同的史家是如何有意图地选择史料,从而构建有利于其政治利益的历史叙事。抗战时期,在"学术中国化"潮流的影响下,史学撰述的政治化色彩日渐明显,马克思主义史家在与其他政见不同的学术群体的论争中,彰显了自身的学术地位,重塑了唯物史观在阐释中国史学问题时的合理性。部分历史作品与其说是披露过去的事实,不如说是政治认同的体现。

本书研究的困难之处主要有以下几个方面:(1)史料纷杂且难于搜集。特别是对沦陷区史学的探讨,诸多学人除在论述民国史学时或有述及外,较少对其整体性关注。究其原因,则多为史料限制。比如,1937年对许多历史类刊物似乎是个分水岭,一部分刊物随着学人及研究机构南迁后,得以重新复刊,但大部分则遭遇停刊。故而,对战时史学的把握,亦因刊物的凌乱和残缺,而难以有效深入和开展。(2)题目的宽泛性与论述的不全面性,部分学术成果难以实现有效的协调和整合。比如,对战时史学机构的探讨,虽有不少个案分析,但仍不免有支离破碎之感。(3)史家与政治的关系因受时代、意识形态等多重因素的影响,或多为史界学人避而不谈。本书拟从"学术整合与政治分野"的层面论述,此部分亦不可避免地存在有失公允,甚至偏颇的危险。(4)对战时爱国主义史学、民族主义史学的关注,对史家的民族认同、国家认同的探讨,有待在精研史料文本的基础上,予以拓展和深化。

如果说本书还有些许值得言说的创新之处的话,那或许表现在:(1)在爱国主义与民族主义探讨的侧面之外,试图从地域性的视角,对留守与南迁的史家群体做出较为系统的论述。同时,试图摆脱对史家个案的分析,力求从史家群体的视角,对战时的史学机构、史学刊物与史家著述情况重新梳理和分析。(2)反思爱国话语造成的抗战史学单一表述路径,力图对战时史家所面临的学派分歧、生存压力与爱国压力等诸多问题,重新予以较为合理的审视和评述。

第一章　留守与南迁视野下的史家们

民国以降,中国学术在政治环境动荡、社会风潮更替、思想文化流变的纷乱图景中,不断变革与调适。无论是"欧风西雨"的冲击洗礼,还是"新旧中西"的迎拒不一,终究使得学术趋向发生不可避免的改变,史学亦概莫能外。

第一节　战前中国史学发展的"黄金时代"

溯自清末,梁启超倡导"新史学",并祭起"史学革命"的大旗,中国史学即开始了涤荡旧学、追求革新之旅。兼革命家、史家、报人等多重角色于一身的梁氏,史学著述繁多,并非局限于"为史学而史学"的窠臼,而更多地赋予史学以经世当下、变革社会的意蕴。他行文汪洋恣肆,同时批判当下、求变求新的意识,以民族救亡、国族复兴为归旨的学术理念,开启了中国史学现代化的序幕。民国肇建未几,又有袁氏当国,继之以护国、护法运动风起云涌,北洋军阀蜂起,政局更迭频仍,而变局之下的学术亦不免凋零。

殆至20世纪20年代,新文化运动兴起,其所带来的思想洗礼,使中国学术重新走向复兴。在此背景下,一场由北京学人发起的"整理国故"风潮,使中国史学开始以国学之名,走向前台,并形成一股不容忽视的学术思潮。

一、整理国故运动与现代中国史学的形成

对整理国故运动的探讨多已有之,且成绩斐然。本节所论,试图以战前中国史学流变与战时中国史学所形成的不同场景,做对比性探讨,以求对当时史学的递嬗有一整体性的理解。

胡适等学者倡导以科学的方法整理国故,且不论其产生的背景与学术渊源如何,仅就其产生的影响而言,则实为中国史学的科学化和现代化奠定了基础。整理国故运动的兴起,亦促使史学教育开展与研究机构设立,由此

而承载的学术期刊、史学杂志亦纷纷创办,大量史学论著不断涌现;同时,史学的学科分类日渐明显,已经超越了"四部之学"的范围。经过整理国故运动的洗礼,中国史学开始由传统走向现代,而西方学制在中国的推广,无疑起了风向标的作用。这些都促成了 20 世纪 20～30 年代中国史学发展的"黄金时代"。具体而言,其影响可划为如下数端:

首先,以学术机构的兴起而言,整理国故运动的一个重要影响,即催生了北京大学国学门、清华大学国学院等国学研究机构的创建。流风所及,全国各高等学府,如辅仁、齐鲁、厦门、大夏、东北等大学,亦先后成立以国学为研究名目或宗旨的研究所、国学院,使得学术风气为之一变。全国学界多以"国学"为尚,甚而出现求其名而忽其实的现象。当时,生活窘困而名声渐起的顾颉刚,南下就任厦门大学教授并组建国学院,不久即心生求去之意。在与胡适的信函中即抱怨道:"厦大一班人的病根,在于没有学问的兴味,只懂得学习技能,却不知道什么叫研究。国学研究院的成立由于他们学时髦,并不是由于学问上的要求。"①此处虽言国学院草创之弊,但亦可见当时国学兴办之盛。仅就史学专业机构而言,胡适提出的"用科学方法整理国故"这一主张在史学领域的真正实践且最具代表性的则是傅斯年创办的历史语言研究所。

其次,与此相适应,大批国学刊物、史学专业期刊纷纷创办,学术交流的方式亦多有变化。② 原有的通过书信、拜访等途径相互切磋学问的方式,代之以期刊、报纸等大众传媒的手段。史家借此来表达其学术理念与史学观念,并发挥其社会影响力和号召力,从而使得史学交流的手段、史学的受众群体皆发生变易。

再次,史家的群体性日渐形成,史学由个体渐变为集众式的研究。傅斯年对旧派史家个人闭门著述、缺少合作与交流的弊病,即感不满,认为:"中国学术,以学为单位者少,以人为单位者较多,前者谓之科学,后者谓之家学;家学者,所以学人,非所以学学也。历来号称学派者……数传之后,必至黯然寡色,枯槁以死。……中国学人,每不解计学上分工原理。……分工之理不明,流毒无有际涯。……中国学人,好谈致用,其结果乃至一无所用。……凡治学术,必有用以为学之器;学之得失,惟器之良劣足赖。"③傅

---

① 《顾颉刚致胡适》,"1927 年 2 月 2 日"条,《胡适秘藏书信选》,台北,远景出版事业公司,1982 年,第 577 页。
② 参见程文标《二十世纪二三十年代史学期刊研究》(南开大学博士学位论文,2007 年),文章对民国的刊物做了整体性的观瞻,并认为"学人以一个或多个刊物为中心,联系起一批学者,逐步形成了达成某一具有共同观念的学人群体"。
③ 傅斯年:《中国学术思想界之基本谬误》,《傅斯年全集》(第四卷),台北,联经出版事业公司,1980 年,第 1214～1215 页。

斯年以西学眼光来批判当时中国史界状况,将当时中国史家撰述之弊揭露无遗,实乃切中时弊之论。此后,中国史学走向了集众式的团体协作之学。除却高校国学研究院所的大量出现外,中央研究院历史语言研究所的创立与成功运作,可谓是群体性研究的成功典型。

最后,整理国故运动中以科学方法治史的学术理念,及在此过程中缔造的学术群体,对后世影响深远。例如,在近代历史研究的开拓上,论及语言表达方式的变化(即从艰涩高深的文言文到浅显易懂的白话文的转变),胡适之功甚伟;而史学的精英化之途,傅斯年独占鳌头;言及理论化的创建,王国维的"二重证据法"、陈垣的"校勘四法"、顾颉刚的"疑古"思想,则又争奇斗艳;在史学的系统化与普及化上,最为值得关注的则是马克思主义史学的勃兴。

从学人群体而言,早期的章太炎门生,以考证之法治中国古籍见长,故而颇重一时。后来居上的胡适派学人,则以科学的治史方法见长,从而引领新知。虽然双方提倡的学术理念各有所自,然皆能引领一时之风尚,且成就斐然。可以说:"影响久远的学者,往往是因为不但提出自己独到的学术理念,并且锻造出这种理念的学术梯队、促成实际的学术成果。"①

总而言之,整理国故运动,一方面使中国学术经、史分途,史学革命继起,而史家所凭借的大学、史学期刊、学会等,构成了史学界的主要面向,民国史家群体即依此而形成。另一方面,对学术分科的提倡,推动中国史学日渐专业化和细分化。无论是学科门类的划分,还是研究方法与手段的变革,亦或是史学编纂方式、撰述语体的更易等,皆促成了中国史学从传统走向现代。

二、史家与政治的相对疏离

自近代以来,中国史家的民族意识、民族观念日渐强烈,为文撰著也呈现出鲜明的经世色彩。传统士大夫情结影响下的中国史家,既为"文章士",又兼及"政治家"的角色。② 戊戌变法以来的学人,如康有为、梁启超、章太炎等,多为倡导民族改良与革命之士,而又以史学见长于世。如梁启超倡导"史学革命",揭露旧史学之"四弊""二病";章太炎谈经讲学之余,不忘议论时政、批判当局。这皆体现了民族危机之下,史家关注现实、力求变革社会的思想。

---

① 刘馨:《何炳松史学研究》,北京,知识产权出版社,2010年,序言第4页。
② 罗志田:《乱世潜流:民族主义与民国政治》,上海,上海古籍出版社,2001年,第276~277页。

转至"五四"一代学人,则更多地将自身限定于纯粹知识分子的角色,不复以参与政治、议论时政为务。此时的史家与政治的关联,开始出现了某种潜在的疏离。例如,胡适等人倡导"好人政府",鼓噪一时,旋即宣告终结,而自身亦不免遭受时人诟病。后来,胡适自海外返国,学生顾颉刚即劝阻道:"有一件事我敢请求先生,先生归国以后似以不作政治活动为宜";"我希望先生的事业完全在学术方面发展,政治方面就此截断了吧。……我敢请求先生,从此与梁任公、丁在君、汤尔和一班人断绝了罢。"①

即如顾颉刚自身而言,早年亦一度钟情于政治。辛亥革命之后,他曾与友人王伯祥、叶圣陶等加入中国社会党,编辑《社会党日刊》,讨论社会主义。② 而后他认识到政治非其才性所长,从而入学北大,转向史学研究。再如"五四运动"的领军人物傅斯年,在游学欧西后亦转向学术一途。又如史家陈垣,辛亥革命后一度当选为国会众议院议员,继而在全国税务处、公债局任职,1921年署理教育部次长,次年即辞去,转而任北京大学研究所国学门导师。其他如邓之诚等学人,亦有此种转向。

"五四运动"前后,史家与政治的相对疏离,究其原因,似有如下数端:

首先,这一转变或与当时的政治环境有关。因辛亥革命前后,乃中国"政论发达的时代,但在袁世凯称帝之后,连篇累牍的政论却退潮了,许多政论机关也烟消云散"。而当时的知识分子对解决政治问题的方式出现了观念上的分野,"一条是以新文学来解决中国政治问题;一条是十年来政论文字的老路,以为政治是解决政治及包括文艺在内的所有问题的根本。"③周明之亦认为:"早期改革者当然更倾向于集体利益。康有为、严复和梁启超尽量实践由来已久的学术与从政合一的传统";"而五四一代则在另一方,其特点之一是一种深深的政治疏离感","在这种环境下,在许多新涌现出的知识分子中,出现了一种对政治的退缩和对所谓文化运动的迷恋。"④可以说,胡适而后的史家,以及更大范围的中国知识人,在参与当下政治、治学以经世的观念上,出现了很大的变易。史家与政治诉求相对脱离,而追求文化上的复兴和重建,成为一种趋势。

其次,近代大学与相关专业研究机构的设立,为学人提供了安身立命、

---

① 《顾颉刚致胡适》,"1927年2月2日"条、"1927年4月28日"条,《胡适秘藏书信选》,第578、582页。
② 顾潮编著:《顾颉刚年谱》,北京,中国社会科学出版社,1993年,第28～29页。
③ 王汎森:《中国近代思想与学术的系谱》,石家庄,河北教育出版社,2001年,第232～234页。
④ 〔美〕周明之:《胡适与中国现代知识分子的选择》,雷颐译,桂林,广西师范大学出版社,2005年,第240～241页。

进而从事专门著述的空间。先辈学人淹通文史、四部兼采的学风,转至近代则变为西学分科下的专门之学。受西学潮流的影响,中国学术也不可避免地发生变革。这一背景也推动了史学走向专业之途,而职业化史家也开始出现,使得"政学分离、学术独立也成为一种呼声,为学术的专业化做了舆论的铺垫"①。

再次,学术机构为史家生活提供了相对优渥的物质条件。仅以北平的史家而言,当时访学的日本学人吉川幸次郎有详尽的描述:"国立大学的先生们应该得到最高俸禄。那时北京大学的先生据说月薪千元。日本首相那时的月薪是1200元。而且都备有专用车,当然主要还是人力车,汽车很少。"并且"研究都在自己家里,因为家很大,且中国的教授地位高,常常家里备有秘书。我曾去过史学大家朱希祖、辅仁大学的陈垣两位先生家里,两人都有秘书,秘书正在我去的那间房子的一角,整理着书稿或誊抄着什么";"当时北京大学的先生们,每晚好像总有两三个宴会"②。据谭其骧回忆:"当时北平的大学教授月薪有300多元(庚款教授高达400多元),燕京大学更是待遇优渥,学校为邓之诚备了一所有十多间屋的住宅。"同时,邓还有为其编讲义、陪伴下棋的清客,甚至还有拳师。③ 另外,学人聚集在北京,胡适、傅斯年、顾颉刚皆多有"老板"之称,概除却意寓其人多势众、影响不凡外,亦不免有生活富足的含义在。丰厚的薪金,亦为原来政学相兼的学人疏离政治、进而从事独立撰述、发表自主言论,提供了稳定的物质基础和施展自身学术抱负的机会。

三、民族危机与史家治学的转变——以傅斯年、顾颉刚为例

"九一八事变"后,外患日亟、民族危机日趋严重,在爱国救亡的氛围之下,中国史学在时代变局中亦不可避免地发生变革。史家借史学撰述以维护主权、激励民族士气、彰显爱国情结的著作多有问世。例如,蒋廷黻撰《东北外交史中的日俄密约》《最近三百年东北外患史》《东北问题的新史料》④等文,王芸生撰《六十年来之中国与日本》⑤等,皆为经世当下之作。就连曾声言"二十年不谈政治"的胡适,也不得不接受驻美大使之职,他在与傅斯年

---

① 陈平原:《中国现代学术之建立——以章太炎、胡适为中心》,北京,北京大学出版社,1998年,第20页。
② 〔日〕吉川幸次郎:《我的留学记》,钱婉约译,北京,中华书局,2008年,第72、81~83页。
③ 葛剑雄:《悠悠长水——谭其骧传》,上海,华东师范大学出版社,1997年,第34~35页。
④ 蒋廷黻:《东北外交史中的日俄密约》,《独立评论》1932年第8期;《最近三百年东北外患史》,《清华学报》1932年第8期;《东北问题的新史料》,《大公报·文学副刊》1933年1月4日。
⑤ 王芸生:《六十年来之中国与日本》,天津,大公报出版部,1932年。

的信函中,即言:"我自己受'逼上梁山',你们当有所知,何以都不电告你们的意见。万不得已,我只得牺牲一两年的学术生涯,勉力为之,至战事一了,仍回到学校去。"①当时,因时局关系,被"逼上梁山"者,并非胡适一人。傅斯年、顾颉刚等学人的转变即颇具代表性。

(一)傅斯年与《东北史纲》的撰述与反响

傅斯年"生平最推崇的历史人物,大概是文天祥、诸葛亮、谢枋得、顾炎武……之流'崇尚气节'的不贰忠臣"。②故而,在面临民族大义的问题时,不免慷慨陈词,甚而被目为"狂热的爱国者"③。民族危亡之际,对空前国难之来临感到极大的悲愤,傅斯年曾在北平图书馆约集北平著名学人商讨"书生何以报国"。几经商讨,结论是编写"中国通史"以唤醒民族魂为急务。《东北史纲》的撰述者有:傅斯年,古代之东北;方状猷,隋至元末之东北;徐中舒,明清之东北;萧一山,清代东北之官制及移民;蒋廷黻,东北之外交。最终,真正撰写完成并出版者,仅《东北史纲》第一卷《古代之东北》部分。

对于作者问题,胡厚宣曾撰文认为"《东北史纲》第一卷的作者是傅斯年",④对原有认为此卷乃徐中舒所作的观点予以纠正。另外,亦有学人对《东北史纲》做专门论述,纯就文本的探讨而言,似乎剩意无多。

编纂《东北史纲》的一个重要原因,即是驳斥日本学人如矢野仁一等所宣扬的"满蒙非中国本土"的谬论。其实,矢野早在《现代支那研究》《近代支那论》等书中,即已有相似论调。仅以 1923 年出版的《近代支那论》而言,此书撰述的内容包括:支那无国境论;支那的社会主义思想及其社会革命;支那的国家及其社会;满蒙藏非支那本来领土论;支那帝国与支那共和国等 22 章节内容。其中,以"满蒙藏非支那本来领土论"最为有名,此章节之文,最初发表于大正十一年(1922)一月的外交时报。⑤ 这一论调并未立即在中国学人中产生反响。"九一八事变"后,东北沦陷,国事日亟,学人开始关注东北史地,并期以此达到"学术救国"的目的;而"满蒙非支那论"也开始为中国学人所

---

① 《胡适书信集》(中册),北京,北京大学出版社,1996 年,第 752 页。
② 王健壮:《中国的蟋蟀傅斯年》,《傅孟真传记资料》(第一册),台北,天一出版社,1979 年,第 53 页。
③ 傅乐成:《傅孟真先生的民族思想》(上),《传记文学》1963 年第 2 卷第 5 期。另外,傅斯年亦自言:"我之性格,虽有长有短,而实在是一个爱国之人。"参见《傅斯年致胡适》,"1942 年 2 月 6 日"条,《胡适秘藏书信选》,第 793 页。
④ 胡厚宣:《〈东北史纲〉第一卷的作者是傅斯年》,《史学史研究》1991 年第 3 期。
⑤ 〔日〕矢野仁一:《近代支那论》,京都,弘文堂书房,1923 年,第 92~113 页。

警惕,并开始有文章予以驳斥。《东北史纲》的撰写正是在此背景下形成的。

《东北史纲》第一卷出版后所产生的影响,我们多关注于其政治层面,而对于其学人层面的论争则少有述及。由于《东北史纲》撰述的时间甚短①,仅为三月左右,仓促成文后不免多有缺憾。故而,此书付梓后,即遭到缪凤林的"严重"商榷。缪凤林在《评傅斯年君〈东北史纲〉卷首》中即直言不讳地批评到:"所著虽仅寥寥数十页,其缺点纰谬殆突破任何史籍之纪录也。"②

对于《东北史纲》第一卷,傅斯年是用爱国的语气、论辩的方式来论述的。言及此书撰述的动机,则说:"国人不尽无耻之人,中国即非必亡之国!然而前途之斗争无限、知识之需要实殷,持东北事以问国人,每多不知其蕴,岂仅斯文之寡陋,亦大有系于国事者焉。吾等明知东北史事所关系于现局者远不逮经济政治之什一,然吾等皆仅有兴会于史学之人,亦但求尽其所能而已。己所不能,人其舍诸?此吾等写此编之第一动机也。日本人近以'满蒙在历史上非支那领土'一种妄说鼓吹当世。此等'指鹿为马'之言,本不值得一辨。然日人竟以此为其向东北侵略之一理由,则亦不得不辨。退一步言之,东三省是否中国,本不以历史为其根据。所谓某地是否为某国者,原有两种条件,其一,依国法及国际公法之意义所规定,或以承袭,或以割让,通之于本国之法令,见之于国际之约章。……其二,依民族自决之义,必其地之人民多数不与其所属之国同族,然后始可成为抗争之论。……就此二三千年之历史看,东北之为中国,与江苏或福建之为中国又无二致也。今不得已辨此本用不着辨者,此吾等写此编之第二动机也。"③而缪凤林则从一个考证史家的视角,来看待此书,认为错讹之处不免多也。这也是爱国求用与学术求真之间潜在矛盾表现出的一个侧面。

傅氏对当时批评之反应,是否如缪凤林所言的报复之举,未敢妄议。④数年之后,傅斯年与友人论及此书的观点时亦愤愤难平,"访徐旭生氏,正谈话中傅孟真亦来。李季作一书,名二千年来中日关系史,中有批评孟真所作

---

① 马亮宽认为,傅斯年撰写的时间为1931年10月下旬至1932年1月。参见马亮宽《傅斯年社会活动与政治思想研究》,北京,中国社会科学出版社,2009年,第92页。
② 缪凤林:《评傅斯年君〈东北史纲〉卷首》,《国立中央大学文艺丛刊》1933年第1卷第1期。
③ 傅斯年:《东北史纲初稿》,北平,国立中央研究院历史语言所发行,1932年,第1~2页。
④ 王汎森即认为:"柳诒徵氏及其学生对傅斯年及史语所一贯采取批评态度,……傅氏本人的《周颂说》及《东北史纲》也受其挞伐。"(王汎森:《近代中国的史家与史学》,上海,复旦大学出版社,2010年,第138页)实则,在双方的论辩中,学术求真与群体偏见的纠葛,或难一时厘清。另一方面,对此书亦多有肯定者。比如,当时因著《东北史纲》第一卷而遭受学人非议的傅斯年,或得到了东北史家金毓黻的认同。然而,对这一关系亦不应做过分的解读。因金毓黻南下之后,曾一度打算就职于史语所,且有蔡元培说情,但终遭傅斯年婉拒。盖因金氏多承章派学人余绪,而与史语所之学术理念或有不同有关。

东北史纲之处,徐氏颇赞同其说,孟真与之辩论甚久,意甚不平,后余稍为解劝。"①其实,当时对此书有所评骘者,并非缪凤林一人。郑鹤声曾在《图书评论》上撰文,指出"本书各章,名实颇有乖异,或内容不甚丰富";"本书不但不能尽量应用各史本纪及列传中所载关于东北郡县属部之材料,即各史东夷传中关于东北属部之材料,亦多付阙如"②。陈绍箕亦发表《东北史纲初稿》的书评。③

可以说,傅斯年虽然在《历史语言研究所工作之旨趣》中倡导纯粹的"史料即史学"④的观点;然而,一旦史学涉及政治爱国、民族大义的层面,则更多的表现为"民族主义(或国家主义)高于一切"⑤的立场。《东北史纲》第一卷,即是这一情结的真实体现。而针对当时学人的商榷,则除却爱国情结外,从其学术派分、性格差异上来予以具体的论析,或可更为客观而全面。

(二)顾颉刚的转变

与政治欲甚强的傅斯年相比,自谓学问欲最强的顾颉刚,在20世纪30年代的北平,一身而兼数职,既为燕京大学历史系主任,又任北平研究院史学研究会历史组主任、北京大学历史系讲师(兼职),同时又组织禹贡学会、通俗读物社等学术团体,可谓忙极一时。然则,"九一八事变"后,国是日非,此番政局动荡,亦促成了顾颉刚治学的转变。顾氏在史学研究趋向上,一方面提倡史学的普及化和通俗化之路;另一方面则由沿革地理转向边疆地理的探讨。

早在1931年春日,顾颉刚曾游历河北、河南、陕西、山东北方四省,乡村之衰败、毒品之流行、人民道德之沦丧,即激起其无限之感慨。"亡国,我们住在都市里的人早已有此恐惧了,因为帝国主义的侵略已经成了国民的常识。灭种,城市里人还没有这感觉,而我在亲历华北农村之后就清楚的看出来了。"⑥所谓亡国灭种之威胁,不免激起顾颉刚等一批学人的民族情感。顾氏即

---

① 《刘节日记》(上),郑州,大象出版社,2009年,第13页。
② 郑鹤声:《傅斯年等编著东北史纲初稿》,《图书评论》1933年第11期。
③ 陈绍箕:《东北史纲初稿》,《大夏周报》1933年第17期。
④ 傅斯年:《历史语言研究所工作之旨趣》,《国立中央研究院历史语言研究所集刊》1928年第一本第一部分。
⑤ 王晴佳《论二十世纪中国史学的方向性转折》(《中华文史论丛》2001年第62辑)亦言"对傅斯年来说,实证主义必须服务于民族主义,这又是理所当然的。以后在日本侵占东北时,傅应急写了含有不少史料性错误的《东北史纲》,也表现了他的这种民族主义高于一切的立场"。其实,傅斯年在另一部未成的《中国民族革命史稿》中亦有此论调。
⑥ 《顾颉刚自述》,高增德、丁东编:《世纪学人自述》(第一卷),北京,北京十月文艺出版社,2000年,第11页。

创办通俗读物编刊社,以求重塑国民意识、激励民众抗日救国。对于这段历程,顾氏在《皋兰读书记》中总结道:"自九一八事变后,予迫于爱国之情,先创办三户书社于燕京大学教职员抗日会中;其后青年纷至,非学校团体所能容,遂别创通俗读物编刊社于城内,大量播传抗日思想。日本军人恨之刺骨,而华北民众则甚乐读此类刊物,故国难日殷而社中同人意气愈激发。"①

但是,这一史学通俗化、普及化之路,似乎并未得到当时精英派学人的支持,反而质疑与揶揄之声不断。"北大校长蒋梦麟用惋惜的口气说:'顾颉刚是上等人,为什么做这下等事呢?'有一次当面向我说:'你何必这样刺激日本人呢?'"②其实,除却当时学人的不理解外,顾颉刚的史学普及化之路,还受到了政治的迫害,且被CC派疑为左倾。③ 顾氏此番史学普及化之路,受到诸多掣肘,虽有《大众知识》《民众周报》等刊物的创办,且发行量甚大,然而在资金匮乏、政治施压等诸多不利因素下,终究走向夭折。

另一方面,顾颉刚对中国历史地理学的倡导,亦影响深远。早在1933年冬,顾颉刚去百灵庙考察时,即认识到边疆危机,"边疆本无问题,问题之起都是帝国主义者制造出来的。"④到了1934年发行《禹贡》半月刊,他在"发刊词"中即言:"这数十年中,我们受帝国主义者的压迫真够受了,因此,民族意识激发得非常高。"⑤两年后,他又创办禹贡学会,多由燕京、北大、辅仁等高校的师生组成,会员达到四百余人。在此期间,还出版了由顾廷龙、吴丰培主编的《边疆丛书》,从而形成了声势浩大的中国边疆史地研究群体。

总而言之,面对时代变局,部分史家的经世之心日增,治史以关注当下、学术以救国的呼声日渐高涨,最终形成了抗战时期爱国史学勃兴的局面。⑥史家在倡导经世治学的同时,亦按照自身学术与研究的既有理路,创办了大批专业史学刊物,进行史学团体与机构的组织,从事史学的编纂与撰述,培养了大批青年学人,从而形成了史学发展的短暂黄金期。

---

① 《顾颉刚读书笔记》(第四卷),台北,联经出版事业公司,1990年,第1949页。
② 《顾颉刚自述》,高增德、丁东编:《世纪学人自述》(第一卷),第14页。
③ 对此问题,桑兵《抗战时期国民党对北平文教界的组织活动》(《中国文化》2007年第1期)一文,从"透视中国学人在国家民族大义、党派政见分歧与学术自由独立之间平衡取舍的态度倾向"的视角,对顾颉刚的遭遇和抉择多有论及。
④ 《顾颉刚自述》,高增德、丁东编:《世纪学人自述》(第一卷),第17页。
⑤ 顾颉刚:《禹贡·发刊词》,《禹贡》1934年第1期。
⑥ 值得注意的是,田亮所著《抗战时期史学研究》(第39页),从爱国主义的视角,对抗战时期的中国史学给予了较为全面的论述,并认为"爱国主义是抗战时期中国史学界最强劲的思潮"。

第二节　战争之下的史家南迁与留守

抗战军兴后,京、沪等地的史学家面临着南迁与留守的两难抉择。那么,何以留守?何以南迁?部分史家选择南迁,除却爱国主义与民族主义的驱策外,亦与自身对所处学术机构的依赖、对名节保全的担心、对政治迫害的不安等因素有关。部分史家,因资金短缺、老病、家庭拖累以及对所处学术环境的依恋,而选择留守。对此问题加以辨析,可使我们对战时学人的地域性选择问题,有更为真切的了解。

近年来,学界对抗战时期中国知识分子群体问题的探讨,多侧重于其迁徙历程、学术成绩、政学关系等层面;而对 1937 年前后,中国学人群体的地域性抉择问题少有述及。本节将对战时史家群体所面临的地域性抉择问题,予以论析。

一、史学机构的内迁

"七七事变"前后,中国学术的版图——原有以北平、上海等城市为中心的学术网络,受时局的影响而发生变易。从地域层面看,抗日战争以至国共内战,导致史家大转移与大流徙。此间,史家聚集的北平沦陷,上海成为"孤岛",大批不甘为"亡国之史"的史家,纷纷南迁昆明、重庆、成都等大后方,而在学术文化层面上,亦日渐形成了几个相对集中的学人聚集地。随着抗战进入相持阶段,学术的三大区域——沦陷区、革命区、国统区亦日渐形成。这场史家的大转移,使得史学的发展不可避免地发生转变。与此同时,各大院校的史学院系、史学专业研究机构,亦多南下重组。当时南迁的院校如下表:

表 1-1　抗战时期大学学院设有历史系者一览表

校名	地址	系名	南迁历程
中央大学	重庆	历史	战时自南京迁。师范学院另设史地系
西南联合大学	昆明	历史社会	初迁湖南长沙,二十七年春迁往云南昆明。北大称"史学系",清华与南开均称"历史学系"
中山大学	广东、砰石	历史	战时初迁罗定,继至龙州,终抵云南澄江。两年后迁回砰石。越四年,至三十三年底,疏散至梅县
西北大学	西安	历史	国立北平师范大学、北平大学与北洋工学院西迁西安,合组为国立西北联合大学。继迁城固。二十八年九月,改组为国立西北大学,二十九年四月部令指定西安为永久校址
暨南大学	建阳	历史	二十六年秋迁入上海租界,三年后迁至福建建阳
复旦大学	北碚	史地	战时自上海经庐山到贵阳,而后迁往重庆

(续表)

校名	地址	系名	南迁历程
浙江大学	遵义、湄潭	史地	浙大自杭州初迁浙江建德,再迁江西泰和,三迁广西宜山,最后迁贵州遵义与湄潭,师范学院亦设史地系
安徽大学	立煌	史学	初迁六安、霍邱,再迁立煌,不久停办
中正大学	泰和、宁都	文史	民国三十年创设文史系
武汉大学	嘉定	史学	战时自武昌迁往。先在乐山,后迁嘉定
四川大学	成都	历史	
河南大学	嵩县	文史	战时自开封初迁镇平,以在嵩县潭头镇时间较长。三十三年迁荆紫关,三十四年还迁陕西宝鸡
山西大学	秋林	历史	民国二十六年十一月八日太原沦陷,奉令停办。二十八年秋在秋林复校
兰州大学	兰州	历史	
厦门大学	长汀	历史	战时自厦门迁长汀。民国十四年至二十七年曰"历史社会学系",二十七年秋改称"历史学系"
贵州大学	贵筑、花溪	历史社会	该校创于民国三十年,翌年在文理学院设"历史社会学系"
云南大学	昆明	文史	民国二十七年改国立。二十九年昆明遭空袭,曾分迁嵩明、会泽等县
东北大学	三台	史地	
金陵大学	成都	历史	自南京迁往,假华西大学复校
燕京大学	北平	历史	
辅仁大学	北平	史学	
中法大学	昆明	文史	文学院于民国三十年迁昆明
岭南大学	曲江	历史	战时自广州曾迁香港,后又至曲江、梅县
光华大学	成都	历史	战时自上海迁往成都设立分校
大夏大学	贵阳	历史	战时自上海迁往。三十三年秋,自贵阳迁之黔北赤水
大同大学	上海	史地政治	
圣约翰大学	上海	历史	
武昌华中大学	大理	历史社会	自武昌初迁桂林,再迁云南大理之喜洲镇
华西协和大学	成都	哲学历史	
齐鲁大学	成都	历史社会	战时自济南迁往
福建协和大学	邵武	历史	民国二十七年自福州迁往。二十九年将文史系分为中国文学与历史两系
国立师范学院	蓝田	史地	民国二十七年创立

宋晞:《抗战时期的大学历史教学与史学研究》,宋晞主编:《民国以来的中国史学论集》,台北,"国史馆",1999年,第107~111页。

除了高校史学院系外,国家性的综合性研究机构如中央研究院历史语言研究所、北平研究院历史考古研究所等,亦南迁昆明等地。在傅斯年的精心筹划下,随着史语所南迁,研究人员、设备、相关图书皆得到了有效的转移,这也为战时史语所的研究工作打下了良好的基础。

北平研究院历史考古研究所,亦于1938年秋转移至昆明,当时的负责人为徐旭生、顾颉刚。院址最初设在昆明近郊黑龙潭附近的落索坡,条件简陋,又多无书籍可凭,研究工作难以进行。① 后又迁至昆明黄公东街10号。② 对于迁徙的经过,北平史学研究所在"本所纪事"中记述道:"(1938年)四月初,伪组织竟派人接收,并将本所历年所积的古物及书籍完全运去。……是年冬,徐、顾两先生陆续到昆明,二十八年三月借得北郊黑龙潭龙泉观地址,工作人员亦陆续来滇,始又开始工作。"③当时研究的重心,侧重于"古史料之研究及陕西发掘材料之整理"④,"整理陕西宝鸡斗鸡台发掘资料,准备出版外,并从事云南边陲民族史料之搜集与考证"⑤。

1940年,北平史学研究所以部分经费,在黑龙潭南附近的落索坡,建起了简陋平房,作为研究所办公之用。⑥ 由于顾颉刚身兼数职,所以研究所主要由徐旭生主持。在此简陋环境中,研究员苏秉琦完成《陕西宝鸡县斗鸡台所得瓦鬲》研究手稿,惜邮寄香港付印时丢失。

二、南下之史家

依战争的进程而言,最先受到触动的是有文化城之称的北平。既有对1937年前后北平的关注,多是从政治、军事层面加以论述,而对战争危局之下中国知识分子群体的关注,则显得较为薄弱。同时对战时中国史家南迁与留守的问题,除却相关学人的回忆录、日记等记述外,则不见述及。故而,对中国史家在1937年前后所面临的社会环境、学人的心理状态、留守或南迁的艰难抉择等问题予以论析,实有利于对战时知识界状况的了解和体认。

20世纪30年代,日渐危急的外患,使当时一度追求考据、整理国故的

---

① 《张维华自传》,《中国现代社会科学家传略》(第六辑),太原,山西人民出版社,1985年,第234页。
② 《顾颉刚日记》(第四卷),1941年3月31日,台北,联经出版事业公司,2007年,第514页。
③ 北平研究院史学集刊编辑委员会:《史学集刊》1944年第4期。
④ 《学术界消息》,《图书季刊》1943年新第4卷第1~2合期。
⑤ 程明洲辑:《史学界消息》,《史学年报》1940年第3卷第2期。
⑥ 据苏秉琦之子回忆,研究所"没有玻璃,窗户用仅有的浅色黄纸裱糊,地面是夯土地,墙也是夯土墙。每逢下雨,路面和院子必是红色的泥巴沾满鞋底,再蔓延到屋子里的红色硬土地面"。苏恺之:《我的父亲苏秉琦:一个考古学家和他的时代》,北京,生活·读书·新知三联书店,2015年,第63页。

学者，不得不走出书斋，转向"外在"的经世之学，由纯粹学术到经世救国的转变成为不可逆转的趋势。日本在军事上步步紧逼，东三省陷落，随之而又有《塘沽协定》等签订。如此而来，作为中国政治与学术中心的北平，俨然成为不设防城市。面对于此，北平学术界即通过自身努力而发起抗日侵略的舆论动员与民众宣传。然而，从史家具体的遭遇来看，其群体的分化，更多的是发生于1937年前后。

（一）随高校而南下者

"七七事变"后，北平的非教会高校多南迁，而凭依于高校的学人，亦多随之南下。当时的高校如北京大学、清华大学等，纷纷南下重组。另外，一些专业性的学术研究机构如北平研究院等，亦辗转南迁，逃离沦陷之域。

首先，资金短缺为学人南下的一大障碍。北平沦陷后，时局日渐危急，而部分学人的南下之途艰辛异常，资金匮乏是一个重要原因。以北大学人的处境而言，时任北大秘书长的郑天挺，作为北大最后一批南下的学人，较为真实地记述了当时的政治环境和学人心态："当时教职工到校者寥寥可数，多数同仁都想早离危城，但又无路费……未走教授如孟森、汤用彤、罗常培、邱椿、毛子水、陈雪屏等也多次开会，建议给低薪职工每人发30元维持费。"①学人多有离城南下之心，然因南下费用缺少，而难以成行。

由于时局不明，当时学人中多有留守打算。就连南下途中的胡适，在给郑天挺的信中亦言："台君（台静农）见访，知兄与莘（罗常培）、建（魏建功）诸公皆决心居留，此为最可佩服之事。鄙意以为诸兄定能在此时埋头著述，完成年来未完之著作。人生最不易得的是闲暇，更不易得的是患难，——今诸兄兼有此两难，此真千载一时，不可不充分利用，用作学术上的埋头闭户著作。……弟唯一希望诸兄能忍痛维持松公府内的故纸堆，维持一点研究工作。将来居者之成绩，必远过于行者，可断言也。"②以今日视之，胡适对时局之变化并未有全面而深刻的判断，仍寄情于留守之学人，希望他们能继续从事整理国故的工作。所谓"闭户著作"，在学人生活维艰之时，已实难维系。此间，郑天挺亦有被日宪兵队逮捕之虞，且有亲日派学人钱稻孙等前来游说。不久，留守学人收到寄款，南下之路方得以成行。仅就郑天挺而言，此时南下，丧妻别子，其间压力又非常人可比。而学人南下，又多为仓皇进行，容肇祖即言："北平沦陷，北京大学、清华大学、南开大学合并为长沙临时

---

① 郑天挺：《南迁岁月——我在联大的八年》，南开大学校史研究室编：《联大岁月与边疆人文》，天津，南开大学出版社，2004年，第4页。
② 《胡适书信集》（中册），第733~734页。

大学,我不得不离开辛苦节俭购买的一些书籍,这时心情之乱,难以形容,仓促只身南下,什么也不能带。"①

其次,学人因身份不同,待遇不免有迥然之别。当时北大对南下学人的优遇,主要面对教授、副教授,而讲师、助教则不在此列。身为北大文科研究所助教的邓广铭即遇到这一困境:"抗日战争开始后,史语所南迁,北大也南迁,因为迁徙的最终地点定不下来,所以当时北大当局规定,只有教授、副教授可以去,讲师、助教不去。我留在北京,每天到北京图书馆善本书阅览室去看书。"②直到1939年,邓广铭收到傅斯年安排其任北大文科研究所高级助教的信函,方才南下就职。邓氏无疑是幸运的,因其此前撰写《辛弃疾(稼轩)年谱》及《稼轩词编年笺证》,而入中华教育文化基金董事会"科学研究补助金当选人名单",并获得1200元国币的补助。③ 此项补助,无疑对他在沦陷区北平的生活与学业助益良多。时任北大讲师的熊十力却没有如此幸运。"七七事变"后,教授可以到西南联大报到,仍能教书,不致失业。而熊先生不是教授,1939年北大迁到大后方,拒绝收容他,任他漂泊西南天地间达八年之久。④

可以说,当时"北平学界之士亦纷乱不堪,有职守者,或随校内迁,或应聘他校,多以生存兼治学为准则";而无职者则不免面临着流亡的险境。曾经担任顾颉刚私人助理的童书业,即因在北平无公职,而不得不流落于上海。⑤

(二)因政治迫害而离校者

部分史家因战前激昂的经世态度,而招致日人嫉恨,不得不在北平沦陷之时,离城他去。顾颉刚即为一例。"七七事变"前,顾颉刚因创办通俗读物编刊社,发行抗日色彩明显的刊物,如《民众周报》,即因"抗日色彩浓厚,冯焕章先生又有诗文刊入,遂遭日人嫉忌,于昨日由上海捕房到梧州路、福州路两处开明书店查抄,取去万余册,将在特区法院起诉"⑥。顾颉刚又一度

---

① 《容肇祖自传》,《中国现代社会科学家传略》(第三辑),第366页。
② 邓广铭:《回忆我的老师傅斯年先生》,《邓广铭全集》(第十卷),石家庄,河北教育出版社,2005年,第303页。
③ 《中华教育文化基金董事会第十三次报告》,1938年6月,南开经济研究所特藏部藏。报告内列"邓广铭:国立北京大学学士,历史学,'辛弃疾(稼轩)年谱'及'稼轩词编年笺证',金额:1200元国币"。当时中华教育基金董事会的董事长蔡元培,副董事长孟禄、周诒春,名誉秘书胡适。胡适在此申请中助力颇多,而邓广铭成为历史学类奖金的唯一获得者。
④ 参见《念旧企新——任继愈自述》,太原,山西人民出版社,1997年,第75页。
⑤ 童教英:《从炼狱中升华:我的父亲童书业》,上海,华东师范大学出版社,2001年,第81页。
⑥ 《顾颉刚日记》(第三卷),1937年5月19日,第644页。

担任燕大中国教职员会理事长,首倡《对时局宣言》,主张中日交涉绝对公开,不辱主权,更招致日人干涉。①《顾颉刚日记》亦言:"日人开欲捕者之名单,颉刚列首数名,似有不能不走之势。"②最终,在北平沦陷之时,顾颉刚被迫潜离北平,应傅作义之邀去绥远襄助西北教育事宜。

燕京大学的沈兼士,"与同人英千里、张怀、董洗凡等教授秘密组织'炎社'(取顾炎武的'炎',以示抗日)。不久扩大组织,改为'华北文教协会'(简称'华北文协')。其宗旨是:一方面以消极地不屈服不合作的态度对付日本人,而暗中提倡高风亮节、为人师表、以身作则,用无言之教,感召学子;另一方面则积极地发扬民族思想、爱国精神,以顾炎武'天下兴亡,匹夫有责'的名言号召文教界人士参加沦陷区的抗战活动。"③后招致日人缉捕,而被迫南下。

又如北平史学研究所的苏秉琦掌握大量原始资料,日本占领北平后,日方即以博物馆顾问为诱饵让其顺从。苏氏拒绝后,为避免日伪纠缠,被迫"和中德学会加强了联系,有时还以查资料为名到北平图书馆去躲避",④最终于1938年接到徐旭生电报之后,只身南下。

(三) 为保全名节而被迫南下者

部分学人虽有留守打算,然为保全名节计,亦不得不南下。如陈寅恪,因其父陈三立病逝、持家守丧之故,迁延时日后,方辗转南行。而陈氏本有短暂留守之意:"寅恪甚赞同宓隐居北平读书一年之办法。惟谓春间日人曾函邀宴于使馆。倘今后日人径来逼迫,为全节概而免祸累,则寅恪与宓等,亦各不得不微服去此他适矣。"⑤萧公权亦有暂留的想法。然时局危急,学人留守不免遭受日人逼迫,且有失节之虞,故而为保全节操计,也是大部分史家南下的一个重要因素。其他学人,如作为"陈(陈垣)门四翰林"之一的柴德赓,虽身居辅仁大学讲席,亦于1942年离平南下,更多是出于保全名节、不为亡国之史的情结使然。

当然,很多学人的南下,是诸多因素综合使然。上述所论,仅为南下诸多因素中的几个侧面而已。以身为燕京大学讲师的谭其骧而言,"'新

---

① 参见顾潮《历劫终教志不灰——我的父亲顾颉刚》,上海,华东师范大学出版社,1997年,第182页。
② 《顾颉刚日记》(第三卷),1937年7月18日,第667页。
③ 参见葛信益《记恩师兼士先生抗日爱国的无畏精神》,葛信益、朱家溍编:《沈兼士先生诞生一百周年纪念论文集》,北京,紫禁城出版社,1990年,第33页。
④ 苏恺之:《我的父亲苏秉琦:一个考古学家和他的时代》,第45页。
⑤ 《吴宓日记》(第六册),北京,生活·读书·新知三联书店,1998年,第219页。

民学院'就曾多次派人来拉谭其骧去该院任教,并开出每节课100元的高价。……他(谭其骧)在燕京大学始终是兼任讲师,既未转为专任,更难提升为副教授。邓之诚为此深为不平,让王钟翰向洪业说项。洪业直截了当告诉王钟翰,像谭其骧这样没有哈佛或美国大学背景的人在燕京没有什么前途,不如到其他学校发展。"①一方面伪大学高薪相邀,另一方面在燕大则薪水微薄,且晋升无望。在此背景下,谭其骧转至南迁的浙江大学任教。以谭氏而言,如仅从爱国守节或生存压力一端加以诠释,或不免有偏失之嫌。

三、留守之史家

部分学人基于爱国之义愤、民族情结之驱策而毅然南下,而部分学人却选择留守。所处环境的复杂难辨,学人的避而不谈,后世评判的苛责偏失,都使得对这一问题的关注尤为缺失。虽同为留守者,然缘由各异。

(一) 老、病、家累难以成行者

当时,北平史家因不事敌伪、病疾而逝的有孟森、钱玄同等人。最初,北大南迁时,校方承认的留平教授有四人,分别为周作人、孟森、马裕藻和冯祖荀。孟森曾有诗文规劝任伪满洲国"国务总理"的旧友郑孝胥弃任伪职,然未果,从此与数十年老友绝交。1937年冬,北平沦陷后,日本宪兵前往北大研究院文科研究所,向孟森强迫索取宣统元年(1909年)测绘俄蒙交界地图原本。因孟森曾撰文考证这一地区,地图曾刊载津、沪两地《大公报·图书周刊》,名为《宣统三年调查之俄蒙界线图考证》②。此事被日人注意,派兵强索,胁其交出,孟森终因不堪屈辱而致疾发。周作人亦言:"(一九三七)十一月廿九日,在北池子一带的孟心史先生家里。孟先生已经卧病,不能起床,所以在他的客房里作这一次最后的聚谈,可是主人也就不能参加谈话了。"③孟森作《北平史迹丛书序》时,署为"二十六年岁首",不想一载之后,即郁郁而逝。南迁学人闻讯后,于《治史杂志》第二期刊登了罗莘田《孟心史先生的遗诗》、罗庸《忆孟心史先生》、郑天挺《孟心史先生晚年著述述略》等纪念孟森之文。其他学人如钱玄同,于1939年春因病而逝,而《古史辨》第七册,亦有纪念钱氏之意。

另外,如俞平伯,南下未成,则很大程度上是因为其父"陛青先生年高多

---

① 葛剑雄:《悠悠长水——谭其骧传》,第112页。
② 按,《图书季刊》1936年第3期,亦转载此文。
③ 《周作人散文全集》(第十三卷),桂林,广西师范大学出版社,2009年,第746页。

病,只好留平照料"①。而辅仁教员柴德赓选择留守孤城,则与妻子临产有莫大关系。②

亦有部分学人,为家庭生计之故,不得不接受伪大学之职,亦多属无奈之举。比如,作为禹贡学会成员的吴丰培,在主持者顾颉刚离开后,与赵贞信等人负责保管学会产业。然则,家庭之压力甚大,"上有七旬严亲,下有六个幼龄子女,九口之家,一人肩负",难以成行,只得在中国大学、辅仁大学兼课,然薪酬微薄,"实难维持食口众多之生计。不得已乃就伪北京大学农学院、文学院、女子师范学院、师范大学等校讲课。"③当时,迫于生计,而一度任教于伪北大的史家还有冯承钧、瞿兑之、谢国桢、刘盼遂、容庚等人。④可以说,当时学人兼课于伪大学,多因生计所迫使然。

(二)凭依高校而留守者

北平沦陷后,部分高校如清华、北大等皆南迁,校中学人亦多随之南下。存留于北平(日本占领北平后,曾将其改名为北京,今仍用旧称)的高校,仅有燕京大学、辅仁大学,以及私立的中国大学等。

表1-2 北平沦陷后新成立的伪大学一览

校名	校长	成立时间
国立新民学院	王克敏	1938年1月,北京临时政府成立
国立北京大学	汤尔和	1938年3月,旧北京、北平两大学改组成立
国立师范学院	玉瑾	1938年3月成立
国立北京女子师范学院	张恺	1938年3月成立,旧北京女子文理学院改组

〔日〕桥川时雄:《中国文化界人物总鉴》,京都,株式会社名著普及会,1940年,第6~9页。

留守的学人多蛰居读书、闭门著述,以不事敌伪、保持民族气节为己任。不愿辱节到敌伪大学任教的学人纷纷转至教会学校及私立大学。以中国大学而言,"聘请清华、燕京留平教授到中大任教。……(清华)中文系主任俞平伯到中大依旧担任中文系主任。(燕京)齐思和任史学系主任,翁独健、张东荪等人亦至。"⑤又如张岱年,因与南下学校失去联系,即蛰居北平数年,

---

① 《问学谏往录——萧公权治学漫忆》,北京,学林出版社,1997年,第121页。
② 刘乃和、周少川等:《陈垣年谱配图长编》,沈阳,辽海出版社,2000年,第483页。
③ 《吴丰培自述》,高增德、丁东编:《世纪学人自述》(第三卷),第363页。
④ 《李洵自述》,高增德、丁东编:《世纪学人自述》(第六卷),第128页。
⑤ 姚愔:《北平沦陷时期的中国大学》,中国人民政治协商会议全国政协委员会文史资料委员会:《文史资料存稿选编·教育》,北京,中国文史出版社,2002年,第208页。

1943年方谋得私立中国大学之聘。① 此间,张岱年、王森、翁独健、张遵骝、韩镜清、成庆华、王葆元、张恒寿等人,还成立了三立学会,以求保持民族气节、促进学术研讨。②

抗战时期的辅仁大学与燕京大学,因教会大学的背景,得以存留。以辅仁大学而言,学者多转至此地,"虽然工资少,他们也以保持民族气节为重,坚决不为敌伪所用。当时国文系教师有:沈兼士教文字学,高步瀛教汉书,赵万里教校勘学,陆宗达教说文,戴君仁教文选,储皖峰教文学史,陈君哲教马氏文通,周祖谟教等韵学。"③其历史系即有张星烺、陆懋德、朱师辙、邓之诚、韩儒林、赵光贤、柴德赓等人;国文系有沈兼士、余嘉锡、罗常培、魏建功、孙人和、顾随、陆宗达、赵万里、孙楷第、刘厚滋、刘盼遂、启功等人。其中,邓之诚、孙楷弟等,即是在燕京大学解散后,转至辅仁大学任教的学人。其中,部分留守的史家,亦多有南下之心,然受诸多因素掣肘,而难以成行。以陈垣而论,本有南下打算,1943年"得悉大汉奸曹汝霖将出任辅仁大学董事长,与高足柴德赓商量,计划离开北平南下,因校务长雷冕等人涕泣相留,未能成行"④。陈垣的一位学生这样回忆道:"北平陷后,我曾去看他,他说:'迟早还是得走!'一转眼已是五年半了,他为着职务(辅仁校长)的关系,始终留在北平维持这最后一所大学。"⑤可以说,在某种程度上为辅仁大学计,陈垣选择了艰辛备尝的留守一途。

作为留守者的史家群体,或相互砥砺志节,进行潜在抵抗;或闭门谢客,力图绝缘于政治纷扰,潜心著述;或以遗民孤臣自比,茕茕孑立于学界之外;或迫于政治与生存的压力,而徘徊于爱国正义与屈节事伪的嫌疑之间。作为留守者,特别是被视为社会良知代表的知识分子,似乎又遭受了比普通民众更为严格的道德评判。

四、何以留守?何以南迁?

综上而言,则知1937年前后的北平史家,其留守或南迁,则是各有缘由。南下之史家,有随校而迁者,有因避免政治迫害而离校者,更有为保全

---

① 《张岱年自述》,高增德、丁东编:《世纪学人自述》(第三卷),第333页。
② 《张恒寿自述》,高增德、丁东编:《世纪学人自述》(第二卷),第224页。
③ 《余嘉锡先生纪念文集》,长沙,湖南教育出版社,1989年,序言,第3页。
④ 孙邦华:《身等国宝志存辅仁——辅仁大学校长陈垣》,济南,山东教育出版社,2004年,第396页。
⑤ 朱海涛:《北大与北大人——陈垣先生》,《东方杂志》1944年第40卷第7号。方豪则认为,陈垣留守孤城北平,盖因"先生最爱书,视同生命,抱残守阙,不愿远行"。(方豪:《对日抗战时期之陈援庵先生》,《陈援庵先生全集·书信附录》,第662页)

名节而被迫南下者。留守北平的学人,则部分因所执教的学校未能南迁,而选择留守;部分因老、病及家庭拖累,甚而资金短缺,而难以成行。故而,在爱国的名义下,史家的南下与留守,实有更为具体而细致的考量。对此问题稍加辨析,则可使我们对南迁者的正义性与留守者所面临的压力问题,有更为真切的了解。

首先,后世学人对身处沦陷之地的史家,不免抱有如罗志田所言"倒放电影"式的论列与评判。① 然而,对战时学人关于时局的观感、自身遭遇的态度,似有必要予以重新审视。北平初陷后,当时学人对北平将来的局势,亦不免存有截然两途的认识。乐观论者,如此时已处九江轮上南下的胡适,劝留守学人潜心著述于沦陷之地的北平,并谓之为千载难逢之机遇,此论或可视为较为乐观的论调。悲观论者,如吴宓对密友陈寅恪的政治态度,在日记中记载道,"寅恪谓中国之人,下愚而上诈。此次事变,结果必为屈服。华北与中央皆无志抵抗。且抵抗必亡国,屈服乃上策";又言"寅恪仍持前论,一力主和。谓战则亡国,和可偏安,徐图恢复"②。其实,这一政治态度的分野,早已有之。"九一八事变"后不久,北平部分学人发起了北平为"文化城"(也就是中立区)的运动,马衡等人附和此议。傅斯年则在极力劝说无效后,不得不向蔡元培等人写信,申明立场。③ "七七事变"后,上述不同政治态度的学人多已南下,而身处沦陷之域达七载之久的留守学人对此间的观感和体验,则又与上述所论者,多有差异。

其次,我们也会发现,"知识分子常常坚守着比普通人更高的标准。而这些标准往往忽视了自己或亲人的利益。因此,当北京高校的教职员工在去留之间徘徊时,许多人不得不在爱国主义所要求的离去和举家(包括老态龙钟的父母)迁往外地的担忧间权衡。"④当时的学人,在爱国主义的感召下,别妻离子,毅然南下,此又为可佩可敬者。而另一方面,部分学人的留守亦是多重因素权衡的结果。即如北大对教员南下的不同待遇而言,讲师、助

---

① 罗志田:《民国史研究的"倒放电影"倾向》,《社会学研究》1999年第4期。王汎森亦注意到这一倾向:"对某一定点上的历史行动者而言,后来历史发展的结果是他所不知道的,摆在他面前的是有限的资源和不确定性,未来对他而言是一个或然率的问题,他所有决定都是在不完全的理性、个人的利益考量、不透明的信息、偶然性,夹杂着群众的嚣闹之下作成的,不像我们这些百年之后充满'后见之明'的人所见到那样完全、那样透明、那样充满合理性,并习惯于以全知、合理、透明的逻辑将事件的前后因果顺顺当当地倒接回去"。王汎森:《中国近代思想文化史研究的若干思考》,《新史学》2003年第14卷第4期。
② 《吴宓日记》(第六册),第168~169、174页。
③ 傅乐成:《傅孟真先生的民族思想》(上),《传记文学》1963年第2卷第5期。
④ 〔美〕李斐亚:《沦陷时期的北京高校:可能与局限,1937~1945》,杨天石、黄道炫编:《战时中国的社会与文化》,第173页。

教本就薪水微薄,又因学校南迁之地未定,"只许正副教授南迁,讲师、助教暂留北平或家乡待命"①。如此,学人何以南下? 又如,在遭遇资金困难、家累困扰,而又少有积蓄可言的情形下,学人南下所遭受的压力与困境,与条件优厚者相较,似又应分别视之。

最后,在抗战胜利后,留守学人所遭受的评判压力,又使得对这一问题的检讨变得更具敏感性。正如钱穆所言:"其实抗战八年,留在沦陷区者,惶恐困厄,与逃避后方等,初无大异。及胜利回都,沦陷区乃如被征服地,再教育之呼声,甚嚣尘上,使沦陷区人民心滋不安。"②而留守者的压力则在后来更为复杂的情势中纠葛地表现出来。

总而言之,既有对于留守者与南迁者的探讨,更多地局限于爱国主义与民族主义的层面。这一诠释路径,确能解释史家虽有地域之别,而爱国情结彰显不灭的精神,且从整体上论析了战时中国学人的精神品格与治学取向。然而,将史家面临去留问题的权衡,所面临的政治迫害、生存压力、家庭束缚,以及面对纷乱时局而做出的去留抉择等问题放置于具体的环境中,予以个案式的分析,似可对战时学人的著述环境和政治心态,有更为全面而合理的认知。

---

① 《邓广铭全集》(第十卷),第415页。
② 钱穆:《八十忆双亲 师友杂忆》,北京,生活·读书·新知三联书店,2005年,第262页。

第二章 留守北平的史家群体

"七七事变"后,大部学人流离南下,仍有部分史家,受诸种因素之掣肘,而留守于沦陷的北平城。战后,对留守人士的政治清算,使得部分学人出于种种缘由,对此段经历多避而不谈。作为留守者,特别是被视为社会良知代表的知识分子,似乎又遭受了比普通民众更为严格的道德评判。

第一节 何以自处:留守者的心态与境遇

抗日战争爆发后,大部分北平知识分子避乱南下,也有人选择了艰苦备尝的留守一途。在民族大义与自身生存的双重压力下,这一留守群体在出处去就上的犹豫和徘徊、个人情感上的愤懑与自谴、交际方式上的谨慎与敏感、生存著述上的困窘与抵抗,皆呈现出了一种复杂而微妙的场景。

一、留守学人的政治心态

随着抗日战争史研究的深入,对沦陷区知识分子的探讨,日渐为学界所关注。研究视角主要集中在地域选择、政治倾向与著述转变等层面。当然,在对这一群体心态和境遇的探讨中,不免存在着"倒放电影"式的论述与评判。故而,对沦陷区知识分子的政治心态、交际形式、生存压力与著述环境等问题的研究,仍有进一步开拓的空间。本节以身处"笼城"北平的知识分子群体为探讨对象,对上述问题加以申说。

"九一八事变"后不久,对战争之下北平城如何得以保存的问题,北平知识分子群体即出现了分化。部分学者如江翰、马衡、徐炳昶等,出于保存北平古物的考虑,发起了北平为"文化城"的运动。但提倡者主张北平不驻兵、撤出军事装备,而成为不设防城市。这种提议被视为有利于日本侵略,从而遭到了傅斯年、鲁迅等人的极力反对。傅氏颇为痛心地说:"北平学者出此下策,斯年实为中国读书人惭愧也。"①在劝说无效后,他还向蔡元培等人写信申明立场。②"七七事变"后,北平知识分子在留守与南迁的问题上,态度也多有不同。随着大部分学人选择离开,作为留守于北平的知识分子,他们在国家的抗战前途、个人的出处去就等问题上所保有的政治心态颇为复杂而微妙。

北平初陷后,当时学人对北平将来的局势存有截然两途的认识。乐观必胜论者以胡适、潘光旦等为代表。胡适即认为自己是个不可救药的乐观之人,他看到李方桂因国难家仇而滞留北平时,就劝说道:"啊呀!你怎么还在这里?不走等甚么?"催促其出国留学。当李方桂谈到家仇国难时,胡适却说道:"国难怎么样?方桂又不会抱着枪上前线!兵荒马乱学问并不能救国,若有意外,还不是多饶上一个?他现在既然有机会被请出去,做学问是不分国际的。他在国外能有所表现,有所收获,学界所得更多,快走快走!"③由此可见胡适的态度。

潘光旦也抱持着相近的态度,他在作别妻女、离平南下之时,即预见道:"敌人鉴于我民族实力之不可侮,国际正论之不可拗,及时悔祸,还我河山,则团聚之期,当亦不远也。"④部分知识分子在家人暌隔、国土沦丧之际,仍能相互勉励、弦诵不绝,可见他们对中国抗战前途抱有必胜信念的乐观心态。

然亦有学者对抗战的前途持悲观态度。如吴宓对密友陈寅恪的政治态度,在日记中记载道,"寅恪谓中国之人,下愚而上诈。此次事变,结果必为屈服。华北与中央皆无志抵抗。且抵抗必亡国,屈服乃上策。"吴宓一度也有留守北平之心:"盖宓之意向,欲隐忍潜伏,居住北平,静观事变,置身局外,苟全性命,仍留恋此美丽光明之清华、燕京环境,故不思他去,不愿迁移,不屑逃避。宁脱离清华团体,而为自营之计云云。"⑤后来,时局骤变,他也不得不改变初衷,选择离城南下。沈从文的心态与吴宓颇有些类似,他初意与城共存亡:"我个人意思绝不与此大城离开,因百二十万市民与此城同存亡,个人生命殊太小也。"后来,他不得不选择离开。其妻张兆和因资金匮乏等而滞留北平城。她在给沈从文的信中说:"入晚夜静,枪声时有所闻,城内尚安,奇怪的是西长安街的两大戏院却常常是满座。"⑥战争似乎并未阻碍

---

① 《傅斯年信札》(第一卷),台北,"中央研究院"历史语言研究,2011年,第429页。
② 傅乐成:《傅孟真先生的民族思想》(上),《传记文学》1963年第2卷第5期。
③ 徐樱:《方桂与我五十五年》(增订本),北京,商务印书馆,2010年,第62页。
④ 《潘光旦日记》,北京,群言出版社,2014年,第8页。
⑤ 《吴宓日记》(第六册),第219页。
⑥ 《沈从文全集》(第十八卷),太原,北岳文艺出版社,2002年,第236、239页。

部分人对娱乐享受的热爱,这也使得有爱国心的知识分子顿生一种愤懑与悲凉之情。

久居沦陷之城的知识分子,对个人际遇、国家前途所持有的心态也颇为复杂,愤懑悲戚、感慨自伤、自嘲自遣各有不同。执教于燕京大学、辅仁大学的邓之诚,在日记中感慨道:"芦沟桥事变迄今六周年矣!战事了结不知何日,伤今怀古,感慨无穷,瞻念前途,但增悲怛,我怀如此,天意谓何,触笔酸辛,聊识冤愤,不欲人知,自伤而已。"①时局不明,学人观国土收复无望,其悲戚心情,并非个案。又如,旧派学人傅增湘面对此危局,在与友人张元济的信函中言:"我辈高年,遇此国难,则身家之计亦无从顾及矣";"祸难方殷,兵戈满地,我辈乃孳孳以考史拾遗为事。真所谓乾坤一腐儒也。"②困居北平的谢国桢在致友人杨树达的信中,袒露了自己的心境:"事变后地方尚称安靖,但消息沉闷,不得朋友消息,夏日冗长,惟以读书自遣而已。"③在沉闷与压抑的政治氛围下,学者们的自伤、自嘲与自遣也反映了这一留守群体五味杂陈的内心感受。

沦陷区的知识分子在出处去就问题上的个人抉择也颇为微妙。有些学者在恪守师道尊严与民族大义之间选择了微妙的平衡。如周作人的弟子俞平伯,在1939年周氏"落水"接受伪职后,即选择了微妙的疏离以保持自身气节。周作人本欲让俞平伯代燕京大学课程,却被弟子委婉拒绝:"平于退出尊斋时徐而思之,殊未能往也。一则功课非素习,以前从未教过,亦难于发挥。清华欲开现代散文班,玄公来商,曾辞却。二则接先生之席,极感难继,恐生徒不满意。三则去年事变后,即畏涉远西郊。下情当想谅之。"④俞平伯对其师之请婉辞不受,所言"畏涉远西郊",表为托词,实为持守节操,维护自身清白。此后的日子里,俞平伯虽有为朋友、亲戚谋职之事请托于周作人,但在沦陷之下的北平城守持民族大义于不坠。

当然,沦陷区的知识分子在学术倾向上虽或相近,而政治抉择却不免相异。当时的读书人在"真金入火之时",受到了非同寻常的政治压力,群体间不免出现分化,可谓是:"遗老犹应愧蜂蚁,故人半已化豺狼。"⑤部分留守北平的"遗老"们,战前因与民国政府扞格不入,而多消极避世;北平沦陷后,又日渐活跃于政学两界,且部分或有屈节事伪之嫌。这又是当时政治乱象中

---

① 邓之诚:《五石斋文史札记》(八),《中国典籍与文化》2003年第2期。
② 《张元济傅增湘论尺牍》,北京,商务印书馆,1983年,第357、359页。
③ 杨树达:《积微居友朋书札》,长沙,湖南教育出版社,1986年,第79页。
④ 《周作人俞平伯往来通信集》,上海,上海译文出版社,2013年,第264~265页。
⑤ 夏承焘:《天风阁学词日记》(第二册),杭州,浙江古籍出版社,1992年,第354页。

的一抹灰色调。

二、灰色地带：北平留守史家们的交际网络

战时留守北平的知识分子，为了保持民族气节，多离群索居。原有的学术交谊，如拜访论学、聚谈相讨、办报论政等，在日伪的政治高压下变得难以维继。同时，严苛的政治审查与迫害，也使得知识分子处于自身生存与民族大义的双重压力之下，学人之间的交际活动变得颇为谨慎和微妙。

（一）留守史家与日本学人的学术交往

20世纪20～30年代，大批日本学人来到北平，如鸟居龙藏、桥川时雄、松崎鹤雄①等，与罗振玉、邓之诚、陈垣、傅增湘等多有学术交谊。北平沦陷后，在社会舆论、道德评判，乃至保守节操的压力下，这一交往变得更富敏感，"民族大义与学术无国界形成相当程度的紧张。如何处理正常学术交往与坚持民族气节的关系，成为北平学人两难的抉择。"②

以松崎鹤雄而言，他与陈垣在战前多有函札往还，请益不断；事变后，则发生了微妙的变化。他在一封与陈垣的信函中言："小弟老颓善病，怯风不出门，所以缺礼。且先生谢俗，不敢冒渎也。顷者敝国学界仰慕高风，频属弟问先生之阅历、著书书目，能听其请，赐示先生自叙传及大著书名，则弟当冒风趋谒函丈。奉教到贵校教员细井先生处，拟为此请，未知先生无由请谒也。春寒未消，敬祈千万保重。"③此信未署时间。函中所言"教员细井"，乃细井次郎，④其1939年被派至辅仁大学，名为教员，实则监察校务，抗战胜利后被遣返回国。由此则知，此函应写于北平沦陷之时。松崎鹤雄欲请陈垣写一自序，但又不免忐忑，函中所言"先生谢俗，不敢冒渎"，概深知陈垣高风亮节，不愿与日人交往。

除陈垣外，松崎鹤雄与当时身在北平的其他中国学人亦多有交往，邓之诚便是其中之一。⑤《五石斋文史札记》中对此多有记述，如1943年9月21

---

① 按，松崎鹤雄乃日本著名汉学家，为叶德辉弟子。
② 桑兵：《抗战时期国民党对北平文教界的组织活动》，《中国文化》2007年第1期。
③ 《陈垣来往书信集》，上海，上海古籍出版社，1990年，第226页。
④ 对于细井次郎在辅仁的表现，当时的年轻教师启功，曾有记述："日本侵略者不敢接管或干涉辅仁大学的校务，只派一名驻校代表细井郎监察校务，而这位日本代表又很识相，索性不闻不问，听之任之，并没给学校带来什么更多的麻烦。为此日本投降后，陈校长还长友好地为他送行，真称得上是礼尚往来，'人不犯我，我不犯人'了"。（《启功全集》（第九卷），北京，北京师范大学出版社，2009年，第113页）
⑤ 邓瑞：《邓之诚与松崎等的友谊》，《南京大学报》2005年1月10日。

日:"访松琦深谈,谓颇忧其国濒亡。"① 日本为侵略之国,然日本学人亦有亡国之忧,其不忘故国之情,实与邓之诚等中国学人多有相通之处。松崎鹤雄亦有向邓氏索要"自叙"之举,初被婉拒,"而坚请不已,乃略叙生平不慕荣利及为学之方以答之。"② 抗战胜利后,松崎鹤雄被敦促返国,因久居北平,对中国颇有眷恋之态,于是写信向邓之诚倾诉不愿离开之意。邓氏又请陈垣代为说情:"松崎柔甫不欲行,将被敦迫就道。顷以书来,辞甚凄苦,未知先生能转托友人为之缓颊否?诚为此事不能去怀,……特以此函为之代呼,幸恕唐突。"③ 然而,最终"缓颊"未成,松崎鹤雄被迫回国,邓之诚亦有诗词相赠。

桥川时雄亦与北平学人多有交往。他战前主办"文字同盟社",编辑发行月刊杂志《文字同盟》;又主持《续修四库全书提要》,因报酬丰厚,平津一带学人多被延聘。1940年,桥川时雄编写《中国文化界人物总鉴》一书,述及中国学人概况甚详。傅增湘作序言:"子雍桥川君自东瀛来,久居燕京,相知十余年矣。嗣以从事东方文化总会,与余过从尤数。其为学也勤,其治事也勇,其接人也和以挚,盖智力强果,而才识开敏之士也。近岁以来,续修《四库全书》提要,汲汲以征文考献为务,交游益广,阅见益博,凡故都耆宿,新学英流,莫不倾身延接,气谊殷拳,而吾国人士亦多乐与订交,而争为之尽力。由是,君之名日以盛,君之业亦日以宏,盖君之志夙以播扬东方文化为中日两国敦睦之基者也。日者以新撰巨帙见示,题曰《中国文化界人物总鉴》,……观其义例,乃取近代人士,凡学问文章,才艺技能,有名于时者,都四千五六百人,人为之传。举其名字乡里、生卒年岁、生平所历、著述所存,胪列于编,遍吾国二十八行省之地域,五六十年来之人物,综萃品论,登诸簿录,试披览而寻绎之,而近世人材之消长,风气之变迁,学术之源流,政教之演进,一展卷而得其大凡。……今君所辑其定限也,自桑海易世为始,其取类也。以学业才艺为宗,且其人为君所亲接者,更居少半,其他或传阅而知,或按籍而得,耳目既近,斯论定为详。"④ 此序作于"庚辰夏六月",即1940年夏,文中言"久居燕京,相知十余年",则知交谊之深;中国学人中"为君所亲接者,更居少半",可知当时中日学人交往范围之广。

又如曾在北大、燕大任教的汉学家鸟居龙藏,与洪业等人多有交谊。北

---

① 《五石斋文史札记》(八),《中国典籍与文化》2003年第2期。
② 《五石斋文史札记》(十一),《中国典籍与文化》2004年第2期。
③ 《陈垣来往书信集》,第385页。
④ 傅增湘:《〈中国文化界人物总鉴〉序》,参见〔日〕桥川时雄《中国文化界人物总鉴》,第1~2页。

平沦陷后，日人以文化交流为由，在燕大增加一名日本教员；最终妥协的结果是，聘请"一位其声望可以排除任何政治嫌疑的日本学者"，故挑选了鸟居龙藏担任客座教授。对此，校长司徒雷登记述道："当时他已是七十高龄，精力仍然充沛，在日本过着闲静的生活，对日本政府的冒险丝毫不表同情。我把我们的决定通知了日本使馆的一位秘书。他惊叫着说我们不可能聘请到那样一个人，我告诉他对方已经接受了这一邀请。鸟居龙藏博士只提出了一项条件，就是我们得保护他，使他不受日本军事当局的压力。我们向他保证说，只要他留在校园里就行，这事容易办到。……珍珠港事件后，他们住在城里，几乎陷于贫困，靠两个女儿糊口。他拒绝了所有日本方面的帮助，如他所说，'既然成了燕京的人，就永远属于燕京。'"①鸟居龙藏为保持学者的独立人格，不愿接受日本军部的控制和救济，其生活颇为窘困。1951年，鸟居龙藏离开北平回国。

毋庸讳言，战争之下中日史家的交往，不免附有强烈的政治含义；且战时日本学人的政治背景，以及学术组织中浓重的侵略意图，使得后世学人看待这一问题时，多以"文化侵略史学"涵括。然而，对于沦陷区北平的中日学人的交往，似乎还应回归到当时学术社群交往的情景中，做具体的分析。可以说，在纯粹学术自由与紧绷的政治张力之间，如何达到客观而公允的评述论析，又是诚可思之的问题。

(二) 战时陈垣与傅增湘的关系考辨

沦陷之后的北平学人多以闭门谢客、潜心著述的形式来保持民族气节，此间学人的交往也受到诸多因素的掣肘。身为辅仁大学校长的陈垣，其个人遭遇及与傅增湘的关系，颇值得关注。

可以说，陈垣与傅增湘交谊甚笃。傅增湘任教育部总长时，陈垣任教育部次长。傅氏下野后，陈氏接任做护理部务，掌管大印，相当于代理总长。抗战时期，傅增湘出于诸多原因留守北平，从事古籍收藏与整理，心境不免消沉。他在与挚友张元济的信函中称："祸难方殷，兵戈满地，我辈乃孳孳以考史拾遗为事。真所谓乾坤一腐儒也。"②此间，傅增湘因参与东亚文化协议会并任要职，③颇遭时人诟病，被视为节操有亏。对傅增湘与陈垣的关

---

① 〔美〕约翰·司徒雷登：《在华五十年——司徒雷登回忆录》，程宗家译，北京，北京出版社，1982年，第126页。
② 《张元济傅增湘论书尺牍》，第359页。
③ 关于东亚文化协议会的宗旨与参加人员，可参见〔日〕小林澄兄《东亚文化协议会》，《三田评论》1938年第494号。

系,后世学人在叙述爱国事迹时,多以文学笔墨、情感语言描述,虽声情并茂,然论述不免有失实之处。

陈垣的学生——柴德赓回忆说:"陈先生拒不见客,敌人老是麻烦他,要他参加东洋史地学会(这名义上是学术团体,实际上是汉奸组织),他拒绝;敌人要他出来担任当时敌伪最高文化团体——大东亚文化同盟会会长,他也坚决拒绝。"①

孙金铭曾撰《坚持对日斗争的陈垣校长》一文,以当事人的身份对此记述道:"日伪多次用高官厚禄,迫使他出任伪职,他都严词拒绝。有一次日寇成立所谓'东亚文化协议会',请他作副会长,说这是大东亚最高的文化机构,每月薪资几千元。他义正词严地说:'不用说几千元,就是几万元我也不干!'当他听到日寇拟改请某人出任时,他和这人是老朋友,便连夜去找这位朋友,希望不要答应此事。到了朋友家里,才知道已经答应了,老校长闻后拂袖而去,从此再也不和这位朋友来往。"②

张舜徽在追忆余嘉锡时提及道:"时京中耆旧,有藏书家某公,以版本之学闻名于海内外。先生和他既素有往来,又虑其名大将为日本人所利用,出任伪职,为一生之玷。因偕陈援庵访之,谈论间讽以共守岁寒、贞松不落之意。某公闻之悚然,因益退藏自晦,得全晚节以终。"③民国京城的藏书和版本学耆老的代表为李盛铎和傅增湘二人,且李氏1935年业已去世,再以与余嘉锡、陈垣的关系而言,"藏书家某公",当属傅增湘。

上述三人的回忆相互抵牾,内容亦有可商榷之处。陈垣所辞"东亚文化协议会"的职务,应为副会长,而非会长。此协议会首任会长为汤尔和,1941年改由周作人继任,"定章是有两个副会长,一个是中国人,即傅增湘,另一个则由日本方面担任,即东京帝国大学校长平贺,始终没有变换。"④可知,上述陈垣的这位老朋友应为傅增湘无疑。所言"从此再也不和这位朋友来

---

① 柴德赓:《陈垣先生的学识》,《励耘书屋问学记——史学家陈垣的治学》,北京,生活·读书·新知三联书店,1982年,第41页。陈智超亦有相似表述:"他们曾经要他担任所谓'东亚文化协会'的会长,这个'协会'是当时敌伪的最高文化团体,陈垣就是坚决拒绝。"参见《陈垣传略》,《中国现代社会科学家传略》(第一辑),第198页。
② 孙金铭:《坚持对日斗争的陈垣校长》,中国人民政治协商会议北京市委员会文史资料研究委员会编:《文史资料选编》(第25辑),北京,北京出版社,1985年,第51页。
③ 《余嘉锡先生纪念文集》,第44页。
④ 周作人:《"东亚文化协议会"为何物?》,中国人民政治协商会议全国委员会文史资料委员会:《文史资料选辑》(总第135辑),北京,中国文史出版社,1999年,第159页。另,马勇在《〈明思宗殉国三百年纪念碑〉别解》(《文史知识》,2008年第9期)中言,傅增湘"1938年他先是参加日本人控制的东亚文化协议会,并出任副会长,后又出任该会会长。而周作人在东亚文化协议会成立一年后加入,至终也仅是该会的理事、评议员"。此言或不确,应为周作人继汤尔和之后曾充任会长,而傅增湘则仅为副会长,后又曾一度代理会长之职,但未实任。

往",则又非实情。

首先,辅仁大学国文系的学生董毅在1942年的《北平日记》中记述道:"校长陈垣及校董傅沅叔请名流学者至司铎书院赏海棠,主任余先生及顾随先生皆辞,以有事未到,皆有心人也,国事蜩螗至此,还有何心绪赏花,作此风流事耶!"因为傅增湘为辅仁大学校董的关系,故而陈垣邀其来赏花叙旧,并未因傅氏参加"东亚文化协议会"而断绝往还。反而是余嘉锡、顾随等人,因感慨国是日非而托词不来,余氏且赋诗以表心迹:"门墙桃李已堪攀,又访名花莅杏坛。朱邸渐添新树石,红妆犹倚旧栏杆。传来海上知多事,开到春深恐易残。莫怪杜陵无好句,只因溅泪不曾看。"①

其次,观《陈垣来往书信集》,陈垣与傅增湘往来函札达45通。始自1922年,终至1946年。傅增湘任"副会长"后,双方亦有四通信函往来。前三封为纯粹学术性探讨,时陈垣发现"《魏书》缺叶"事,并补辑之。傅增湘索要此页的临摹本,故有函札。抗战胜利后,傅氏患疾,陈垣亲去探望,并去信安慰:"偶阅竹汀自撰年谱,言五十七岁忽得风痹之疾,两足不能行动,目入夜不能见物。然《通鉴注辨正》《疑年录》《金石文跋尾》《元艺文志》《十驾斋养新录》等均撰次在患风痹之后,尊恙区区,当可以朱汀为例也。"②信中,陈垣借清代乾嘉名宿钱大昕(号竹汀)晚年虽遭遇风痹之症仍著述不辍的精神来宽慰傅增湘,实见老友间情谊之笃。

三、北平留守史家们的生存与反抗

"七七事变"后,学人的生存环境急剧恶化。在生活上,因战时物价腾贵,学人多四处兼课,甚而以易稿、卖书、典当家产等维持生计。在撰述方式上,倡导有意义之学,多以暗讽、隐喻等潜在的表述方式,来表达自身的反抗与斗争。

辅仁大学是当时学人聚集的一个中心。因其德国教会的背景,学校得以在沦陷区存留。那些在北京继续学习,又不愿当亡国奴的青年,便纷纷投向辅仁大学。③ 而辅仁也成为知识分子潜在抵抗的一个营垒。陈垣致北平市教育局公函中即言"(1942年)文学院长沈兼士南下,秘书长英千里亦被检举。三十三年三月,代理文学院长董洗凡、教育学院院长张怀等为抵制敌伪奴化教育,秘密组织文教协会,奠定地下工作,又与英千里及教授并附中

---

① 董毅:《北平日记:1939~1943年》(第四册),北京,人民出版社,2015年,第1181页。
② 《陈垣来往书信集》,第66页。
③ 《启功全集》(第九卷),第113页。

教员等三十余人被捕,迨三十四年七月始次第开释"①。这也使得爱国知识分子们承受了更大的心理压力和潜在危险。

战时流徙于西南的陈寅恪,曾对陈垣的著述环境,颇有艳羡之意:"北方秋季气候最佳,著述想益宏富。滇中友人又须迁蜀,现正在转徙中也。"②与南迁学人相较,留守北平的学人既无迁徙流亡之苦,又有书籍可供撰述之资,似应多有著述。然而,留守者的撰述环境亦在某种程度上面临着诸多不利因素。抗战胜利后,陈垣对前来探望的郑天挺感叹道:"我八年没有出门了!"③这种长期枯坐书斋的孤寂心情,也是留守知识分子所共同面临的一个不足与外人道的压力。

当时,书信成为学者们互致问候的重要方式。然而,在太平洋战争爆发后,日人对北平知识分子的书信检查日渐严密。作为学界翘楚的陈垣,为避免受到监视和迫害,不得不在信函中欲言又止,顾虑重重。他在1943年底与弟子方豪的信中言"十二月四日书收到,敬颂道安,不一一"。今人或不识其缘由,方豪则阐释曰:"记得那年(一九四三年)冬,曾得先生寄来《书全谢山先生侍郎府君生辰记后》单纸印,上附十六字,那是先生和辅仁大学处境最险恶的时期,教职员被捕极多,陈先生不能不为学校着想而稍加谨慎了。"④陈垣在与三子陈约的家书中,说得更为直白:"乱世家书,凡关于碍检查之字样,均应回避。删去六个字示例。我不说明,汝终不明白。"可见当时文禁之严苛。往还信函多有迟滞一月乃至数月者,以致陈垣不免有"若千山剩人之能声闻邻国也"之叹。"千山剩人",乃明朝遗民、著名诗僧,入清后被流放盛京,禁止外出。陈垣身处政治高压的北平城,数月不得书信,不免有类似的屈身受辱之感。1943年,陈垣所撰短篇《北宋校勘南北八史诸臣考》《黄东发之卒年》《李志常之卒年》,皆纯粹考证之作。从当时颇有寓意的"遗民"之学,转而归复纯粹的学理性考证之学,实与当时日渐严酷的政治环境息息相关。陈垣曾拒绝出任薪金丰厚的"东亚文化协议会"副会长之职;而1944年3月,日军更是逮捕了英千里、赵光贤、叶德禄等学人,陈垣亦有遭受缧绁之虞,故而这种以文喻意、激励学人的做法,似有因之而暂停的痕迹。

---

① 《陈垣全集》(第22册),合肥,安徽大学出版社,2009年,第532页。
② 《陈寅恪集》(书信集),北京,生活·读书·新知三联书店,2009年,第133页。
③ 郑天挺:《回忆陈援庵先生四事——致刘乃和同志书》,《及时学人谈丛》,北京,中华书局,2002年,第552页。当然,先生此言亦不免有所夸大,观《通鉴胡注表微》手稿扉页(内页)中,夹有容庚先生邀其赴宴一叙的请柬,可见战时的先生虽多避居,仍不免有些活动(此为观"纪念陈垣先生诞辰130周年"展览中所见)。
④ 《陈垣全集》(第23册),第93、742、201页。

除此之外,生活的压力对身为校长的陈垣来说,亦多有之。他在《通鉴胡注表微》"小引"中即慨叹"频年变乱,藏书渐以易粟",①迫于生存的压力而变卖藏书,亦为当时学人的不得已选择。

而具体到写作环境,陈垣亦多有艰苦之状。在撰述《南宋初河北新道教考》时,陈氏曾感叹道:"事变以来,五年之间,四易其居,道释二藏,已各斥其一。即有公家图书可借,然供求苦不相应,则研究此问题之困难可知也。"所谓"禁其为自由之国民,未尝禁其为忠信笃敬之人也,未尝禁其为危行言逊之人也";②则又非单纯为言古,更为影射当时日人之禁锢与迫害。战后,陈垣在辅仁大学开学典礼上言:"民国二十六年来,我们学校已有八年不行开学典礼,因我们处在沦陷区域,国旗拿不出来,国歌亦唱不响亮,甚至连说话都要受限制了,为了避免一切不必要的麻烦,以往的八年是由不动声色的黑暗世界中度过来的。"③陈垣提倡有意义之学,除却对敌伪的愤懑与斥责外,更让其心有不安的是世风颓败和人心不古。故而,欲借中国传统典籍里所蕴含的积极成分,来补偏救弊、正人心彰士气。

另如,辅仁大学历史系主任张星烺,在北平沦陷期间,身体与精神多受创伤,并曾一度中风,被迫休假一年进行调养。然张氏"任劳任怨,不变其初志,在敌人压迫之下,肩起为国育才之宏任。每论国事,多抱乐观,以日美实力相较,释生徒之忧戚。"④困居围城之际,张星烺笔耕不辍,在《中德学志》等刊物中撰述、翻译了大量文章。

谢国桢在友人纷然南下避难之际,却毅然北上,在沦陷之域过着书斋式的生活。他在1943年除夕感慨道:"这几年来,我一个人坐在书斋内,常常这样的想,当年认识的好朋友,多半都流散了;有些朋友又都很忙,我又怎好意思去找他。只有躲在角落里,过我仰事俯畜平凡的生活。我不禁失笑。我真成一个商人了。"⑤在岁寒时节、风雪满庭之际,谢国桢枯坐书斋,追忆当年师友唱和,其孤寂怅惘之情跃然纸上。

其他学人如顾随,在北平沦陷后,即将家中大量宣传、记述抗日的书籍、资料予以焚毁。太平洋战争爆发后,他执教的燕大解散,日军搜捕更甚,他又被迫将自己词集中有关抗日的文字撕下烧毁。⑥对这种孤寂困苦的生

---

① 《陈垣全集》(第21册),《通鉴胡注表微》"小引"部分,第1页。
② 《陈垣全集》(第22册),第107页。
③ 同上书,第530页。
④ 万心蕙:《沦陷期间之张星烺先生》,《文讯》1946年第9期。
⑤ 《谢国桢全集》(第七册),北京,北京出版社,2013年,第757页。
⑥ 闵军:《顾随年谱》,北京,中华书局,2006年,第107、124页。

活,顾随在一次祭扫鲁迅的墓地后感慨道:"大师的墓上是已有宿草了。自古皆有死,在大师那样地努力过而死,大师虽未必(而且也绝不)觉得满足,但是后一辈的我们,还能再向他作更奢的要求吗?想到这里,再环顾四周,真有说不出的悲哀与惭愧。在我,是困于生活(其实这也是托词)又累于病,天天演着三四小时单口相声。"①另外,为维持生活,顾随亦多兼课于中法大学、中国大学,所撰诗文颇重"诗心",忧国忧民。这种压抑愤懑的生活,也使得部分学者付出了生命的代价。如钱玄同在北平城沦陷不久,即因蛰居抑郁而赍志长逝。

又如辅仁大学教授余嘉锡,其书房原名"读已见书斋",抗战后则题为"不知魏晋堂";在与友人信中,他自署"钟仪",以春秋时楚国之俘自喻;其著述自题为"武陵",以陶渊明《桃花源记》中避秦时乱的逸民自比,寓意不言自明。当时,亦有学者劝其南下,"舜徽深以先生困作危城为虑,尝电催先生挈家南下,先生复电:'安,不离平。'日惟杜门著述,陆续撰写《四库提要辨证》稿。"②杨树达即以诗文形式表达了对挚友余嘉锡的关切:"我思何所属?朴学武陵余。读破连楹简,镕成几卷书。生还应有幸,老瘦近何如?日饮成良计,袁丝小住吴。""思君不可见,一札亦开颜。况是烽烟急,幽居独闭关。新篇何日达?故友几人残?忽忽年余事,开尊傍社坛。"③因为当时难以直白地表露心迹,只好寄托于诗文,以表达自身的思念、郁闷与哀伤。

在潜心著述之外,生存问题成了困扰学人们的头等大事。留守北平的学者们所面临的生存压力日益严峻,"当时敌占区北平的大学教授在'晓市'卖掉自己心爱的图书,以换得粮店配售的每天187克混合面,维持生命得以不死。"④史家余嘉锡淡薄自持,不亏操守。"每至饔飧不继时,辄卖书以易米。"⑤学人邓之诚的微薄薪金难以维系丁口众多的家庭,其也处于囊空如洗、为生计发愁的境地。最终,他不得不典卖藏书,其日记曰:"今日入城本意在托松琦代卖《锡珍手稿四种》,可得千金,已略有成说。归后,检此稿,各系一短跋,欲以明晨遣人持交松琦。比略翻一过,觉《八旗驻防考》及《国朝典故志要》,实为奇书,意恋恋,不能舍,宁饥死亦不欲出手也。拟迟日托词谢松琦,不卖矣!"⑥邓氏虽有"宁饥死亦不欲出手"的愤慨之言,然生活拮据

---

① 《顾随全集》(第四卷),石家庄,河北教育出版社,2000年,第470页。
② 《张舜徽学术文化随笔》,北京,中国青年出版社,2001年,第377页。
③ 杨树达:《积微居诗文钞》,上海,上海古籍出版社,2013年,第16~17页。
④ 张承宗等编:《百年青峰》,苏州,苏州大学出版社,2007年,第165页。
⑤ 《张舜徽学术文化随笔》,第377页。
⑥ 《五石斋文史札记》(六),《中国典籍与文化》2002年第4期。

日剧，不数日还是将如上诸书售卖。邓之诚与日本学者多有交谊，故而可托之代卖古籍书画，以维持温饱。售书所得，则"买小米面一百七十斤，每斤一元一毛六，豆面五十斤，每斤一元一毛二，棒子面（玉米面）一百斤，每个斤一元零八分。又买一大缸盛之"；"买稻米六十斤，费一百十四金。于是寒家十四口（人），两月无忧矣"①。为生存计，典卖书籍则又是当时留守学人不得已的举措。此外，邓之诚亦偶尔刻印、卖字以求食。然而，同为留守者，境遇亦不免有别。一日，燕大同事张星烺来访，倾诉生计之苦，邓之诚在日记中慨叹道："此君有房产四处，值数十万，又月入六七百金，尚称苦不去口，则我辈朝谋夕食者将何为哉！"②上述皆为有教职、薪金之学人，即多有生活困顿、难以为继之虞。而其他脱离于高校者，则不免更为艰辛。

不仅如此，在日伪的严苛统治下，留守北平的知识分子还面临着政治恐怖的压力。为此，他们在表面上虽然呈现出一种避言政事，甚而明哲保身、委曲求全的姿态，实则多采取了一种更为隐蔽的潜在抵抗形式。1938年俞平伯为北汀题所临《溪山清远图》诗中言"承平风景依稀见，莫问残山故国秋"，③即是这一心态的反应。又如抱疴数载、以衰病之躯滞留燕都的钱玄同，对日军驻兵北大校园、太阳旗帖于自家门首之事，看似轻描淡写寥寥数笔叙于日记中，实则心境异常愤懑，以致在翻阅《亭林诗集》时，不禁"辛酸泪下"④。又如同样困守孤城的黄宾虹，身患白内障之疾，依然恪守民族大义，拒绝事伪，在日常的生活与交流中更多的是"在艺言艺"，在信函中少有言及政治问题。诚如他与友人的信函中所言"仆拟游燕赵，遍览古迹，事变淹留，蜷伏廛市，日与古纸摩挲，如世外也"⑤。困居孤城、日事笔墨，足不出户做学问，也是当时学人的无奈之举。

总之，留守知识分子们注重"诗心"，提倡"有意义之史"。这种借历史典故以影射当下的做法，彰显了他们在政治暴行与生存艰难的双重压力下，对个人尊严和道德底线的恪守。与国统区知识分子畅快淋漓的爱国表达相比，留守北平的知识分子的抵抗形式更为多元化：有人选择了行动上的政治抗争，也有人选择了消极避世的自我放逐，更有人选择了枯坐书斋式的道德坚守。当然，在生存频受威胁的境况下，政治沉默与道德抗争似乎成为了留守知识分子普遍采用的方法。

---

① 《五石斋文史札记》（六），《中国典籍与文化》2002年第4期。
② 《五石斋文史札记》（十一），《中国典籍与文化》2004年第2期。
③ 《俞平伯全集》（第十卷），石家庄，花山文艺出版社，1997年，第306页。
④ 《钱玄同日记》（下），北京，北京大学出版社，2014年，第1335页。
⑤ 《黄宾虹文集》（书信编），上海，上海书画出版社，1999年，第101页。

四、何以遗忘?

随着日本对北平城的占领成为一种常态,留守知识分子们曾怀有的尽快收复故都的热切期望日渐冷却、沉寂,他们甚至变得迷惘。他们所面临的除了生存之忧外,更多的是一种个体抉择上的无所逃遁与内心情绪上的无处安放。傅增湘在校勘《金兰集》的跋文中即感叹:"城邑既为墟莽,乡里尽化萑苻。亦欲避地苟全,而无山可入,无田可耕,环顾四方,有蹙蹙靡骋之叹。"①傅氏这种愤懑不已而又难以言说的心情,也是当时留守者们所遭遇的共同困境。知识分子们遭受生活与心理上的双重压力,顾随即言"生活千疮百孔,七零八落,加之衰废相缠,实实自救不了,而又须向什方丛林挂单坐禅,十字街头逢场作戏,十分狼狈,一场败阙"②。这使得他们有一种"终窭且贫,莫知我艰"的受难心态。很多知识分子只好困守书斋,以读书撰述来聊遣寂寞之心。

对于沦陷区北平知识分子的心态与境遇,何以在较长时期内缺少应有的关注呢?首先,部分当事人的沉默是一个重要的原因。身处于沦陷之城北平,许多学者过着隐忍苦守的生活,诚如后来落水的周作人所言"最初我是主张沉默的,因为有如徐君所说在沦陷区的人都是俘虏,苦难正是应该,不用说什么废话"③。当然,周氏此言颇含有自我辩白之意,但这里暂且先抛开其屈节事实和政治立场不论,只借用其中所提到的甘愿受难和主张沉默的心态,实际上也正是在这样一种心态的促使下,许多留守学人在后来的追述中多将这段经历有意无意地予以抹去。

其次,抗战胜利后,留守于沦陷区的知识分子不免有一种不甚自信的心态,他们也需要同人对其操守的承认与彰显。部分人对此颇能报以同情之心。史家缪钺在《读〈魏史〉札记》中论道"有中国人士,误陷虏中,不甘事伪朝而拔身南归者,其人虽贤,魏收亦没其善而妄加恶辞,是则可已而不已者也",④借史事表达了对那种非黑即白道德评判的不满。黄炎培亦言:"诸公羁滞陷区,以湛冥之姿态,扶持正气,维系人心,其处境之艰,用心之苦,无日不在同人怀念与钦敬之中。"⑤与普通民众相比,身处乱世的知识分子肩负着更多的道义责任,他们通过历史撰述来借古喻今,委婉而隐晦地表达民族

---

① 傅增湘:《藏园群书题记》,上海,上海古籍出版社,1989年,第972页。
② 《顾随全集》(第九卷),第79页。
③ 周作人:《知堂回想录·从不说话到说话》,北京,十月文艺出版社,2013年,第719页。
④ 缪钺:《著史于夷狄之朝之不易也》,《益世报》1942年11月26日。
⑤ 《黄炎培日记》(第九卷),北京,华文出版社,2008年,第72页。

正义与国家认同。然而,受制于当时的舆论环境和意识形态,后世的评判不免忽视了他们复杂而纠葛的心路历程。

最后,在爱国主义与国家主义的话语下,留守者们也面临着爱国不力的指责和压力,或许这也是他们避而不谈的一个原因。一部分留守者因爱国方式的隐蔽性,在抗战胜利后的道德审判中,存在着一种"不被理解"的苦痛。另一部分人因埋首故纸堆与保持政治沉默而招致道德上的非议。更有个别人因对道德操守底线的不自知,而抱憾终身。例如,谢国桢应周作人之邀到伪北京大学史学系任教,还认为站在红楼上"楼犹此楼也,土犹此土也",大讲中华历史和"华夷之辨"的事迹。① 后经友人提醒才意识到有失操守,转而他就。另一执教于伪北大的教授容庚,也曾为这一行为进行辩白:"沦陷区之人民,势不能尽室以内迁;政府军队,仓皇撤退,亦未与人民内行之机会。荼毒蹂躏,被日寇之害为独深;大旱云霓,望政府之来为独切。我有子女,待教于人;人有子女,亦待教于我。则出而任教,余之责也";"在日寇视吾辈为反动,在政府则视吾辈为汉奸,笑啼皆非,所谓真理,固如是乎?天乎,尚何言哉!"②最终,容庚因执教伪北京大学的经历,被傅斯年视为汉奸教授,而被迫离职他就。顾颉刚曾作诗"倭寇凌大陆,闭门心忧煎。姑以此遣日,放怀阴霾天",③对其遭遇颇为同情。其实,率直的容庚也道出了沦陷区知识分子"欲说还休"的心声。

综上所述,在史料进一步拓展的前提下,对沦陷区北平知识分子的研究仍有待于进行更为细致而全面的探讨。

第二节 战时辅仁大学史家——陈垣

一、《通鉴胡注表微》发覆

既有学人对《通鉴胡注表微》已有较为全面的阐述。探讨的重点多集中于此书的体例、内容、撰述方法、学术价值等侧面,借此以彰显陈垣的民族气

---

① 《谢国桢全集》(第一册),第 3 页。
② 容庚:《与北京大学代理校长傅斯年先生的一封公开信》,《容庚杂著集》,上海,中西书局,2014 年,第 374~375 页。对于为何留在沦陷区,容庚言:"第一,抗战四年,日夕希望国际的变化,今英美与日寇宣战,正是得如所愿,幻想胜利即在目前,大可不必跑往内地去;第二,广东家乡已经沦陷,一家八口往哪里去?且二十年积聚的书籍彝器,听其失散,也是可惜"。参见容庚手稿《批判我的反动封建买办思想》,中山大学档案馆藏。
③ 易新农、夏和顺:《容庚传》,广州,花城出版社,2010 年,第 137 页。

节和爱国精神。然而,对《通鉴胡注表微》的撰写过程、篇目增删、"微"意所指,仍有待于进一步梳理。

对于《通鉴胡注表微》撰写的社会环境,陈垣在"小序"中称:"频年变乱、藏书渐以易粟,唯胡氏覆刻元本通鉴,尚是少时读本,不忍弃去,且喜其字大,虽夹注亦与近代三号字型无异,颇便老眼,杜门无事,辄以此自遣。一日读后晋纪开运三年,胡注有曰:'臣妾之辱,唯晋宋为然,呜呼痛哉。'又曰:'亡国之耻,言之者伤心,矧见之者乎,此程正叔所谓真知者也,天乎人乎!'读竟不禁凄然者久之,因念胡身为文谢陆三公同年进士,宋亡隐居二十余年而后卒,顾宋史无传,其著述亦多不传,所传仅鉴注及释文辩误,世以是为音训之学,不之注意,故言浙东学术者,多举深宁东发,而不及身。自考据学兴,身之始以擅长地理称于世。然身之岂独长于地理已哉,其忠爱之忱见于鉴注不一而足也。"①当时,辅仁大学教员多被日人逮捕,舆论控制日渐严苛,陈垣困守孤城亦不免有遭受缧绁之虞。正是对胡三省之遭遇感同身受,对国之濒亡关切不已,陈垣故而有此撰述。

对于撰写动机,陈垣 1958 年在《通鉴胡注表微·重印说明》中写道:"我写《胡注表微》的时候,正当敌人统治着北京。人民在极端黑暗中过活,汉奸更依阿苟容,助纣为虐。同人同学屡次遭受迫害,我自己更是时时受到威胁,精神异常痛苦。阅读胡注,体会了他当日的心情,慨叹彼此的遭遇,忍不住流泪,甚至痛哭。因此决心对胡三省的生平、处境,以及他为什么注《通鉴》和用什么方法来表达他自己的意志等,作了全面的研究。"②倡导有意义之史学、抒发亡国隐痛、寄托爱国情愫,可以说是陈垣撰文的初衷。

(一)撰写过程

《通鉴胡注表微》一书撰写的时限,各家表述多有不同。《陈垣年谱配图长编》仅略记"同年(1943 年,笔者按),开始写作《通鉴胡注表微》","1945 年 7 月完成";③周少川则言"《表微》开始撰写于 1942 年 9 月,写成于 1945 年 7 月";④亦有言"1943 年,63 岁。本年开始写作《通鉴胡注表微》","1945 年

---

① 陈垣:《通鉴胡注表微·小引》,《辅仁学志》1945 年第 13 卷第 1~2 期合刊。本节所引《通鉴胡注表微》原文均出自此。
② 陈垣:《通鉴胡注表微》,北京,科学出版社,1958 年,第 411 页。
③ 刘乃和、周少川等:《陈垣年谱配图长编》,第 483、490 页。
④ 周少川:《陈垣史学的"记里碑"——再读〈通鉴胡注表微〉》,《北京社会科学》2006 年第 2 期。

7月完成《表微》";①方豪在纪念文章中亦言:"是书原亦发表于《辅仁学志》,脱稿于民国三十四年七月,抗战胜利前一月也。"②上述之论多有歧异,故对此问题仍需略加辨析。

始撰时间的确定尚需进一步考证。观陈垣相关书信,可知1942后半年至1945年初的部分颇多亡佚,故而《表微》文稿的始撰时间,或有待于新史料的发现。但陈垣在《通鉴胡注表微》原目录之后有言"此论文本为纪念被捕及被俘诸友而作,岂意稿成未刊,诸公已出狱。"所指"被俘诸友"之事则指1944年3月辅仁大学秘书长英千里等师生被日人逮捕事件;那么,如据此推论,则《表微》中几篇文稿稿成亦可能为1944年3月前后。另外,时至1945年1月,陈垣方写定《本朝》《出处》二篇,如将初撰时间推至1942年、1943年,似又与情理不合。

此书完稿时间亦需考证。大部分学人将《表微》一书完成的时间表为1945年7月。究其原因,则或与"通鉴胡注表微小引"下标识"中华民国三十四年七月,新会陈垣识于北平兴化寺街寓庐"有关。然而,《陈垣全集》"与陈乐素家书"③部分,则对撰写过程、完稿及付梓时间有更为详尽表述:

1945年1月31日。《胡注表微》至今始写定《本朝》及《出处》二篇。

1945年5月1日。《胡注表微》付写者只有《本朝》《书法》《校勘》《解释》《避讳》《出处》六篇,每篇约八千言,余尚未写就也。

1945年10月7日。《表微》拟在《学志》发表一部分。

1945年12月13日。《表微》本朝篇一份寄汝,有意见可告我,……出处篇亦油印一份,已寄青峰,他能知我心事也。又感慨篇一份寄遵俭了。

1946年2月3日。《表微》订误表甚佳,尤其是《通鉴》卷数有误,非细对不可。至于熙、纂等误,于排印尚无碍,因铅字不至误也。唯符、苻、偏、徧等字,铅字有二,钞本误则排字误矣。

1946年2月23日。杰人司铎道鉴:《表微》未能定稿五篇。未定稿不能与外人看,认君非外人也。虽已付印,但未出版,尚可修改。且付印本已有修改与油印本不同者,如有所见,幸不吝指示。

1946年6月23日。今日辅仁已放假,《表微》尚有最后《货利》一篇未做好,大约要七月底完成也。

1946年7月29日。余自《胡注表微》完后,尚未有第二题目,要稍为

---

① 孙邦华:《身等国宝志存辅仁——辅仁大学校长陈垣》,第396页。
② 方豪:《对日抗战时期之陈援庵先生》,《陈援庵先生全集》(书信附录),第676页。
③ 《陈垣全集》(第23册),第96、848、850、851、856、857、876、878、881页。

休息。

1946年10月5日。《通鉴表微》前十篇已出版,惜未能寄。

由上述可知,1946年6月23日,陈垣《货利》一篇尚未完成,并预言7月底完成;同年7月29日方有《表微》撰成之言。那么,《通鉴胡注表微》全部完稿的时间,应在1946年7月间。

为何在此前即有付印之举呢?这又要从当时的具体情形来分析。前述所言"虽已付印,但未出版,尚可修改",所谓"付印"是指《表微》文稿部分已预先发表于《辅仁学志》;而"未出版"则又指《表微》因撰写未竣,暂不能整体刊刻。观此,则知《通鉴胡注表微》的刊刻付印方式,实与陈垣此前的著述多有不同。以往文章多在全部完稿后,方寄与友人,以便商榷辩驳、指摘得失,再整体性一次刊刻。而《表微》或因时限、篇幅较长之故,每一章节成文后,即呈送友人,接着部分先行付印出版。总之,边撰写边出版,乃《通鉴胡注表微》异于此前著述的一大特色。

《通鉴胡注表微》被誉为陈垣最具代表性的著作之一。此书撰写时亦多费考量:"成书殊不易,材料虽已找出一千一百余条,未必条条皆有按语。如果按语太少,又等于编辑史料而已,不能动众。如果每篇皆有十余廿条按语,则甚不易。说空话无意思,如果找事实,则必须与身之相近时事实,即宋末及元初事实,是为上等;南宋事实次之;北宋事实又次之;非宋时事实,则无意味矣。因'表微'云者,即身之有感于当时事实,援古证今也。故非熟于宋末元初情形,不能知身之心事,亦不知身之所指者为何也。"①

此书之作,耗费精力时日较多,陈垣亦言:"我近来老得厉害,预备印完《表微》后即须暂停工作";"余自《胡注表微》完后,尚未有第二题目,要稍为休息。"②此著亦为陈垣从事长篇著述的终结。

(二)版本变易与内容增删

《通鉴胡注表微》首先付印于《辅仁学志》,其后又多次易稿。直至1958年重订出版时,仍由助手誊录,陈垣又重新校订一遍,句读之误亦不肯放过,可见校勘之细。③

---

① 《陈垣全集》(第23册),第848~849页。
② 同上书,第870、878页。
③ 《通鉴胡注表微》一书的版本有:北京科学出版社1958年版,北京中华书局1962年版,台北新文丰出版股份有限公司1993年版,沈阳辽宁教育出版社1997年版,合肥安徽大学出版社2009年版,中华书局2009年版等。

然而,文稿多次校订,内容不免有所增删,仅以篇目而言,其间亦多有变化。已有史家对此问题有所涉及,如方豪对书稿与出版后之别表述道:"今本则四十七年三月印行。原稿分二十五篇,今本小引作二十;原稿十八万言,今本称二十余万言。"①今之版本,多以1958年科学出版社版为准,即篇目为二十,而方豪言原稿二十五篇又是何故?

因1946年2月23日,陈垣曾致函方豪:"《表微》未定稿五篇。未定稿不能与外人看,认君非外人也。虽已付印,但未出板,尚可修改。且付印本已有修改与油印本不同者,如有所见,幸不吝指示。……又《表微小引》一页付呈,较前寄者已修改数字。"②据此,方豪当时已获见《表微》未定稿,而与今本相较,则有此论。1946年3月15日,陈垣致杨树达信"《通鉴胡注表微》二十篇,近始付印"③。那么,未定稿五篇,最终多被陈垣删去。文稿从二十五篇到二十篇,又是一个不断增删、变化的过程。

表2-1 不同时期《通鉴胡注表微》对照表

时间	篇目	出处	异同(与今本相较)
1945年1月31日	《表微》目录,为本朝、书法、校雠、解释、旧文、避讳、考证、察虚、纠缪、评论、感慨、劝戒,为前编,论史法;君道、治术、相业、臣节、伦纪、出处、兵事、边情、民心、夷夏、生死、货利,为后编,论史事 按,共二十四篇	《陈垣全集》(第23册),"陈垣致陈乐素家书",第848~849页	旧本多出5篇:旧文、察虚、君道、相业、兵事 旧本缺少1篇:释老 旧本改易3篇:校雠改为校勘,纠缪改为辨误,边情改为边事
1945年10月	"《通鉴胡注表微》小引":今特辑其中精语千数百条,为二十二篇。前十一篇言史法,曰本朝,曰书法,曰校勘,曰解释,曰避讳,曰考证,曰察虚,曰辨误,曰评论,曰感慨,曰劝戒。后十一篇言史事,曰治道,曰臣节,曰伦纪,曰出处,曰兵略,曰边事,曰夷夏,曰民心,曰释老,曰生死,曰货利,其有微旨,并表而出之,都十余万言 按,共二十二篇	《文史杂志》1945年10月第5卷第9~10期合刊,第36页	多出2篇:察虚、兵略 改易1篇:治道改为治术

---

① 方豪:《对日抗战时期之陈援庵先生》,《陈援庵先生全集》(书信附录),第676页。
② 《陈垣全集》(第23册),第96页。
③ 同上书,第328页。

(续表)

时间	篇目	出处	异同(与今本相较)
1945年12月	《辅仁学志》所刊"通鉴胡注表微小引":今特辑其精语七百五十条,为二十篇,前十篇言史法,后十篇言史事,其有微旨,并表而出之,都十八万言 具体而言,《通鉴胡注表微》篇目为:本朝、书法、校勘、解释、避讳、考证、辨误、评论、感慨、劝戒、治术、臣节、伦纪、出处、边事、夷夏、民心、释老、生死、货利二十篇	《辅仁学志》1945年12月第13卷第1～2期合刊,第117～118页	与今本同
1958年版本(今本)	本朝、书法、校勘、解释、避讳、考证、辨误、评论、感慨、劝戒、治术、臣节、伦纪、出处、边事、夷夏、民心、释老、生死、货利二十篇	北京科学出版社	

《通鉴胡注表微》的篇目,从方豪所言25篇,先后减少至"家书"中所列的24篇,继之为顾颉刚所编《文史杂志》的22篇,并最终定为今本20篇。其中,唯不见者为25篇之目录。此间,篇目多有整合与增删。如《旧文》《察虚》《君道》《相业》《兵略》,今本目录皆不存,既有删去不存者,亦有改易并入者。

其实,陈垣撰写时篇目多无定数,当时亦有"氏族篇"之设,"表微始欲立氏族篇,以其辨不胜辨也,故删存一二条以示例",但因姓氏问题所涉繁杂,且追溯源流多不可信,故而并入《考证篇》中。又如,"表微初拟立君道、相业诸篇,今特删并于治术,亦不多尚空言之意耳。"再如,陈垣本有设"兵事篇"之想,盖因"古今异宜,兵不可以纸上谈也",故而删之。其他亦有篇目,或在20篇之外者,亦出于种种缘由而做删减归并,此又为陈垣撰述时之做法。

对于篇目的变化,柴德赓曾言:"自从劫收大员到北平,作威作福,贪污腐化,反动政府怯于抗日,勇于内战,置民生痛苦于不顾,他非常气愤。当时《通鉴胡注表微》一书正要定稿,他补上一篇《货利》,一篇《民心》",[①] 或有不确之处。因《货利》《民心》两篇,在陈垣家书中已有大致想法,而非后来应势增添。当然,《货利篇》的撰写属于诸篇中最后一篇,而《察虚》《兵略》

---

① 柴德赓:《我的老师——陈垣先生》,《史学丛考》,北京,中华书局,1982年,第437页。

《君道》《相业》诸篇的删减、归并,除却史料不足据外,则或与时局变化多有关联。

"《通鉴胡注表微》小引",曾分别刊登于《文史杂志》和《辅仁学志》,皆署为"中华民国三十四年七月,新会陈垣识于北平兴化寺街寓庐"。然而,两篇小引内容却略有不同,前者言篇目22,后者为20。除此之外,表述方式亦多有变化。为何会有此不同呢?可能因两文发表的时序先后不同,"《通鉴胡注表微》小引"首先发表于《文史杂志》,继之陈垣对小序、篇目又略作增删,并刊登于《辅仁学志》。如此这般,才出现内容虽相异,标题与署名时间皆相同的问题。

(三)表微之"微"——爱国与资鉴

上述对《通鉴胡注表微》一书成稿、付梓出版时间,予以必要梳理和考辨,不但可以澄清史实方面的些许模糊之处,亦有助于对此书旨趣的正确理解。原有的论述多把《表微》完全列入抗战时期的史学著述之中,并在此框架内分析"微意"之所在;究其缘由,则与此书真正完成的时间把握不清或有关联。从上述可知,《表微》撰写于抗战最严酷的年份,而全部完稿则已延至1946年。那么,我们对此书似不应完全以抗战史著视之。

陈垣在《表微》中解身之之注、表身之之情、寄托感慨所在,则又与其处境相类之故也。他表"微意"之所在,或有如下数端:

首先,阐发其亡国之痛、故国之思、爱国之情,并斥汉奸、斥日伪、表忠贞,此为"表微"之一端。陈垣在沦陷期间出版论文达十四种之多,其中如"宗教三书"及《明末殉国者陈于阶传》等,皆为"寓民族意识于考据之文字,微旨别有所在,至征引广博,论述精到,则余事耳"。[①] 有学人言《辅仁学志》"杂志的文体不分白话文和文言文,但是,一概使用新式标点",[②] 此又或为不确。因陈垣所著《胡注通鉴表微》一文,刊行时即未采用新标点,而仅仅是用顿号顿开,此或与先生追思遗民风节、彰显爱国节操有关。

陈垣著述本以考据取胜,在《表微》中亦多纠清人钱大昕、王鸣盛之误,以见功力。而纠谬考实之外,陈氏又更为注重史学意义的阐发,尝言"清儒多谓身之长于考据,身之亦岂独长于考据已哉!今之表微,固将于考据之外求之也。"又言"务立大义,明不专为破碎之考据也"。所谓求之于"考据之外",则除却表忠贞、斥降臣,表爱国之心亦是其一端。如,对齐

---

① 《新书介绍:〈通鉴胡注表微〉》,《益世报·读书周刊》1946年12月27日。
② 孙邦华:《身等国宝志存辅仁——辅仁大学校长陈垣》,第225页。

梁王欲凭依魏、以报河东王誉之仇事,陈垣即评之曰"君子违不适仇国,梁诸王乃以内争之故,屈膝仇国,图报私恨,开石敬瑭之先例,此中国罪人也"。为内争而卖国,则为民族罪人,此又是战时讽喻当下之语。其他言此之意者颇多。

其次,陈垣在文中,除却借胡三省以自况外,亦有着更为深沉和幽远的"资鉴"色彩。此书的最初寓意乃是为被捕诸教授而作。随着抗战胜利,书稿的主旨不免逾越了这一范围。撰写《民心》《货利》两篇,正值1945年抗战胜利前后,其主旨的变化与战后新形势的变化有莫大关联。陈氏撰写的心境在此背景下也不免发生微妙的变化。阅《通鉴胡注表微》,可知陈垣在前篇多重考据,授人以校勘之法;后篇则更注重撰史以经世的"资鉴"意义。

在《民心》《货利》《感慨》诸篇中,陈垣借史事而资鉴当下的色彩颇浓,特略述如下:(1)抨击专制舆论之禁。如,对桓温以威逼改孙盛之书,"终不能没其实"之事,陈氏即言"不能统一,国之不幸也。然专制之甚,使人无所喘息,孙盛之书,又何由得传别本乎?"所谓以专制而禁民意,则又有针砭当下之意。(2)关注于政权之衰亡之由。陈垣认为地方执政者欺上瞒下,则为国家覆亡之兆,他借用胡注"州县相与诬饰以罔上,亦不祥之大者也"以喻当下。(3)论知识分子与国家政权之关系。胡三省对后唐天成三年张昭远言宜选师傅教皇子一事言:"不有儒者,其能国乎!"陈垣先生认为此注乃胡三省为元朝统治者贱儒之举而评,陈垣言"慕其名而叹赏之,招致之,以为装饰,此有志之士所以掉头不顾也"。民国之时,蒋介石虽有好士之名,而终难采纳知识分子之言,此又为叶公好龙之举也,终于国事无益。对于亲信之人的贪腐而导致国运日衰,陈垣借南宋之时风而议论道:"诸臣非不欲与国家同休戚也,政府既委其权于亲戚,有志节者相率洁身而退,所留者皆自私自利之徒,终不以诸奸之吉凶为忧,而听其自生自毙,南宋此风尤盛,国所以日削而底于亡也。"所谓"亲贤臣远小人",此又为陈垣之喻也。然而,国民党日衰,则又与其官僚阶层难以遏制贪腐关系莫大。而知识分子虽有当政者之邀,亦为洁身自好计,多不愿出仕。(4)民心之向背与国运之兴衰。陈垣在《民心篇》中言:"民心者人民心理之向背,大抵以政治之善恶为依归。夷夏之防,有时竟不足恃,是最可惕然者也。……恩泽不下于民,而责人民之不爱国,不可得也。夫国必有可爱之道,而后能令人爱之,天下有轻去其国,而甘心托庇于他政权之下者矣。硕鼠之诗人曰:'逝将去汝,适彼乐国',何为出此言乎?其故可深长思也。"陈垣将此篇置于《夷夏篇》后,则在言爱国之义后,更复探讨何以爱国的问题。这也是对"轻去其国"、恭事敌伪现象的深刻反思,更是对当政者的一种警示。(5)正确处理政教、民族之关系。陈垣亦言"吾国号称大国,何所不容,教争虽微,牵涉民族,则足以动摇国本,谋国者岂可不顾虑及此?"于此则又知此为"谋国者"以资鉴戒之言也。(6)注重兵器、战法之革新。作者借元人以新兵器灭宋,叹曰"徒守旧法,矜武勇,不知合变,无补于亡",此又或感慨于战时中日军力悬殊也。最后,陈垣以《货利篇》列为"表微"之尾,则又颇有深意在,概其感于战后物价腾贵,官民嗜利之风日盛,而社会风气日敝的危局,故寄托感慨,以求"乱极思治"之意也。

观此,则陈垣借重此书,或有批评国党政治腐败,进而建言,乃至期许于当道的远意在。然而,战后政治日趋崩坏,陈垣亦不免意气消沉而至彷徨,以致此间几无著述,观此间转变,则又或与先生之愿想难以实现有关。

(四) 些许不确之处

《通鉴胡注表微》初次刊刻后,撰写、排印不免有误,即有"订误表"附于文后,陈垣亦言:"《表微》订误表甚佳,尤其是《通鉴》卷数有误,非细对不可。"①此后又不断修订,以求完备。

笔者偶尔发现《表微》中或有不确之处,罗列如下(按,【】中为胡三省注):

1."吾国"条出现的次数

《通鉴胡注表微》"本朝篇第一"部分,第124页:"注曰:呜呼,吾国之失襄阳,亦以水陆援断而诸将不进也!"全注称吾国者只此。

观胡三省注《资治通鉴》,则胡注称"吾国"有两处而非一处,罗列如下:

(1)《资治通鉴·卷一四八·梁纪四·高祖武皇帝四》:既断赵祖悦走路,又令战舰不通,义之、神念屯梁城不得进。【呜呼,吾国之失襄阳,亦以水陆援断而诸将不进也!断,丁管翻。舰,户黯翻。】

(2)《资治通鉴·卷一二七·宋纪九·太祖文皇帝下之下》:元嘉三十年。……议者必以为胡衰不足避,【当时议者,盖以魏连有内难,遂谓之衰。】而不知我之病甚于胡矣。【兵甲馈饷之费,虚内以给外,则吾国之病甚于胡运之衰。】

2."我宋"条出现次序

《通鉴胡注表微》"本朝篇第一"部分,第123页:"注曰:晋安帝隆安五年,桓玄以沮漳降蛮立武宁郡,属荆州。《五代志》竟陵郡乐乡县,旧置武宁郡。刘昫曰:乐乡汉鄀县地。我宋废县为乐乡镇,入长林县。"全注称我宋者

---

① 《陈垣全集》(第23册),第857页。

此其二，其他见避讳篇及感慨篇。

上述胡注称"我宋"者，乃《资治通鉴》第二处出现，则又或不确，应为第四处出现。罗列"我宋"条出现先后次数如下：

（1）《资治通鉴·卷一二一·晋纪二十四·海西公下·太和四年》：温不从。六月，辛丑，温至金乡，【金乡县，后汉属山阳郡，晋属高平郡，隋属济阴郡，唐属兖州，我宋属济州，县在州东南九十里。】

（2）《资治通鉴·卷一二七·宋纪九·太祖文皇帝下之下·元嘉三十年》：宫中朝制一衣，庶家晚已裁学。侈丽之源，实先宫阃。【呜呼！我宋之将亡，甚习亦俗如此，吾是以悲二宋之一辙也，呜呼！先，悉荐翻。】

（3）《资治通鉴·卷一四三·齐纪九·东昏侯下·永元二年》：前建安成主安定席法友等【北史曰：魏正光中群蛮出山居边城、建安者八九千户。边城郡治期思，则建安成亦当相近。隋改期思县为殷城县，取县东古殷城为名。我宋建隆元年改殷城为商城，避宣祖讳也；后省为镇，入光州固始县。】

（4）《资治通鉴·卷一四三·齐纪九·东昏侯下·永元二年》：萧颖胄与武宁太守邓元起书，招之。【晋安帝隆安五年，桓玄以沮、漳降蛮立武宁郡，属荆州。《五代志》竟陵郡乐乡县，旧置武宁郡。刘昫曰：乐乡，汉都县地。我宋废县为乐乡镇，入长林县。】

（5）《资治通鉴·卷二百九·唐纪二十五·中宗大和大圣大昭孝皇帝下·景龙三年》：中书侍郎兼知吏部侍郎、同平章事崔湜，吏部侍郎同平章事郑愔俱掌铨衡，倾附势要，赃贿狼籍，数外留人，授拟不足，逆用三年阙，【选法之坏，至于我宋极矣。……】

（6）《资治通鉴·卷二二三·唐纪三十九·代宗睿文孝武皇帝上之下·广德元年》：子仪请太子宾客第五琦为粮料使，给军食。【……粮料使，主给行营军食。我宋朝随军转运使即其任。】

上述或为陈垣撰述中的不意之误，于文无伤，笔者粗览《表微》，见此两例，故略附于此。

二、抗战时期陈垣的其他著述

陈垣虽身处敌伪之区，但仍闭门撰述，且成就斐然。其间著"宗教三书"（《明季滇黔佛教考》《清初僧诤记》《南宋初河北新道教考》），读者群多为高校学生、教职员，以及有志从事人文研究的学人。书中所彰显的民族气节、指斥日伪汉奸之微旨，别有所在，论析鞭辟入里。此又为沦陷之域的学人表达其自我情感与诉求的一种重要手段。

表 2-2 陈垣各文撰述过程一览

著作	时间	撰述过程
释氏疑年录	1938年5月15日	近又著一小书(《释氏疑年录》),大约暑假可成,已从事三个月
	1938年6月5日	已写成四卷(三稿),至宋初。宋以后正着手写第二次稿,暑假后或能成
	1938年6月21日	《释氏疑年录》,宋一代仍未竣
	1938年7月2日	《疑年录》第六卷宋已写二稿,现正清理第七卷元明
	1938年7月12日	《疑年录》稿尚须细改,见书愈多,修改愈甚,始知三家村学究先生守一二高头讲章,安然自足,亦是一法也
	1938年7月29日	写字人孝先生(即写《朔闰表》之人)于日前病故,一时未有替人(现只有一人),故《疑年录》进行稍慢,明清一部分(即第七、八卷)尚未写第二稿也
	1938年8月16日	《疑年录》七、八两卷初稿已成,现整理一、二卷二稿。行百里者半九十,距成书之期尚远也
	1938年8月23日	《疑年录》大体已具,修葺整理,距成书期尚远,覆阅殊不满意,奈何
	1939年9月16日	石丈所示疵累字句当遵改,行年六十尚有人改文,至可幸也,便为我谢之。现写刻已至六卷,未识年底能否蒇事。需款千余元,辅仁本可印,但不欲以释氏书令天主教人印。佛学书局亦允印,但要排印,我以为不雅。给商务,商务亦必欢迎,且可多流通,但我总以为排印不够味。脑筋旧,无法也
	1940年5月30日	《疑年录》本用励耘书屋名刊行,现辅仁亦欲用辅仁名,已许之,改封面
汤若望与木陈忞	1938年11月27日	近欲作一小文,名《汤若望与木陈忞》,有意思尚未属稿,未知能成否也
	1938年12月21日	《汤若望与木陈忞》已脱稿,约万五千言,颇有新发现与新解释
	1939年1月14日	《汤若望与木陈忞》已印讫,昨将原稿寄阅
明季滇黔佛教考	1939年7月23日	近欲为一文,名《明末滇黔之佛教》(后定名为《明季滇黔佛教考》),未知能成否
	1939年11月2日	现草《明季之佛教》文,颇费商酌,故心常不闲。精力日衰,尤感少壮之不可不努力
	1940年1月7日	《明季滇黔佛教考》撰写进度:○者为初稿成△者为未成稿

（续表）

著作	时间	撰述过程
		○明季以前滇黔之佛教○明季滇南高僧辈出○明季黔南传灯鼎盛△蜀僧与滇黔佛教之关系△法席之倾轧△静室之繁殖△藏经之遍布及僧徒之著述△僧徒之苦行及生活△僧徒之外学○读书僧寺之风习△士大夫之禅悦及出家△僧徒拓殖本领△诸山开辟神话△深山之禅迹与僧栖○遗民之逃禅○遗民之方外游侣○释氏之有教无类△乱世与宗教信仰△永历时寺院之保护及建置△弘光出家之谣
	1940年2月24日	《佛教考》今日完成初稿
	1940年4月19日	自三月五日初稿成,至今二稿尚未抄发,成一书殊不易
	1940年4月25日	所引明季书四十余种,滇黔书五十余种,多人间共见之书,而不知其有佛教史料。所引僧家语录六十余种,多人间未见之书,更不料其有明季滇黔史料矣。此三百年沈霾之宝窟,待时而开,不足为外人道也。寅丈询在何处发表,未定。守和(袁同礼)先生来信,云可刊在《西南文献丛刊》,彼有函致商务云。但第一条件要能在数月内出板,若积压至数年,如北大四十周年纪念文,则殊无意思。此文现已发抄第二稿,二人抄,至快要二十天。筹款一节,已可缓,先谋速发刊也
	1940年5月3日	《佛教考》尚未抄好,前函已说过,拟先抄好,向辅仁提出,如果无款印,乃再作道理,所谓先招亲房人等也。本文之着眼处不在佛教本身,而在佛教与士大夫遗民之关系,及佛教与地方开辟、文化发展之关系。若专就佛教言佛教,则不好佛者无读此文之必要。惟不专言佛教,故凡读史者皆不可不一读此文也。三十年来所著书,以此书为得左右逢源之乐。俟抄好提出辅仁后,如何再报
	1940年6月27日	《佛教考》自前月廿七日发稿,至六月十八日始排得卅二页,第一卷完。至廿六日始排得六十四页,第二卷尚未完。预计八月初可毕。寅丈赐序能于斯时寄到,尚可排入。但须先探陈公意,愿作序否? 如愿,则多候数日无要紧,因此书舍公外,无合适作序之人也。顾亭林言著书如铸钱,此书尚是采铜于山,非用旧钱充铸者也
清初僧诤记	1940年11月8日	近又欲作一文,名《清初僧人之斗诤》(后定名为《清初僧诤记》),将《佛考》法门纷争篇放大,未知能成否

（续表）

著作	时间	撰述过程
	1941年1月19日	余著《清初僧诤》初稿已成,十章三卷四万余言,惜重抄一回不易,不然,则寄寅丈请教也
	1941年3月11日	《僧诤》稿完
南宋初河北新道教考	1941年6月27日	《南宋初河北新兴三教考》,三月八日定题目后即病,今已成十一章,差不多成了一半,大约暑假后可脱稿。不耐久视,最苦人也
	1941年9月3日	即日又寄《南宋初河北新创三教考》目录油印三份
	1941年10月1日	《新创三教考》拟改为《新道教考》

《陈垣全集》（第23册），第785~842页。

从表2-2可见陈垣撰写诸文的进度与方法。可以说，陈垣于抗战时期，撰述并未中断，反而进入创作的高峰期。陈垣在撰写时，先有大致大想法后撰写提纲，并以此为基础而撰述为文，文稿粗成后，又送与友人、弟子辩驳请益，最终付之枣梨。

（一）《南宋初河北新道教考》

观《南宋初河北新道教考》提纲，则可略知陈垣撰述此文的框架与主旨：首先，撰写过程中，标题署名多有变化，"宋初河北新兴三教，卅年三月八日。廿二日加'考'字。四月廿六日拟加'志'字。七月十五日改'创'字。九月廿七日加'道'字。九月廿九日改为'新派道教'。"①

其次，在提纲中，陈垣假借史事而折射时人的爱国情结，有言："非有所爱于宋也，爱中国也。何爱乎中国？因已为中国人而受人歧视，虽欲不中国人不可得，同病相怜，故特爱之也。国可亡，人心之陷溺不可不正救也。不叛不服不卑不亢之精神。人虽不知爱国，及至亡国，则未有不爱其国者。"又如，论及遗民之界定则曰："夫必曾出仕而后不臣异姓，此可谓忠于君，未可谓忠于国，故可称之曰遗臣，未可称之曰遗民。必为未出仕而不臣异国，始可谓之忠于国，始可谓之遗民。遗臣易为，遗民难为。夫遗民者必其始终为民者也。遗臣可贵，遗民尤可贵。遗臣难得，遗民更难得。"②可谓是借明遗民之酒杯，浇自身之块垒。

继之则以"呜呼"二字开端，感慨有宋一朝京师之陷落、疆土之沦丧，"呜呼！自汴京之亡，河北已去中国而沦左衽。其居民之无官守无言责者不能尽

---

① 《陈垣全集》（第22册），第99页。
② 同上书，第99、104页。

弃宗族庐墓以逃也。且其时中国正朔犹存,恢复之望未绝。"文中更是对国土亡而必复充满信心,"自永嘉以来,河北之民沦于左衽者屡矣,然卒能用夏变夷,远而必复,中国疆土乃愈拓而愈广,人民愈生而愈众者,何哉?此固先民数千年之心力所继续灌注而成,非幸致也。"①以此为主旨而论及三教之兴衰。

陈垣在撰述此文时,颇得左右逢源之乐,"余研究真大道教历史,以吴草庐、程雪楼、虞道园、宋景濂四家之文为基础。而关于真大道教世次,程氏之文与三家冲突。余为此曾环攻三昼夜,至第四夜拂晓全部解决,为之大乐。"②

表2-3 《南宋初河北新道教考》撰述、排印各篇目之经过

篇目	排印之时间
教徒之制行	七月四日
杀盗之消除	七月七日
士流之结纳	七月十日
藏经之刊行	七月十三日
教史之编纂	七月十六日
人民之信服	七月廿二日
妇女之皈依	七月廿四日
官府之猜疑	七月廿六日
焚经之厄运	七月廿九日
末流之贵盛	八月三日
元遗山之批评	八月七日
真大道教之起源及戒目	六月一日
五祖郦希诚八祖岳德文之道行	六月三日
九祖张清志之高风	六月五日
九祖十一祖叠出之稽疑	六月七日
真大道教宫观一斑	六月十一日
太一教之起源	六月十四日
二祖萧道熙三祖萧志冲之道行	六月十六日
四祖萧辅道之重望	六月十七日
五祖李居寿之宠遇	六月十九日
六七祖传授之推测	六月廿三日
太一教人物一斑	六月廿六日

《陈垣全集》(第22册),第112~113页。

---

① 《陈垣全集》(第22册),第105页。
② 同上书,第107页。

观陈垣著述框架，则知多史意先立，而后涉史考，所倡导"有意义之史学"的理念，与战时特殊的政治环境休戚相关。

(二)《明季滇黔佛教考》

陈垣在史料搜求上不遗余力。《遗民录》作为撰写时的重要参照史料，陈氏多方问询，后得袁同礼相助，方才觅得。《明季滇黔佛教考》稿成后，即请师友评骘，沈兼士曾有诗言："吾党陈夫子，书城隐此身。不知老将至，希古意弥真。傲骨撑天地，奇文泣鬼神。一编庄诵罢，风雨感情亲。"①可见推崇之高。陈垣似乎更为看重陈寅恪对此文的反应，并借陈乐素将文稿转交陈寅恪，求为之一序。1940年5月30日言"寅丈未识回港否，欲寄稿请寅丈一阅，并欲求其一序也"；6月4日言"请寅丈到港时一阅（不知到否），并欲丐其一序"；7月23日又言"寅丈序不必急急，在此时节，复经劳顿，请其作序，殊觉不情，慢慢等等可也"。其殷切心情可见一斑。7月29日收到陈寅恪复函，并附有序言，陈垣心情颇为激动，"前日接到十七日函，并寅恪先生序（指陈寅恪为《明季滇黔佛教考》所作的序言）。第六卷将印毕，正好赶到，喜出望外。兹有复先生一函，便寄去。《佛教考》稿现在何处，寅丈看过后，口头有何批评，至紧告我。"②

在与弟子方豪的信函中，陈垣对所著"宗教三书"的主旨多有阐述，"此记与佛、道二教考为弟国难中所撰'宗教三书'之一，前数篇因派系纠纷，殊眩人目，然此烟幕弹也，精神全在中后篇。以足下慧眼观之，当作何批评，幸有以告我。"陈垣与挚友杨树达的信中，对"宗教三书"的精神则有更为清晰的表述，"国难中曾著宗教三书：一、《明季滇黔佛教考》六卷。二、《清初僧诤记》三卷。三、《南宋初河北新道教考》四卷。皆外蒙考据宗教史之皮而提倡民族不屈之精神者也。从今日视之，殆如梦呓耳！"③

当然，对《明季滇黔佛教考》的主旨，并非人人知之。当时有学人欲仿此例，撰来华天主教史，陈垣则回复曰："拙著《佛教考》本专为传教士有所借镜而作，深盼传教士能细读一遍。至于公教史，既有大著各种刊行，我辈似可搁笔。若欲仿《佛教考》体例，其中如士夫禅悦、遗民逃禅、遗民禅侣、有教无类等篇，明季公教初来，未能深入社会，何从有此史料？又如高僧辈出、传灯鼎盛等篇，当时公教华籍教士甚少，何从有此现象？"④此亦可见

---

① 刘乃和：《励耘承学录》，北京，北京师范大学出版社，1992年，第64页。
② 《陈垣全集》（第23册），第816、818、821、822页。
③ 同上书，第96、328页。
④ 同上书，第331页。

陈垣言教、言诤、言派系纠纷，多为烟幕弹，而倡导民族不屈之精神乃是文章的幽旨所在。

三、战时陈垣撰述的方法与特色

陈垣喜探史源，开设"史源学实习"课程，尤重撰著为文的方法，观章实斋手稿，而将其目为"乡曲之学"，亦或为有感而发。

陈氏撰述文章，先对史料广为搜讨，至涸泽而渔方罢；然后将材料分类罗列，或编资料长编、或纂年谱；继之从事撰述，为求一论证而多方参辑。初稿撰毕，则又潜心修葺，不烦几易其稿。最后，为避免错讹不妥，更是将稿件寄送友人、弟子多方求证，甚而驳难不已，最终方将文稿出版。

在与陈乐素的家信中，陈垣以《吴渔山年谱》的撰述为例，讲述了自己撰述的艰难过程。"南宋人文集与同甫年代不相上下者尽览一遍，方可无遗漏。然南中岂易得此机会也。且凡撰年谱，应同时撰一二人或二三人，因搜集材料时，找一人材料如此，找三数人材料亦如此，故可同时并撰数部也。若专撰一人，则事多而功少矣。吾撰《渔山年谱》时，本可同时撰四王并南田年谱，以欲推尊渔山，故独撰之，其实找渔山材料时，各家材料均触于目也。竹汀先生撰二洪及陆王年谱，亦此意，然知此者鲜矣。"①虽寥寥数语，即可见陈垣为文撰述的方法与过程，以及搜讨史料涸泽而渔的精神。

又如，陈垣在撰写《明末殉国者陈于阶传》时，即先做提纲，列出所需之参考诸书，每书所涉及陈于阶的资料若何。其他当时准备撰写之文，如《东汉风俗》《续唐书注》《中国历史年代学》《伟大之中华民族》《北朝之华化运动》《鲜卑同化记》等，多在文后标明成稿时限和文章主旨。如有精粹之语，亦多附于提纲的各章节、篇目之前。比如《伟大之中华民族》目下，即有"善能吸收外来民族，故能继续发展而不衰老。凡已往侵略中国之民族，无不变为中华人。……夷狄而中国则中国之。……外来之宗教可成为中华宗教。昔之研究民族者喜言其分，今之研究民族者利言其混"②之语。时西南学人有"中华民族是一个"的论争，而陈垣则有上述之论，南北学人皆关注民族问题，此又非巧合。

稿成之后，陈垣多呈送友人评判，且尤重批评意见。"尹、叶、寅、袁四部《疑年录》，想均已收到分别转交矣"，"寄寅、尹、缪、逖、哲生、子馨、袁、傅并汝，共九册《佛教考》"，"寄《考》一册与汤用彤先生（字锡予）"。对于提醒修

---

① 《陈垣全集》（第23册），第798页。
② 《陈垣全集》（第22册），第122页。

正的建议,陈垣亦虚心接受,"有人发现《录》(《释氏疑年录》)卷二第十页二行'珠林三二',应作'三三'云,校书真不易也。今日寄五部,'三'字已改正。"陈垣与汪宗衍书,信中则称"承示《疑年录》《僧诤记》二点均应改正,所误当不止此,不吝指示为幸"①。

陈垣曾有书稿寄送在港友人,但因战时日人审查,故多有迟滞,心情又颇复杂。"如何能使人知有此书,甚麻烦。如果要登广告,现正隐姓埋名时候,非可在报纸上见名字也,故勉强即不必。料卖书不得多少,幸勿彰扬为要。"②一方面,新书甫付之枣梨,正欲有识之人能共读之,以求相互商榷,增益学术;另一面则时局不靖,学人多受威胁,正需隐姓埋名,以免遭难。

对于撰文的标准与方法,陈氏曾言:"论文之难,在最好因人所已知,告其所未知。若人人皆知,则无须再说,若人人不知,则又太偏僻太专门,人看之无味也。前者之失在显,后者之失在隐,必须隐而显或显而隐乃成佳作。又凡论文必须有新发见,或新解释,方于人有用。第一搜集材料,第二考证及整理材料,第三则连缀成文。第一步功夫,须有长时间,第二步亦须有十分之三时间,第三部则十分之二时间可矣。……文成必须有不客气之诤友指摘之,惜胡、陈、伦诸先生均离平,吾文遂无可请教之人矣。非无人也,无不客气之人也。"③所谓诤友,先生言之甚是也。

四、评价

抗战时期的陈垣先生,怀经世救国之志,秉承乾嘉考据之精髓,淹灌明清两季之史籍,兼以西学方法为手段,挟众学之所长,而自成一家。故于史学之潮流,乘势而起,且驾轻就熟、游刃有余于其间,斯为我辈所敬仰。沈兼士于陈垣六十大寿时,曾评述其学术大端有六,"一征信,二勘误,三订历,四阐幽,五旁通,六博考。"④

北平沦陷后,陈垣等史家虽困守孤城,仍笔耕不辍,撰述颇丰。后来回忆这段时期时,陈氏则言"八年杜门习惯,一旦打破,故比敌人降服前为忙,想有所述作,亦不如日前之静。始知敌人困我,未必非福我也";⑤更不免有"西伯拘而演周易"的同调之叹。

抗战时期,陈垣的学术理念亦发生微妙的变化。"至于史学,此间风气亦

---

① 《陈垣全集》(第22册),第822~824页。
② 《陈垣全集》(第23册),第825页。
③ 同上书,第805~806页。
④ 夏承焘:《天风阁学词日记》(第二册),第165页。
⑤ 《陈垣全集》(第23册),第322页。

变。从前专重考证,服膺嘉定钱氏;事变后颇趋重实用,推尊昆山顾氏;近又进一步,颇提倡有意义之史学。故前两年讲《日知录》,今年讲《鲒埼亭集》,亦欲以正人心,端士习,不徒为精密之考证而已。此盖时势为之,若药不瞑眩,厥疾弗瘳也。"①由专注考证到追求有意义之史学,此为陈垣在民族危局之下史学撰述所发生的重要转向。解放后,陈垣在论及当时的著述时,做了如下总结:"九一八之前,为同学讲嘉定钱氏之学;九一八以后,世变日亟,乃改顾氏《日知录》,注意事功,以为经世之学在是矣。北京沦陷后,北方士气菱靡,乃讲全谢山之学以振之。谢山排斥降人,激发故国思想。所有《辑覆》《佛考》《诤记》《道考》《表微》等,皆此时作品,以为报国之道在此矣。所著已刊者数十万言,言道、言僧、言史、言考据,皆托词,其实斥汉奸、斥日寇、责当政耳。"②

对于治学态度,陈垣曾与学生容肇祖言:吾人论学求真非求胜。此可为至理名言。其对学术求真、求实的态度,为当时的学子留下深刻印象。一位学生即这样回忆道:"他的嘴相当厉害,对于有错误的学者批评得一点也不留情。可是他实在已经是十分克制自己了。常对大家说:'还是不说吧,免得又得罪了人。'他对于他的同乡,梁任公先生,就是不大满意的。任公晚年颇以治史自期,但他雄才大略则有余……粗疏是不免的,这在援庵先生看来,不免有点不合式。他也常讲批评人是求止于至善,不一定批评者就比被批评者强。"③陈垣在与陈述的信函中亦言:"师法相承各主张,谁非谁是费评量。岂因东塾讥东壁,遂信南强胜北强。"④所谓因师法不同、主张相异,而生派系纠葛。但陈垣则力图破除门户之见,可见其宽容治学的态度。

对他人学术虽待以宽容,然对自身撰述则要求甚严。先生尝暗自立誓:"二十年来余立意每年至少为文(专题)一篇,若能著比较有分量之书,则一书作两年或三年成绩,二十年未尝间断也。一生身体未尝大病,亦未尝经什么难处之境,以视吾先生及其他亲友,自问可谓幸运之极矣,于此而不稍用一点功,何以对天之生我也。"⑤此种毅力,非常人所能及。

面对学术论争与批评,陈垣亦能坦诚平和以待,曾言"士贵有诤友,蒙何幸得此。正拟广为传扬,以志吾过"⑥。正因有此宏阔气度,连与北方学界(特别是胡适派学人)难以磨合的南高学人,亦邀陈垣担任职务。比如,工作

---

① 《陈垣全集》(第23册),第92页。
② 《陈垣来往书信集》,第216页。
③ 朱海涛:《北大与北大人——陈垣先生》,《东方杂志》1944年第40卷第7号。
④ 《陈垣来往书信集》,第622页。诗中东塾为陈澧,广东人;东壁为崔述,河北人;故分称"南强""北强"。此诗为答复陈述来信所说陈澧点读崔述《考信录》批语"此何必辨""此何必注"而言。
⑤ 《陈垣史学论著选》,上海,上海人民出版社,1981年,第626页。
⑥ 《陈垣全集》(第23册),第95页。

于南京国立编译馆的厉鼎烽,为柳诒徵之弟子,曾盛邀陈垣担任咨询委员一职,但被婉拒。陈垣虽或有老派史家之风,然又能在著述上勇猛精进、笔耕不辍;更能与南中学人多有信札往来,讨论文稿之得失,相互切磋;且能对新知与史学之新趋势,多有关注与赞赏,持开放态度。陈氏除了旧学根底深厚、以考据获得认可外,还十分注重吸收西方汉学的成果,与伯希和、桑原骘藏等一流史家,多有学术交谊。再加上其性格敦厚宽和,少批评同道而多有创获,且不遗余力地提携后进,从而博得时人尊重。综观陈垣一生,其"预流"之心甚强,对史学界风气之转变多有体察和了解。

当时学人对陈垣的成就多有推崇。早在1922年胡适即断言:"南方史学勤苦而太信古,北方史学能疑古而学问太简陋,将来中国的新史学须有北方的疑古精神和南方的勤学工夫。……能够融南北之长而去其短者,首推王国维与陈垣。"①可以说,战时陈垣的撰述,更多融合了乾嘉考据与经世当下、史料考证与意义诠释、中学功底兼及西学方法等诸多元素,故能历久弥新、影响深远。而陈垣对这种推崇和褒奖则以一种低调的方式来回应。抗战胜利后,弟子辈学人方豪曾撰有《爱国史家陈援庵先生》一文,陈垣得知后则言,"方著爱国史家,已见,标榜太过,恐惹人反感";"一有赞叹,又为不赞叹者生嗔,奈何?"②所谓出类拔萃反遭忌,标榜太过使人烦,陈垣可谓知人心也。

总而言之,对战时陈垣著述的介绍与评价,不唯当时学人多有赞誉,后世史家亦多有诠释。然而,既有研究多集中于对陈垣爱国与民族思想的阐发和诠释,以彰显其不屈的爱国情结。在此之下,对当时陈垣著述的具体分析,似有待进一步发掘;对其作为留守者从事史学撰述的背景与心态,也需重加审视和辨析。

第三节 战时辅仁大学史家——余嘉锡

余嘉锡(1883—1955),字季豫,号狷庵,又称狷翁,湖南常德人,当代著名目录学家、古文献学家,生前曾任辅仁大学国文系主任、经学教授、中国科学院语言研究所专门委员等职,1947年,以《四库提要辨证》一书当选为中央研究院院士。存留出版的著作有《目录学发微》《古书通例》《四库提要辨

---

① 《胡适日记全编》(三),"1919～1922",合肥,安徽教育出版社,2001年,第772页。
② 《陈垣全集》(第23册),第861页。

证》《世说新语笺疏》《汉书艺文志索隐》《余嘉锡论学杂著》等。

"九一八事变"后,余嘉锡曾举家南迁,后又北返辅仁并任国文系主任。北平沦陷后,他困守孤城,与国文系的沈兼士、高步瀛、赵万里、陆宗达、戴君仁、储皖峰、陈君哲、周祖谟等研习学术,成就斐然。对于余嘉锡的经历,周祖谟所撰《余嘉锡先生传略》言"自 1931 年起直至 1949 年,先生始终任辅仁大学国文系系主任,1942 年冬又兼任辅仁大学文学院院长",①或多有不确。

据档案记载:"本校文学院院长沈兼士,因事离校。兹聘本校教授董洗凡代理文学院院长职务,请核转备案。私立辅仁大学校长:陈垣。民国三十二年七月。"②1942 年的《私立北平辅仁大学一览》记"沈兼士为文学院院长"。③ 然而,沈兼士因从事抗日活动而遭受日军追捕,被迫仓皇南下。此后文学院院长由董洗凡代理,并获得伪当局批准,时间已经是 1943 年 7 月份了,后来的工资单上也是显示院长为董氏而非余氏。1944 年的《私立北平辅仁大学年刊》亦标明"代理文学院院长董洗凡"④字样,1947 年《辅仁大学一览》记曰"余嘉锡,中国经学教授兼国文系主任""沈兼士,本校文学院院长"。⑤ 那么,余嘉锡是否就任文学院院长,则仍存疑问。

一、师友弟子的多面印象

战时的余嘉锡曾在辅仁大学开设《世说新语》等课程,对魏晋尚清谈误国反复推论,借评论古人而讽喻当下,寓意深远。然而,学生似并未有如此深刻体验。观辅仁大学国文系学生董毅的《北平日记》(1939 年),几不见片语言及爱国与抗战。且余嘉锡、陈垣等史家在课堂上亦多避谈时局,如有之,也多以更为潜在和微妙的形式予以表达。

以学生对余嘉锡的印象而言,当时日记所载与后世追忆即存在似乎迥然不同的观感。董毅在日记中记载道:"国文系主任余老头讲目录学,对许多人都不满意,连欧阳修也不满意,但未免口气过火些,不论人家被他说的怎样不好,可是到底流传下一些小名声在后代,至今还被别人所讲他们的作品,名字也常被人提到。可是余老头他死了以后,还不是无声无息,和平常

---

① 周祖谟、余淑宜:《余嘉锡先生传略》,《余嘉锡文史论集》,长沙,岳麓书社,1997 年,第 666 页。
② 《私立北京辅仁大学关于本校文学院调任院长的呈文及市教育局转报教育总署的呈文》,北京市档案馆,档案号:J004-001-01669,1943 年 7 月 1 日。
③ 北平辅仁大学编:《私立北平辅仁大学一览》,北平,辅仁大学印书局,1942 年,第 9 页。
④ 北平辅仁大学编:《辅仁年刊:民国三三年》,北平,辅仁大学印书局,1944 年,第 25 页。
⑤ 北平辅仁大学编:《私立北平辅仁大学一览》,北平,辅仁大学印书局,1947 年,第 30、19 页。

人一般,未必会像他现在所看不起的那般人那样尚留一些名声于后代吧!他还说,现在国文系的大学生,提起来什么古书,什么都不知道,都未看过,真是惭愧!自然,如果要像他老先生年青时那样的读书,至少我们也能念了些现在人听起来不算少的书。可是要想想,现在什么时候,而这时的大学生都是高中毕业考进来的,在高中普通科目是一切均衡发展的,科学的功课,更是使得每一个学生都要在课堂下,花许多时间预备温习,哪里有多少时间去读,看古书?而且现在的环境,风气,社会潮流所趋,都与前清大不相同,……许多人不假思索,不先想清楚了来因去果,张开嘴就说,真实可怜又可恨!"又言"余老头目录学讲了半天,又发了老半天的牢骚,说这个不好,那个不成。""目录学余老头信口讲来,无头无绪,乱得很。老头子个人虽是很认真,但因书名向来就未见过,虽由余先生讲其大概,终因太生,所知者过少,讲的多了,记不清,忽东忽西,毫无章法,令人捉摸不定,笔记不易记,故实际学生得益者甚微。""余老头可算冰面人,永远见不到他笑的,老是板着一付令人可厌的老脸皮,什么都看不起。"①作为辅仁大学的学生,董毅或非表现优异的学生(因其所修课程,如余嘉锡的《世说新语研究》等,多为C),余嘉锡的目录学在他看来"材料复杂",不能有系统的笔记,在科目考试中因无法预备,而作了篇策论式的文章以应付。

余嘉锡对学生课堂上的散漫之风颇为不满,"我讲这科'目录学',不但你不配说我讲得不好,就是当代的任何国学大师也不敢批评我讲得不好"。而课程宣讲时,亦不免议论时政,但这种反抗多以更为微妙的方式表达出来。当时,辅仁大学迫于压力,增设日文选修课程,余嘉锡即以司空徒之诗"汉儿竟作胡儿语,却向城头骂汉人"②讽喻之。

余嘉锡中年以后自署"狷翁",书籍上多有"狷翁校雠"印记,一生刚介耿直、爱憎分明、守正不阿。在当时的学生来新夏看来,余嘉锡是一个持身谨严、衣着简朴、不苟言笑的先生。另一位叫傅试中的学生,则因国学功底较好而受到余嘉锡的赏识。他在回忆身处沦陷之城的老师时,则言"余师读书五千余部,自题书房为'读已见书斋'。抗战期间愤日军残暴,改题为'不知魏晋堂';著述自题籍贯为武陵,以陶渊明桃花源记中的避秦时乱的逸民自比"③。

综之,以当时日记与后世追忆相较,可微见战时余嘉锡的多面形象,以及战时师生的生活状态,从而对战时辅仁大学有更为真切的感知。

---

① 董毅:《北平日记》,第7~8、14、48、61页。
② 林辰:《忆恩师余嘉锡先生》,《学府纪闻·私立辅仁大学》,台北,南京出版有限公司,1982年,第149~150页。
③ 傅试中:《忆余季豫先生》,《学府纪闻·私立辅仁大学》,第126页。

二、战时的史学撰述——以"小说考证"为特色

抗战初起之时,余嘉锡即深惧《四库提要辨证》手稿散佚,"自念平生精力尽于此书,世变日亟,马齿加长,惧亡佚之不时,杀青之无日。"① 于是,将史、子两部的二百二十余篇定稿予以排印刊刻。

余嘉锡抗战时期的主要著述有:《小说家出于稗官说》《论校勘学之起源》(1937 年)、《寒食散考》(1938 年)、《宋江三十六人考实》(1939 年)、《述也园旧藏古今杂剧序》、《汉武伐大宛为改良马政考》、《驳萧敬孚记皇甫持正集旧钞本》、《书章实斋遗书后》(1941 年)、《疑年录稽疑》(1942 年)、《杨家将故事考信录》(1945 年)等。与其相交颇多的学人有钟刚中、邢端、傅增湘、陈垣、高步瀛、杨树达等。

既有对余嘉锡学术研究的探讨,多集中于目录学、文献学等层面,而对其史学成绩的关注,则尤为薄弱。② 抗战时期是余嘉锡史学论文撰述的高峰期,其治学也悄然发生转向,而以"小说考证"为重要特色。

对治学的范围,余嘉锡尝言"史子两部,宋以前书未见者少;元明以后,亦颇涉猎",且有"宋人史学胜清儒"之论。周祖谟曾评述余氏治学特色为"不尚浮夸,以学为务实之本。既不蹈袭前人陈言,掠人之美;又对别人不漫施讥讪,以示己长。但重视考证是非得失,实事求是,不为空谈,不持门户之见";同时"文笔灵活,跌宕有致,无呆板冗蔓之病,风格和李慈铭相似"③。陈垣认为,季豫先生博学约取,而又勤恳不辍,是其成功的重要原因。④ 可以说,"辨章学术,考镜源流"乃是余嘉锡治学的一贯精神。其治学范围开始由目录学转向史学。以医书之史料考证寒食散之来历;以史学考证的严谨手法,来论断《水浒传》、杨家将事迹;并撰成《寒食散考》《宋江三十六人考实》《杨家将故事考信录》等文。

以《宋江三十六人考实》而论,此文乃先生积年而成之作,文笔洗练而精核。余氏文中对孤证、史书中抵触不确者,多以"无以定之"的存疑态度视之,此为实事求是的治史态度。而成文过程中,颇得陈垣、孙楷第等人相助,又可见学人之交谊。

余氏因《宣和遗事》中对水浒之事,记载较详,故以是书为主要史料,

---

① 余嘉锡:《四库提要辨证》,北京,中华书局,1980 年,第 47 页。
② 郝刚《余嘉锡史学述论》(《西藏民族学院学报》2008 年第 29 卷第 4 期)一文,从经世思想、历史考证、历史编纂的侧面,对余嘉锡的史学成就略作总结。
③ 周祖谟主编:《余嘉锡先生纪念文集》,第 1、4 页。
④ 陈垣:《序》,《余嘉锡文史论集》,第 2 页。

而参校他书,以明辨水浒三十六人之真伪,实乃以考证学方法治小说之良方。其实,《宋江三十六人考实》并非仅限于对事迹的考析,如对"省元"之考证,"宋制试进士于礼部,谓之省试,其奏名第一者,谓之省元。……应麟因不解省元之称,误以为'行中书省'之省,遂认为元人语矣。"①

论及小说与史事的关联,余嘉锡则言"凡史家叙事之书,一经删修重纂,辄往往失真。况于小说,本非实录,则其辗转傅会,愈久而愈失其初意,此事所宜然。如水浒传所叙梁山泺事,持较宣和遗事,其增益之处不具论;若其所修饰改易,可决其去事实益远",②可谓真知之见。

《杨家将故事考信录》开篇即驳钱大昕"小说专导人以恶"之论,为小说之源流正名。文章又言当时自我之性情与境况,撰文之背景。在"序"中,他论及了撰述此文时的心境,"余赋性疏愚,不通人事,雅好读书,时时作为考证文字,偶有会心,辄欣然独笑,自以为得意,举以告人,人或不解。而余读书愈多,于世事益无所解,遂愤然不复与世接。由是杜门却扫,息交绝游者,七八年于兹矣。年老多病,心力日衰,向所读书,悉摒去不观,遂浏览小说以自娱。积习所在,又复弄笔有所评议,以为藉通俗之书以达吾之所见,无非常异议可怪之论,迂阔远于事情之说,持此问世,庶几其许我乎。"③所谓"杜门却扫""息交绝游",亦是当时不愿屈服日伪之留守学人的真实写照。

余嘉锡对钱大昕之批驳或非仅指"小说专导人以恶"的观点,而泛指清代考据学之弊,批评其过分纠结于正史之考证、重史学之正统,而不免缺少博通,忽略对小说等杂书史料的价值。"清代学者不读杂书,莫知其所自出,遂杂引史传以证之,如翟灏、俞樾、李慈铭诸家,其所考证有是有非,终不能得其根柢。戏剧虽小道,而欲穷其正变,辨其讹谬,非精思博采不为功。"进而言"盖凡一事之传,其初尚不甚失实,传之既久,经无数人之增改演变,始愈传而愈失其真"。④ 顾颉刚从戏曲中窥察到"层累地造成的中国古史"观念,而余嘉锡则以史学考证之态度治戏曲小说,究其根柢、辨其讹谬,斯为源虽同而路径异,方法活用如是,可谓条条大路通罗马。

余嘉锡对杨业推崇备至,认为杨氏一人之生死,而定数百年之变局。"杨业祖孙三世,皆欲为国取燕云以除外患,其识乃高过赵普等,使当时能用

---

① 《余嘉锡文史论集》,第317~318页。
② 同上书,第327页。
③ 余嘉锡:《杨家将故事考信录》(序),《辅仁学志》1945年第13卷第1~2合期。
④ 同上。

其言,则金元无所凭藉以起,靖康之辱,祥兴之祸,皆可以不作。且业有无敌之名,辽人望见旌旗辄引去,隐然若一敌国,故曾巩作隆平集,元人修辽史,皆以业之生死定辽宋之盛衰。……以区区一身,关系之重如彼,忠贞之节复如此,岂不诚大丈夫哉!此所谓国亡之后,遗民叹息歌咏杨家将,久而不置也欤?……既得业之始末,因遍读元人书,而得刘因郝经之诗,皆以宋之亡,归咎于不取燕云,益信杨家将虽小说,而实一时人心之所同,故能与学者之作相表里。其后元之所以亡,明之所以兴,其几盖在于此。"①

以一人而决有宋一朝之盛衰,对杨业之评价可谓高也。首先,余氏注重小说的史料性价值,认为一时代之小说当反映当时人心之向背、民众之心态、华夷之观念,此亦为切中时弊之见。其次,余嘉锡对忠节者之赞赏,较之《宋江三十六人考实》,则由隐晦而转明朗,除却日人将败因素外,先生之所寓则更深也。再次,余嘉锡对水浒人物节义之评价,较之杨业三世忠节,则逊之远甚,亦可见其对农民起事者之态度。最后,先生以"北平不知魏晋堂"署之,亦或有深意。表面看似消极避世,实则消极抵抗;而署"北平"字样,也表现了他对日伪将"北平"改为"北京特别市"的不承认态度。

对于杨家将之事迹,当时知之者微,而后世方日渐彰显的缘由,作者认为"虽功皆不成,而祖孙三世,敌忾同仇,以忠勇传家,诚将帅中所稀有。由是杨家将之名,遂为人所盛称,可谓豹死留皮,殁而不朽者欤?爱国之心,人所固有,后之人何乐而不为也!"②《论衡·谢短篇》曰:"知古不知今,谓之陆沉……知今不知古,谓之盲瞽。"③季豫先生身处危局,困守孤城,转向小说事迹之考证,借杨业忠节事迹以阐发幽微,表爱国之心。其为文之主旨又与战时陈垣著述的微意多有相通之处。

同时,文中对小说中的英雄与节义人物,以史学考证的眼光,加以审视和考量,其表象虽仍为传统的乾嘉考证路线,而从其批评钱大昕之论,可见余嘉锡对原有崇尚考证之途的一种超越和突破。在民族危亡之秋,余氏虽自称"息交绝游",然内心则赤诚爱国、恪守节操;而以史法考证小说,即为这一时期治学旨趣转变的一个重要特征。

以历史考证的方法施之于戏剧小说,是余嘉锡20世纪30、40年代史学转变的一个重要特色。而这一转变背后,则又体现了作者虽困守孤城,仍凭借小说中之英雄节义事迹以抒己心,表坚贞不屈、不事日伪之志的气概。

---

① 余嘉锡:《杨家将故事考信录》,《辅仁学志》1945年第13卷第1~2合期。
② 同上。
③ [汉]王充著,黄晖校释:《论衡校释》,北京,中华书局,1990年,第555页。

三、陈垣、余嘉锡与胡适派学人的观念之别

胡适与余嘉锡、陈垣等史家的歧见,似亦值得注意。以陈垣而论,我们多关注于《给胡适之一封公开信》,而这终究注定了两位学人的分野。在此之前,陈、胡二人在学术上多有切磋,陈垣为文撰述,初稿多送与胡适审阅和批驳,双方皆引以为挚友。北平沦陷后,陈垣苦守节操,且少有学人相交谊,不免在家书中感叹道:"文成必先就正于伦、胡、陈诸公,今诸公散处四方,无由请教,至为遗憾。但此稿亦曾经十人参阅,凡有钩抹,大抵皆赖人指摘者也。直谅多闻之友不易得,当以诚意求之。"①此处"胡"即指胡适。1938年,陈垣致信胡适曰:"辅仁经费支绌,去年董事会议先生主席,曾议决今年向基金会请求补助,兹特拟就申请书,由丰浮露教授赍呈,并请其晋谒台端,领教一切……垣八个月来无所用心,仅刻成《旧五代史辑本发覆》一册,已另寄小儿乐素呈正",②可谓交谊颇深。

此后,胡适从政,担任驻美大使一职。这一学术领军人物日渐边缘化。然而,胡适在从政之余,仍然究心于学术,多有撰述,且与陈垣多有商榷和驳难。比如,胡适曾致信致王重民,以借阅陈垣的《闰表》《史讳举例》《僧诤记》等书,并撰有《两汉人临文不讳》一文,与陈垣见解多有不同。又言:"援庵先生的《旧五代史发覆》成于民国廿六年七月,在《于文襄手札》印出后四年。然《于札》中关于《薛史》诸札,他都未提及。甚为疏忽。如《华温琪传》从《唐书》改入《晋书》,明是皇帝一时的谬见,而馆臣不得不改。此其重要比《郑玄素》《淳于晏》二传多多了。"③同时,胡适又认为学问乃"为己"之学,而非陈垣的"为人"之学,④此又两人之别也。

后来,胡适转向《水经注》之研究,力图辨明戴震之污,并驳孟心史为文之误,此又可见其力图做"深入考证",以立自己学问基石的尝试。借此也可微见当时学术地位之确立乃以精深之考证的标准。与之探讨的包括张尔

---

① 《陈垣史学论著选》,第 626~627 页。
② 《陈垣全集》(第 23 册),第 58~59 页。
③ 《胡适书信集》(中册),第 1043 页。
④ 胡适在与王重民的信中,曾言:"学术的工作有'为人'与'为己'两方面,此人所共知。其实这个区别甚不可靠。凡学术的训练方面皆是'为己';至于把自己的心得公开告人,才可以说是'为人'。今人以为做索引、编辞典,计算长历,校勘文字,编纂统计或图表,……是'为人'的学问(如陈援庵先生常说他的工作是'为人'的工作)。这是错的。此种工作皆是训练自己的作工本事,皆是'为己'的功夫。"《胡适书信集》(中册),第 903 页。当然,对于"为己""为人"之学的认识,亦多有别。如夏承焘即言:"(陆微昭)谓近日治学风气,偏于为人,吝于为己。考据家以搜括态度为学,此皆西洋弊习,甚有害于身心。此语良是"。夏承焘:《天风阁学词日记》(第二册),第 323 页。

田、陈垣、邓之诚、钱穆诸家,胡适对上述诸位多有纠谬和论争之处。①

同时,余嘉锡与胡适派学人的治学方法,亦多有不同。余氏见闻博洽,经史子集多有涉猎;撰文能取材删繁就简、取精用弘,且少有臆测之语;引用材料尤重史源,甚而穷源竟委;故作品多传世之作。曾亲炙余嘉锡教诲的张舜徽评价曰:"先生学问极博,于史、子两部,用力尤勤。尝自谓宋以前书,未见者少。……熟于历代官制、地理,故考史之业为最精。每有论述,必穷源竟委,取证确当,论者咸服其通核。"正因能做到博学通识,故而对郑樵、章学诚亦多不措意,"谓其考证粗疏,殊不足取"。② 可以说,当时的老派学人,以及以考证取胜之史家,如陈垣、余嘉锡等,皆对推崇章实斋之风甚不以为然。陈垣目之为"乡曲之学",或因识其考证不精,见其书法拙劣之故。然而,除却批评本身外,实也是对胡适之等新派人物推崇章学诚的一种反拨。对于民族危机,余嘉锡甚至说,"国难"根本就是因"新汉学"而起。③ 此又可见与胡适派学人的分野。

第四节　战时燕京大学的史家

抗战时期,在留存于北平的教会学校中,最有影响力的当属燕京和辅仁两校。燕京受美国教会团体的支持,其中陆志韦在 1934—1941 年、梅贻宝在 1942—1945 年先后为战时的代理校长,司徒雷登于 1920—1945 年长期担任校务长。由于教会学校的掩护,早期的学术活动仍得以勉强展开。珍珠港事件后,美日开战,这种保护便不复存在。随着司徒雷登等学人的被捕入狱,燕京大学也名存实亡。

20 世纪 30 年代初,燕京大学因哈佛燕京学社资金的帮助,得以聘请大批史家前来任教。以历史系而言,有顾颉刚(上古史)、洪煨莲(历史方法论、基督教在中国)、张星烺(中西文化交流史)、许地山(社会及宗教史)、邓之诚(中国通史)、齐思和(上古史)、聂崇岐(宋史)、陈垣(中国历史研究),可谓济济一堂。"七七事变"后,大批学人南下,燕京大学因教会学校关系,得以暂

---

① 胡适与王重民信函中言:"如钱宾四所记赵东潜生卒年,他当时若随笔记出处,何至使孟心史、郑天挺诸君与你我费那么多的时力去寻检? 又如邓之诚先生的《骨董琐记》,曾记蒲留仙作《醒世姻缘》小说,我去问他出处,他回信说是缪荃孙说的;后来又说是缪荃孙亲听见丁晏说的。过了多年,我才知道此条是他抄杨复吉的《梦阑琐笔》(《昭代丛书》)! 缪荃孙与丁晏云云,都是邓先生的误记!"《胡适书信集》(中册),第 1021~1022 页。

② 《张舜徽学术文化随笔》,第 345 页。

③ 牟润孙:《海遗杂著》,香港,香港中文大学出版社,1990 年,第 133 页。

时保留。时顾颉刚等学人因受迫害而被迫潜离北平。至1940年间,燕京大学历史系教员有邓文如、张孟劬、齐思和、翁独健、萧正谊、王克私、裴文中、聂崇岐、侯仁之、王钟翰等。学人之间多有唱和,如邓之诚1931年专任燕大史学教授,"邻居张孟劬(尔田)时与先生及洪煨莲(业)先生以诗词相投赠,印有《槐居唱和诗集》,得诗四十一首,词一首,而以先生得二十四首为最,殊多兴怀感时之佳什。"①"七七事变"后,邓之诚由校外迁入校内南宿舍匀园四号,一直到1941年燕大被封校,邓氏后又辗转执教于辅仁。

一、洪业、邓之诚与燕京大学的史学研究

洪业斋名健斋,又称无善本书屋,书房内悬挂顾亭林画像。洪业曾撰考证利玛窦世界地图的长文,后一日本学人来信探讨,先生复信曰:"国际风云,舆图改色;扬波助澜者,貌同而心异。史地之学,典籍散阙;商考旧实者,貌异而心同。此覆鲇泽信太郎学士。"②为表抗战不屈之决心,"洪业教授曾经立誓,在日军从中国领土撤退之前决不作公开演讲。"③从中亦可见其治学态度和爱国节操。

(一)洪业与引得之编纂

哈佛燕京学社补助燕大的刊物,一是《燕京学报》,一是"哈佛燕京学社引得"。引得是一种学术的工具,学者用之可于最短时间中,寻检书籍内部之某辞或某文。中国的类书及部分史籍中多有与引得相近的工具。从源流上看,"引得"一词乃从英文 index 一词翻译来。应用引得方法于中国书籍,"我们亦大部采取外人近几十年从经验而产生的原理和类例,稍加以变通而已。英文中之 index 原意谓指点(故食指亦谓 index)假借而为一种学术工具之名。日本人译之为'索引'。中国人沿用日译,或转变而为'索引'。我们改译作引得,不过以其与西人原词之音与义皆较近而已。日人森本角藏君于1921年编写了《四书索引》;1930年,英国牛津大学印书馆发行所编《左传引得》。"④

洪业去哈佛讲学时,发现了编纂引得之重要性,于是成立了引得编纂处。⑤ 对于编纂引得的缘由,洪业在《引得说》中言:"我常想:编纂这些书的

---

① 王钟翰、邓珂:《邓文如传略》,《中国现代社会科学家传略》(第二辑),第108页。
② 《侯仁之学术文化随笔》,北京,中国青年出版社,2001年,第192页。
③ 〔美〕约翰·司徒雷登:《在华五十年——司徒雷登回忆录》,程宗家译,第147页。
④ 洪业:《引得说》,北平,燕京大学图书馆影印,1932年,第8、10页。
⑤ 关于这一点,曾得南开大学孙卫国老师提示。

人,虽算不得有甚么阐扬圣道、方轨文章的大功;但只就其曾为学者省了一分心血,已可谓是一种功德。……想到少时读书不知利用学术工具之苦,真是例不胜举。后来教书,决意不令青年蹈我少时的覆辙;所以处处留心学术工具的使用。现在介绍引得于学者,也就发端于此。"①且言"近年英美且有引得学校,引得专书,以教育编制引得之人才,而新出版之书籍,除徒供消遣之小说,与无关实学之空言而外,皆附有引得焉。或谓一国文化之升降,往往可以其出版品之数量为比例。余谓出版品之有资实学与否,往往可以其有无引得为测。大引得之法,如不合用于中国书籍也者,则已矣。如其合用,凡吾国读书之人,著书之人,印书之人,皆当共勉;此吾引得说之所以作也。"②可以说,洪氏编纂引得,实有与日、美学人争胜的因素在。当然,作者的西学背景,为其编纂的实施奠定了良好的基础。

引得包括"文""录""钥""目""注""数""引""得"几个关键之处。凡在某书里的一字一词、一句、一节、一章或一部小书,称为"文"。所要检的故事中间的重要字眼,就是"目",目者头目之意也;且目下多有注(每目不必皆加注),对其进行解释。"目"的前面有"钥","钥"乃是由"目"的第一个字转化而来(但为了便于检寻找,第二、三字,亦可化为"钥")。而"数",乃指章节、卷页之数。例如:《说苑引得》里面有一条,如下:

3/01771　齐景公　与柏常骞论露寝之争,18/6a-b
（钥）　　（目）　　　（注）　　　　（数）
按,这条被称为"录"。

洪业认为,要编纂引得,"我们须主意两个最低条件。(一)学者得了引之钥,不可叫他再花好些功夫去找目。(二)录末之数,应以页为单位。"另外,引得编纂处所编之引得大都以页为单位。对于不同的版本,亦有推算表,可以采用公式推算不同版本的页码。③

然而,洪氏的引得编纂,不免遭受非议,傅斯年的批评即是一例。洪业曾言,"他批评我做引得这东西很机械,是不能登大雅之堂的,而且说我学问肤浅。他批评《水经注引得》,有人就提议他写信给我改正。他说有两个大毛病:第一,讲到某卷某页,找不到,他说大概是你用的版本与我不同。我看

---

① 洪业:《引得说》,第2~3页。
② 同上书,第17页。
③ 同上书,第4~8页。

了,果然对。"①可见,洪业对批评虚心接受。

抗战时期的洪业,亦不免多有苦闷,在与弟子侯仁之的信函中言:"当今乱世,服善之公心少,而忌能之疾忌多,毛锥半露已足以售,不必锋芒毕见矣。业十年来几若吞炭,此意亦仁之所能领略者也。"② 1940 年,时任文科研究所主任的洪业,因公务离平渡美。这一机缘本可逃避沦陷之城的压迫,然而洪业此后又重返燕大,亦可获见其爱国心。

1937 年 12 月,洪业发表《春秋经传引得序》,广征博采,综录先贤对《春秋》经传的研究成果,加之以考证,从而肯定了《春秋》的真实性,颇具创获。是年,法国铭文学院授予洪氏茹理安(儒莲)奖。1940 年,洪业刊《杜诗引得》于《引得》特刊 14 号,阐述了杜甫诗集版本的源流演变及其得失。

可以说,中文"引得"一词乃洪业首创,系英文 Index 之音译,而同时含有"引而得之"之意。据统计,洪业与其领导的引得编纂处,先后共完成古籍引得丛书 64 种,凡 77 本,迄今仍为举世研究汉学者不可或缺的工具书。

门人翁独健、王钟翰在综括洪业之成就时,亦言:"先生博闻强识,治学谨严,尤注意治学方法与工具书的编纂,认为整理中国古典文献,必须有一套科学的工具书,乃创为'中国字庋撷法',用以编纂各种引得,以资学人快览。在先生主持哈佛燕京学社引得编纂处工作的二十多年期间,先后编纂出版了经、史、子、集各种引得多达六十四种八十一册。其中尤以'堪考灯'(concordance)最为简便而不漏一字。如《春秋经传引得》《杜诗引得》等,迄今仍为海内外学人所利赖。而先生所撰《礼记引得序》一文,长达数万言,实为一篇精心结构的两汉礼学源流考,并于一九三七年度荣获巴黎的茹理安奖金,允为学术界所推重。"③

对于洪业开设的课程,据学生周一良回忆:"洪煨莲先生教的是历史系学生必修的史学方法,分初级、高级两门。初级史学方法从如何作卡片讲起,包括引书必须忠实于原文,引用前人说法和材料必须注明出处,尽量追溯第一手史料,……洪先生讲课内容使我长久不忘的,还有他所说:只要你掌握五个 W,你就掌握了历史。五个 W 者,Who(何人)、When(何时)、Where(何地)、What(何事)、How(如何)也。"④对于历史方法课程的讲授,洪业的另一个学生追忆道:"洪师讲授历史方法时,每训迪诸生曰:'吾人治学宜注重追源溯流,非万不得已,凡属二三手资料宁可弃置不用。'又曰:'治学务

---

① 〔美〕陈毓贤:《洪业传》,北京,北京大学出版社,1996 年,第 176 页。
② 《侯仁之学术文化随笔》,第 206 页。
③ 《洪业论学集》,北京,中华书局,2005 年,第 1 页。
④ 《周一良学术文化随笔》,北京,中国青年出版社年,1998 年,第 140~141 页。

求能达成博、约、精、深四字,斯为可贵。'民国廿八年(一九三九年)洪师撰有《研究论文格式举要》一册,凡主修历史系,又选修历史方法者,莫不同受其益,其对于日后诸生撰作毕业论文与一般学术论著,裨益殊多。"①从论文搜集到写作方法,洪业很注重史学的基本训练,授学生以渔,可谓其教学的特色之一。洪业的学生辈亦多成就斐然,如陈观胜、房兆楹、杜联喆、刘子健、邓嗣禹、王伊同等,皆毕业于燕京大学,而后任教于美国高校,则又为洪氏之功劳。

(二) 战时学人邓之诚及其著述

读《邓之诚日记》,知先生与缪荃孙为叔侄辈。且受叶瀚先生推荐,先后任教北京大学、燕京大学,可见二人关系非同一般。他博闻强记,对史料的搜讨之勤、网罗之富,非一般学人可与比肩。邓氏著述中的记往事、述旧闻,可谓之杂家。

邓之诚在治学理念上,既不附和主张一切复古的国粹派学人;而对于主张较为西化的胡适派学人,亦多有疏离。他与旧派人物多有往还。叶恭绰在《骨董琐记》序言中言:"绩学瑰行之士,穷居独处,敛其纵横无外之气,专心一志,寄兴于琐屑幼眇之间,注虫鱼,识草木,若与天地相忘,此或不得志于时者,则然。然世之自命为豪俊者,穷智力以驰逐声利之会,或规为远大,中乃梧然无有,甚者,稗贩异说,骛生气,树标的,而一言不智,祸且中于天下后世,则识小者之所为,岂果可谓之不贤哉!"②老派学人或远离政治、或不得志于时,对当时新兴之史学,则多目之为"稗贩异说",认为危害后世不浅。邓氏多与之交,则又或可见其学术态度。

从1931年起,邓之诚专任燕京大学历史系教授,每年除讲授中国通史外,还开设断代史课程。同时,他曾兼任辅仁大学的课程。后来,邓之诚全家从城内迁来郊居,居于燕京大学东门外槐树街十二号。时常与邻居张孟劬、洪业等史家以诗词相投赠。③ 1944年,邓之诚曾撰《寄怀洪煨莲》一首:"徒步常寻隐士居,经旬不见便为疏。衣粗食淡平生愿,力果思精几卷书。老去心情怜我拙,年来愁困赖君舒。殷勤相忆觅长句,绿叶成阴又夏初。"④奉答张尔田赐和《蜃气》之诗:"入洛端平计已疏,王师北定总虚无。牵羊岂但三宫痛,使犬方知五国愚。缥缈观从东海上,萧条感向朔风初。纤儿撞鼎

---

① 陈礼颂:《沟通中西文化的洪师煨莲》,董鼐主编:《私立燕京大学》,台北,南京出版公司,1982年,第123页。
② 邓之诚:《骨董琐记全编》(上),"叶恭绰序",北京,中华书局,2008年。
③ 王钟翰、邓珂:《邓文如传略》,《中国当代社会科学家传略》(第二辑),第108页。
④ 《五石斋文史札记》(十二),《中国典籍与文化》2004年第2期。

饶馀力,志士伤心泪早枯。""半段碑残碧藓侵,阜昌年号懒重寻。婵娟未得和亲力,犬马难忘孝敬心。南渡河山犹有主,前驱父子已成禽。浮沤起灭平常事,输与遗民感不禁。"①以遗民而比诸友,忧国忧民间,又可见友情之深。

此间,邓之诚治学趋向亦多有变易,开始转向对明清、近代史事的研求,且对尚考据、少经世的风气多有抨击。邓氏"有时感于忧患,喜多抨击,多所触犯,更不为新文学运动改革论者所容,终受其排挤。当时学术界喜谈考据,蔚然成风,而先生游燕之暇,多读乙部书",且尤重史学的经世功能,"先生尝谓'靖康之祸,昔人以为其原在于宋人之不读史',用是苦心孤诣地提倡读史,读史必先读正史,旨在欲使青年学子通观历代兴亡史实始末,识其成败得失与诒谋臧否,庶几不不至有负'国家兴亡、匹夫有责'之训";且"为人治学,先求其大者远者,务使所学能有裨益于国家兴亡、长治久安。"当时,他撰《骨董三记》六卷,不下四五百条。在1941年,是书已脱稿,但因时局未靖、生活窘迫,时未付印,直到1955年方出版发行。邓氏又重近世史,尝言:"史学以纪载不先,纪载以近事为急,及今不述,后将征徵?……而一般史学工作者,明于察古,有昧知今,直笔不存,是非混淆,实不足以昭示来兹。"②傅振伦亦回忆:"先生注重近现代事,藏清代文集甚多,又搜集了近现代杂记资料、民俗以及名人与娼妓优伶照片。"③

据学生回忆,邓之诚"不止一次在课堂上公开大骂当时华北汉奸头子王克敏",④痛斥投敌失节之人。1943年,"七七事变"六周年之际,先生在日记中慨叹"战事了结不知何日,伤今怀古,感慨无穷,瞻念前途,但增悲怛,我怀如此,天意谓何,触笔酸辛,聊识冤愤,不欲人知,自伤而已",⑤忧国忧民之情跃然纸上。

邓之诚在《清诗纪事初编》序言中言:"遭逢变乱,念明清之际,先民处境,有同于我者,不识何以应变,乃取其诗时时观之,钦其节操,忧患中赖以自壮焉。"⑥此书乃先生历数十年之功而成。

邓瑞回忆道:"先父于太平洋战争期间,居于北京西郊成府桑树园胡同时,闲居无事,以读书自遣,亦有隐居韬晦之意,每读完一种书,即将心得考

---

① 《五石斋文史札记》(十三),《中国典籍与文化》2004年第3期。
② 邓嗣禹、周一良、王钟翰:《邓之诚先生评传》,邓珂编:《邓之诚学术纪念文集》,北京,北京大学出版社,1991年,第13～14、10页。
③ 傅振伦:《邓师之诚先生行谊》,邓珂编:《邓之诚学术纪念文集》,第36页。
④ 乔维熊:《纪念邓之诚老师诞辰一百周年》,邓珂编:《邓之诚学术纪念文集》,第18页。
⑤ 《五石斋文史札记》(八),《中国典籍与文化》2003年第2期。
⑥ 邓之诚:《清代传记丛刊》"学林类"二八,《清诗纪事初编》,台北,台湾明文书局,1985年,第9页。

证写成读书笔记,共有四十五种书的题跋,后汇集成《桑园读书记》。先父自称:'卜居成府村,闭门忍饥,不与人事,日以读书自遣,虽不免庞杂,而一书必贯彻首尾。有足参稽者,间附己见,恒题于书眉,或别纸书之,不忍捐弃,暇日择录为一卷。盖几几乎合题要、札记而为一矣。'"①

抗战时期的邓之诚著述颇丰,撰有:《谈军机处》《官制沿革备论·论秦以后无真宰相》《艺风诗词集跋》《长安宫词序》《旧闻零拾》《祺祥故事序》《天聪诏奏序》《东陵道诗序》《陈二庵先生行述代》《西园闻见录序》《王君九九十寿序》《汤住心七十寿序》《与张孟劬书》《辛壬纪事》《静涛柏公传》《临潢柏葰静涛守陵密记》《滇语》《陈二庵别传》《与松崎鹤雄书》《陷虏记代》等。

除此之外,邓之诚亦多有未竟之作,其言:"有未写定者,《清会要》一百卷,《民国日历》四十卷,《神奸铸鼎录》三卷,《清制述要》四卷,《官制沿革备论》四卷,《国志识小》四卷,《南北朝风俗志》十六卷,《二史八书互校》二十卷,《戊午决录》二卷,《辛壬纪事》一卷,《滇语》八卷,《桑园读书记》十卷。近所业者,《清史稿考证》,事类纷繁,参稽难尽,发短心长,不知杀青何日?"②观此,则知邓氏撰述志向颇远大,而百年之后,真正付之枣梨者却少,此又为可叹之事。

二、燕京大学的解散

1941年,太平洋战争爆发,美国教会背景的燕京大学遭到日军封闭。同年12月8日,燕大教授十余人亦被囚禁入狱。教授中除洪业、邓之诚、蔡一谔、张东荪、陆志韦、萧正谊外,还有宗教学院院长赵紫宸、新闻系主任刘豁轩、法学院院长陈其田和三个年轻教授——林嘉通、侯仁之、赵承信;均被拘禁逾半载,③期间大家互以诗歌相酬唱。

后来,邓之诚将狱中诗文整理成《闭关吟》,且自言:"予以辛巳冬十一月十日被执,至壬午夏四月朔二日,先后历百四十一日仅乃得释。初系宪兵队,无意为诗;后入陆军监狱,偶以谐吟自遣。……自二月十九日以后,乃日课一、二诗,其辞率直吐臆,不敢苦吟。至脱系日,凡得各体百有五首。暇日写成一卷,题目曰《闭关吟》。"④诗文仿陆游《剑南集》例,将出狱后几年中续有所赋的二十余首,一并附录于书后,单本印行。所收诗作有:《自警二首》《女真四首》《断送》《圆月》《鸦啼》《赠张东荪》《春阴》《水镜》《钟声》《咏史五

---

① 邓之诚:《桑园读书记》,沈阳,辽宁教育出版社,1998年,"本书说明"部分。
② 《五石斋文史札记》(十一),《中国典籍与文化》,2004年第1期。
③ 〔美〕陈毓贤:《洪业传》,第136页。
④ 邓之诚:《闭关吟》,燕大文史资料编委会编:《燕大文史资料》1991年第2辑。

首》《二月二十七日驱往注射伤寒针感赋》《天笑》《上巳》《又一首》《有酒》《小米饭二首》《不关》《所慕》《书示东荪》《对月等篇》。

如《女真四首》:"南渡河山犹有主,北来胡马不飞扬。"借金辽之史事,而发今日之忧思和愤懑之情。《二月二十五日作慰同室张赵二君》:"虏营二阅月,节序暗中换。去日莫苦多,脱系期可盼。譬如百日留,过此已强半。如以岁为期,六一已及半。……谓予言不信,请以诗为券。"此为邓氏与同事赵子宸、张东荪以诗相劝勉,互相砥砺,以彰气节。《赠赵子宸》:"与君同难始相亲,食果当知过去因。丑虏将亡休畏狡,刀圭有效不嫌陈。沙明水净心之主,苦尽甘回福所臻。待到牡丹花正放,招邀闲踏软红尘。"《风霾》:"国君殉社稷,千古有怀宗。共叹君臣烈,谁忧虏寇讧。生辰传后世,义帜遍江东。板荡还今日,风霾亦正同。"①此又见邓之诚对敌伪之将亡、抗战之胜利,抱有坚定的信念。

燕大解散后,学人多流落各处,生计维艰,时不免有日伪人员前来诱惑。洪业对此多有警惕,其学生侯仁之回忆道:"北京伪政权的一个头子,向燕大出狱的人,分别赠送老玉米以济粮荒,煨莲师已替我坚决拒绝,并嘱咐我绝不能接受敌伪的任何东西;二是敌伪计划在中山公园内开办一个研究机构(名称已不记得),以罗致人才为名,拖人'下水'。燕大出狱的人已在被考虑之中,如果找到门上,一定要坚决拒绝。我幸而在事先得到了这一信息,思想上有所准备。其后不久,果然有一个也曾遭日本宪兵短期拘押的燕大职员,来到天津,当面要我考虑去中山公园某研究机构任职,我斩钉截铁地拒绝了他,从此再无来往。"②

燕大解散后,学人面临多重选择。部分学人依旧困守孤城、潜心撰述,如张尔田在燕京大学被取缔后,迁居至北平西城大觉胡同十二号。亦有转至他校任教者,如邓之诚转而任教于辅仁,郭绍虞曾一度转至中国大学任教。当时学人虽有遭受缧绁之虞,仍多能保持气节,不事敌伪。另一部分则选择南下,并组建新校,成都燕京大学即在后创办。

第五节 遗老们的文史之学——以古学院为例

民国以降,老辈学人的社会交往和文化观念与现实格格不入,面对西学

---

① 邓之诚:《闭关吟》,燕大文史资料编委会编:《燕大文史资料》1991年第2辑。
② 《侯仁之学术文化随笔》,第203~204页。

和新文化的冲击,他们努力维系旧学,并开展了一些学术活动,诸如编纂史志、整理文献、藏书刻书、结社讲学等。① 前清遗老多是北京大学派的先生们不愿提及的人。这里面有一些当年在戊戌政变中较为激进的人物,而今则被目为保守一派。② 古学院的那些老辈遗民,国学功底固深厚,但少涉西学,更多排斥以流行之科学方法治史,可谓是不入流者。他们在当时欧风美雨洗礼之际,不免寂然无闻于世。

战前,由日人发起"续四库全书提要"编纂,参与学人即多前清遗老,如江瀚、胡玉缙、杨钟羲、伦明、傅增湘等。他们与新派学人,或政见不合,或治学理路多有歧异,故而多格格不入,且交流颇少。

"七七事变"后,寄寓北平的老派学人创办了北京古学院,以提倡古学、潜研旧籍为学术归旨,对稀见史籍进行了重新编纂、校勘和辑佚的工作,使得国粹得以留存至今。然而,因成员暧昧的政治色彩,1946年,古学院即遭取缔,这段史实遂湮没不彰。

一、北京古学院的组成与运作

北平沦陷后,这些老派学人进入古学院,在政学两界多有活动。当时古学院诸老,在从事学术研究之余,多做些题款、撰写墓志铭之类的工作,可谓是脱离现实的闲适之作。

古学院人员组成如下列:江朝宗(宇澄)(院长)、张燕卿(副院长)、吴廷燮(常务)、杨钟义、瞿宣颖(常务)、陈庆龢、甘鹏云、叶尔衡(常务)、高毓浵、田步蟾(常务)、赵椿年、吴闿生、周肇祥(常务)、吴承湜、黄宾虹、李景铭、王养怡(常务)、张仁蠡、郭则澐、李志堂、胡钧(常务)、郭则濂(常务)、柯昌泗、张厚谷等人。

当时北京古学院的实际主持者为江朝宗。从人员组成上看,多为前清遗老、国史馆旧人,或致仕的失意政客。北平沦陷后,这些老辈多滞留于故都,后日渐活跃于政学两界。不可否认,他们与日伪政权存在着些许暧昧模糊的关联。③

然而,部分古学院的老派学人,仍能保持民族气节。身居古学院教席的

---

① 桑兵:《晚清民国的学人与学术》,北京,中华书局,2008年,第203页。
② 〔日〕吉川幸次郎:《我的留学日记》,钱婉约译,第61~62页。
③ 比如,就事伪而言,江朝宗曾任伪北平市市长;张燕卿乃张之洞之子,曾任伪实业部大臣;高毓浵曾任伪满洲国政府治安部参事;吴承湜曾任伪北京特别市政府财政局局长;王养怡曾任伪北京特别市教育局局长。从与清史馆的关联来看,周肇祥曾任清史馆提调;吴廷燮曾为清史馆总纂;瞿宣颖乃晚清军机大臣瞿鸿禨之子,曾任国史编纂处处长。

夏仁虎,即对当时的遭遇多有记述:"七七事变生,京师遂沦陷。纷纷伪组织,时来相诱劝。金陵我家乡,极力复推挽。已筑三休亭,宁复从窃僭。严词坚拒绝,复我即汶上。微吟托比兴,借物寓讥贬。作赋哀江南,云树寄苍莽。刘四敢骂人,故人幸相谅。身在陷落中,未受一尘染。"且作腊梅诗曰:"莫道非花亦是花,狗蝇琐琐逞芸华。描摹东阁新官样,篡取南枝旧世家。"①他坚辞伪职,而避居异地,并作诗讽世,此又为民族气节使然。又如郭则澐,周作人请其出任日伪"华北教育总署署长"职务,郭氏坚拒。为表明心迹,郭则澐又在国学书院《国学丛刊》上发表《致周启明却聘书》,言:"性懒甚于叔夜,齿豁类于昌黎。韬庸养拙,久与世而相遗。订坠抱残,固有怀而未逮。……进呕哑于晟乐,必有掩耳之人。辇柉之人横于明堂,讵独非材之耻",②以明心志。古学院学人姜忠奎则因拒绝出任伪职,于1945年被日人杀害。故而,对古学院学人之评价,应分别视之。

值得注意的是,古学院的诸位学人多为前清士子,在政治上对清朝保留潜在的眷恋之态,故而与民国政权多采取消极应对,甚而不合作的态度。在治学上,他们古学功底醇厚、藏书众多,又为颇负盛名的校勘、目录学者,地方志之编纂、古籍之校勘,多为其致力之业。

昔沈增植曾言:"欲复兴亚洲须兴儒术,欲兴儒术,须设立经科大学,先当创社亚洲学术研究会。"③这与古学会的主张颇相近。对于创办古学院的缘由和宗旨,《北京古学院章程》言:"本院以保持固有文化为宗旨,凡古代遗传之学术艺术,应谋阐明发展,俾流传勿替。"④王谢家在《北京古学院成立记》中,对此有更为详尽的发挥,"旧邦新命,西学东渐。邻牗异趋,陪堂辍乡。容台沦于榛莽,庠敩鞠为园蔬。溯自周纲失坠以来,虞禘告成之后,古学之不讲亦久矣。虽然宏化正俗必籍礼教,开物成务,端资学问,登进后贤,以风四方者,太平之原也。尊崇先圣垂意古典者,教化之本也。缅维在昔,学风丕畅,虽自摧残于板荡,终将振起于斯文,果吾道之不孤,遂众谋之悉合。此本院同人所以有古学之提议。……挽古风于不弊。"⑤复古情结,昭然可见。同时,古学院之创办,亦是对传统书院的一种回归。李景铭即言:"数十年来,我国教育制度变迁,致汉唐以来历朝名哲及贤士大夫所提倡之

---

① 夏仁虎口述,夏承栋笔录:《枝巢九十回忆篇》"序",香港铅印本,1963年,国家图书馆藏,第6~8页。
② 郭则澐:《致周启明却聘书》,《国学丛刊》1942年第11期。
③ 贾逸君编:《民国名人传》,长沙,岳麓书社,1993年,第566页。
④ 《北京古学院章程》,《古学丛刊》1939年第1期。
⑤ 王谢家:《北京古学院成立论》,《古学丛刊》1939年第1期。

书院,随风会而澌灭,则国家盛衰之故,亦可概见。今者北京有国学书院之设,殆亦贞元剥复之机欤?"①所言国学书院,亦体现了当时学人对唐宋以来传统书院形式的一种归复和尝试。

北京古学院设立十个学科门类,分别为:经学、史学、政治学、声韵文字学、地理学、金石学、九流诸子学、哲理学、辞章学、艺术学。每科皆延聘教员,编纂讲义提纲。古学院为便于学术研讨,每组设正副主任各一人,共分为:甲经学组、乙史学组、丙诸子学组、丁文学组、戊金石组、己目录校勘组、庚艺术组。同时编纂丛刊,举行考课,设所讲习。对于学员,则采取甄录试的方法,予以招生。以第二届甄录试而言,具体办法如下:

(1)报名不限资格,不拘年岁,不分性别,不收费;

(2)报名期间,十二月十二日至十六日,每日上午八时至下午四时;

(3)考试科目,经学、文学各一题,以全作为完卷;

(4)考试之日,本院备有茶点;

(5)甄录试取录者,每名的(应为"给"字)予奖金,并准自二十九年一月至六月,每月应课。②

因待遇优厚,故而报名者颇多。以第三届招考为例,报名者即达307名,实到者200余人。由古学院代理主任张凤书担任主考官。③ 为保证考试顺利进行,亦有警员维持秩序之举。由于古学院的特殊关系,当时的华北政务委员会对此多有照顾,该院原系借用本园团城敬跻堂房屋办公,因古学院"陈设书籍图画等物及办事房屋,已不敷用;拟请将古籁空屋三间拨借本院,以资应用",④终获批准,从而规模得以不断扩大。当时,因古学会待遇丰厚,亦有学生代做誊稿等工作。⑤

二、学术贡献

(一)史料校勘与辑佚

当时的古学院等学会组织,虽或有深浅不一的政治倾向在,然其治学理

---

① 李景铭:《历代书院沿革考略》,《师大学刊》1942年第1期。
② 《北平市警察局关于发放北京古学院考录训令》,北京档案馆,档案号:J183-002-33743,1939年10月1日至1939年12月1日。
③ 《古学院在华北中学举行考试文件》,北京档案馆,档案号:J183-002-40648,1939年12月1日。
④ 《北海公园事务委员会关于准北京古学院暂借用团城古籁堂给市公署、北京古学院的呈函》,北京档案馆,档案号:J077-001-00111,1940年6月1日至1940年12月31日。
⑤ 按,董毅即有"进城到古学院交代完了稿件"等语。参见董毅《北平日记》,第34页。

念,则要求回到传统的乾嘉考据、金石学路径上来。在古籍校勘、整理、流传等方面多有成绩。古学院所办的《古学丛刊》创刊于1939年3月,用文言文撰述,主要刊载专门研究古代学术的文章,涉及经、史、子、集各个门类,如史地、校勘、词赋、金石谱录、方技、美术等;栏目有学篇、文篇、艺篇、专载、杂俎、插图等。①

除却编辑《古学丛刊》《课艺汇选》外,古学院还从事相关史料、古籍的保存、校勘与出版工作。最具有代表性的就是《敬跻堂丛书》的整理与刊刻。此丛书有八种,分别为:《东塾杂俎》十四卷(1943年刻)、《经学博采录》十二卷(1942年刻)、《韩诗外传校议》一卷(1943年刻)、《毛诗注疏考异》四卷(1943年刻)、《大戴礼记斠补》三卷(1943年刻)、《周官证古》二卷(1943年刻)、《元朝秘史》十五卷(1945年刻)、《菰中随笔》一卷(1945年刻)、《菰中随笔》三卷(1945年刻)。其校勘之精严、考辨之详明、搜求之不遗余力,皆有利于史籍的保存与流通,并最终嘉惠后世学人。

上述整辑诸书,多为存世遗稿,秘不示人,而终由古学院予以刊刻。以《东塾杂俎》而言,对于此书刊刻之由,王揖唐作序言曰:"公孙公穆共治古学,乃出家稿,其未完者,周子养厂,实助公穆共理缉之……手迹炳在,坠绪可拾,公穆继起,躬事斠缉先芬之诵,晚近尤罕。虽大儒余沈,蛟龙所护,而清门流泽,青箱踵微,有足称焉。"②此书乃由陈澧长孙陈庆龢在古学院学人周肇祥的协助下辑录而成,共十四卷。此稿可与《东塾读书记》相互参校,并多有辑补。如卷十三余录、卷十四琐记部分,则为《东塾读书记》所无。手稿历经民国战乱,得以存留,则为子孙护持不殆使然,而书之刊刻则古学院助力颇多。

又如《经学博采录》,亦为未刊之稿,学子获见者鲜。此书乃清人桂文灿所撰,后为黄君纬所藏。郭则澐对此书评价颇高,曰"体制例略如《汉学师承记》,而攟拾闻见加详,盖乾、嘉、道、咸四朝间,学术源流所汇,大之可补国史,次之亦可代学案",③又将此稿中伪脱互异者,择善而取,予以详校,尔后付之枣梨。其他如《韩诗外传校议》《周官证古》等亦多为罕存于世的手稿,皆由古学院出资付刻。《菰中随笔》别本,本乃傅增湘"藏园"所藏,因傅氏乃古学院学人,借同人汇刊名著之便,而与先前传世的玉虹堂本,相互参校、补

---

① 姜义华,武克全编:《二十世纪中国社会科学》(历史学卷),上海,上海人民出版社,2005年,第508页。
② [清]陈澧:《东塾杂俎》,《敬跻堂丛书》(一),北京,北京古学会编,1943年,第1页。此书古学院刊本,本由郭则澐署端,王揖唐作序。然或因王揖唐政治上伪的缘故,后世刊本多不录之。
③ [清]桂文灿:《经学博采录》,《敬跻堂丛书》(二),郭则澐"序",第1页。

辑,并付诸刊刻。此书后并附有"《菰中随笔》三校记",对脱字、补字、讹误、两本皆误之处,皆一一修订。

当时,古学院学人"访求名著之未行者,觅得钞本,亟付剞劂"。① 可以说,将当时流传甚少或秘藏不示人之古籍,参校众书,予以整理付梓,且附有序跋,以见其版本流传,并微言此书宏旨,体现校者之治学理念,此又为古学会诸人贡献之大者。傅增湘即言"详考始末,以质方雅,且冀当世嗜学好古之士,谋所以广其流传",②更体现了古学院学人的旨趣所在。

同时,在序跋中又可见当时学人的治学旨趣。如姜忠奎在《周官证古》"序"中即言"晚世学者,习于浮放,偶涉古经而不能通,即哗谓其伪,又岂止一周官耶?"③又可见其对当时"疑古辨伪"思潮的不满与轻视之态。又如郭则澐在《元秘史补注》"序"中称:"夫当光绪中叶,寓内尚清晏,士大夫已鉴于边患之迫,竟出其心思材力,以殚究此不急之务。今之世,人人以干国自命,顾占毕旧儒之不若哉?史迹不弗习,地利之弗究,而侈然高语安边者,适自罔耳。……使治蒙元史者寻其导椷,策蒙事者有所借镜,谓非时势所需,而国家之所利赖乎?"④此又表现出郭氏对前清旧儒的同情,以及对当时日本侵华之下边事危机的焦虑之情。而在《菰中随笔》"跋"中,郭则澐则记述道:"岁庚辰夏四月,值亭林顾先生生日,都人士会祭于慈仁寺之顾祠,则澐与焉。退而为诗识之,以为先生之学所以正纲纪、别人禽者,终不可以废也。……顾念颓俗滔滔,伦斁纪斁,其不悖于先生知耻之教者,有几人哉?"⑤时值困守孤城之时,借纪念明遗民顾炎武,以正纲纪人伦、知耻明节,则又为郭则澐等老派学人爱国情结的体现。

不可否认的是,战时的北京古学院,其成员所撰文章多以天文、舆地、金石、版本或诗文证史为主,多因袭乾嘉考据学派之方法而少创获,其治学观念夹杂着浓厚的复古色彩,此或为其治学之失。

(二)古学院学人傅增湘与《绥远通志》

作为古学会成员的老辈学人,傅增湘早年多有宦绩,后脱离政界,以校勘典籍、编纂史书为业。他别署"双鉴楼主人",因建"藏园"做书库,又自号"藏园老人"。傅增湘对典籍版本、源流等广见博览,除却校勘书籍、

---

① [清]许翰:《韩诗外传校议》,《敬跻堂丛书》(三),王揖唐"序",第1页。
② 傅增湘:《宋本忠文王纪事实录书后》,《图书季刊》1940年第2卷第1期。
③ [清]桂文灿:《周官证古》,《敬跻堂丛书》(六),姜忠奎"序",第1页B面。
④ [清]沈曾植:《元秘史补注》,《敬跻堂丛书》(八),郭则澐"序",第1页B面。
⑤ [清]顾炎武:《菰中随笔合刊》,《敬跻堂丛书》(九),郭则澐"跋",第1~2页。

汇编史料,对地方史志的编纂,亦多有造诣。1938年,傅增湘参加日本人控制的东亚文化协议会,且任副会长,此事多为后人诟病。"七七事变"后,傅氏或缘于书籍之累、或因不习南方气候、或与国民党政见不合,而选择滞留孤城,其间多有撰述。其中,《绥远通志》的编纂成帙及最终付之枣梨,作用尤大。然而,对于傅增湘与《绥远通志》的关系,或有待于进一步梳理。

对于傅增湘与《绥远通志》的关系,今版《绥远通志稿》"出版说明"中记述道:"(此书编纂完成后)当时遵省主席傅作义先生之意,特派荣祥携稿至北平,延请社会名士傅增湘先生审修订稿。其时正值'七·七'事变,抗日战争爆发,一百二十卷稿本未及携回,留于傅宅'藏园'。一九三八年秋日寇侵占归绥后,得知绥远通志稿的编修情况,即派专人赴北平与傅增湘联系,并付以重金,令傅尽快修编出版,为其侵略统治服务。在日伪威逼下,傅氏约聘张星烺等多人,在原稿的基础上,撰编组合,于一九三九年二月蒇事。又增补总序、凡例、各分卷序。……定书名曰:绥远通志。并决定运往日本东京,由东亚文化研究所影印出版。据悉当书稿印完时,正值一九四五年美机轰炸东京,书稿尽毁于战火。抗日战争胜利后,绥远省政府十分关心绥远通志稿的下落,后几经辗转移交内蒙古图书馆收藏。但书稿仅存一百一十三卷,其中七卷志稿和地图、金石拓片等,已完全散失。"[①]

文中所言,似可知如下诸端:首先,傅增湘仅负"审修订稿"之责。其次,北平沦陷后,日人以付以重金,且要挟傅增湘将《绥远通志》尽快出版。最后,修订之书稿携至日本出版时,被毁于战火。今之所见为残缺之稿。上述之言,或有不确。那么,傅增湘纂修《绥远通志》又是怎样的过程呢?

首先,傅增湘是否接受日人重金。观《张元济傅增湘论尺牍》,傅增湘经常致信张元济,谈论售书以维持生计事宜。1944年有言:"今年北方物价增至十倍,人人皆告穷困。家用从前月费六百金,今乃至五千余金,而一切食用皆刻苦万状,往往当食而叹。自取夏至今,卖去栾矿、启新洋灰、商务馆各股票将近十万,而目前又告罄,亟需卖书矣。如此过活,何时是了。恐明年时局严重更将加甚。天地虽大,何处能容我辈耶。"[②]此外,他当时还想售书于郑振铎,以维持家庭生计。观此,则如接受重金,则生计亦不会如此窘困,而傅氏接受日人重金之可能,或有可疑。

---

① 绥远通志馆编纂:《绥远通志稿》,呼和浩特,内蒙古人民出版社,2007年,"出版说明"部分,第2页。
② 《张元济傅增湘论尺牍》,第387页。

其次，傅增湘编纂《绥远通志》过程需辨析。在与张元济的信函中，傅氏曾言："《绥远通志》竟于腊底编定。缮稿告成。欣然如释重负。此事近半年来辛勤冗迫殆不可言。除文征十二卷由侍手编。余皆经一再改定。每日夜间至四五点乃息。实已精疲力竭。然疏漏差失仍所不免。惜不能再宽半年之限。令我一人通体重阅一过也。全书分六大志。地理、经政、民事、产业、文献、大事。各门又列子目。通为一百十六卷。上元节后即付排印。不知京华能商定否。著书之难今日始可知甘苦。从此不敢轻议前人矣。"①此文作于1939年2月23日。而《绥远通志》的缮稿完成的时间，应为1938年12月底。而此书之纂，乃傅氏与助手历半载而成。文中言"不知京华能商定否"，此处京华，应指战时的北平，可知傅氏欲在北平出版。且又言"当不致更有他虞"。②如谓日人强迫，何以有傅增湘"京华近状尚平善"之语？

另外，协助傅增湘编纂《绥远通志》的学人，除却张星烺外，还有谢国桢等史家。谢国桢曾言："承傅增湘先生的好意，经他介绍我到川帮私营大中银行聊司笔札，并协助傅沅老编纂《绥远通志》一书。"③可以说，对傅增湘等学人在《绥远通志》编纂中的贡献，有必要予以重新审视。

三、余论

1946年8月，国民政府教育部代电通知北京大学："北平伪国学书院及古学院，业经本部平津区特派员办公接收，兹将该院等家具图书拨交北大接管。"④是为古学院的终结。

古学院虽被接管，然此后不久又有北平国学研究院之筹设。其理事长为朱启钤，副理事为长夏仁虎，理事如周肇祥、傅增湘、郭则澐等，亦多为原古学院成员。研究院分经、史、子、文、考订、艺术、营造、乐曲八个门类，亦与古学院的划分相类。北平国学研究院在创设初衷上即言："北平为文化之中枢，是世界所公认。师儒荟萃，贤道于以得氏；典册浩繁，大小可资兼识；讲论成俗，有逾稷下西河；名迹如林，非为灵光景福。"⑤在西学泛滥无归的背景下，转而讲求旧学、涵养新知、整理国故、发扬国光，成为老派学人的另外

---

① 《张元济傅增湘论尺牍》，第369页。
② 同上书，第371页。
③ 《谢国桢自述》，南开大学校史研究室编：《南开学人自述》（第一卷），天津，南开大学出版社，2004年，第126页。
④ 王学珍等主编：《北京大学纪事：1898～1997》，北京，北京大学出版社，2008年，第389页。
⑤ 《北平国学研究院理事会理事长朱启钤关于筹设国学研究院和报送计划、规章的事及教育局的签呈以及上海文化函授学院请北平市教育局协助办理招生事项的函》，档案号：J004-004-00180，1946年2月1日。

一种学术追求和精神寄托。

那么,古学院为何被遗忘和忽视呢?或有如下因素使然:其一,古学院的学人组成,多为老派学人,且清遗民色彩浓厚,从而为新派学人所不喜。他们对民国史学新潮流,多采取抵触,甚而不屑一顾的态度;且在学术交往中,自囿于老派学人的小群体之中,缺少与新派学人的交流与沟通,不免被时代所边缘化。其二,在撰述方式上,回归"复古"的治学方法,以"经史子集"作为治学大端的著述方式,与民国以来追求学术分科与学科分途、细化与专业化的治学趋势,多相违背,故而著述流传不广,影响较弱。其三,古学院的政治色彩暧昧,其主政者多与北京伪政府保持着千丝万缕的关联,故而后世学人在追溯前贤成绩时,不免有意无意地加以淡化和抹杀。其四,今人以史学流派作为学术研究的切入点,自有其合理性的成分在。但是,在这一划分标准下,不免忽视了旧派学人的踪迹。他们多剥离于高校或研究机关之外,治史之法又追求复古,多不合于民国以科学方法为尚的史学界。随着政局动荡与史学理论的推陈出新,则又不免寂然无闻于后世了。

第三章　南迁者：以重庆、昆明为中心的官方史家群体

第一节　战时的官方史学编纂机构与正统性塑造

抗战军兴以后，学术机构纷纷南迁，各项文化事业多有困顿。然而，值此颠沛流离之际，国民政府对当代史料的关注日增，官方色彩的史料编纂机构相继成立，如国民党党史史料编纂委员会、战事史料征集会和国史馆筹备委员会。其史料搜集力度之大、史家参与之众、后世影响之深，皆成为民国学术的重要特色；这也反映了国民政府借此重塑国民意识，进而寻求正统性、合法性塑造的初衷。然而，因时局跌宕、资金短缺、机构本身效率低下等因素相关史料编纂工作不免事倍功半；然其存留史料之功，实应值得珍视。

近年以来，对民国学术机构的探讨，主要集中于清华国学院、北大国学门、历史语言研究所等；而对国民政府史学编纂机构的创设及其成绩的关注力度尤有欠缺。本节以国民党党史史料编纂委员会、战事史料征集会和国史馆筹备委员会为中心，对战时史学机构创设始末、史料编纂之特色、参与史家之贡献等问题，予以论析。

一、国民党党史史料编纂委员会

国民党党史史料编纂委员会乃国民党中央的直属机构，成立于1931年。始由邵元冲任主任委员，邵氏被刺杀后，张继接任。张氏1947年去世后，由戴季陶主持。委员会下设总务、编辑、征集三科，并在广州、云南、苏州等地设立办事处或征集处。抗战爆发以后，党史史料编纂委员会南迁，颠沛流离于长沙、四川（北碚、沙坪坝、亚光寺）等地。此间，委员多有变易，如1944年即增添孙科、陈果夫、吴铁城三人。[①] 对党史会的创设与具体纂修情

---

① 《推补党史史料编纂委员会委员》，《中央党务公报》1943年第12期。

况,除却参与者的回忆外,尚未见全面的论述。①

(一)编纂目的。党史会从事编纂的目的,更多的是借助国民党史料的审查、编纂而为当下现实服务。《党史史料丛刊》中即有明确的阐发:"总理之于革命,特重宣传,故谓'革命成功极快的方法,宣传要用九成,武力只可用一成';'求举国人民,共比喻此主义,以身体而力行之,于是有宣传';'使革命主义,如日中天'。"②宣传国民党的革命精神与三民主义,并广布于民众,从而奠定其正统地位,则是党史史料编纂委员会成立的言下之意。

(二)史料搜集范围与编纂方式。史料征集范围分为两大类:党史史料和抗战史料,而国民党革命史料的搜集保存整理编纂,则尤为重要。③ 在史料征集的总则中即言"总理、总裁之嘉言懿行,先烈先进之英风伟迹,均宜编入史乘,昭示来许";"凡举革命史实有关者,无论为记载之文字或墨迹、手书、照片,以至供用之实物"④。除此之外,国民党党务进展上的组织活动及总理、总裁暨先烈先进革命过程中之行动思想,无论为文献或实物,都作为国民党党史史料,无论其多寡与远近,皆在征集、搜讨之列。具体而言,国民党党史史料征集的范围,甚为宽泛,包括:(1)本党之文书、档案、宣言、法规、计划、报告、旗帜等。(2)党部所使用之房屋、照片、影片等。(3)本党出版之公报、期刊、报纸、书籍等印刷品。(4)纪述本党史实之文藉、书画、浮雕等。(5)本党总理、先烈之照相、影片、著述、函札、书画、传说佚事,使用之文具、武器、服装、器物等。(6)本党总裁之著述、函札、传记、用具等。⑤

在操作层面上,该会的办事程序为"凡有新征史料,向由征集处甄核科甄核,再由编辑处考订科考证,然后送总纂办公处复核,经复核完毕,始送秘书办公室分别办理,并无径送总纂办公处审查之例"⑥。以抗日战争史料的征集而言,一封国民党党史史料编纂委员会的公函,即称"举凡八年来本党一切措施与夫敌伪活动,无一不与抗战有关,亦即均为编纂党史之资料",⑦借行政命令以搜集抗战史料,其实质乃是凸显国民党抗战功绩。故而,无论在战

---

① 同盟会会员龙铁元撰有《国民党党史史料编纂委员会纪事》(耿守玄编:《亲历者讲述:国民党内幕》,北京,中国文史出版社,2009年),以纂修者的身份,对这一机构的成立、组织与相关工作多有回忆。另外,时任党史会总编纂的林一厂及其日记的出版,为我们认识这一机构情形,提供了可贵的史料(《林一厂日记》,北京,中华书局,2012年)。
② 《本期弁言》,《党史史料丛刊》1940年第1期。
③ 张继:《党史史料陈列馆与社会教育》,《中央党务月刊》1937年第105~106期。
④ 《征集党史史料启事》,《党史史料丛刊》1944年第1期。
⑤ 《党史史料编纂委员会史料征集简则》,《党史史料丛刊》1940年第1期。
⑥ 《林一厂日记》,第13页。
⑦ 《中央执行委员会党史史料编纂委员会请协助征集抗战期间史料的公函及市政府的训令》,北京市档案馆藏,档案号:J001-003-00134。

时还是战后,国民党党史的编纂对抗战史料的搜讨破费心力。抗战胜利后,国民党党史编纂委员会接收敌伪档案,并要求"所有接收敌伪占据期间之各项档案,亦应妥为保存",①以备编纂抗战史料之参考。

(三)奖励标准与编纂成绩。为便于史料征集工作的有效开展,国民政府出台了"史料叙奖"的标准,"一、史料之制作或使用时之年代愈远者。二、史料之制作或使用时之影响于当时革命运动及思想愈大者。三、史料之制作或使用人在历史上之地位愈高者",②颁予奖状或专函申谢。而具体征集的方法,则"除通信及派员直接洽访外,并请海内外各华字报纸刊物刊登征辑广告",③以宏实效。在此背景下,广西、湖南、云南等地方党政报刊相继刊登党史史料、抗战史料的征集启示。④

党史会对与孙中山有关等国民党资料的搜集与整理不遗余力,出版了《总理史迹》《总理年谱长编初稿》《兴中会史料汇编》等著作。同时,为便于史料的整理出版,创办了《党史史料丛刊》,旨在全面"辑录总理暨革命先烈致力革命之文献,发扬本党悠久光荣之历史"。⑤ 其他如《中央党务公报》等国民党官方刊物,亦多刊登相关党史史料。

抗战胜利以后,党史史料编纂委员会迁回南京旧址(现中国第二历史档案馆址),此间,对党史史料的搜集仍在继续。解放后,相关史料由人民政府接收。

二、中日战事史料征集会

抗战史料的编纂,是一项集众人之力的工作。在诸多的抗战史料编纂群体中,由西南联合大学和北平图书馆合作的"中日战争史料征集会",是其中最为显著的一支。该会出版有集刊,且领军人物皆为学界翘楚,参与学人众多,成就斐然可观。⑥ 中日战事史料征集会会员多由西南联大和北平国

---

① 《北平市政府转饬国史馆筹备委员会党史史料编纂委员会接收敌伪档案办法的训令》,北京市档案馆藏,档案号:J001-007-00613。
② 《党史史料编纂委员会史料征集简则》,《党史史料丛刊》1940年第1期。
③ 《洛秘一字第三号训令奉行政院令以中央党史编纂委员会为征集党史史料及抗战史料一案仰遵照办理等因令仰遵照办理由》,《河南省政府公报》1942年第2395期。
④ 以江西省公布的"中央党史史料编纂委员会史料征集通则"而言,条例有23条之多;而"中央党史史料编纂委员会抗战史料征集简则",条例则有15条,亦可见当时征集史料的细密程度。参见《本厅抄发〈党史征集通则〉及〈抗战史料征集简则〉》,《江西地方教育》1941年第204~205期。
⑤ 《党史史料丛刊编辑凡例》,《党史史料丛刊》1940年第1期。
⑥ 值得注意的是,闻黎明在《抗日战争与中国知识分子——西南联合大学的抗战轨迹》第八章第一节"编纂中日战事史料"部分,从规划设计、组织实施、编纂目的三个方面,对中日战事史料征集会的工作,做了较为系统的介绍。戚志芬《战火中的抗日战争史料征集委员会》(《百年潮》2011年第3期),以亲历者的视角,回溯了机构的创设始末。

立图书馆学人充任。相关组成人员如下：

主席：袁同礼，国立北平图书馆馆长

副主席：冯友兰，国立西南联合大学文学院院长

委员：刘崇鋐，国立西南联大史学系主任；姚从吾，西南联大史学系教授；傅斯年，中央研究院历史语言研究所所长；陈寅恪，西南联大史学系教授；钱端升，西南联大政治系教授；陶孟和，中央研究院社会科学研究所所长；顾颉刚，国立云南大学史学系教授、齐鲁大学国学研究所主任。上述委员皆由学界名流充任。后因刘崇鋐久未返校，而由雷海宗代替。

为保证史料编纂工作的开展，特指定相关组织条例：(1)设立委员会主持会务，委员七人，由两机构组成。(2)设常务委员会，下设助理员分组办事。(3)中、日文资料，由西南联大负责；欧美资料由北平图书馆负责。(4)征集、采访分别办理，整理编辑工作由西南联大历史社会系师生担任。(5)资料费用、助理员薪金等，则由双方承担。①

征集会还创办《中日战事史料征辑会集刊》，其编辑委员会阵容颇强大：总编辑姚从吾；副总编辑刘崇鋐；中文编辑郑天挺、钱穆；英文编辑张荫麟、叶公超、雷海宗、蔡文侯、丁佶、皮名举、伍启元；法文编辑邵循正、吴达元；德文编辑冯文潜、冯承植；俄文编辑刘泽荣；日文编辑王信忠、傅恩龄。委员会人员多来自西南联大。

对于刊物的创办宗旨，冯友兰在《本刊旨趣》中言，"我们史学的进步，大多在于古代史方面。在近代史方面，史学的进步已经较少。至于现代史，则人对之更不注意。……现代底人，若不把关于现代底事底记录材料，保存起来，事过境迁，后来底人，欲知现代底事，也必有'文献不足'之感了。古董虽亦是史料，研究古董，虽亦与研究历史有关，但史料不必尽是古董，研究历史亦不必皆与研究古董有关。眼前底事物，转眼都可成为史料。历史虽有古底，而却不都是古底，若就对于我们现在的关系说，则研究今历史，较研究古历史，尤为重要"；且言，"英雄们用血写底历史，历史家要赶紧用墨抄下来。这种工作，固然不是立时所能作成。但先把关于这段历史底记录材料，收辑保存起来，以备将来国史及历史家的采用，是现在注意历史底人所立刻能作，而且立刻应该作底。"②注重近代史研究，特别对抗战史料的关注，则成为冯友兰等一流学人的共识。

当时的工作，主要是搜集、保存、整理抗战史料，以备后世"文献足征"。

---

① 北京大学等编：《国立西南联合大学史料》(三)，"教学科研卷"，昆明，云南教育出版社，1998年，第719～720页。

② 冯友兰：《本刊旨趣》，《中日战事史料征辑会集刊》1940年第1期。

徐炳昶亦认为:"趁时机把这些全搜集起来,保存起来,使后日治历史的人,不至于靡费功夫于搜集材料,这对于历史学科的推进,实在可以说有一种划时代的进步。"①他同时提出直接进行战地采访,以获得史料。

具体而论,中日战事史料征辑会的工作主要分为如下几个方面:(1)采访工作。由国立北平图书馆负责。主要搜集有关书籍、期刊、报纸及其他公文、电稿、抄件、照片等。(2)编辑及整理工作。包括:中日战事史料征集会集刊、中日战事分区记事长编、中日战事史料丛刊、敌情副刊与敌伪资料副刊、暴日侵华与国际舆论、建设中之中国、伦敦泰晤士报论文选录、俄文真理报社论选录、日寇朝野谬论选译等。

此外,编纂过程中的部分短篇论文,亦刊载于昆明中央日报《敌情》副刊。至1941年3月,中文组的史料长编工作,已完成者有:华北事变后青岛敌我动态、抗战期中的云南、津浦线初期战况长编、平津线初期战况长编、南昌沦陷纪事编、金厦门战事史料长编、陇海线战区史料长编、初期西战场况长编、华中伪组织、桂南战事史料长编(粤南路战事附),计十种约百余万字。② 为了促进抗战史的编纂,国民参政会通过了姚从吾提出的《卢沟桥事变以来中日战争史料蒐辑计划书》,认为"将此日我国民为国家民族抗战图存所留之记载及时征辑,整理保存,以为后来治国史者之采用,固书生应尽之责也"③。可以说,编纂抗战史料成为书生经世爱国的一种途径。

史料征集工作所涉内容冗繁复杂,且参与人员众多,故而编纂进度难以统筹划一。同时,资金的匮乏无疑阻碍了此项工作的顺利开展,随着抗战的胜利,学人北返,抗战史料征集会的相关工作也趋于停顿。除了西南联大与国立北平图书馆合作整理抗战史料外,其他院校、研究机构亦开展了抗战史料的搜集整理工作。例如,四川大学成立川军抗战史料搜集整理委员会,且言"本大学既为西南最高学府,亟应对是项史料加以搜集及整理,以供将来国史之采择,因此组织本大学川军抗战史料搜集整理委员会"④。

三、国史馆筹备委员会

国史馆初设于1912年,后改名为国史编纂处,此后很久未有史馆之设。

---

① 徐炳昶:《我个人对于搜集抗战史料者的进一步的希望》,《中日战事史料征辑会集刊》1940年第1期。
② 北京大学等编:《国立西南联合大学史料》(三),"教学科研卷",第717页。
③ 姚从吾:《卢沟桥事变以来中日战事史料蒐辑计划书》,《中日战事史料征辑会集刊》1940年第1期。
④ 《本大学成立川军抗战史料搜集整理委员会》,《国立四川大学周刊》1938年第35期。

究其缘由,"盖惩政府之虚设国史馆也"。① 1939年,国民党五届五中全会通过张继、朱希祖等"筹办档案管理总库及国史馆"一案。1940年2月,国史馆筹备委员会重新成立于重庆,以国民政府委员张继、邹鲁、叶楚伧、邓家彦、胡毅生、王伯群、杨庶堪七人为委员,张继为主任委员,朱希祖为总干事。既有对国史馆的研究,主要侧重于国史馆的历程、规章条例的出台、执掌的变化、资料的整理与出版等方面。对民国国史馆的关注虽已有之,但对张继、金毓黻等学人的贡献,所论多有缺略。

以国民党元老张继而言,撰史尤为注重史学经世的精神,尝言"研究历史,是检讨过去,创造将来。鉴往知来,避免重蹈覆辙","学史致用,继往开来"。但是,张继在主持国史馆编纂的过程中,不免夹杂着党派观念,他主张"研究历史应以三民主义为骨干",②也就是历史研究需以党派思想为依托,则或为其史学研究中的偏失之处。

比如,对墨子之研究,张继主张"墨子学说,大部分皆为神圣抗战时期之急务。革命的国民,及抗战的将士,皆以大禹墨子之精神来赴国难。惟其能节约而自苦也,方能克服一切,而能抗战必胜,建国必成,而能为榜样"③。这种以古来圣贤之学说来诠释当下的政治现实,乃至党派的执政理念与治国精神,从而激励国人的方式,可谓是张继撰史的特色。然而,这一诠释模式,在政治清明、社会由乱转定、百姓思安的背景下,或有可行的空间;而在世道纷乱、政治腐败、社会弊病丛生的抗战时局下,其诠释方式则显得较为苍白牵强。

撰述过程亦体现了国民党史家浓厚的爱国与民族情结。张继言:"顾亭林曰:夫兴亡有迭代之时,而中华无不复之日,这就是我们的民族思想。"④张继、朱希祖二人论及南明士大夫,亦感慨其"不识大体,无远见,不知经略广东四川,不善用澳门西人;争意气,闹门户,有可开南宋局面之形势,而忽略之,不胜痛惜也!"⑤上述这些理念,也多渗透到国史馆的修史过程之中。对于整理中国历史的原则,张继主张应做如下"条例":

(1)本诸春秋大义,内中国,而外夷狄。(2)本诸顾亭林、章太炎史学精神,宋明之亡,直书为中国亡。(3)北魏北周辽金元清之史,列于正史之外,只可于事实上认为闰史。明江西邓元锡著函史,不列辽金元,是谓良史。(4)凡不在

---

① 孟森:《国史与国史馆》,《独立评论》1935年第135期。
② 《张溥泉先生全集》(一),台北,文物供应社,1950年,第17~18页。
③ 同上书,第130~131页。
④ 同上书,第19页。
⑤ 《张溥泉先生全集》(二),第321页。

异族朝廷任官职者,方得谓世家。(5)民国历史,以总理孙先生为正统。(6)本春秋夷狄进于中国者则中国之,中国而进于夷狄者,则夷狄之。①

条例拟定后,张继又与朱希祖商榷。朱氏亦大体认同,仅对第四条部分持有异议,认为中国去封建已远,无世家之可言。国史立传,凡其先人或其本人曾在异族政府供职者,所以不必提及。朱希祖亦言"今之撰行述,或撰墓碑志者,或赞扬其先人如何在异族朝廷任官职,无异于汉奸之子孙称扬其祖若父如何为倭奴效力,而背叛国家民族也。不为贰臣,则为贰民;不为贼子,则为贼孙。"接着,张继又制订了国史馆纂修计划,约为四端:"一、整理国史史料长编。二、编辑国史史料提要。三、整理及搜集各机关档案。四、采集宣付国史立传之资料。"②

可以说,严华夷之辨、明忠奸之别、重正统精神之阐发,为张继所订条例的言下之意。这也最终成为日后国史纂修的基本原则。然而,过于讲求正统之严、别正闰之分,则不免与现代史学纂修观念多有不合,而将"宋明之亡,直书为中国亡"则又见其以汉族政权为正统的思想局限。

同时,张继亦对国史馆书籍的保存与采购颇多用心,在致金洪之函中言:"国史馆所购书籍,前曾去电存放安全洞内,以免敌机轰炸。且请注意,如遇直达重庆车辆,讬其带来。较诸只到广元再用船运,更为妥帖。"③后经张继奋力辩驳,方使得国史馆得以留存不撤。当时,张继身兼多职,对国史馆事务不免多统筹而少实施,然其对国史馆的贡献亦不应忽略。

文史大家金毓黻,在1940年被聘为国史馆筹委会顾问,对国史馆的筹设与资料搜集助力颇多。金氏负责史料的采访与搜求工作。为便于访求资料,金氏与张继、朱希祖商议,认为应当与中央大学合作,利用其人员及图书,方易于成功。同时还制订了《国史馆筹备处采访史料之方案》,认为采访的史料需分两类,"一为民国以来之一般史料,一为对日抗战之特殊史料",并且制订了详尽的采访纲要:

甲、民国以来之一般史料:官署档案、公家记载、私家记载、中外报章、口碑。

乙、对日抗战之特殊史料:官署档案、公私各方面搜集之史料、私家记载、中外报章、口碑。④

除此之外,金毓黻还拟定了"抗战史料之征集及初步整理办法""国史馆

---

① 《张溥泉先生全集》(二),第374页。
② 同上书,第375、398页。
③ 《张溥泉先生全集》(补编),第194页。
④ 金毓黻:《静晤室日记》(卷六),沈阳,辽沈书社,1993年,第4497~4500页。

采访战史史料之方案",对采访原则、采访项目、采访步骤、采访范围四大类,皆有述及。实施具体采访,需征得当政者的支持,金毓黻亦多方奔走。其曾为国史馆筹办采访事(战史编纂需用钱),恳请于吴士选司长,先是被拒,后来与之接洽,方为获允。金毓黻亦不免感慨曰:"近为应付人事,颇向主政者有所干请,不免惹人生厌。"①金氏涉及国史馆的相关文章,如《国史馆筹备处采访史料之方案(附采访纲要)》《抗战史料之征集及初步整理办法》《国史馆采访战史史料之方案》《建立国史馆提案》等文,多发表于战后成立的《国史馆馆刊》上,亦可见金毓黻对国史馆筹备工作的贡献。

1946年,国史馆正式成立,且发行《国史馆馆刊》,以介绍史料搜集、体例辨析、纂修进度等相关成绩,然而,国史馆筹备时期相关史家的贡献,亦尤值得重视。

四、国民政府史料编纂的特色与局限

抗战前后,国民政府对当代史料的关注日渐强化,相关的史学编纂机构纷纷成立,其特色似有如下数端:

其一,官方色彩浓厚。借史料编纂而激励民族抗战,进而寻求国民政府的正统性塑造。可以说,国民党党史史料编纂委员会,因官方背景的缘故,多以行政命令和法规的形式,对党史史料、抗战史料予以搜集和整理。抗战胜利后,对敌伪区的史料搜集亦在其中。而对于党史史料之编纂,其目的亦显而易见,则为巩固国民党政权的合法性,张继即言"欲求党史精神之普遍,使一般民众,对于本党信仰之坚定,以激励其维护民国与复兴民族之决心",②寻求正统性的塑造,从而巩固国民党的统治,即为言下之意。

对抗战史料的搜讨、整理和编纂,既是史家学术报国的体现,更是国民党激励抗战、重塑国民意识的需要。"民族历史,对于民族之盛衰,影响至巨;而近年之抗战建国,尤为旷古未有之伟迹,……其史迹尤宜珍惜发扬,使人人知其缔造之艰难,用以惩前毖后,继往开来。"③仅就国民党政权而言,则又通过抗战史料之编纂、举办抗战史迹展览会等活动,以达到巩固自身政权、凸显抗战功绩的目的。张其昀即言:"明兴亡之大义,知立国之纲维,导民力于正轨,此负荷国史之重任,乃青年自觉之源泉。救国之道,必反

---

① 金毓黻:《静晤室日记》(卷六),第4705页。
② 张继:《党史史料陈列馆与社会教育》,《中央党务月刊》1937年第105~106期。
③ 《北平市政府转饬国史馆筹备委员会党史史料编纂委员会接收敌伪档案办法的训令》,北京市档案馆藏,档案号:J001-007-00613,1946年4月1日。

求之于本国史。"①实为以党史、战史、国史的纂修,来激励抗战,维系纲纪与国本。

其二,众多史家与学术机构参与其中。以战事史料征集会而言,即囊括了西南联大等高校的一流史学家。西南联大的文史系毕业生,亦作为助手加入其中。学人动员之广、参与力度之大,可谓少有。在对国民党党史和国史的搜集过程中,地方各级党政军部门皆参与其中。仅以行政院征集国史史料的相关机构而言,则包括:(1)中央政府各机关;(2)地方政府各机关;(3)中央及地方文献征存机关:党史史料编纂委员会、国立中央研究院、开国文献馆、各国立博物院、各国立图书馆、各省市(院辖市)通志馆、各省市立图书馆、各县市修志局;(4)社会团体:各地文化团地与商会工会农会等;(5)出版机构;(6)海外各地:如驻外大使馆、公使馆、领事馆、华侨会馆、书报社、学校商会等。② 于此可见一斑。

其三,史料搜讨范围全面、搜集手段多样。在国史、党史史料的搜集过程中,上自国家典章经制,下至民间遗闻轶事,皆在搜集采访之列。③ 在史料收集方法上,设置征访人员和各机关指定专门人员,采取口述史料、书籍报刊史料与实物史料等相结合的方式。同时,对地方各级机构政府资料搜集、呈送的方式,亦有详明的程序性规定。在征集手续上,"须先审查其真伪轻重,有无重复,以定去取。须将史料之时代地址缘由,及其关系、人物,并送者姓名、籍贯,详细登记,然后送交保管人。送交保管时,先由审查人编入属何种类,……并分别标以卡片,以便检查。编类时,仍以时代先后区别之;倘其同时代而物品太多者,则更以地域分别之。"④要求各机关定期呈送期刊目录清单,采取新式的史料搜集方法:集中分类装订、编制卡片、新制簿册、顺编办法等。

然而,这一时期国民政府的史料编纂活动,受到诸多因素的掣肘,并未

---

① 张其昀:《国史与青年》,《国风》1936年第7期,第313页。
② 《行政院令发国史馆征集国史资料计划大纲》,北京市档案馆藏,档案号:J001-003-00407,1948年1月1日。
③ 其范围囊括了:(1)政府机关之文书:清代邸抄、清代各级政府之档案、民元以来各级政府之档案、民元以来各级政府之公报、会议记录、调查报告书、工作计划与报告、概况一览、法规章则、统计图表、期刊年鉴、专著、照片等。(2)公私团体之记载:档案、期刊年鉴、调查报告书、统计图表、专著等。(3)方志:省市通志、县志、乡镇都邑志、其他专志。(4)名人遗迹:近代名人传状碑志家传行状年谱、近代名人著作、近代名人日记、近代名人函牍墨迹、近代名人照片、近代名人遗物。(5)私家撰述:有关历史之著述、各种专门著述、近人诗集文集、近人笔记等。(6)报章杂志:清季以来之各种日报、清季以来之各种期刊杂志。
④ 《北平市政府关于中央党史编纂委员会征集史料的训令及计划大纲》,北京市档案馆藏,档案号:J002-007-00081,1932年6月11日。

取得预期的成就。究其原因,或与如下因素有关:

首先,史料搜集受政局跌宕的影响,相关工作难以有效展开。许多史料编纂活动,受到机构变迁、战争困扰、学人群体动荡等因素的影响,不免事倍功半、难收实效,此点自不待言。

其次,机构内人事冗杂,效率低下。从事编纂工作的,多为一批革命资深而又不适于从政的老党员,故而守旧与官僚色彩颇浓。比如,国史馆筹备处的人员,多为章太炎门生或国民党旧员。据王仲荦回忆:"他们想物色章太炎先生的弟子去参加修史,章先生夫人汤国梨先生推荐我和潘景郑兄去参加修史工作。……张继是太炎先生的盟兄弟,见了一次,到了国史馆成立大会,就请我去参加。后来友人反对我去,认为,'这是一个衙门,不是研究学问的地方,将来戴季陶、陈立夫等人死了,宣付国史馆立传,你给他们执笔立传吗?'我想想说得也对,就不再去了。"①从中即可见一斑。由于国史馆的官方背景,故而学者之延揽、工作人员之聘请,则多借重于同乡之谊、同门师友等,②甚而不免有门亲故就之嫌。又如国民党史料编纂委员会,其内部纷扰不断。当时的总编纂林一厂即言,"会内情近极乖异,争钱已遂,必即进而争权,各以主任副主任为词,主任与主任之争,副主任又与正主任争,排挤倾轧,无理干涉,将来各部分事,将大为紊乱。"③官僚习气与内部攻讦实成为编纂工作开展的重要掣肘。

最后,初创多有草率,且面临资金短缺之虞。比如,张继对国史馆之筹设可谓"惨淡经营、左支右绌"。④ 当时国民党财政困难,对官僚机构多有裁撤之举,而国史馆亦在此列。张继闻讯,即行申说:"国史馆筹备委员会为全会决定之案,成立甫年余,每月开支一万一千余元,不及各部之一司。似于政府财政无甚出入,且党史战史皆设会,而国史独付阙如,似于政府体制亦有未合。自古灭人之国者必先毁其历史,今在抗战建国程序之中,更应发扬历史之民族性,以维国本于不敝。想先生主持大政,盱衡全局,必能赐予转圜也。"⑤国史馆终得以保存。以党史会而言,在具体的史料征集过程中,所需款项多不敷使用。当时北平市政府在这一问题上即多有抱怨,仅所需物料费用估计,"榆木制作,估价6496元,所以,仅购置设备一项,即需六千余

---

① 《王仲荦自述》,高增德、丁东主编:《世纪学人自述》(第四卷),第457~458页。
② 如年轻学人傅振伦,因与张继有同乡之谊,且怜其失业,故经朱希祖介绍,到国史馆筹备委员会担任干事职,并从事编辑《中华民国大事记长编》等工作。参见《傅振伦自述》,高增德、丁东主编:《世纪学人自述》(第三卷),第128页。
③ 《林一厂日记》,第17页。
④ 但焘、尹炎武、刘起釪:《张馆长事略》,《国史馆馆刊》1947年第1卷第1期。
⑤ 《致财政部长徐堪电》,《张溥泉先生全集》(补编),第193页。

元,其他亦不算。"①地方当局多无此项预算,故而在具体的实施过程中,多拖延塞责。另外,地方政府对档案登记无一定之规章范式,亦为当时地方政府在实施过程中的一个困惑。

总而言之,抗战时期的党史史料编纂委员会、战事史料征集会和国史馆筹备委员会等史学编纂机构的设立,具有官方色彩浓厚、学人参与众多、史料搜讨广泛等特色;反映了国民政府寻求正统性与合法性塑造的初衷。虽然,因时局动荡、资金短缺、机构本身效率低下等因素的掣肘,国民政府官方色彩的史料编纂工作多事倍功半、有始无终;然其保留史料之功,却不应因此而忘却。

第二节 战时的齐鲁大学国学研究所及其业绩

1939年,齐鲁大学聘请顾颉刚为国学研究所主任。顾氏到后,有如下举措:(1)延聘人员:研究员、编辑员、图书员等,此外招研究生。(2)收集图书。(3)印行书报,印行三种:单行本、季刊、半月刊。② 具体而言,聘请钱穆等名家前来任教,青年学人张维华、胡厚宣、孙次舟、蒙思明、韩儒林等亦多慕名前来,从而充实了学术队伍。同时,顾颉刚又创办文史类刊物,如《责善半月刊》《齐大国学季刊》《齐鲁学报》等,从而扩大了研究所的社会影响力。在研究所地址的选择上,顾颉刚亦颇费考量。原来研究所设在华西协合大学,然而颇多不便,后觅得崇义桥赖家花园一处,地僻人稀,颇适合从事研究。③

一、战时齐鲁大学国学研究所的学术成绩

齐鲁大学国学研究所聚集了大批学人。创办初期,顾颉刚凭借自身声望,礼聘大批史家前来任教或从事研究工作,青年学人亦多被招至。比如,

---

① 《北平市政府转抄行政院关于重设国史馆的训令及市府有关的呈文、公函等》,北京市档案馆藏,档案号:J001-007-00040,1934年1月1日。
② 《私立齐鲁大学国学研究所概况》,《史学季刊》1940年第1卷第1期。
③ 叶圣陶曾于1940年拜访顾颉刚于赖家桥的研究所,对此多有描述:"访颉刚。经行商办之汽车路尚未通汽车。车辙横斜,土泥高下,颠簸殊甚,体为之疲。有行乞者将地铲平,即求人布施。车行两小时而至崇义桥,改乘鸡公车行于阡陌上,两旁皆禾苗也。鸡公车低,推者在后,并不颠簸,在泥路上胜于黄包车矣。至赖家新园子,入门而呼,颉刚即出,欢然握手。两年不见,君顶发半白矣。……颉刚所主任之齐大国学研究所即在此。诸所员在大厅办公,着手编二十四史索引及辞典,皆大工程也。"参见《叶圣陶集》(第19卷),南京,江苏教育出版社,2004年,第273~275页。

1939年,魏建猷被聘为顾颉刚的兼职私人秘书,协助编制中国历代人口分布区域图,以解决部分生计问题。① 王玉哲被聘前来编修春秋史。② 顾氏弟子张维华亦言:"我同顾颉刚先生在齐大,主要工作是办理齐大的国学研究所,聘请了几位国内名流,招收了二十几个研究生,也制定了二十四史的工作计划。"③同时,顾氏又聘著名史家为兼职教授前来讲学,如金毓黻即曾于1942年前来演讲《治史之途述》。④ 顾颉刚初至齐鲁大学国学研究所时,多有从事宏大研究的愿望,曾有编纂中国通史的想法,后因多事迁延而搁浅。⑤ 以顾颉刚个人而论,当时亦有纂辑春秋史材料集和研究古代蜀国史的打算。

后来,顾颉刚应朱家骅之邀主办《文史》杂志,国学研究所由钱穆主持。此间研究所学人多有更易,"凡去刘樊、王育伊、黄作平、章伯寅、赵南溟、曾繁康、张学闰、刘书琴、廖孔视、黄季高、罗耀武、张伯齐、孙琪华、陶元甘十四人,人事之变化不为不甚矣。"⑥研究所工作重心亦发生变化。在1942年度的报告中,齐鲁大学认为国学研究所的工作应沿着三个方面开展——研究、培养本科生、培养研究生,并且三者之中最着重的是第一方面。⑦ 当时的研究生中杜光简、魏洪祯、许毓峰、潘仲元,都是山东人;孔毓芳(女),沈阳人;严耕望,安徽人;钱树棠,江苏人,皆在钱穆的指导之下。身处赖家园的钱穆,当时亦多有著述。与顾颉刚不同的是,钱穆为文由考证转向经世当下、关注政治。无论是应蒋介石之请而作《清儒学案》(未成),还是撰述《政学私言》《文化史导论》,并发表政论,⑧皆反映了这一转向。

(一) 顾颉刚与"二十六史"的整理

顾颉刚对正史的点校整理工作,虽为未竟之业,然为后来"二十四史"及清史稿的整理,奠定了良好的基础。

---

① 姜义华主编:《史魂:上海十大史学家》,上海,上海辞书出版社,2002年,第364页。
② 《顾颉刚日记》(第四卷),1940年8月13日,第414页。
③ 《张维华自传》,《中国现当代科学家传略》(第六辑),第235页。
④ 《金毓黻学术年谱》,《学术研究丛刊》1987年增刊。
⑤ 顾颉刚曾阐述自己编纂中国通史的想法:"一、编各种专史材料集,庶数十年后有正式之各种专史及通史出版。二、编通史稿,分为十期:秦以前,秦、汉、魏、晋、南北朝,隋、唐,五代、宋、辽、金、元,明,清初至中叶,鸦片战争迄辛亥革命,民国。每一期为一册,每一册约三十万言至五十万言,供一时的应用,且为将来人作正式通史之底本,此事希望十年内能编成"。《顾颉刚日记》(第四卷),1939年11月30日,第313页。
⑥ 《顾颉刚日记》(第四卷),1941年1月14日,第472页。
⑦ 陶飞亚、刘家峰:《哈佛燕京学社与齐鲁大学的国学研究》,山东大学历史文化学院编:《历史文化论集》,济南,齐鲁书社,2000年,第759页。
⑧ 钱穆:《八十忆双亲 师友杂忆》,第234~242页。

1939年,顾颉刚担任齐鲁大学国学研究所主任一职。研究所学人众多,为标点"二十四史"创造了良好的条件。1941年3月14日,顾颉刚与商务印书馆的王云五谈及研究所工作,"渠深以标点二十四史一事为善,谓渠亦有志于此而未为者,嘱我辈赶速将此事作成,由商务以一年之力印出"。①四日之后,顾颉刚即与研究所学人商讨点校适宜,并明确了分工执掌(参见后表)。当时点校工作,颇能集一时之盛。如钱穆、顾颉刚之于《史记》,金毓黻之于《金史》,韩儒林之于《元史》等,皆为治各专史的佼佼者,故而能发挥诸家之长。

　　顾颉刚在齐鲁大学国学研究所任职期间,颇受校长、学人、经费等多方掣肘,②又有朱家骅邀其到重庆主持边疆研究事务,故而萌生退意。但是,顾颉刚对"二十四史"的关注并未消减。到1943年3月间,顾颉刚膺任新成立的史学会主席,在会中,他主张"将齐大标点之廿四史由中国史学会审查",③并最终获得通过。

　　1944年,齐鲁大学爆发学生风潮,校长易人,顾颉刚又一度返回国学研究所任职。他在回复校长汤吉禾的信中说:"我已离齐大,且在渝掌数职,实不容来,惟刚在校所为标点廿四史之工作尚未毕,如许我终成其事,则可暂来一二月也。"④可知,顾氏重新执掌齐鲁大学国学研究所,亦与点校"二十四史"有莫大关系。

　　时至1945年10月,顾颉刚又萌生出版点校版"二十四史"之意;经丁君匋介绍,准备交由大东书局负责出版。顾颉刚对此颇为乐观,"以丧乱之后,公私需书,此书之出不愁无销路。估计印费需五千万元,拟明年一月发印,六月起出书,至十二月底出齐,此事若成,予决不作他事矣。"⑤并且,在顾氏的点校计划中,又增加了《新元史》和《清史稿》两种,从而形成了"二十六史"的规模。

　　当时,参与点校的人员,历经战乱和流徙,也发生了诸多改变。顾颉刚所

---

①　《顾颉刚日记》(第四卷),1941年3月14日,第503页。
②　顾颉刚曾言:"予日来颇兴退志,其故有五:(一)校长不开诚布公,西山又多挑拨,欲使我为告朔之牺羊,(二)齐鲁大学部学生程度浅,研究生又多意见,对此乌合之众亦感前途不光明,(三)生活程度日高,每月赔数百元实非了局,(四)边疆工作大有可为,不但之救国,亦可解决生计问题,不如径向此方面进展,(五)成都为后方大埠,来往客人太多,人事日繁,应接不暇,当别寻一安静之地。九日之夜,与校长及西山谈之,校长坚以为不可。十一日夜与研究所诸同人谈之,竟使孔玉芳女士掩面而哭。如学校必留我者,当提出二条件:(一)西山去职,(二)经费公开。否则无商量余地。"《顾颉刚日记》(第四卷),1941年4月11日,第519页。
③　《顾颉刚日记》(第五卷),1943年3月26日,第47页。
④　同上书,1945年4月30日,第457页。
⑤　同上书,1945年10月12日,第540页。

拟请的人员有：钱穆、吕思勉、童书业、刘朝阳、史念海、傅筑夫、王毓瑚、萧一山、郭豫才、韩儒林、金毓黻、贺昌群、杨树达、劳干、岑仲勉、白寿彝等人。这些学者，多于中央大学、华西大学、光华大学、国立编译馆等机构任教、任职，故而易于点校工作的有效组织和开展。"二十六史"的点校出版，经费是一个重要的障碍。顾颉刚估算刊行"二十六史"所需费用情形如下：

"(1)字数 34,000,000，洋装本 24 册。(2)付点卷 800，每卷 1,000 元计，应付标点费 800,000 元。(3)全书卷约 3,400，审查费每卷以 500 元计，应付 1,700,000 元。(4)其困难较多之卷如北朝诸史及辽金元史、天文志、四裔传，须多请专家，复审三审，应付 500,000 元。(5)新元史、清史稿两种得 400 卷，修改、标点、审查各费合需 700,000 元。(6)购木版本作校勘，约需 300,000 元。合上五项共 3,000,000 元。……购求各种版本，广事校勘，约需四十万元。又付印时须专家校对，拟聘四人到局从事，每人每月以五万元计，假定费时捌个月，计需壹百陆拾万元。合上五项，共肆百陆拾万元。"①由于所需数额巨大，顾颉刚要求大东书局在版税下借支。然而，当时国统区货币贬值、物价飞涨，刊行史书所需费用日增，点校出版"二十六史"的庞大计划被迫中止。

表 3-1 "二十四史"及《清史稿》整理人员对照表

史书	1941 年点校人员	1949 年后点校人员	及参与单位
《史记》	顾颉刚、廖孔视、钱穆	顾颉刚	中科院
《汉书》	陶元甘	傅东华整理	西北大学历史系
《后汉书》		宋云彬	中华书局
《三国志》	曾宪楷	陈乃乾	中华书局
《晋书》	孙琪华、蒙思明	吴则虞、杨伯峻	中科院哲学所、中华书局
《宋书》		王仲荦	山东大学历史系
《齐书》		王仲荦	
《梁书》	李琬	卢振华	
《陈书》	孙永庆	张维华	
《南史》	严恩纹	卢振华	
《魏书》		唐长孺	武汉大学历史系
《北齐书》		唐长孺、陈仲安	
《周书》		唐长孺、陈仲安	
《北史》	严恩纹	卢振华	山东大学历史系
《隋书》	杜光简	王绍楹、阴法鲁	北京大学中文系等
《旧唐书》	何章钦、杜光简	刘节	中山大学历史系
《新唐书》	何章钦、杜光简	董家遵	

---

① 《顾颉刚日记》(第五卷),1945 年 10 月 31 日,第 549~550 页。

(续表)

史书	1941年点校人员	1949年后点校人员	及参与单位
《旧五代史》	刘樊	刘乃和（陈垣指导）	北京师范大学历史系
《新五代史》	刘樊	柴德赓	江苏师范学院（今苏州大学）
《宋史》	王育伊、李为衡、吴天墀、朱炳先、童书业	聂崇岐、罗继祖、邓广铭	北京大学历史系、吉林大学历史系、中科院
《辽史》	魏洪祯、冯家昇	冯家昇、陈述	中科院民族研究所
《金史》	金毓黻	傅乐焕、张政烺	中央民族学院、中科院
《元史》	韩儒林、张蓉初、蒙思明	翁独健、邵循正	中科院、内蒙古大学蒙古史研究室
《明史》	章慰高、童书业、王崇武、黎光明	郑天挺、王毓铨、周振甫	南开大学历史系明清史研究室、中科院哲学所、中华书局
《清史稿》		罗尔纲、启功、王钟翰、孙毓棠、刘大年	中科院、中央民族学院、北京师范大学中文系

资料来源：《顾颉刚日记》（第四卷），1941年3月31日，第512～513页；赵守俨：《雨雨风风二十年〈二十四史〉点校始末记略》，中华书局编辑部编：《回忆中华书局》（下编），北京，中华书局，1987年；罗继祖：《忆郑毅老》，封越建、孙卫国编：《郑天挺先生学行录》，北京，中华书局，2009年，第43页。

（二）战时的学术刊物及其特色

齐鲁大学国学研究所有三种刊物：《责善半月刊》《齐大国学季刊》《齐鲁学报》。其中，《齐鲁学报》由上海开明书店发行，学报有编委会，钱穆为主任，创刊号中的发刊词即钱穆所写。《责善半月刊》本为同学的习作园地，顾颉刚的《浪口村随笔》、钱穆的《思亲强学室札记》，皆刊于此。

《齐大国学季刊》由顾颉刚题写刊名，第一期"后记"中对复刊之缘由及刊物之旨趣多有阐发：

> 本校国学研究所在成都重立，亟谋研究工作之进行，因感念旧有季刊之不可任其长久停顿，必当早日恢复；又念及旧有季刊之内容，难收专一之效，当求其整齐划一，集中于某一方面，而后进步可期，遂改归国学研究所编辑。虽云袭旧，实等创新，因改其名称曰《齐大国学季刊》，并定一年四期为一卷，而定此期为新第一卷第一期。此本刊定名之由来也。尝谓士之报国，原不必尽人投身疆场，操戈杀敌，即抱经自守，绵垂学术命脉于不绝，亦为重要之一端。自七·七事变发生以来，倭寇肆虐，海内鼎沸，士子离散，图籍佚亡，吾国数千年来之学术命脉，行有中

绝之虞。学问事业,为一国文化之所寄托,民族思想之所钟寓,失此而不讲,其损失之重大,又何减于土地之沦丧乎?所幸半壁尚存,弦诵可续,吾辈士子,退处后方,安可不乘此时机,兢兢自持,各本素日之志愿,共为学问之探讨,以期与前方将士,同负此抗战建国之伟大使命?……本刊在此艰苦之期,所以继续出版者,其意即在乎此。邦人君子,幸鉴察之。①

所谓保持中国文化与学术不致因战事而中绝,以学术而负抗战建国之使命,则为当时学人从事学术研究的旨归。1941年1月,钱穆在《齐鲁学报》"发刊词"上亦有类似的表述:

> 夫学问研讨,本属平世之业,然兵燹流离,戎马仓皇之际,学术命脉,未尝无护持赓续之望。此其例,古今中外,不胜枚举。姑就本国近世事言之,则有如满清之入关,又如洪、杨之崛起,其所加于国家社会之破坏皆甚大,而学术不为中歇。乃其间亦有辨。
>
> ……
>
> 春蚕到死丝方尽,蜡炬成灰泪始干。嘉、道学者,稍稍悟经学训诂考据之非,转而究微言大义,转而务经世致用,而去輀已远,来辀方新,虽洪、杨之起,如平地春雷,亦足振聋聩而发视听,而朝廷未改,衣冠如昔,譬之春蚕作茧,虽缚未死,蜡炬已残,余烬犹炷。湘乡以一身系天下之重,而文章推桐城,小学尊高邮,考据则宗师金匮,此皆抽未尽之丝,流未干之泪,非至于蚕死炬灰而不止者也。于时则身历围城如汪梅村,避地转徙如俞曲园,奔进锋镝而不获永其天年如戴子高、邵位西之徒,凡所毕精撰述以传贻后人者,则皆嘉、道以来之余丝残泪也。虽有咸、同之中兴,而无补于光、宣之忽亡,亦职此之由矣。
>
> 今日者,国步之艰,虽未若晚明,而创痛之深,已过于洪、杨。惊心动魄,抚来思往,凡吾学人之所欣赏而流连者,其果异于古原之夕阳乎?所发奋而努力者,其果异于春蚕之作茧,蜡炬之自烧乎?所矜重而夸大者,其将勿为垂尽之余丝,欲干之残泪乎?吾其入黄昏乎?吾其觐朝阳乎?窃闻之,风雨如晦,鸡鸣不已,而大厦非一木所支,全裘乃众腋所成,作始虽简,将毕可钜,将伯之呼,嘤鸣之求,夫岂得已哉。②

---

① 顾颉刚:《后记》,《齐大国学季刊》1940年新第1卷第1期。
② 钱穆:《发刊词》,《齐鲁学报》1941年第1期。

钱穆虽以擅长考据而为世人所知所重,然而抗战军兴以来,面对国家危难之局,则开始转向经世一途。所撰《国史大纲》,阐明治乱兴衰之由,表国家民族精神之所寄。上述之文则是这一精神的延伸。钱氏借晚明之世、道咸以降的国危之局,而针砭士风之弊、考据训诂之非,推重顾亭林、王船山、颜习斋等经世学人,倡导以史为鉴的经世之学,挽国家将倾之势,此又反映了当时南下史家的爱国心态和社会抱负。

然而,《齐鲁学报》《齐大国学季刊》复刊不久,即因资金困难而停刊。顾氏在日记中言:"雷仁福承爱立资夫之意,欲取销华西、金陵、齐鲁三研究所之自办刊物而代以联合学报,今日与予谈,予允取销《齐鲁学报》《国学季刊》二种而留《责善半月刊》,得其同意。"①由于哈佛燕京学社资金的掣肘,仅有《责善》因顾颉刚的极力争取,而得以保留。对于创办之缘由,顾氏则言:"文学院中旧有国文及史社系,扬榷学术,其事大同。今创此刊,以收借题示范之效。"②"责善"二字本出自《孟子》"责善,朋友之道也",顾氏以此为名,则又有共同从事学术研究之意。

为《责善半月刊》撰稿者主要为齐鲁大学同仁,如钱穆、顾颉刚、陶元珍、张维思、孙次舟等,另外还有王树民、李源澄、杨向奎、饶宗颐、童书业等,刊物颇具声势。

《责善半月刊》的刊物特色,则似可略归类如下:(1)考证性文章居多。抗战军兴后,学人虽多言经世,然考据训诂之作更占据多数。究其原因,则与撰稿群体多以考据见长有关。(2)日记、随笔、杂抄、散记亦占据篇幅。如顾颉刚《浪口村随笔》、张维思《冰庐读书随录》、王树民《陇岷日记》、杨向奎《绎史杂钞》、张维华《读史劄记》等,皆在刊物中连载。因战时学人所凭借的书籍多有散佚,专门性的系统之作,难以短期完成,而短篇小文则成为撰文的独特风格。(3)每期文后多有"学术消息""学术通讯",及其他刊物介绍等,以增进学术交流。

当时学人对《责善半月刊》的评价,不免褒贬不一。陈垣与陈乐素书信言:"九月份《季刊》载《责善月刊》一卷五期有《中国现代史学界检讨》一文,未知如何说法,港能见此报否?"浏览之后则评价曰:"《五十年来中国之新史学》,已见,新字当改作古字。此杂志已出数期,无一篇有力文字,所谓海派者非耶?"③《五十年来中国之新史学》乃曾繁康所作。文中将战时的史学分为三派:考据学派、唯物史观的中国历史研究学派、理学派,而对陈垣的

---

① 《顾颉刚日记》(第四卷),1941年11月12日,第603页。
② 顾颉刚:《齐鲁大学国学研究所工作近况》,《图书季刊》1940年第2卷第2期。
③ 《陈垣全集》(第23册),第830、834页。

学术贡献只字未提。文中且言"考据学之弊,为失之繁琐,而又不大注重历史哲学与社会科学,故此派近来的作品,乃有日即于枯窘与板滞的趋势",①并对马一浮之理学派有过度推崇之嫌。故而,此文或为推重有意义之史学的陈垣所不喜。《图书季刊》对《责善半月刊》则抱有赞赏之态,"顾颉刚《浪口村随笔》、张维华《读史剳记》、张维思《冰庐读书随录》、杨向奎《绎史斋杂钞》各篇,心得创见,颇有可供参考者。"②

总而言之,顾颉刚对抗战时期齐鲁大学国学研究所的创办与相关刊物的发行,作用尤大。此间他对"二十四史"的整理,以及对年轻学人的培养,均有贡献。

二、钱穆与顾颉刚的纠葛

顾颉刚与钱穆,均为民国学界史家中的翘楚。顾颉刚以发起"古史辨"运动,创办《禹贡》等杂志而名声大噪;钱穆则以《先秦诸子系年》《国史大纲》等书垂世于今日。关于两人间的交谊,已有学人论及。③ 钱穆从中学教员而一跃为大学老师,并被学界所知所重,实与顾颉刚有莫大的关系。当年胡适、傅斯年极力邀请顾颉刚入主北京大学,而顾氏则以北大为"是非之地"的理由拒绝,并勉力推荐了当时已著有《先秦诸子系年》的后起之秀——钱穆。可以说,顾颉刚此举乃对钱穆有提携之功。钱穆到北平执教后,顾穆二人学术、私人交往渐密;但学术旨趣或有不同,而顾颉刚并不以为忤,反而十分钦佩钱穆的学术成就。甚至钱穆名著《刘向歆父子年谱》的最后定名,亦为顾颉刚所定。④

钱穆曾在与顾颉刚的信件中,将两人喻之为史界的"房谋杜断","弟与兄治学途径颇有相涉,而吾两人才性所异则所得亦各有不同。妄以古人相拟,兄如房玄龄,弟则如杜如晦。昔唐太宗谓房君善谋,杜君善断。兄之所长在于多开途辙,发人神智。弟有千虑之一得者,则在斩尽葛藤,破人迷妄。故兄能推倒,能开拓,弟则稍有所得,多在于折衷,在于判断。来者难诬,若遇英才能兼我两人之所长,则可以独步矣。"⑤顾颉刚亦以此相许。

"七七事变"后,北平陷落。北方的学校、教员纷纷南迁黔、滇两省。齐

---

① 曾繁康:《中国现代史学界的检讨》,《责善半月刊》1940年第1卷第5期。
② 《〈责善半月刊〉介绍》,《图书季刊》1940年新第2卷第3期。
③ 参见罗义俊《钱穆与顾颉刚的〈古史辨〉》,《史林》1993年第4期;顾德融:《试评顾颉刚与钱穆的友情和学术交流——兼谈当年文明起源的争论》,《中国史研究动态》2006年第12期等。
④ 顾洪:《记顾颉刚先生收藏钱穆先生的一份手稿》,《清华汉学研究》(第二辑),北京,清华大学出版社,1997年,第246~248页。
⑤ 《顾颉刚日记》(第四卷),1940年6月30日,第395页。

鲁大学也南迁成都，并邀请顾颉刚主持齐鲁大学国学研究所事务。顾氏到任后，大力延揽人才，大批学人如吕思勉、侯仁之、胡厚宣等纷纷到任。同时，顾颉刚亦力邀回家探母的钱穆南来就职。

对于钱穆的到来，顾颉刚是极为殷切的。其1940年的日记中写道："接宾四信，知不日到蓉，即理装进城。"①当时顾颉刚住于乡下，为迎接钱穆到来，特提前两日到成都迎接。两日后，钱穆到达成都，顾颉刚又兴致不减地陪同左右。"到中航公司接宾四，同饭于南台小餐。到西华饭店，为宾四定卧室。与宾四同到校长家谈话。与宾四同游华西校园及图书馆。"钱穆到蓉后的次日，则陪其"在服务部早餐。到宾四旅馆，与之同出，到省立图书馆，由曹祖彬引导参观。到少城公园、游民教馆及佛学会，饭于新雅，茗于茶楼。又游书肆数处。"②钱穆就职后，一次到成都办事，当日未归。顾颉刚又在其日记中言："今日宾四不归，其在城病乎？"③其惦念密友之心情可见一斑。后来，钱母病逝，顾颉刚知晓钱穆爱母心重，④在是否告诉其母去世这一问题上，亦十分踌躇，大费心神。如上，皆可见顾、钱二人交谊之深。

那么，这种以"房谋杜断"相推许的友谊，又是如何产生罅隙的呢？钱穆在其回忆性传记《师友杂忆》中，多有回避，从而使这段史实湮没不彰。倒是顾颉刚当年的同事——胡厚宣，在其晚年参加"钱宾四先生百龄纪念会"时，曾作《齐鲁大学国学研究所回忆点滴》一文，而使后人得以略窥一二。

文中言："顾先生至渝做事，与朱家骅编《文史杂志》，国学研究所主任所长职不交钱先生。钱先生非常不满，同我抱怨道一不来又不交。"又进一步说："顾先生始终未辞所长主任职，始终未交权给钱。钱先生《八十忆双亲 师友杂忆》说交钱穆，事实未交，顾钱两先生讲的都不对。我身临其境。在两位老师之间，我绝对诚实，绝对忠实，两位都是我的老师，对我都很好，我绝对不敢说一句假话。"⑤

作为当年齐鲁大学国学研究所的亲历者，胡厚宣与顾、钱两先生一度共事，且又是郑重提出此事，似乎可作为定论。但观《顾颉刚年谱》《顾颉刚日

---

① 《顾颉刚日记》(第四卷)，1940年10月20日，第440页。
② 同上书，1940年10月22、23日，第441页。
③ 同上书，1940年11月6日，第447页。
④ 弃养之事，对钱穆影响颇深，为纪念其母，钱氏将"未学斋"书屋改为"思亲彊学室"，自署"思室主人"，并自言："今年春先慈弃养，不肖长为天地间无父母人矣。虽欲以未学鸣谦，亦复无此福佑。自今以往，吾其以思亲毕我之余生乎？旬月以来，既不获奔丧回籍，又不克成礼尽哀，饮泣野哭，茹痛无地，计惟有勉力彊于学。虽不足以报深恩于万一，亦姑以寄孤儿茶药之心"。参见钱穆《思亲彊学室读书记序》，《责善半月刊》1941年第2卷第1～2期合刊。
⑤ 胡厚宣：《齐鲁大学国学研究所回忆点滴》，《中国文化》1996年第14期。

记》和《师友杂忆》,则又不免心生疑窦。顾潮所编著的《顾颉刚年谱》载,1941年9月18日"齐大国学研究所职事由钱穆代理"。1942年4月25日"写刘世传信辞齐鲁大学国学研究所主任职。该职由钱穆接任"。① 顾氏在日记中言:"予三十年到渝,所务由宾四代,而彼对之又作排摈。三十一年,履安来渝,劝辞职,予听之,宾四正式接任。渠去之之心更亟,至三十二年而宾四脱离齐大矣。"② 顾颉刚在日记中明言,钱穆实际接任国学研究所主任一职是在1942年间。

当时,顾颉刚在齐鲁大学受多方掣肘,颇为郁郁,"刘校长必不让我辞职,但行心既动,已按捺不住。谁教他和西山在此两年之内处处束缚我乎!我即缓行,当使此一机关渐变为宾四所有,予则渐渐退出也。"③ 加之,朱家骅的盛行邀请其主持边疆事务,故而离蓉来渝。另,钱穆在《师友杂忆》中亦言:"颉刚留所日少,离所日多,又常去重庆。余告颉刚,处此非常之时,人事忙迫,亦实无可奈何。……而顾颉刚终以久滞重庆不归,乃正式提出辞去研究所职务,由余接替。"④《顾颉刚年谱》乃根据《顾颉刚日记》而编,所记日期与辞职事宜等亦十分明确。胡厚宣《齐鲁大学国学研究所回忆点滴》一文,所言"顾钱两先生讲的都不对",所指的是《顾颉刚年谱》和《师友杂忆》二书所言皆有错误。

那么,钱穆若考虑与顾颉刚的关系,而多有回避,似乎在情理之中。⑤ 而《顾颉刚日记》则为当日所记之事,如想有所掩饰,亦不必记载如此详确。胡厚宣乃当时的亲历者,亦在晚年凿凿确言此事,"绝对诚实,绝对忠实",我们亦不应怀疑。现今,三位先生皆已作古,在新的证据发现之前,此事仍旧扑朔迷离。

当时,顾颉刚为办报、筹款事多方奔走,故而对研究所之事不免疏远。而此时顾氏又对当时齐鲁大学校长没有把研究所职权完全交与自己而心存不满。故而,研究所勉力经营一年有余,即出现许多人事矛盾。顾氏与其一些弟子由密而转疏,甚至形同路人,另一方面,与钱穆的关系也出现了裂痕。"校长于二月一日见招,谓西山自崇义桥归,谓钱、胡二先生对于研究所极热

---

① 顾潮编著:《顾颉刚年谱》,第307、310页。
② 《顾颉刚日记》(第五卷),1945年4月30日,第457页。
③ 《顾颉刚日记》(第四卷),1941年5月8日,第529页。
④ 钱穆:《八十忆双亲 师友杂忆》,北京,第231页。
⑤ 钱穆所撰《师友杂忆》,述及学林往事,语多含蓄,即如其弟子余英时所言"文字还是太洁净、太含蓄了。这是他的一贯风格。读者如果不具备相当的背景知识,恐怕很难体会到他的言外之意,更不用说言外之事了"。参见余英时《犹记风吹水上鳞》,《钱穆与中国文化》,上海,上海远东出版社,1994年,第16页。

心,极有意见,拟此后照文学院例,开所务会议云云。所务会议自当开,惟钱、胡二位有意见何以不对我说而向西山说,西山何以亦不对我说而对校长说,必由校长以传达于我乎?此中之谜,不猜亦晓。予太负责,致使西山无插足地,故渠必欲破坏之。渠对宾四,忠顺万状,其目的则联甲倒乙而已。"①此中,"西山"乃是指张维华。张为顾氏的弟子,而后来交恶。顾颉刚认为"此中之谜,不猜亦晓",猜想钱穆和胡厚宣有意见乃是张维华挑拨所致。但钱、胡二位此时可能已对顾氏的"家长制"做法有意见了。后来,顾颉刚到重庆办《文史杂志》并任教于中央大学,钱、顾二人的关系至此转冷。

当时,钱穆对齐鲁大学国学研究所的学术风气颇有微词。他在家信中言:"惟研究所诸生极少超迈有希望者。齐鲁文史各系素无根底,华西、金陵各校程度亦差,颇恨无讲论之乐。"②可以说,知恩图报的心态是钱穆来国学研究所的一个重要原因。但他对此地的治学环境不甚措意,且有离所乡居、潜心著述的打算。

除了上述原因外,胡厚宣还认为,"顾先生在齐鲁大学国学研究所只二年时间,钱先生一来,受不了。钱先生来齐鲁,顾先生本应高兴,但钱先生又会讲又会说,学生非常拥护,顾先生名义上受不了。"③钱穆口才之好,在任教北大时即已为众人皆知。

除此之外,似乎还有一事需注意,那就是钱穆向张其昀的靠拢。顾氏曾在日记中言,自己最上火的有三件事(或可为三帮人),"我在此间做事,眼中出火者有三方面:一傅孟真方面,二洪煨莲方面,三张其昀方面。道高一尺,魔高一丈,固宜有此。终望身体不太坏,以真实之成绩破彼辈之魔法耳。"④

而钱穆当时的情况如何呢?如胡厚宣所言:"钱先生曾写有两文,《中国革命与中国军人》、《中国革命与中国青年》,刊于重庆大公报星期论文。……浙江大学张其昀办《思想与时代》约钱先生同编,先生多篇论著刊于此上。"⑤

可知,钱穆同顾颉刚"眼中出火"的张其昀合编杂志,顾氏另作他想。他在日记中写道:"张其昀有政治野心,依倚总裁及陈布雷之力,得三十万金办《思想与时代》刊物于贵阳,又垄断《大公报》社论。宾四、贺麟、荫麟等均为其羽翼。宾四屡在《大公报》发表议论文字,由此而来。其文甚美,其气甚

---

① 《顾颉刚日记》(第四卷),1941年1月31日,第485页。
② 钱穆:《钱宾四先生全集》(第53册),"素书楼余沈·书札",台北,联经出版事业公司,1998年,第377页。
③ 胡厚宣:《齐鲁大学国学研究所回忆点滴》,《中国文化》1996年第14期。
④ 《顾颉刚日记》(第四卷),1940年4月28日,第368页。
⑤ 胡厚宣:《齐鲁大学国学研究所回忆点滴》,《中国文化》1996年第14期。

壮,而内容经不起分析。树帜读之,甚为宾四惜,谓其如此发表文字,实自落其声价也。"①其言钱穆"实自落其声价",除文章本身外,这种评论或许与钱氏与张其昀合作有莫大关系。另外,顾颉刚对钱穆的变化,似乎也体察不明,日记中又言:"闻宾四已应陈立夫之招,可见张西山又把他赶走了。"②

此时,钱穆应陈立夫之招见,就任《思想与时代》杂志。当时,张其昀正欲出国,而想把这一杂志交给钱穆负责。《竺可桢日记》中记载道:"二月十九日。晓峰(张其昀)偕钱宾四来,钱于十五抵此,本年在校教历史。适晓峰去美国(美国政府催于三月动身),故《思想与时代》事将由钱暂时主编云。"③而顾颉刚似乎把这一责任都归结到其弟子"西山"的身上了。

抗战胜利后,顾、钱在苏州亦有一面之缘。之后,顾颉刚亦曾邀钱穆返回大陆,未果。钱穆晚年亦言顾颉刚"不忘情于余者,实始终如一"。④ 钱穆是否就任齐鲁大学国学研究院主任,虽为细小之事,然而,从中亦可幽微所见两位史家间的某种潜在转变。

三、顾派学人孙次舟及其遭遇

孙次舟,原名孙志楫,山东即墨人,少年即负才学,考入北京大学国学系,1933年毕业后,历任山东临沂中学、山东青英中学、山东省立图书馆等机构教员,曾主编《历史与考古》杂志。抗战爆发后,孙氏先后任湖北某中学教员、齐鲁大学国学研究所研究员及文学讲师,1942年入金陵女子大学讲学,1947年转至四川大学任教授。之后,孙氏历任四川大学、南充师范学院历史系教授。后来孙次舟一直住在四川大学铮楼,过着隐居似的生活,于2000年去世。孙次舟文史兼通,上源先秦周公、孔孟,下到清代章学诚等人,皆有所述。早年膺服"疑古"思想,终其一生而未有所放弃。但由于种种原因,孙次舟生前为文史学界所忽视,实为憾事。

(一)师从顾颉刚

1930年左右,孙次舟考入北京大学国学系,自认缺少创建,难出文章。幸读顾颉刚先生的《古史辨》三册,如醍醐灌顶,对"层累地造成中国古史"一说深信不疑,这给了他一把辨伪书、辨伪史的钥匙。孙次舟真正拜顾颉刚先生为师,则是在1939年。据他回忆道:

---

① 《顾颉刚日记》(第四卷),1941年11月10日,第602页。
② 同上书,1942年1月23日,第634页。
③ 《竺可桢日记》(二),北京,人民出版社,1984年,第656页。
④ 钱穆:《八十忆双亲 师友杂忆》,第231页。

"抗日战争爆发,我从济南出走,由河南到湖北,游荡了一年多,最后于1938年底到成都一大学(附住)做人文科学研究员。1939年6月18日,日寇飞机初次轰炸成都,繁华街道一片大火。大学当局马上决定,迁校峨眉山。我不愿意和和尚、猴子做邻居,就自由行动,到川北蒋琬的家乡寄居。三个月过去,一天见报,见有颉刚先生已到成都主持齐鲁大学的研究所的报导。我非常兴奋,决定回成都去。当即写信给颉刚先生,大意说:'我打算回成都。在先生的指导下继续我的研究工作'(这是我第一次和颉刚先生通信)。颉刚先生复信表示欢迎,我就在冬末返回了成都。颉刚先生一见如故,并无客套。他住的宿舍内恰有一间房子空着,愿我搬去居住,于是我就和颉刚先生作了邻居。半年后,被聘为研究所的专任研究员,又给大学文科开了一门古文字学的课。我的第一次登上大学讲坛,是颉刚先生推荐的,我是不曾忘记!"[1]顾颉刚对学生辈多有提携,孙次舟亦是一个。顾氏不仅解决其住处,还推荐其为齐鲁大学国学研究所的研究员,其恩泽可谓不小。孙氏早年即受"疑古辨伪"思想的影响,此时又受顾颉刚亲炙教诲,最终成为"古史辨"派的一员。顾颉刚对孙次舟期望殷殷,对其所撰之文章亦多有指点,日记曾记述道:"三月七号,校点孙次舟论鲁学一文。""四月六号,看孙次舟古蜀国一文。"[2]然而,孙氏个性狂傲不羁、易与人争,颇使顾颉刚为之心烦。日记言:"孙次舟君才气甚旺,亦肯用功,而负才兀傲,目空一切,徒成其为狂生而已。英款补助,派至华大,而该校无屋可居,遂迁怒及于校长,写信大骂,张校长将此信给我看,以我负有彼指导之责也。此等人叫我如何去指导!"[3]这种"负才兀傲,目空一切"的"狂生"性格,也导致孙氏此后的学术道路充满了荆棘。

(二)"屈原是文学弄臣"之争与闻一多的回应

孙次舟为世人所关注,似乎主要源于那场"屈原是文学弄臣"的争论。这场风波从1944年端阳节一直持续到1946年为止。时值抗日战争后期,为救亡图存、挽救民族危机,史学为抗战服务的意识充斥着整个学界。故而,对历史上著名的忠义节烈人物,如岳飞、文天祥、王夫之、顾炎武等关注尤多,以激起整个民族的抗日士气。爱国诗人屈原亦在此列。

在1944年5月成都文艺界举行的诗人节(纪念屈原)纪念会上,时任金陵女子大学的教授孙次舟,口头提出屈原是"弄臣"的主张;此言一出,与会

---

[1] 王煦华编:《顾颉刚先生学行录》,北京,中华书局,2006年,第252～253页。
[2] 《顾颉刚日记》(第四卷),1941年3月7日,1941年4月6日,第499、516页。
[3] 同上书,1940年1月2日,第332页。

者为之哗然,反对之声不绝于耳。由于遭受诸多批驳,孙氏先后发表《屈原是"文学弄臣"的发疑——兼答屈原崇拜者》《屈原讨论的最后申辩》等文,以为辩驳,从而使这场论战进一步升级。孙次舟在文章中声称"要我报告这位汨罗水鬼","我是从来不把任何一个古代'偶像'放在眼里的。"[①]孙氏反对所谓"偶像"崇拜,无疑是受顾颉刚"疑古"思潮影响的结果。

表3-2 批驳孙次舟屈原是"文学弄臣"观点的文章一览

作者	文章	刊物	内容
未详	《小铁锤专栏·为屈原叫屈》	《新新新闻》1944年6月28日	批评孙文为标新立异、瓦釜雷鸣之说
司徒丹凤(刘开扬)	《屈原是怎样一个人》	《华西日报·华西副刊》1944年8月3日	批评孙文是污蔑先贤
陈思苓	《屈原》	《中央日报·中央副刊》1944年8月10日	论述屈原之伟大,侧批孙氏之论
未详	《哈哈!屈原是文学弄臣》	《成都快报》1944年9月8日	批评孙文"以情推度"的主观唯心主义方法
未详	《呜呼!所谓文艺科学家》	《成都快报》1944年9月9日	否定孙次舟推论的方法
赵庄愚	《屈原臣格之解释》《再释屈原臣格》	《成都快报》副刊1944年9月	认为孙文"以情度推"牵强附会,批评其"徒欲以打倒某某为职,手段已误,居心当更可议"
陈思苓	《屈原辨正》	《中央日报·中央副刊》1944年11月14日、15日、17日	全面否定孙次舟之说
闻一多	《屈原问题——敬质孙次舟先生》	《中原》1945年第2卷第2期	认为屈原是先为弄臣,而后通过反抗,挣脱枷锁,成为了文人
郭沫若	《屈原不会是弄臣》	《诗歌月刊》1946年第3~4期	认为"屈原是弄臣"之论,是以意识决定存在,在事实上是不可能的

黄中模:《现代楚辞批评史》,武汉,湖北教育出版社,1990年,第219~221页。

直到1946年,郭沫若连续发表了《屈原不会是弄臣》《从诗人节说到屈原是否弄臣》两文,对孙次舟的言论进行了总结性的批评,从而使这场争论

---

① 孙次舟:《屈原是"文学弄臣"的发疑——兼答屈原崇拜者》,《中央日报·中央副刊》1944年9月10日。

暂时告一段落。可以说，这场论战中，最为值得注意的便是闻一多的态度。因为，此先孙次舟曾言，他的这一观点是受到闻一多的影响。关于闻一多当时的心境，《神话与诗》一书中有较为清晰的描述：

> 本来我看到孙先生第一篇文章时，并没有打算对这问题参加讨论，虽则心里也会发生过一点疑问：让孙先生这样一个人挨打，道义上是否说得过去呢？如今长之兄既把我的底细揭穿了，而孙先生也那样客气的说道'闻一多先生如写成，定胜拙文远甚'，（这仿佛是硬拖人下水的样子，假如不是我神经过敏的话。）这来，我的处境便更尴尬了，我当时想，如果再守口如瓶，岂不成了临阵脱逃吗？于是我便决定动笔了。①

其实，闻一多本没有打算参与到这场论战之中来。然而，由于孙次舟口出"闻一多先生如写成，定胜拙文远甚"之语，故而闻一多也不得不言了。但是闻一多是尝试作为一个调停人的角色来参与论战的。这一参与的动机，就如他自己所言"让孙先生这样一个人挨打，道义上是否说得过去呢？"这是有"道义"使然的因素在里面的。

《神话与诗》中又言："然而我虽同情孙先生，却不打算以同盟军的姿态出马，我是想来冒险作个调人的。老实说，这回的事件并不那样严重，冲突的发生只由于一点误会。"闻一多首先肯定了孙次舟"发疑"的贡献所在："我以为在传统来源问题的探究上，从前廖季平先生的《离骚》即秦博士的《仙真人诗》的说法，是真正着上了一点边儿，此外便要数孙先生这次的"发疑"，贡献最大。"②

闻一多在肯定孙次舟"贡献"的同时，又指出其文中的缺陷。闻一多认为，在整体上"他没有将这事实在历史发展过程中所代表的意义，充分的予以说明，这便是误会之所由发生吧！"具体来讲，主要有如下几个方面：

"(1)我同意孙先生从宋玉的身份里看屈原的身份，但我不相信从宋玉的人格里寻到屈原的人格，因此我不同意孙先生的'以情推理'。(2)我也不十分同意孙先生只称许一个'天质忠良'，'心地纯正'和'忠款与热情'的屈原。这些也许都是实情，但我觉得屈原最突出的品性，无宁是孤高与激烈。(3)孙先生察觉了屈原的'脂粉气'而没有察觉他的'火气'，这对屈原是不大公平的。"③

---

① 闻一多：《神话与诗》，上海，上海人民出版社，2005年，第203页。
② 同上书，第203、208页。
③ 同上书，第203、206页。

可以说,闻一多先生的评判是较为中肯和客观的。他认为,冲突与论战的发生仅仅是"一点点误会",而"误会"之发生,则是由于孙次舟没有明确说明其文章的意义所在。

还有一个问题,即在这场论战中,究竟是孙次舟假借"屈原是弄臣"之论以维护国民党,居心叵测呢?还是某些成都文艺界之"反驳者"是空穴来风、搬弄是非呢?闻一多亦言道:"我以为,事实诚然有些讨厌,然而不先把意义问个水落石出,便一窠蜂的拥上来要捣毁事实,以图泄愤,这是文艺界朋友们太性急点,……其实事实讨厌,意义不一定讨厌。话说穿了,屈原在文学史上的地位,不惟不能被剥夺,说不定更要稳固,到那时,我相信我们的文艺界还要欢迎孙先生所指出的事实,岂只不拒绝它?"①其实,闻一多委婉地责怪当时文艺界的朋友"太性急点","要捣毁事实,以图泄愤",而实际目的是想把这场讨论维持在纯粹学术讨论的视野之内。而在当时"影射史学"兴起的年代,这种不合时宜的质疑,很容易被定位为"手段已误,居心当更可议"了。

(三)其他"疑古"之论

除了上述引起诸多争议的"屈原是弄臣"之争外,孙次舟还有如下"疑古"之论,也引起了广泛的讨论。

其一,质疑老子的存在。当时关于老子的争论有三种意见:(1)梁启超、钱穆、冯友兰、顾颉刚等皆认为老子与其著作《道德经》都晚于孔子,孙次舟甚至怀疑老子存在的可能性。(2)胡适和马叙伦则倾向于维持传统的观点,即老子既是个真实存在的人,又是《老子》的著作者。(3)唐兰是上述两种论调的折中派,认为老子与孔子是同时代的人,但是《老子》一书却是他与其学生的对话录,成书于墨子或孟子时代。罗根泽在《诸子考索》一书中对老子问题有详尽的总结。② 孙次舟在《古史辨》第六册撰《跋古史辨第四册并论老子之有无》一文,认为"老子本无其人,乃庄周之徒所捏造,藉敌孔丘者也";③怀疑老子存在的可能性,并认为《老子》一书的编纂者乃庄子后人。

其二,质疑明史对张献忠的污妄。孙次舟在《张献忠在蜀事迹考》一文中,认为《明史·张献忠传》所记,对张献忠多有污蔑。指出"清军连续不断的向四川人民进攻近二十年,乃把整个四川搞到人口灭绝,城邑破碎,田野荒芜,虎狼纵横的地步",清军"甚至把自己屠杀人民的血腥罪行也一并推到

---

① 闻一多:《神话与诗》,第203页。
② 罗根泽:《诸子考索》,北京:人民出版社,1958年;其中《老子及"老子"书的问题》《再论老子及"老子"书的问题》《历代学者考证老子年代的总成绩》三文,对此有总括性的描述。
③ 罗根泽编:《古史辨》(第六册),上海,上海古籍出版社,1982年,第74~100页。

农民义军身上"。①

其三,质疑蜀国之起源。孙次舟撰《古蜀国之起源》一文,认为今日倮罗族或与蜀国有祖先的渊源关系。

其四,质疑杨贵妃在马嵬之死。孙次舟撰《读〈长恨歌〉与〈长恨歌传〉》一文,质疑杨贵妃未死于马嵬,而是逃至海上。

(四)疑古论者的现代命运

孙次舟极端地"疑古",又放言高论,不免为民国主流学人所不满和排斥。如章门弟子金毓黻对孙次舟批评钱穆《国史大纲》的文章,即言:"孙君次舟评钱穆《中国史纲》一文,肆意抨击,全是小人行径";"有讪谤时贤之意","真所谓求全之毁也。"②

另则,"史料派"领军人物傅斯年亦对孙氏多有微言。这种情绪在一封傅斯年给孙次舟的回信中可见一斑:"惟以愚见论之,阁下因自谓世上无可指导之人,去亦未必有益。此会补助,闻最多者二年,是则今夏一切结束耳,可自求高就,以聘大才矣。又,来函自称学生,以阁下之狂,何至如是,仆实受宠若惊。前年初晤,曾以'做实在工夫,勿作无谓辩论'及'虚心整理事实,勿复盛气驰骋己见'二义相劝,并无一接受,则仆虽厕名指导,实不能为足下师明矣。累次来信,皆不解所云,若谈一问题,而为仆所知,自当竭诚奉告,今连篇累牍,皆非仆可以作答者也。言尽于此。"(1940年2月24日傅斯年致孙次舟)桑兵亦评论道:"不看书或看不懂也要强说意见,甚至为批而批,则难免妄言,以无知无畏为放言高论。这样的书评,或许成为学术史的研究对象,却没有学术讨论的价值。好以批判为著作的李季、孙次舟多少近似。"③

其实,傅斯年与孙次舟的不合,或亦有别因。孙次舟在《论魏三体石经之来源并及两汉经古文写本的问题》一文中尝言"关于两汉经古文写本的问题,蕴蓄胸怀,历时已久。去冬,道经重庆,晤傅孟真先生。谈次,涉及此问题。傅先生以为在汉代所流传之经古文写本,必有先秦旧本之根据,绝非经师向壁虚造,更非伪自刘歆。予颇受启发,因思著为文字,略吐所怀。乃人事扰攘,而未遑也。"④孙、傅二人相见,正值孙次舟去齐鲁大学拜师顾颉刚的途中。孙

---

① 孙次舟:《张献忠在蜀事迹考察》,《历史研究》1957年第1期。
② 金毓黻:《静晤室日记》(卷七),第5228页。
③ 桑兵等编:《近代中国学术批评》,"解说"部分,北京,中华书局,2008年,第7~8页。
④ 孙次舟:《论魏三体石经之来源并及两汉经古文写本的问题》,《齐大国学季刊》1940年新第1卷第1期。

氏后来的文章,多反驳王国维等人之说,此或为傅斯年所深致不满者。

另一方面,孙次舟与胡适派学人的关系或早有隙。1936年春,孙次舟著《章实斋年谱补正序》,寄北京大学读书周刊社,未能发表。同年夏,是序发表于《人物月刊》第二期。其略曰:"初为章实斋年谱者,为日本内藤虎次郎氏。但简陋綦甚。故胡适之先生乃愤然续有造作。其资料加多于《内藤谱》者,约十余倍,(《胡序》自言加多几十倍,乃夸言也。)出版问世,颇获令誉。梁任公在《中国历史研究法补编》中,乃以《胡谱》与往昔之名谱,相提并论。颇似民国以来,编摩年谱者,并不乏人,惟《胡谱》差堪比美前修焉。而适之本人,亦尝以其年谱自诩。……虽然,《胡谱》亦不无可议之处。而梁任公亦早有'有些错误'之评语。故姚达人先生于民国十七年,复有所订补。似乎可以尽善尽美矣,而孰知误谬阙漏,仍属不鲜。此不得不再有望于补正者也。"①孙氏序言中对胡适《章实斋年谱》多有批评之语,不免被北大学人创办的《读书周刊》所排斥。傅斯年亦曾言别人不可批评其老师,唯自己可也。

或许陈中凡在《清晖集》中的《次酬孙次舟》一诗,似能暗合孙氏之性格和最终的学术命运。

> 长啸苏门傲世姿,狂如嵇阮亦钦迟。观人眼底无余子,订古当前薄未师。
>
> 沧海横流徒发叹,昆池残尽未容窥。闭门日觅穷愁句,雪涕空悲墨子歧。②

表3-3 孙次舟著述一览

发表文章	发表刊物	发表时间
再评古史辨第四册:论尸子与新语	图书评论	1933年第3期
唐钺国故新探中论别墨与列子部分	图书评论	1934年第10期
评卫聚贤著古史研究因论孔子未作春秋	图书评论	1934年第5期
年谱:章实斋年谱补正序	人物月刊	1936年第2期
新郑铜器为战国作物考	历史与考古	1937年第1期
周人开国考	历史与考古	1937年第2期
汉武氏祠画像一二考释:献给一位金石抄袭家	历史与考古	1937年第3期

---

① 孙次舟:《章实斋著述流传谱》,《说文月刊》1941年第3卷第2~3期。
② 陈中凡:《清晖集》,北京,书目文献出版社,1987年,第189页。

(续表)

发表文章	发表刊物	发表时间
汉琅邪相刘君神道石柱续考(上篇)	历史与考古	1937年第3期
汉琅邪相刘君神道石柱续考(下篇)	历史与考古	1937年第4期
释狄狄：敬质董作宾先生	历史与考古	1937年第4期
诗经豳风的产地及其历史背景(续)	经世战时特刊	1939年第38期
关于"金蚕"解释的补正	经世战时特刊	1939年
论魏三体石经古文之来源并及两汉经古文写本的问题	齐大国学季刊	1940年第1期
虢季子白盘年代新考	齐大国学季刊	1940年第2期
解阙	金陵学报	1940年第1~2期
说"告"	责善半月刊	1940年第1期创刊号
微子与周人之关系	责善半月刊	1940年第1卷第2期
左传国语原非一书证(续)	责善半月刊	1940年第1卷第4~7期
春秋公羊传所言邾颜事之无稽	责善半月刊	1940年第1卷第9期
"长沙古物闻见记"读后记	责善半月刊	1940年第1卷第11期
司马相如与卓文君	责善半月刊	1940年第1卷第14期
记绵阳蒋琬墓遗址	责善半月刊	1940年第1卷第16期
关于铜器研究之基本事项	责善半月刊	1940年第2卷第9期
读"古蜀国为蚕国说"的献疑	齐鲁学报	1941年第1期
古蜀国之起源	星期评论(重庆)	1941年第22~23期
章实斋著述流传谱	说文月刊	1941年第2~3期
黄梨洲的生平	文史杂志	1941年第10期
《史记·商君列传》史料抉原	史学季刊	1941年第2期
驳商承祚"答孙次舟长沙古物闻见记读后记"	责善半月刊	1941年第1卷第1~2期
震川先生文集跋尾	文史杂志	1942年第1期
越缦堂诗初集跋尾	学思	1942年第2期
曾朴著孽海花之人物讽刺(续)	学思	1942年第1卷第4、5、6期
河南出土唐代铜尺考证	大学	1942年第1期
两汉小学之流变及其与古学之关涉(上)	大学	1942年第2期
两汉小学之流变及其与古学之关涉(下)	大学	1942年第3期
中国文艺的科学	大学	1942年第7期
中国历史方法的科学	大学	1942年第9期
大学中庸之作期及宋人表章两书的动因	大学	1943年第4期

(续表)

发表文章	发表刊物	发表时间
"新理学"之系统来源	大学	1943年第6期
"新理学"之系统来源(续)	大学	1943年第7期
"新理学"之系统来源(二续)	大学	1943年第8期
"新理学"之系统来源(三续)	大学	1943年第9期
"新理学"之系统来源(四续)	大学	1942年第10期
"新理学"之系统来源(续完)	大学	1943年第11~12期
三个蛮性飞扬的民族	新中华	1943年第11期
周公事迹之清理	说文月刊	1944年4卷
六朝至宋的思想自由	大学月刊	1944年第5~6期
中国思潮往何处去？	大学月刊	1944年第1期
六朝至宋的"思想自由"	大学	1944年第5~6期
周公事迹之清理	说文月刊	1944年第4卷
匈奴出现中国边塞的时代	西北通讯	1947年第3期
评冯友兰的"新理学"	中国杂志	1947年第1期
关于杜甫	国文月刊	1948年第67期
张献忠在蜀事迹考察	历史研究	1957年第1期
新郑铜器群年代考辨	尹达等编：《纪念顾颉刚学术论文集》(下册)，第201~203页
读《长恨歌》与《长恨歌传》	中国唐代文学学会编：《唐代文学研究年鉴》，第171~173页。原载《文学遗产·增刊》第十四辑
关于《赛金花本事》	刘半农等著：《赛金花本事》，第59~63页
我对替曹操翻案问题的观感	《光明日报》1959年5月21日
邓析子伪书考	罗根泽编：《古史辨(第六册)》，第207~219页
跋古史辨第四册并论老子之有无	罗根泽编：《古史辨(第六册)》，第74~100页
墨子备城门以下数篇之真伪问题	罗根泽编：《古史辨(第六册)》，第188~189页
许行是否为墨家的问题	罗根泽编：《古史辨(第六册)》，第189~191页
古蜀国称蜀的解释	王小红编：《川大史学·历史地理卷》
后汉书方术传中的印度故事	车吉心等主编：《史学论丛》，四川大学史学系，济南，山东教育出版社，1989年

第三节　战争年代傅斯年与史语所的转变

众所周知，中央研究院与西南联合大学乃抗战时期的两大学术研究重镇，故而也成为抗战学术史研究的重点所在。既有研究多关注这两个学术机构的"个案"式探讨，研究成果也主要侧重于学术业绩与思想、学人的撰述旨趣与政治诉求、"战国策派"的评述等方面。而对北京大学与史语所的合作与互动，史家个体的流动与学术机构之间的关联等层面，则缺少应有的关注。故而，本节以此为侧重对两大研究社群略加探讨。

一、北京大学与史语所的合作与互动

无论是在师资来源、研究生培养，还是在研究方法与理念，乃至领导者的角色，北京大学文科研究所与史语所之间，有着密切而复杂的学术关联。对此问题加以辨析和厘清，有利于对民国学术机构与学人关系，形成一个更为清晰的认知。①

抗战军兴之际，北大、清华与南开于昆明组建西南联大。而北京大学文科研究所也在此后不久得以恢复。按照战前《国立北京大学研究院暂行规程》，各研究所主任需由院长兼任，研究生之指导需由各校院系教授负责。也就是说，北大文科研究所理应归西南联大管理。而实际上的运作并非如此。

可以说，北大文科研究所属于北大系统内，并不受西南联大领导。而"院长兼任研究所主任"，②这一规定并未完全实施。战前，胡适任文学院院长，故而兼研究所所长。抗战军兴后，胡适辞去校务，专任驻美大使；文科研究所虽然由仍由胡适名誉兼任，实则由蒋梦麟推荐的傅斯年负责，并任主任一职。未几，傅斯年辞职，主任一职又由北大出身并任哲学系主任的汤用彤接任。可见，在战时非常态的情形下，北大文科研究所的运作，实际上并未完全与研究院的规章制度相契合。

当时，北大文科研究所导师阵容甚为强大，囊括了陈寅恪、傅斯年、汤用彤、杨振声、罗庸、罗常培、唐兰、姚从吾、向达、郑天挺、董作宾、李方桂、丁声树等文史界一流学人。其中，董作宾、李方桂、丁声树三位学者，因为是史语所研究员，故而以所外导师的名义聘请。

在地理位置上，文科研究所与史语所一度毗连相近。"在昆明的那段时间，北大文科研究所设在昆明城内青云街靛花巷3号一座小楼中。楼共三层，每层六间，原系史语所租用。该楼一楼系师生各自的食堂及学生住处。郑先生住在二楼西屋中间，傅先生在郑之北，正屋之南为学生读书室。罗常培先

---

① 值得注意的是，尚小明曾撰《中研院史语所与北大史学系的学术关系》(《史学月刊》2006年第7期)一文，对两大学术社群间的师资、生员的合作，学术精神的关联，有所述及。文中所述的时间范围主要限定在"七七事变"之前的20世纪30年代前后，故而对文科研究所未能论及。

② 1935年颁布的《国立北京大学研究院暂行规程》即言："各研究所主任，由本校文学院理学院及法学院院长分别兼任"。参见吴惠龄、李壑编《北京高等教育史料》(第一集)，北京，北京师范大学出版社，1992年，第19页。

生住郑屋对面,仅几步之遥。陈老及汤用彤、姚从吾等先生则在三楼。"①研究环境虽或艰苦,然师生济济一堂,便于交流切磋。到抗战后期,文科研究所下设中国文学部、语言学部、哲学部、历史学部。其时,北大文科研究所、清华大学文科研究所和史语所,地理位置毗连。前两者在司家营,史语所在落索坡,相距不过二三里,从而形成了小规模的学术文化区域。②

在文科研究所的实际运作中,其负责人傅斯年兼任多重职务(中研院总干事、史语所所长、国民参政会参政员),故而,具体事务则多由副所长郑天挺负责。当时北大文科研究所和史语所,在研究中也存在互补性。文科研究所有著名学者坐镇,而史语所则有着当时最为宏富的藏书。当时史语所"人员不多,但书籍不少,且多善本,这对北大师生进行研究,亦极有利。"③

1940年秋冬,史语所又迁往四川李庄,傅斯年因而辞去文科研究所主任之职。随着史语所的再次迁徙,研究生的去留问题也就凸显出来。从当时的抉择来看,当时更多的学人选择了随史语所迁徙李庄。如当时刚入学的王利器即面临这一问题,傅斯年即对他说:"看你去昆明,还是去李庄?昆明有老师,李庄,中央研究院历史语言研究所在那里,有书,由你选择。"④最终,王利器选择了李庄。当时选择去李庄的研究生还有:任继愈、王明、马学良、刘念和、逯钦立、胡庆钧、王树岷、李孝定等人。而王玉哲等学生则选择了留在昆明,傅斯年本打算为王玉哲的导师,因此之故,改由唐兰担任。

可见,当时文科研究所的研究生分于两处——昆明和四川李庄。为了加强两大学术机构的联系,北大文科研究所在李庄设有办事处,负责人为邓广铭。

对于北大文科研究所与史语所的关系,当时学人即有论及。如王叔岷即认为"北大文科研究所附属于史语所,傅先生兼任所长。"⑤而北大文科研究所的学风在一定程度上沿袭了傅斯年办史语所时的治学旨趣,即一切从史料入手,注重史料的搜集和采择,重考证、训诂之手段。王叔岷初见傅斯年时,即被告诫"研究《庄子》当从校勘训诂入手,才切实","要把才子气洗干净,三年之内不许发文章。"⑥王叔岷从基础出发研究《庄子》,以校勘训诂为基础,博览群书,广辑资料,渐入学术之门。后来,王氏于1943年秋撰就《读

---

① 封越健、孙卫国编:《郑天挺先生学行录》,第255页。
② 参见王玉哲《西行往事》,南开大学校史研究室编:《联大岁月与边疆人文》,第190页。
③ 封越健、孙卫国编:《郑天挺先生学行录》,第254页。
④ 《王利器自述》,高增德、丁东编:《世纪学人自述》(第四卷),第202页。
⑤ 《慕庐忆往:王叔岷回忆录》,北京,中华书局,2007年,第48页。
⑥ 同上。

庄论丛》的硕士论文，论文评审通过后，再由汤用彤、罗膺中两先生自昆明寄题来笔试题目。从中亦可见当时北大文科研究所的学生，虽分两地，然仍多有交流与合作。而就笔试的方式而言，则因当时研究所的负责人已为汤用彤，王叔岷所云北大文科研究所附属于史语所，则又或非实情。郑克晟对文科研究所与史语所的关系，有较为贴切的描述："三十年代史语所的人员，大多系北大出身。又有傅先生的关系，因此与北大形同一家，北大文科研究所与史语所更是如此。"① 另外，1942 年，北大文科研究所与中央研究院合作，组织西北考察团，到西北、敦煌一带考察，这也是两大学术机构合作的见证。

除却学人交流外，学术机构间亦互通有无，资源互补。因学术机构南迁，书籍多有散佚，而史语所则有当时最为丰富的图书。故而，西南联大与史语所制定了"图书阅览及借书办法"，规定"史语所之汉文普通阅览室得由联大教员前往阅览，往阅读者，史语所适用期本所同人之待遇；联大教员向史语所借书时，由联大图书馆开书单向史语所借用，每周一次，个人不能直接向史语所借书"；并且教员借书"每人最多以 2 种 40 册为限"。② 这一举措对史学学人的撰述裨益匪浅。

早在在抗战之前，北大史学系即有劳榦、高去寻、胡厚宣、全汉升、张政烺、傅乐焕、王崇武、吴湘湘等进入史语所。抗战之后，北大历史系、文科研究所的成员，先经傅斯年的"拔尖主义"策略，被笼络至史语所，甚而借此至欧美深造，学有所长后则又转而进入北大等著名高校的史学院系与研究机构。这一学术机构间的良性互动，也成为民国学术机构成功合作的典范。

二、傅斯年与战时史语所的转变

战时傅斯年、陈寅恪与史语所的关系，一度成为口耳相传的学界佳话。然而，此时，颠沛流离于昆明、香港等地的陈寅恪却在地域选择和个体生活诉求上与傅斯年的史语所渐行渐远。此种缘由，已有学人予以关注。但随着傅斯年档案、书信等史料的开放与出版，我们对这两位重量级史家的纠葛与分合有了更为全面的认知。

(一) 疏离：战时傅斯年与陈寅恪关系的转变

抗战时期，陈寅恪兼任北大文科研究所导师，与研究生等住在昆明青云

---

① 郑克晟：《郑天挺先生与史语所》，《新学术之路："中央研究院"历史语言研究所七十周年纪念文集》（上册），第 419 页。
② 王学珍等主编：《北京大学纪事：1898～1997》，第 323 页。

街靛花巷,在历史系讲授"隋唐制度渊源论"和"魏晋南北朝史"。抗战初起,作为史语所管理者的傅斯年,对陈寅恪的生活起居和个人安危,极为重视。两人同住一幢楼房,陈氏在三楼,傅氏一楼,每当空袭警报响起,大家都往楼下飞奔时,因肥胖而行动不甚矫健的傅斯年却冲向三楼,以保护视力模糊、行动不便的陈寅恪安然下楼。① 杜正胜认为,史语所同仁们,有着相近的学术态度、共同的学术标准和目标,陈寅恪一直遥领史语所一组,"傅对他则长期特例优容,可能因为傅敬重他,史语所有赖于他,更重要的恐怕是他们两人有共同的理念,学术方针相近之故。"②此后,陈寅恪因应牛津大学讲座教授之聘,而两次赴港以备乘船至英伦,皆因战事而搁浅。在此间的辗转流徙中,傅、陈二人的关系也发生了微妙的变化。

观《傅斯年遗札》,傅、陈二人的书信占据了很大篇幅,然讨论的内容基本都在学术之外。此间陈寅恪的书信多为诉苦求款之事,虽为琐碎,亦见学人战时之艰难状。陈氏信中虽自我调侃为好利而非好名之人,然世事荒谬悖论。此间,两人争执的焦点是要求陈氏回史语所专任研究员一事。陈寅恪被认为是能代表史语所学术风格的标志性学人,傅氏对其离所他任始终耿耿于怀。这也是两人关系转变的一个核心要素。

其实,抗战初起时,陈寅恪因私务而滞留北平城,傅斯年即催促其极速南下。陈氏回信道:"史语所第一组主任名义,断不可拜遥领,致内疚神明,请即于此次本所开会时代辞照准,改为通信研究员,不兼受何报酬,一俟遇有机会,再入所担任职务。因史语所既正式南迁,必无以北平侨人遥领主任之理。"③此即有暗示离开史语所之意。

1939年下半年至1942年初,陈寅恪本应英伦之请,出国讲学,但时局突变,困顿于香港一地,进退维谷,生活拮据,加之自身病患不断、食不充盈,实为最艰辛一经历也。此间,与傅斯年等学人往来书信,多涉及金钱之匮乏等生存问题。

陈寅恪辗转香港、成都等地,短暂任教于香港大学、成都燕京大学等校,而未重返史语所,实与自身病况、生活窘境有莫大关联。他在《隋唐制度渊源略论稿》"附言"中说:"寅恪自惟学识本至浅陋,年来复遭际艰危,仓皇转徙,往日读史笔记及鸠集之资料等悉已散失,然今以随世缘故,不能不有所

---

① 王汎森:《傅斯年与陈寅恪——介绍史语所收藏的一批书信》,《中国近代思想与学术的系谱》,第388页。
② 杜正胜:《旧传统与新典范》,许倬云等编:《"中央研究院"历史语言研究所七十五周年纪念文集》,台北,"中央研究院"历史语言研究所,2004年,第28、29页。
③ 《陈寅恪集》(书信集),第50~51页。

撰述,乃勉强于忧患疾病之中,姑就一时理解记忆之所及,草率写成此书。"①疾病是困扰陈寅恪行止与地域抉择的难以回避的因素。

1942年,陈寅恪返国后,短期驻留于广西大学,而不赴李庄史语所。而当时史语所寄来聘书,则被其婉拒。在与友人的信函中,他剖露心迹说:"弟之暂留桂林,其原因非面谈不能详。除病体不耐旅行为兄所深悉外,尚有其他种种。若此行遽入川而不至李庄,必招致人事上之纷纭。(因其地气候及环境甚不宜,弟已详知,而主其事〔者〕深讳言之。)当此世界国家危乱之际,惹此无谓之争执,殊不值得,故必避免之,此其一。"②面对傅斯年函电交加,何时返李庄的追问,陈寅恪则因舟车劳顿、体病多艰,而难以应对。当广西大学、成都燕京大学以优渥待遇相邀时,陈氏留在环境相宜的桂林等地以资调养身体的想法也就占据了上风。

此间的傅斯年亦身兼数职,并处于身体高血压与内心焦灼的特殊时期。"请孟真兄代行总干事任务。但自总办事处迁渝,而史语所迁滇,孟真兄已有两处难以兼顾之感。近来孟真兄又在行政上欲有所贡献,坚辞代行总干事及史语所研究所所长,经弟再三恳留,允留任所长,而绝对不肯代行总干事;当朱先生屡辞总干事之期,请其别指一代行之同事,渠更有所接口,辞之益坚。"③他一身数职,难以兼顾,其繁忙可知。在此特殊时刻,史语所学人却面临着星散的危机,如尹达等奔赴延安,李方桂等远赴海外讲学。这就使傅氏感到颇为两难,欲辞中研院总干事职,而保史语所之长远发展。他一方面通过清华、北大等校的文科研究所,招募新生代史学人才,以补充新鲜血液。更为重要的是,他也极力维持核心研究人员的稳定。而陈寅恪的迁延未归使傅斯年无从应对。

陈寅恪与史语所的渐行渐远,或又与傅斯年的学术旨趣并非全然相投有关。"Otto Frank 此人在今日德国情形之下,固是正统学人,此无待论者,但除有他种可考虑之事实外,若仅据其研究中国史之成绩言,则疑将以此影响外界误会吾辈学术趋向及标准,此不能不注意也。"④与傅斯年对德国史家的推崇相比,陈寅恪对以西方之史学方法治中国史,抱一种冷静客观的态度。

(二)傅斯年与战时史语所的转向

抗战军兴后的史语所辗转流离,最终能够维持运营而不致研究中辍,实

---

① 陈寅恪:《隋唐制度渊源略论稿》,成都,商务印书馆,1944年,第117页。
② 《陈寅恪集》(书信集),第244页。
③ 《蔡元培全集》(第七卷),杭州,浙江教育出版社,1989年,第226页。
④ 《陈寅恪集》(书信集),第53页。

与所长傅斯年的精心筹划、悉心管理有莫大的关联。当然,抗战之后,史语所的研究侧重点也发生了某些转变。观历年中央研究院工作报告可知,自1939年起史语所的研究工作开始转向:(1)校勘明实录,(2)南北朝五代史研究,(3)东突厥史料,(4)校补元和姓纂,(5)左氏春秋义例辨,(6)西汉谶纬书录解题,(7)整理汉魏史料,(8)整理汉魏石刻,(9)整理居延汉简,(10)北曲方言义证,(11)中古北族研究,(12)唐宋经济史研究。① 时至1942年,又转向西南地域考古与少数民族的调查研究。发掘彭山汉墓所得古物富有美术史及考古学之价值,调查川康民族之文化及贵州苗民之体质与文化,分析黔桂两省之台语与苗语、四川汉语方言及云南寻甸之俫俫语,皆取得斐然成绩。当时,历史、语言、人类学诸学人转向西南边疆研究,实与特殊的政治情势有关。史语所也开始将研究与现实政治挂钩,期待在边疆调查与革命史撰述上,对当时的政治有所裨益。

可以说,抗战时期的傅斯年虽然一直提倡"史料即史学"的大旗,然自身并未完全遵从,而是因当下时局之变,在论述方式、史料采择与去取、观点阐发等方面,皆多或背离于此旨趣也。从《东北史纲》到《中国民族革命史稿》,皆有此体现。② 而其背后的原因,则又与其性格息息相关。

对新生学术力量的招致是史语所力求转变的一个重要举措。史语所拥有最为丰赡的图书资料、实力雄厚的研究人员,加之纯粹尚学的氛围,有志于文史研究的年轻学人蜂拥求聘,故而竞争也颇为激烈。傅斯年在招募学术新生力量时,既能秉持择优而录的考试原则,又能够不拘一格选拔人才。当时新生代的一流学人如胡厚宣、杨志玖、周法高、余文豪、汪籛、王利器、王明、任继愈、马学良、刘念和、逯钦立、胡庆钧、王叔岷、李孝定等,皆被罗致史语所从事研究。也有些学人通过推荐或自荐的方式,获得傅斯年赏识而入所,如严耕望自己写信给傅斯年,还另附上了自己三篇的研究成果,以此进入史语所。③

当时的史语所对年轻学人极具吸引力。以周法高而言,从北大文科研究所毕业后,即面临着多重选择,"一面是待遇优厚的大学教员聘书,是姑丈的门生故旧的善意提携,是来自南派的殷切呼唤。另一面是其有志于拓展学术生命的所在——中央研究院历史语言研究所。"④周氏本科毕业于中央

---

① 杜元载主编:《革命文献》(第59辑),"抗战时期之学术",台北,"中央"文物供应社,1972年,第240、287、305页。
② 傅乐成:《傅孟真先生的民族思想》(下),朱传誉编:《傅孟真传记资料》(第一册),第169页。
③ 潘光哲:《"天方夜谭"中研究:现代学术社群史话》,台北,秀威资讯科技,2008年,第99页。
④ 周世箴:《周法高先生的学术与人生》,《新学术之路:"中央研究院"历史语言研究所七十周年纪念文集》(下册),第845页。

大学,后入北大文科研究所,是来自南派大本营中央大学的先锋。对于与南派关系深厚的周法高来说,选择回归中央大学似乎是不错的选择。然而,周氏最终还是选择到史语所从事学术研究。抗战时期,周氏撰成代表作《广韵重纽的研究》,并得以与一流学人合作切磋。当时史语所升级评职甚为严格,以真才实学为标准,不太看重论文著作的数量,而以科研成果对本专业或本学科的创新和贡献为准绳。高标准的学术准则,加之相互砥砺的学风,为史语所创造了一个良好的学术环境。很多年轻学者值得称道的学术论文,亦多撰写于这一颠沛流徙的时期。

当然,旨趣相近是史语所招聘人才的前提。当时不乏一流学人想入职史语所,以此为安身立命之处,但因理念不符合标准而被委婉拒绝。史语所是一个由留法、留英、留美等不同地方的学者组成的混合体。例如,傅斯年对当时自学成才且业已成名成家的钱穆,并不特别注意。李方桂即坦诚地说:"他搞的历史研究与我们不同,我们或多或少是根据史实搞历史研究,他搞的是哲学,是从哲学观点来谈论历史,因而跟我们搞的大不相同。"[①]可见钱穆在治学理念、治学方法上与史语所不甚契合。其实,两人学术旨趣上的不同,钱穆早有清醒的评判。在北大教书期间,钱穆即言:"窃愿以考古名,不愿以疑古名。疑与信皆须考,余与颉刚,精神意气,仍同一线,实无大异。而孟真所主,则似尚有迥异于此者";"孟真在中国史学上,实似抱有一种新意向。惟兹事体大,而孟真又事忙未能尽其力,以求自副其所想望,而遂有未尽其所能言者。彼似主先治断代史,不主张讲通史。……凡北大历史系毕业成绩较优者,彼必网络以去,然监督甚严。有某生专治明史,极有成绩,彼曾告余,孟真不许其上窥元代,下涉清世。"[②]傅斯年的精英主义和世界视野、"史学即史料学"的学术宗旨,与主张本土关怀优先的钱穆相异其趣,倒是在情理之中。

[①] 《李方桂先生口述史》,王启龙、邓小咏译,北京,清华大学出版社,2003年,第81页。
[②] 钱穆:《八十忆双亲 师友杂忆》,第160~161页。

第四章　战时国统区的马克思主义史家群体

第一节　对马克思主义史家的认识与分歧

抗战时期的马克思主义史家群体及其转变,乃是中国现代史学史研究中重要一环。既有的论述,多关注于史家个体的学术交谊、史学著作及学术思想的分析与阐述,取得了丰硕成果。同时,也不得不承认,对马克思主义史学与史家的研究,从此前的主流地位日渐变得边缘化。而马克思主义史学史研究,在历史学界也一度处于不甚受重视的位置。

一、何以边缘化？

究其原因,一方面与社会环境的变易与时代学术风气的转换有关。一些既有研究的热点问题,在如今看来,丧失了可以探讨和争论的政治氛围。曾经作为显学的马克思主义史学,在如今的语境下或有日渐退隐、边缘化之势,一个重要原因乃是社会现实的更易。也就是说,以史学影射现实的基础发生了改换,马克思主义史学鼓动人心的言语方式,在当下也失去了共情的环境。同时,马派史家的历史撰述经常"以一时政治为转移,政治诉求凌驾于历史解释,严重伤害了史学独立性";①再加上"影射史学"的泛滥无归,使得学人在当下的研究中有意无意地回避、漠视了这一主题。

另一方面,这种边缘化也与既有研究的框架束缚有部分关联。有学者认为,"作为'事件'的马克思主义史学史研究则不多见,可谓只有'史家'('史学')而不见'史','历史感'欠缺成为制约史学史研究发展的重要因素"。② 也就是说,如何能够在个案研究的基础上,进一步拓展马派史家研

---

① 李孝迁:《"红色史学":范文澜〈中国通史简编〉新论》,《中共党史研究》2018年第11期。
② 吴志军:《"第一届马克思主义史学史研究组稿工作坊"综述》,《中共党史研究》2019年第8期。

究的时代感(历史感)、考察史家著述的特定语境,及他们与当时政治社会、文化环境的互动关联,进而窥探史学著述背后复杂的历史本相、史家内部观点与思想的分歧、主流学界对马派史家的褒贬性评价、延安与重庆马克思主义史学家主张的地域性差异等一系列问题,显得尤为必要。

对于马克思主义史学边缘化的现象,郭沫若的"价值倒逆"理论放在这里似乎也有一定的解释力。"前人之所卖者贱之,之所贱者贵之,也每每合乎正鹄的,但感情容易跑到理智的前头,不经过严密的批判而轻易倒逆,便会陷入于公式主义的窠臼,在前是抑墨而扬儒,而今是抑儒而扬墨,而实则儒宜分别言之,墨则无可扬之理。在前是抑荀而扬孟,而今是抑孟而扬荀,而实则孟并未可厚非,荀亦不必尽是。"①原有的语境发生改换,一个时代奉之为新潮的东西,到了另一个时代或许就会被弃之如敝履,看作旧物。我们对马派史家言说模式变得隔膜,这或许也是其主流地位受到挑战的一个原因。

因而,要进一步拓展对马克思主义史家与史学的研究,似乎与如下几个要素有关:(1)研究者要具备良好的马克思主义理论与哲学素养,能够认识到史家撰述背后的理论关照和文化意涵。(2)要超越主观情感与意识形态的束缚,以客观理性的心态,认识马克思主义史家与政治的复杂关联和互动关系。(3)要在史料相互排比参证的基础上,了解具体环境下史家的心路历程,及其作品产生的政治大背景与学术小环境,进而打破个案分析的窠臼,从群体的视角来看待马派史家的特色及其转变。当然,对于马克思主义史家的观点、思想与政见,似乎应将其放置于整个民国学界的大背景下去看待,将赞同、反对、异议的不同见解综括汇集,进而在并立的诸说之中,相互参证,得其大观。

这些年来,对马克思主义史家的探讨出现了一些新的趋向。这背后与社会政治环境的转变、学者自身的推陈出新、学术期刊的推动等因素有关。比如,在期刊的推动方面,《中共党史研究》杂志开设了"马克思主义史学史研究"栏目,提出马克思主义史学史研究应当"重新出发",鼓励学界探讨和完善马克思主义史学史研究的史学理论体系与历史哲学基础。

二、几种认识与争论

从概念上来看,对抗战时期马克思主义史家与史学的表述主要有:红色史家、中共史家、左派史家、唯物派史家、马派史家、战时史学等。为统一表述起见,本书论述皆用马克思主义史家或马派史家名之。

---

① 郭沫若:《青铜时代》,上海,群益出版社,1946年,第297页。

从整体上来看,学界对抗战时期的中国史家与史学,有着不同的认识和评判:

首先,抗战时期马克思主义史学的地位问题。抱持有"主流论"的学者多认为,到了抗战时期,马克思主义史学逐渐成为中国史学的主流。① 但对这一群体如何成为史学界的主流,则缺少细致客观的论证和分析。另有部分学者认为,这一时期的马派史学乃是"少数派"。② 其实,我们对战时史家的探讨,应当以当时的学术语境、当事人的论述、当时的学术环境以及学人的相互评述,作为探讨的切入点;而不应以后来者的态度,任意褒贬评判。从抗战时期的整个学术版图来看,马派史家群体迅速崛起当属不争之论,而其社会影响力和学术地位到底如何,则有待于重新审视和理解。

其次,关于抗战史学的内涵问题。既有对抗战时期史学的认识,也多偏重于将其表述为"民族主义史学""爱国主义史学",这不免将当时史学的全貌狭隘化。须知,当时很多史家的学术研究并非都围绕着抗战主题而做。抗战时期史家的撰述内容殊为广博,书写的文本资料的内涵也非常丰富,所传达出的历史信息,并非主流的抗战叙事所能涵盖。③

再次,有关"战时史学"概念的争论。"战时史学"的概念,最初为王学典所提出,他认为"战时史学"可涵括为:战时的历史框架、学术导向、文化心理、历史观念等方面,是以战时历史观念为灵魂的从属于救亡与战争的史学规范。④ 这一概念的提出及其判断,引起了部分学者的质疑。陈其泰就对

---

① 比如,周鑫在《20世纪三四十年代的侯外庐中国思想史研究》(武汉,华中科技大学出版社,2017年,绪论第1页)一书中说"到抗日战争时期,中国马克思主义史学取得了长足的发展,并逐渐成为中国史学的主流";杜学霞的硕士学位论文《抗战史学研究》(中国人民大学,2004年)亦言,抗战时期"马克思主义史学成为中国史学发展的主流";另可参见牛润珍、杜学霞《略论抗日战争时期中国史学的学术趋向》,《中共党史研究》2005年第6期。

② 参见周樑楷《历史意识是种思维的方法》,《思想》2006年第2期。

③ 比如,美国学者叶文心即以1942~1949年写作于不同空间与历史条件之下的郭沫若的《甲申三百年祭》、郑振铎的《劫中得书记》和余绍宋、浙江方志馆编纂的《重修浙江通志稿》为例,认为这些与主流叙事相分离的文本,在过去并不为我们所重视,然而若只着眼于这一类型的文本,又会造成抗战史叙事的碎片化倾向。如何将这些分离的文本信息与主流抗战叙事结合起来,在还原抗战实际历史经验的碎片化状态的同时,仍能解释战争的总体前进方向,既关注多元、歧义的历史叙事,又能集结中国人民抗战的共同经验,达成一个具有总体意义的抗战史观? 这是我们所要提出的问题。参见叶文心《抗战文本阅读:在思想史和文化史之间》,中国社科院近代史研究所报告会,2015年7月16日。

④ 具体而言,王学典认为:"战时历史框架"是指战争时期的那种"把中国历史贯串在一条以人民群众为主体、以经济为骨干、以阶级斗争为动力的主流上"的通史体系;"战时学术导向"是指对学术及其功能的这样一种认识:学术要听从、服务于当前政治,呼应现实主题,配合中心任务;"战时文化心理"是指以"阶级观点"为基础的"两军对垒""敌我分明"的两极化思维习惯的心理模式;"战时历史观念"是指以阶级冲突为基础的对人类文明史的看法。参见王学典《中国当代史学思想的基本走向——就〈二十世纪后半期中国史学主潮〉答客问》,《文史哲》1996年第6期。

这一概念提出了商榷，认为"抹杀老一辈史家的学术业绩，否定在时代推动下中国史学所达到的新阶段，岂非极不恰当地夸大范文澜等人在三四十年代存在的缺点而本末倒置"；同时对马克思主义史家"革命性与科学性相统一的治学方向，岂不是也产生疑问了吗？"①

最后，对抗战时期马派史家的转变问题，学者们从"合流""中国化"等视角进行了阐述。王学典提到了史观派与史料派的合流倾向，②而王晴佳则更倾向于抗战史学的变化实则是对梁启超"新史学"史观派的一种复兴。③ 关于马克思主义史学"中国化"的问题，当时的学者已有讨论。比如，郭沫若认为，学者们应该"努力学科的中国化，中国的科学化"；④侯外庐则视自己的作品为"新历史学的古代法则的中国化"；⑤其他，如杨松、纪玄冰等人也有论述。⑥ 当然，马克思主义史家要摆脱教条主义的窠臼，就必须将民族形式与中国历史的实际相结合，这是时代使然，更是当时政治倡导下的产物。这一学术"中国化"的背后，更多的是民族主义、国家主义的凸显。

综上所述，本节从抗战时期马克思主义史家与史学的整体地位、内涵与理解分歧、学术转变三个侧面，略作梳理和分析，希冀在前贤研究的基础上能够有所进益。既有对马派主要史家的个案研究，已取得丰硕成绩，但也应看到个案研究不免存在某些缺憾，有时候"研究某人只看某人的资料，不仅常常流于以其好恶为是非，片面裁断，以至于无是非可言"。⑦ 故而，从群体的角度来看待抗战时期的马派群体，讨论其撰述特色、学术转向与相关论争，似乎更能看清当时学术的整体面向。

---

① 陈其泰：《二十世纪中国马克思主义史学的地位》，《史学与民族精神》，第125页；亦可参见许殿才《中国马克思主义史学历史地位学术讨论会纪要》，《史学史研究》1997年第3期。

② 王学典认为，抗日民族统一战线的建立，使这两个学派对抗色彩有所减弱，出现了一种融合的迹象。唯物史观派中出现的向公认史学准则靠拢的动向，就是这种迹象的反映。参见王学典《20世纪40年代唯物史观派史学学术转型考察》，《新史学与新汉学：20世纪中国史学评论续编》，上海，上海古籍出版社，2013年，第174页。

③ 王晴佳：《论二十世纪中国史学的方向性转折（续）》，《中华文史论丛》2001年第1辑。

④ 郭沫若：《学术工作展望（代发刊词）》，《中国学术》1946年创刊号。

⑤ 侯外庐：《我怎样研究中国古代史》，《青年知识（重庆）》1947年新5卷。

⑥ 杨松：《关于马列主义中国化的问题》，《中国文化》1940年第1卷第5期；又如纪玄冰在评述侯外庐的《中国古代思想学说史》时，称其为"学术中国化"工程的伟大发端。参见纪玄冰《批评与介绍：思想史研究的新果实：评侯外庐著"中国古代思想学说史"》，《读书与出版》1947年复刊第2卷第5期。

⑦ 桑兵：《治学的门径与取法——晚清民国研究的史料与史学》，北京，社会科学文献出版社，2014年，第224页。

第二节 战时马克思主义史家的撰述环境

抗战军兴后,学术重心南移,重庆、成都成为学人积聚之地。与此相应,大批史家多转至于此。当时"原在北京的李达、吕振羽、侯外庐、张友渔和翦伯赞、华岗等一大批马克思主义史家们,也都先后南下转辗来到重庆",① 从而形成了马克思主义史家撰述与论争的群体。当时,国民政府军事委员会政治部文化工作委员会(简称文工会)由郭沫若任主任。② 文化工作委员会中的马克思主义史家有郭沫若、翦伯赞、侯外庐、吕振羽(后转至延安)、杜国庠、华岗、胡绳、嵇文甫、赵纪彬、陈家康等人,他们为文撰述颇丰,且参与国统区的学术论争,从而形成了当时不容忽视的学术力量。

一、抗战时期的报刊审查

国民政府南迁后,对舆论的控制日渐严苛。出台《图书杂志原稿审查办法》③《抗战期间图书杂志审查标准》,且成立国民党中央图书杂志审查委员会。其报刊审查制度既反对敌伪满奸报刊,亦查禁革命刊物。在此背景下,具有马克思主义倾向的史学著述多遭查禁。

表 4-1 战时遭查禁马克思主义史学著述一览

年度	作者	著述	出版社、查禁时间	查禁原因
1938年10月至1940年10月	中国史学会编	《中国现代革命运动史》	新知书店	未详
	敬之	《中国历史》	读书生活出版社,1939年5月	未详
	李鼎声	《中国近代史》	光明书店,1940年5月	未详
	钱亦石	《中国经济史讲话》	生活书店,1939年4月	未详
	常燕生等编	《生物史观与唯物史观》	国魂出版社,1940年8月	未详

---

① 吴泽:《我的治学历程和史学观》,张艳国主编:《史家自述——我的史学观》,武汉,武汉出版社,1994年,第217页。
② 具体而言,文工会下属三个组,第一组组长杜国庠,负责宣传研究;第二组组长田汉,负责艺术研究;第三组组长冯乃超,负责敌情研究。
③ 《图书杂志原稿审查办法》,指"一切图书杂志,除自然科学著述外,均须于出版前将原稿送审,盖与日报受同样待遇也"。王世杰著,晓苇整理:《王世杰日记选》(1938年),中国社会科学院近代史研究所《近代史资料》编辑部编:《近代史资料》(总120号),北京,中国社会科学出版社,2009年,第195页。

(续表)

年度	作者	著述	出版社、查禁时间	查禁原因
	钱亦石	《近代中国经济史》	生活书店，1940年3月	未详
	陈昌浩	《近代世界革命史》	解放社，1940年3月	未详
	吴黎、艾思奇	《科学历史观教程》	辰光出版社，1940年9月	未详
	翦伯赞	《历史哲学教程》	新知出版社，1939年2月	未详
1941年5月至12月	何干之	《中国社会性质问题论战》	生活书店，1941年6月	鼓吹偏激思想，强调阶级斗争
	邓初民	《社会进化史纲》	言行出版社，1941年9月	言论偏激，不合抗战要求
	张文心	《唯物史观的改造》	新五命书店，1941年2月	思想偏激，鼓吹阶级斗争
1943年1月至10月	吕见平	《中国近百年史读本》	未知，1943年2月	以派系私利为立场
	博古	《辩证唯物论与历史唯物论基本动作》	解放社，1943年6月15日	鼓吹阶级斗争，不合抗战要求
	张冲实等	《苏联历史讲话》	生活书店，1943年7月24日	以苏联民众为对象，不合国情
	中国历史研究所	《中国通史简编》	1943年10月11日	内容荒谬

杜元载主编：《革命文献》（第59辑），"抗战之学术"，第717～770、777～802页。

由上表可知，国民党于1938年查禁的期刊，少有涉及历史类的书籍。到1939、1940年以后，查禁呈现出愈加严苛之势。如对于《中国通史简编》的审查意见，则言"该书内容立论态度完全以派系私利为立场，曲解史实，强调阶级意识，足以淆惑听闻，动摇青年之信念"。① 在查禁方式上，多借"鼓吹偏激思想，强调阶级对立，足以破坏集中力量抗战建国之神圣使命者"②的名目，行舆论控制之实。叶圣陶即感叹道："日来党政机关检查各书店，凡未获审查证之书皆调去审查，闹得满城风雨。上星期封闭书店三家，为生活书店、读书生活社、新华日报社，封条上皆书'发售反动书刊'字样。今此检

---

① 《国民党中央图书杂志审查委员会查禁范文澜著〈中国通史简编〉有关函件》，中国第二历史档案馆编：《中华民国史档案资料汇编》（第五辑第二编），"文化（一）"，南京，江苏古籍出版社，1998年，第628～629页。

② 《国民党修正抗战期间图书杂志审查标准》，《革命文献》（第59辑），"抗战时期之学术"，第553页。

查各书店乃其余波。令人叹息而已,他何言乎!"①

"皖南事变"后,面对国民党查禁日密的局势,马克思主义学人的史学撰述与发表,遭遇重重阻碍。在此背景下,马克思主义史家出现了重要的转向。一份国民党抄发的函件记述道:"周恩来于五月廿日通知郭沫若,谓国民党政府近拟屠杀本党党员,已开始清查共产党党员,及左翼文化人姓名、住地,准备一网打尽,请关照各同志注意。郭闻讯后即分别通知在渝左翼文化人侯外庐、邓初民、张申府、王亚平、方殷、葛一虹、应云卫及乡居之夏衍、郑伯奇、阳翰笙等赴北碚开会……并作如下决定:(1)在渝左翼文人常在报章杂志露名使社会皆知吾人在渝。(2)如有被捕即发表消息并尽量营救。(3)在文坛地位稍低或身份过于暴露者劝其离渝。(4)用私人友谊通知英、美、苏在华使馆说明国民党欲屠杀进步分子。(5)分别通知各地左翼文人注意,现郭氏已定期与苏联及英美使馆人员举行谈话。"②部分学人选择离开国统区而到延安、香港等地,另一部分学人则选择留守重庆,开始转向较为纯粹的学术性研究。可以说,书报检查所形成的文化恐怖是导致大批马克思主义史家转向较为纯粹史学研究的重要因素。

对于当时的社会环境,侯外庐曾言:"为了对付国民党'审查'官的挑剔,措辞不能不有所隐晦。即如'阶级社会',便只好以'文明社会'所代替等等。"③翦伯赞也面临着同样的困境,他在出版《中国史论集》(第二辑)时,即面临着国民党严苛的审查制度,任何著作未经审查批准皆不能刊刻出版。

> 当时的文化审查官,不但有权任意删削,而且有权禁止用任何记号标示被删削的地方,如×,点,或空白之类,其意抑若不令后人知道中国史上曾经有过文化审查制度。此外,如果认为必要,并有权禁止发表。本书中所有的论文,都经过审查官的删削。其中,《南明史上的弘光时代》及《永历时代》两文,并为当时禁止发表之文。前文屡经自己删削始允发表,后文则直至审查制度取消以后才发表出来。
>
> 现在文禁稍弛,自然可以照原稿补正,但我的文章,皆未留复稿,原稿交给杂志,即行丧失,其仅存者惟有被禁止发表之两文及《杜甫研究》一文,前者因禁止发表,由杂志社退回,以后即将原稿保存;后者因被删

---

① 《叶圣陶集》(第19卷),第343页。
② 《国民党中央宣传部抄发"周恩来通知左翼文化人防范政府屠杀政策"情报的公函》,中国第二历史档案馆编:《中华民国史档案资料汇编》(第五辑第二编),"文化(一)",第239~240页。
③ 《侯外庐自传》,《中国现代社会科学家传略》(第二辑),第273页。

太多,向杂志社索回原稿校对。因此,这三篇论文,得以照原稿补正,其中《杜甫研究》一文,因有人从删削的缺口中发现"笑话",所以特别注明被删削的地方,惟原稿所附"杜甫年表"则删去未录。①

很多文字被迫删削,史家只好以隐喻的方式来表达自己的学术和政治见解。翦伯赞也在序言中自嘲道:"本书原稿搁置书架甚久,虫蚀鼠啃,颇有残缺不全乃至上下文气不接之处,历时既久,不复记忆,已无法补苴。幸读者以意会之。"②此亦见文禁之严。

郭沫若在与杨树达的信函中亦慨叹:"处重庆实如居炼狱,突与学术空气接触,倍觉穆如春风也。……年来无良书可读,同感痛苦。"③时值"皖南事变"之后,郭沫若为避政治迫害,乡居于重庆赖家桥附属站尹家湾五十号。1943年9月,学人费正清来访,并邀请郭沫若赴美讲学,郭氏则苦笑:"到美国是我非常希望的,可是现在我到成都去都还有困难,哪还能到美国去啊!"阳翰笙亦感叹:"以目前的种种客观情势看来,今年也和去年一样,我们只能闭门读书,只能静心写作,因此我也就不敢有什么'雄图'。"④虽然面临政治迫害和舆论控制,但马克思主义史家们仍能撰述不辍,《中苏文化》即为他们史学撰述及论争的重要场所。

二、马克思主义史家的撰述环境

在重庆的马克思主义史家,如郭沫若、翦伯赞、侯外庐等,多有公开性的职务做掩护。⑤"皖南事变"发生后,为避免政治迫害,马派学人多转移至延安、香港等地。部分留下的学人则迫于严酷的政治环境,而转向较为纯粹的学术研究。当时本着"勤业、勤学、勤交友"的方针,大批马克思主义学人开始闭门读书,从事史学撰述,并做好统战工作。⑥虽然当时文化恐怖甚为严苛,侯外庐、杜国庠等还是组成了"新史学会",其他史家如顾颉刚、张志让、周谷城亦参与其中,从而壮大了声势。

抗战时期马克思主义史家治史重心的转变,一定程度上也服从于政治

---

① 翦伯赞:《中国史论集》(第二辑),上海,国际文化服务社,1948年,第1页。
② 同上书,第2页。
③ 杨树达:《积微居友朋书札》,第102~103页。
④ 《阳翰笙日记选》,成都,四川文艺出版社,1985年,第197、109页。
⑤ 如郭沫若为国民政府军事委员会政治部文化工作委员会主任,吕振羽当时的公开职务为复旦大学教师,翦伯赞则既为张治中所在的政治部名誉委员,又是中苏协会总会理事兼《中苏文化》月刊副主编,其他留在重庆的马克思主义史家亦多有公开身份,以做保护。
⑥ 张传玺、杨济安:《翦伯赞传略》,《中国现代社会科学家传略》(第一辑),第370页。

斗争的大局。静心治学撰述,乃至考史、辨伪,或是他们在政治风暴的高峰期试做短暂的间歇活动而已。郭沫若曾与侯外庐言:"国民党是把算盘打错了。他以为这样就限死了我们,其实,倒是便宜了我们。我们倒利用了这个机会,老老实实地做了不少研究和写作工作。"①

侯外庐言:"当时,我在重庆,主编《中苏文化》杂志。因想借此机会转往延安,就去找八路军办事处商量。恩来同志亲切地告诉我:去延安,太冒风险,不愿到香港,可暂时留下,搞点研究工作,深造自己。从此,我便到郊外的歇马场,开始做起了学问来。"②侯外庐则因对《中苏文化》杂志有责任在身,而选择留守。③ 侯外庐转向史学研究是在抗战前的两三年;而真正从事史学著述工作,则是在"皖南事变"以后。1941年后,侯氏转至郊区的歇马场从事撰述,《中国古代社会史论》《中国古代思想学说史》和《中国近世思想学说史》几种史学著作皆完成于此时,他亦自言"在我的写作工作中,恐怕也算是这个时候最为活跃,最为多产了"。当然,侯氏的著述难以脱离当时的政治斗争,如对在20世纪40年代后期编纂《中国思想通史》的动机,则言"当时想写这部书的目的,主要是为了和资产阶级的学术思想唱对台戏;同时也是想对中国丰富的思想文化遗产,给予马克思主义的科学总结"④。

此时,翦伯赞也留守重庆,开始了《中国史纲》的撰写。此书运用马克思主义的立场、观点和方法,较详细地论述了中国古代的家庭、私有制和国家的起源,剖析了商代奴隶占有制社会和西周、春秋封建领主制社会的性质。⑤ 在《中国史纲》(第二卷)出版之后,翦伯赞即告诉读者:"不管时代如何苦难,我总是走自己的路。"⑥杜国庠则从事诸子学研究,撰写了《关于〈墨辩〉的若干考察》《论〈公孙龙子〉》《中国古代由礼到法的思想变迁——荀子和韩非的思想关系》等文。当然,性格耿直、革命热情颇高的翦伯赞,并未脱离当时的政治斗争,一旦政治形势稍有松动,即又不免转向革命一途。当阳翰笙于1944年11月来访时,翦氏兴奋地说:"现在不是写历史的时候,是创造历史让人家来写的时候了!"⑦

1943年夏,郭沫若开始转向先秦诸子思想研究。次年撰成《古代研究的自我批判》一文,对先前的中国古代史研究,做了反思和自我批评。此文

---

① 《侯外庐自传》,《中国现代社会科学家传略》(第二辑),第271页。
② 同上。
③ 侯外庐:《韧的追求》,北京,生活·读书·新知三联书店,1985年,第113页。
④ 《侯外庐自传》,《中国现代社会科学家传略》(第二辑),第271~272、274页。
⑤ 张传玺、杨济安:《翦伯赞传略》,《中国现代社会科学家传略》(第一辑),第371页。
⑥ 翦伯赞:《中国史纲》(第二卷),上海,大孚出版公司,1947年,第8页。
⑦ 《阳翰笙日记选》,第323页。

后与另外九篇合编成《十批判书》,于1945年6月出版。这一论文集性质的著作,侧重分析先秦思想学说的源流,评论各派的思想特征,探寻各学派之间的相互关系及历史作用。除此之外,郭氏还有《青铜时代》之作,此为研究先秦社会及学术思想的论文集,考证色彩浓厚。可以说,抗战后期的马克思主义史家,开始由宣传性史学转而较为纯粹的史学论述。在当时压抑的政治环境下,他们通过庆寿活动来扩大马派学人群体的影响力。1942年,在庆祝郭沫若五十寿辰时,来宾说:"复活过去的研究生活,指导这一代青年,提倡起研究学习的精神,以充实自己,以丰富我们民族的文化,郭先生,现在是时候了。"①

1942年,从香港转至重庆的胡绳也回忆说:"到1945年抗战结束这段时间,是我写作的一个高潮。在这个时期,写了相当多的关于学术思想的评论,这些评论文章说不上有多少学术性,但我觉得思想性比较强,而且有别于以后武断的所谓'大批判'。……这段时期主要学习历史,想把中国历史好好读一下。读了许多历史的书,利用学习笔记写了一本《二千年间》。"②"皖南事变"虽然使马克思主义史学家面临着更为严苛的政治环境,却也促使他们的目光从政治议题上挪开,转而从事较为纯粹的学术研究。

总而言之,当时马派史家的著述开始扭转此前理论套用、牵强比附的偏失,开始走向"既不为古人所役,也不为欧美所使,以求从掘发自己民族文化的传统中,走出一条中国化的道路"。③

第三节 以《中苏文化》为中心的马克思主义史家群体

抗战时期的国民政府政治部第三厅,聚集了大批具有马克思主义倾向的学者。以历史学界而言,即有郭沫若、翦伯赞、侯外庐、杜国庠、华岗、邓初民、吴泽、赵纪彬、胡绳、杨荣国等人。他们举办学术讲座,成立读书会,并创办《中苏文化》《新华日报》《读书月报》等刊物,或研讨史实、或发表政论、或参与论争,形成了不容忽视的史家群体。

当时,中苏文化协会中的马克思主义史家,受南方局周恩来的领导。他们的学术活动也多带有革命性、政治性的色彩。侯外庐曾回忆道:"(周恩来)对当世重庆革命的理论和学术研究,进行了直接而具体的领导";"我记

---

① 王训昭等编:《中国文学史资料全编》(现代卷),北京,知识产权出版社,2010年,第371页。
② 《胡绳全书》(第七卷),北京,人民出版社,2003年,第165页。
③ 《侯外庐自传》,《中国现代社会科学家传略》(第二辑),第273页。

得,当时我们这些同志,个个都把唯心主义哲学家冯友兰、贺麟视为对立面。每次聚会,一碰头就谈冯友兰、贺麟,分析他们的政治动向,研究他们的每一篇新文章。这个情况,所有的同志都认为是天经地义的。有一次,周恩来同志来了,我们颇为热烈地正谈论着这个话题。听了好一会儿,周恩来同志发言了。他平静而中肯地对大家说:民族大敌当前,在千千万万种矛盾中间,学术理论界也面临着错综复杂的矛盾。我们和冯友兰、贺麟在阶级立场上,矛盾固然是尖锐的,但毕竟不是主要矛盾。当前,学术理论上最危险的敌人,是国民党右派的妥协投降理论,我们斗争的锋芒应该对准陈立夫的'唯生论'。""周恩来同志通过参加读书会,对当时重庆革命的理论和学术研究,进行了直接而具体的领导。抗战期间,周恩来同志不愧为重庆革命理论、学术研究的掌舵人。"①

在马克思主义史家创办或参与的刊物中,以《中苏文化》最具代表性。故而以此为视角,审视抗战时期马克思主义史家群体的撰述倾向与特色。学风延续与转变、学术与政治的纠葛等多重问题,对战时马克思主义史学的探讨或多有裨益。既有学人对《中苏文化》,已略有关注,或为回忆性与纪念文章,或多侧重对中苏文化协会及其分会的论述,而对《中苏文化》本身的分析,则少见论及。因此,本节以此为切入点,略作申说。

一、《中苏文化》的创办与马克思主义史家的介入

中苏文化协会乃1935年成立的中苏文化交流的重要机构。当时推举宋庆龄、于右任、冯玉祥、蔡元培等任名誉会长,孙科任会长,邵力子、陈立夫为副会长,梁寒操、郭沫若、王昆仑等人为常务理事,在昆明、长沙、成都、桂林、香港等地设有分会。为加强中苏文化交流,当时亦筹设中苏文化学院、负责莫斯科东方文化博物馆之中国艺术展览会等活动②。对于协会的宗旨与立场,梁寒操曾言:"中苏文化协会成立在民国廿五年中苏复交以后,它的任务在于介绍中国文化到苏联,介绍苏联文化到中国,藉以使得两国人民能从文化沟通的关系中增进彼此之了解与友谊,这正和后来成立的几个中外文化团体的意义相类。到了抗战爆发以后,首先实际帮助中国的是苏联,于是中苏文协的工作任务就更觉得重大了。"③

1936年,《中苏文化》于南京创刊;1937年11月,迁徙至重庆继续发行。

---

① 侯外庐:《韧的追求》,第122～123页。
② 傅振伦:《蒲梢沧桑·九十忆往》,上海,华东师范大学出版社,1997年,第137页。
③ 梁寒操:《抗战以来中苏文化协会的工作和立场——兼答大公报对我们的勖勉》,《中苏文化》1941年第9卷第1期。

此间主要以翻译、介绍苏联的文章、著述为主。

表 4-2 《中苏文化》杂志部分撰稿人一览

时间	期数	撰稿人群体
1938年2月16日	第1卷第6～7期合刊	刘希宁、傅于琛、何思敬、赵康、黄操良、金云峰、超良、李洛等
1938年5月16日	第1卷第12期	韬实、许颐、宋斐如、老向、威岭、赵康、于绍文、勃鲁塞、任宗、黄操良、克昂、徐思予、陈义伯、金云峰
1938年5月16日	第2卷第1期（抗战特刊）	韬实、侠父、赵康、威岭、于绍文、黄操良、宋斐如、江凌、钱逸、陈亦清、冯玉祥、金云峰
1938年6月1日	第2卷第2期	吕振羽、于绍文、威岭、韬实、克昂、田鹏、陶在湄、宋斐如、黄操良、钱逸、金鉴等
1938年6月16日	第2卷第3期	于绍文、黄操良、宋斐如、韬实等
1938年8月19日	第2卷第4期	邵力子、于绍文、黄操良、赵康、克昂、陶在湄等
1938年8月26日	第2卷第5期	谭丕谟、于绍文、韬实、黄操良等
1938年9月16日	第2卷第8期	韬实、赵康、黄操良、文伯等
1938年12月1日	第3卷第1～2期合刊	孙科、卢干滋、梁寒操、周一志、侯外庐、于绍文、赵康等
1938年12月1日	第3卷第3期	侯外庐、吴茂荪、寄洪记、高长虹、韬实、赵康、黄操良、杜伯刚等
1939年1月16日	第3卷第5期	孙科、张朴、陈立夫、侯外庐等
1939年2月1日	第3卷第6期	郭沫若、黄操良、克昂等
1939年2月16日	第3卷第7期	侯外庐、沈志远、徐盈等
1939年3月26日	第3卷第8～9合期	侯外庐、沈吉、魏冰等
1939年6月16日	第3卷第12期	王昆仑、侯外庐、胡风等

当时的主编为袁孟超，编辑则有金戈、赵康、李孟达、黄操良、于绍文、金云峰等。刊物的栏目划分为：苏联研究、对敌研究、抗战文化等。另外，还有纪念苏联革命周年的纪念特刊。刊物的特点是：著者多为笔名、化名，几未有历史类的文章，翻译性的文章日渐减少。《中苏文化》第一、二卷皆沿袭此风格，而少有变化。值得注意的是，此间吕振羽、侯外庐等史家的文章，开始出现在刊物中。

从第三卷最后一期的"本刊启事"中可知，《中苏文化》的发行方式、内容、编辑委员会构成，皆出现了显著变化。"本刊自第四卷第一期改为月刊，充实内容，每期字数扩大至十二万言"；"本刊编辑委员会自第四卷第一期改组，聘请戈宝权、杜若君、沈志远、李陶甄、周一志、侯外庐、姚蓬子、曹靖华、程元斟、冯希勃、赵康、赵象离、葛一虹、郑伯奇（经姓氏笔划为序）为编辑委员,侯外庐为主编。"①此为《中苏文化》刊物创办过程中的重要转向。

自《中苏文化》第四卷开始,刊物栏目开始划分为:庆祝中苏商约、纪念抗战二周年、苏联外交特刊、苏联研究、中苏文化、书评、会务几类。对于这一变化,《编后记》言:"自本期起,本刊内容稍有变更。此后随环境需要,更将时时改进,以符各方期待,今后当本抗战建国最高原则、及本会孙会长历来所指示之方针,继续努力工作。……所分栏目有比较固定的,如苏联研究,中苏文艺各栏即是。其他栏目,则应时势需要,随时添置。并将时出特辑,以研究中苏关系的各种重要问题。自四卷二期起,将增设'中苏史论'一栏,研究中苏两国革命史实及社会发展的历史。特约专家撰稿,以期本栏的充实。"②《中苏文化》中"中苏史论"专栏的设立,使得马克思主义史家的撰述日渐增多。

二、《中苏文化》中马克思主义史家的主导作用

自1939年起,大批具有马克思主义倾向的知识分子来到重庆,并以中苏文化协会为掩护,从事文化活动。如侯外庐转任《中苏文化》的主编,翦伯赞亦从中苏文化协会长沙分会转至重庆,任刊物副主编。

当时,中苏文化协会杂志委员会的机构设置和人员组成如下,主任委员:王昆仑,副主任委员兼主编:侯外庐,副主任委员:翦伯赞,委员:梁寒操、郭沫若、何汉文、陈希豪、邓初民、沈志远、周一志、戈宝权、洪瑞钊、曹靖华、西门宗华、郑伯奇、程元斟、狄超白、韩幽桐、林苑文、李陶甄、赵克昂、葛一虹。刊物的编委会多为国民党左派、文化左翼学人,以及马克思主义者。刊物中的"中苏史论"专栏,成为马克思主义史家撰述的重要平台。

表4-3 《中苏文化》中史学论文一览(1939年9月至1945年7月)

时间	期数	作者	文章
1939年9月1日	第4卷第2期	侯外庐	《社会史论导言》
1939年10月1日	第4卷第3期	黄松龄	《中国近百年社会发展史论纲》
1940年1月1日	第5卷第1期	侯外庐辑	《中山先生关于第一次帝国主义战争史论》
		翦伯赞	《文化史的教训与中国前进文化》

---

① 《本刊启示》,《中苏文化》1939年第3卷第12期。
② 《编后记》,《中苏文化》1939年第4卷第1期。

(续表)

时间	期数	作者	文章
1940年2月1日	第5卷第2期	侯外庐辑	《中山先生论"革命军"的精神如何推赞苏联红军》
1940年3月8日	第5卷第3期	赵克昂译	《苏联社会发展的现阶段》
1940年4月1日	第6卷第1期	章友江	《苏联宪法之史的发展》
		翦伯赞	《论中华民族与民族主义——读顾颉刚续论〈中华民族是一个〉以后》
1940年4月25日	第6卷第2期	翦伯赞	《两宋时代汉奸及傀儡组织史论》
1940年5月5日	第6卷第3期	侯外庐	《五月国耻与五月革命》
		吕振羽	《五四运动的历史意义和教训》
		翦伯赞	《五五运动与中国宪政运动之史的发展》
1940年5月20日	第6卷第4期	侯外庐	《五卅的历史意义》
		翦伯赞	《论"五卅"运动及其历史教训》
1940年6月18日	第6卷第5期	翦伯赞	《中国原始的及古代的艺术》
1940年7月7日	抗战三周年纪念特刊	翦伯赞	《中国抗战的历史原理及其发展的逻辑》
		吕振羽	《伟大的历史时代与史学创作为抗战三周年纪念而做》
1940年7月30日	第6卷第6期	翦伯赞	《论明代倭寇及御倭战争》
1940年8月	第7卷第1期	侯外庐	《在国际新形势中纪念"八一三"》
1940年9月	第7卷第3期	翦伯赞	《辽沈沦陷以后的明史》
1941年1月	和8卷第1期	翦伯赞	《论南明第二个政府的斗争》
		谭丕谟	《宋代的民族文学》
1941年4月	第8卷第3~4期	岳光译	《苏联编中国艺术简史纲目》
		常任侠	《略谈苏联编中国艺术简史纲目》
1941年5月	第8卷第5期	王昆仑	《重读林觉民烈士遗书》
		翦伯赞	《南宋初年黄河南北的义军考》
1941年10月	第9卷第2~3期	吕超	《辛亥革命四川义师记要》
		翦伯赞	《论辛亥革命与中国历史之新的转向》
		田古农	《双十节偶忆清代学风与士气》
1944年2月	第15卷第2期	郭沫若	《秦楚之际的儒者》
		翦伯赞	《史前羌族与塔里木盆地诸种族的关系》
		杜守素	《关于墨辩的若干考察》
		陈顾远	《中国先哲的和平观念与战争见解》

（续表）

时间	期数	作者	文章
1944年6月	第15卷第3～4期	侯外庐	《中国十七世纪思想家李二曲述评》
		纪玄冰	《章太炎在中国哲学史上的诸发见从其与公羊学派的斗争中来把握》
1944年7月	第15卷第5期	侯外庐	《颜习斋反玄学底基本思想》
1944年10月	第15卷第6～7期	侯外庐	《黄梨洲底哲学思想与近代的思维方法》
1945年3月	第16卷第1～2期	杨荣国	《顾亭林论社会的实践和他的民主主义倾向》
1945年4月	第16卷第3期	侯外庐	《康有为与戊戌变法运动的历史》
1945年7月	第16卷第6～7期	侯外庐	《谭嗣同的社会思想》

首先，在《中苏文化》刊载的史学类文章的数量上，以侯外庐、翦伯赞二人的撰述为主，这一时期也是这两位马克思主义史家写作的高峰期。

其次，文章的风格与特色，在此期间则多有变化。1939～1942年的史学类文章，多具有借古讽今、以古喻今的色彩。1943年为马克思主义史家撰述的间歇期。1944年后，史学撰述的学术性色彩日渐浓厚。当时，许多史家的著作多首刊于此，而后成书。如侯外庐《中国近世思想学说史》一书中的部分章节，如《康有为与戊戌变法运动的历史》《谭嗣同的社会思想》等，即先行发表于此，且在"新书介绍"等栏目中对侯著多有赞誉。①

再次，马克思主义史家的部分著作，亦多在《中苏文化》上被推介和评论。如，对侯外庐《中国古代思想学说史》则评述道："文章深入浅出，见解精辟入理，其创见独到之处，贯通全书，与前人之治先秦思想者迥乎不同，实尽考竟源流，探明演化之史职，辟一研究学术史之新路径。作者专心从事此作，费时数年始克完成，其价值贡献于中国学术界者，当由读者自评。"②而《图书季刊》则又有不同的评介："侯君是书大体以时代先后为论叙次第。惟较后起之老庄学派，叙次在思孟以前，则又不尽然也。侯君书中多驳近人学

---

① 刊物的"新书介绍"即言："本书内容新颖，材料丰富，凡七十万言，中国近代思想发展，凡哲学，史学，政治，经济，社会，人文诸思想皆贯通包罗无遗。所述近代思想的渊源生长，学派演化、思潮变迁，学术交替，出处分析精湛，考核严谨，独立自创一种科学的说明著者治思想史有年，诚如过去有人对他的著作评论说：侯先生著思想史，'致力很深而后写出的，因此才能从前人著作中的隐晦的术语和对古籍的诠释中，把真面目揭发出来'。'著者是用了很大功力的，能作很恰当的分析，因此就使思想史豁然显露，凡注意中国思想史的人是一定都要赏识他的书的'"。《中苏文化》1945年第16卷第4期。

② 《中国古代思想学说史》，《中苏文化》1944年第15卷第3～4期。

说，于梁启超胡适冯友兰诸氏尤甚，但侯君之说，似乎未有以胜于诸氏。侯君自序谓过去治中国思想史者有许多缺点，有以古人名词术语附会现代科学为能事者，有以思想形式之接近而比拟西欧学说者，侯君自信无此积习。案前一积习，本书似未能免。而比拟之处又不一而足。……侯君是书文字艰涩，若能加以芟除整理，当更便于读者。"①对同一著作而有如此迥然有别的评判，则又可见马派史家著述的特色与优缺之处。侯氏文章重中国古代思想的递嬗，富于系统性，或是侯氏著述之长；然文风战斗性色彩浓厚，且艰涩难懂，则又易为考证派史家所批驳。

最后，"皖南事变"对《中苏文化》马克思主义史家的冲击，是一个相对延滞的过程。事变于1941年初发生后，国民党的文化控制虽然加强，但是刊物中马派与左倾学人占据主流地位的状况并未立即改变。

时至1942年初，《中苏文化》开始改版，"本刊为求迅速反应当前国际局势之急剧变化起见，自第十卷第一期起改出半月刊，并将篇幅缩减为每期十六开本三十二面，准期于每月一日、十六日出版。内容方面，亦根据三十一年度宣传方针，今后将着重于中苏英美等民主反侵略国家联合阵线之促进加强，及整个世界战局之分析与反应。"②"珍珠港事件"之后，为应对时局之变，《中苏文化》改为半月刊出版。然而，随着国际形势的变化，《中苏文化》中的马克思主义史家，也日渐有退出之势。

观《中苏文化》1943年第1期至第8期的目录，皆不见马派史家文章。且第3～4期合刊之45页标有"主任委员：王昆仑，半月刊主编：郁文哉"。至第7～8期则标识为"中苏文化协会杂志委员会，主任委员：王昆仑，副主任委员：郁文哉"字样。那么，刊物主编侯外庐及副主编翦伯赞皆在此时选择退出。这已是"皖南事变"之后一年有余了。1944年2月《中苏文化》第15卷第2期，方又刊载马派史家的文章。故而，以"皖南事变"这一政治事件，来看待《中苏文化》刊物旨趣的变化，又似有疑问。

1942～1943年，国民党舆论控制日渐严苛，而马克思主义史家为保存力量，史学撰述开始由影射当下转向较纯粹的学术研究。例如，郭沫若所撰《秦楚之际的儒者》，成稿于1943年8月29日，而到1944年2月方刊出，亦可见当时舆论控制程度。

三、《中苏文化》中的史学特色与论争

早期的康、梁、章等学人，皆为谈学术而兼涉革命，甚而借学术而论革

---

① 《图书介绍〈中国古代思想学说史〉》，《图书季刊》1944年第5卷第4期。
② 《本刊改版声明》，《中苏文化》1942年第10卷第1期。

命。抗战时期的马克思主义史家亦有此种倾向。不过,治学的内容与方法以及革命的对象,皆异于前贤。叶蠖生曾言:"抗战中,各派政治力量无不注意运用历史学来宣传自己的主张,其学术也无不带有强烈的政治倾向,不但抗战营垒和日寇及投降派营垒之间存在着激烈斗争,即使是抗战阵营内部,也存在着唯物史观和唯心史论的斗争。"①抗战时期的《中苏文化》成为宣传马克思主义的主要阵地。例如,翦伯赞曾以古代反动的奴隶主、中世纪欧洲封建主与基督教会、威廉时代的德国、梅特涅时代的奥匈帝国等作为反例,解析了布尔乔亚之成长、唯物主义之发展,进而昭示"任何文化的倒退运动,在历史发展的规律之前,都一一遭到惨败"②的历史事实。

(一) 以古鉴今的爱国史学

翦伯赞在重庆期间,共发表 60 余篇论文,如《略论中国史研究》《南宋初年黄河南北义军考》《论两宋的汉奸及傀儡组织》等,皆影响深远。翦伯赞无疑是马克思主义史家中采用借古以鉴今的史学撰述方法的先锋。

"皖南事变"之后,《中苏文化》"中苏史论"专栏,曾发表翦伯赞《论南明第二个政府的斗争》,文章认为"史可法与李自成所领导的斗争,虽然在主观的动机上各不相同;而在客观上,则都尽了抵抗外族侵略的历史任务";"李自成与史可法实同为明末抵抗外族侵略斗争中的英雄;若马士英开口'先帝',闭口'社稷',而首之以妥协,继之以逃窜,终之以投降,则直是中国民族千古的罪人。"③进而文章论述,南明政权虽处逆境,仍有资源可资把握,"在第二个政府成立的时候,除了还拥有长江以南广大的人力与物力以外,还出现了两种新的力量,第一,是江南人民义勇军的蜂起,第二,是'闯贼'李自成的残部与政府军的合流,这些力量,假使政府指挥得宜,较之第一政府时代的战斗力量,当更为强大。"然南明政权终日内斗,不暇外患,以致最终亡国。对于这一历史教训,翦伯赞总结道:"因为第二政府还是继续执行这种不聪明的政策(按,内平流寇、外抗满清同时并举的政策)所以满清政府,在攻陷南京以后,便利用中国社会内部的矛盾,进行政治进攻与军事进攻之平行政策,这样看来,社会内部的矛盾,不设法克服,而欲在抵抗外敌的斗争中取得胜利,是绝对不可能的。"其实,所谓"不聪明的政策",亦讽寓国民党所推行的"攘外必先安内"的政策。翦氏文末亦慨叹道:"这些人民义勇军由于没有获得当时政府的支持,由于没有在彼此之间,取得必要的联络,由于战术与

---

① 叶蠖生:《抗战以来的历史学》,《中国文化》1941 年第 3 卷第 2~3 合期。
② 翦伯赞:《文化史的教训与中国前进文化》,《中苏文化》1940 年第 5 卷第 1 期。
③ 翦伯赞:《论南明第二个政府的斗争》,《中苏文化》1941 年第 8 卷第 1 期。

战略上的幼稚,以致都先后为满清所消灭,但他们英勇赴敌,百折不回,鞠躬尽瘁死而后已的精神,实足以照耀千古,永为后代中华儿女的模范。以视当时唐王与鲁王领导之下的军队,逃窜海滨,委土地人民于不顾,何啻霄壤!"①所言"人民义勇军"之英勇赴敌、鞠躬致命,与唐王、鲁王之溃退四散,形成截然两途的对比,更是对国民党在民族危亡之际,仍消极抗日、积极反共的斥责。

1941年,《中苏文化》又刊载了翦伯赞《南宋初年黄河南北的义军考》一文,认为"黄河南北的义军,有各种各样的旗帜,如忠义巡社、山寨水寨、义士、民兵乃至红巾等,他们的旗帜虽然不同,而其袭击金人,保卫祖国的精神,则是相同的。当时义军的数目,虽无法统计,但即以太行山一处而论,已有数十万人,合计其他各地的义军,当在百万以上。惟此起彼仆,不能保持长久。但他们对于牵制金人的南进,却尽了不少的力量。可惜他们本身既无一定的组织与计划,而又不为朝廷所重视……这些不顾生死以捍御民族国家的忠义之士,都是今日中国民族儿女最好的模范。"②文章盛赞南宋之义军,他们作为国家忠义之士,虽处沦陷之地,仍能不屈志节、愤抵外侮。

(二) 郭沫若、侯外庐关于屈原的论争

战时马派史家的论争,一面是政治性的,即与胡适派学人之间界线分明的对垒;另一面马克思主义史家内部亦不免多有分歧。侯外庐与郭沫若关于屈原的讨论,即为一例。这场论争发端于《新华日报》,郭、侯两位史家先后撰文,阐述各家观点。当时,郭沫若创作的历史剧《屈原》正轰动上演。乔冠华劝解说"不要辩下去啦,国民党在拍手呢",③争论即戛然而止。接着,侯外庐将郭沫若所发文章与自己未发表部分,汇成专栏,题为《申论屈原思想——衡量屈原的尺度》,发表于《中苏文化》上。

郭沫若曾撰《屈原的艺术与思想》,对屈原多有赞颂,并赋予了时代精神,认为"屈原不仅是我们中国文学史上的民族诗人,而且的的确确是很有革命性的革命诗人。他的艺术怎么样?就是革命的艺术。"④

侯外庐观此文后,即写了《屈原思想的秘密》一文,与郭沫若商榷。侯氏认为屈原思想的秘密,乃是其矛盾的思维,也就是"他的世界观和方法论之间的矛盾"。文章又列举了王国维、普希金、巴尔扎克、奎那等先贤在历史变

---

① 翦伯赞:《论南明第二个政府的斗争》,《中苏文化》1941年第8卷第1期。
② 翦伯赞:《南宋初年黄河南北的义军考》,《中苏文化》1941年第8卷第5期。
③ 侯外庐:《韧的追求》,第133页。
④ 郭沫若:《屈原的艺术与思想》,《中苏文化》1942年第11卷第1~2期合刊。

革时代所遭遇的"矛盾",并进而认为"暴风雨时代战国的屈原,是有暴风雨时代北伐革命的王国维做了他的同志"。侯外庐认为,屈原一方面"对于过去黄金时代的追忆充满了他的诗篇",对变态的春秋战国时代看不入眼,这或是其保守、复古的一面。同时又提醒道,如果这样单方面理解的话,则不免"容易重视了他的复古的形式,忘记了他的进步的内容"。言下之意,屈原的思想既有革命性、人民性,也有其不可忽视的保守性、复古性的色彩。最后,侯氏对屈原做出了自己的"刺激之语",即"与其说是对于伟大诗人的不恭,毋宁说是对于他的尊敬,伊里奇虽然对于托尔斯泰恭维为十九世纪世界无出其右的文豪(对高尔基语),但论到他的世界观则谓之反动的东方神秘主义,并不有害于讬(按,托)翁,反而更有彰于讬翁。屈原的世界观,和他的求真的方法论是矛盾的,本质上是反动的招魂,亚细亚古典社会底氏族制残余的梦想。"①

郭沫若针对侯外庐的商榷之论,又撰《屈原思想》一文再作申说。郭氏认为,屈原的思想虽有矛盾,如认为屈原之死与王国维相类,"方法论是前进的,'求真的'世界观是落后的,'本质上反动的',那却不免大有问题。我的看法,却正相反。屈原的世界观是前进的,革命的,而他的方法——作为诗人在构思与遗(笔者按:应为'遣'字)词上的技术——却不免有些保守的倾向。这便是我所认识的屈原思想的矛盾,结论的形式显然和侯先生所见到的相同,而内容则恰恰相反。"②这也是郭沫若与侯外庐在屈原评价上的区别所在。

郭沫若、侯外庐之间,表面上为屈原思想的论争,其实反映了马克思主义史家对古代社会性质与思想的不同见解。

首先,在中国古代社会性质及其分期等观点上,马派史家多有相异之处。郭沫若对屈原的评价与其对中国古代社会性质的认知密切相连。他认为殷周是奴隶社会,并言:"许多反对我乃至痛骂我的人(在研究文字中动辄爱骂人是浪漫,狂妄,或甚于此的话,十几年来我领教了不少),硬要说西周不是奴隶社会,而都不大注重人民就是奴隶这一点,实在是一件惊人的事。骂人的,是我感叹着文字这项符箓束缚着思考能力的潜能竟会有这么伟大!我现在要恳切地请求,请求大家把这个论点注意一下。如说这个论断是不可靠,那就请提出反证来。"③这其中颇多意气之语。侯外庐亦追忆道:"郭沫若和我都各持己见,互不相让。辩论屈原思想时,可能因为时机不妥当,

---

① 侯外庐:《屈原思想的秘密》,《中苏文化》1942年第11卷第1~2期合刊。
② 郭沫若:《屈原思想》,《中苏文化》1942年第11卷第1~2期合刊。
③ 同上。

郭老曾经发过火",①亦从侧面印证了这一点。从中可见马派学人论点争执的激烈程度。

其次,郭、侯二人争执的关键,或在对儒家的迥异评判上。郭沫若认为,春秋战国时代,由奴隶制至封建制变革,因而产生意识形态上的思想革命。处于这一时代末期的屈原则是位民本思想者,对奴隶制时期的神权抱有怀疑态度,"屈原是深深把握着了他的时代精神的人,他注重民生,尊崇贤能,企图以德政作中国之大一统,这正是他的仁,而他是一位彻底的身体力行的人,这就是他的义。"最终得出结论,即"屈原的思想是前进的,他是一位南方的儒者。儒家思想,在当时,由奴隶制蜕变为封建制的当时,是前进的,我们不好由现代的观点来指斥为反动。更不好因而说屈原也是思想反动。"②继郭沫若《屈原思想》的长文后,侯外庐又撰《屈原思想渊原底先决问题》《申论屈原思想——衡量屈原的尺度》两文,重加申辩。在前文后的"附言"中,侯氏特述及了论争的初衷:"我亦不敢轻视材料而人云亦云,凡所言求其有本,凡所断皆自我心裁。以此态度和郭先生论学,求得教益,而与不积学修养,轻易评断一个大学者的人是相反的。所以开首我就说,心虽未安,而理或可得之。"③此次论争四十载后,双方亦坚持己说,"彼此的观点,都不曾退让分毫"。④

其实,郭氏在文中,对屈原似乎抱着一种惺惺相惜之情。屈原的诗人气质,在郭沫若身上亦多有体现。故而,郭氏的体认不免"同情"多乎些"了解"。质言之,诗人之屈原与史家之屈原,则或又为二者争端的缘由。

观郭、侯二人的论争,皆能言有所本,文中观点皆自出心裁,行文或有偏激,然又能保持在理性的探讨范畴之内,则又是此间马克思主义史家间论争的重要特色。当时在"学术研究的队伍中,存在观点分歧时在所难免的。重庆时期,就拿史学来说,同是马克思主义的信仰者,彼此的学术观点可能大相径庭,对具体疑难问题的歧见,更俯拾皆是,甚至文人中间几千年遗留下来的相轻陋习,不利团结的闲言碎语……也都存在着,但是,在我的记忆中,那时唯独不存在自己营垒内部以势压人的过火斗争。那时,即使对旧学者,也大抵坚持了客观的、实事求是的、研究性的批判态度。……这一切不能不归功于周恩来同志对学术界深入细致的、高水平的领导。是他一手造成了这个健康的研究环境。"⑤

---

① 侯外庐:《屈原思想的秘密》,《中苏文化》1942年第11卷第1~2期合刊。
② 郭沫若:《屈原思想》,《中苏文化》1942年第11卷第1~2期合刊。
③ 侯外庐:《屈原思想渊原底先决问题》,《中苏文化》1942年第11卷第1~2期合刊。
④ 侯外庐:《韧的追求》,第136页。
⑤ 同上书,第124页。

诚如许冠三所言："唯物史观派的内讧,则令好学深思者醒悟,理论与方法固为治史者所必不可少,如用之失当,尤其是不顾史料而当做经典或教条、或结论来运用,就只能有百害而无一利。"①当时的马克思主义史家,为文撰述,政治宣传色彩颇浓,甚而不免遮蔽了学术的独立性。如翦伯赞在与欧阳纳敏的信函中即言："你知道,我有时热情太高,几乎使人分不出是论文还是宣言。我不想再过教授的生活,把许多时间,都用在经院式的研究。"②文章的"宣言"性色彩浓厚,也是当时马克思主义史家撰述的重要特色。

不可否认的是,马克思主义史家著述中以古喻今、讽鉴当下的论述方式,为鼓动人心、激励民众爱国斗志,发挥了不凡效用。然而,重史学阐释而忽略史料的重要性,为讽寓当下而不惜迁就史实,甚而以论带史、以论代史的做法,也颇受诟病。

第四节　抗战时期马克思主义史家群体的撰述特色

在当时的知识分子看来,抗战不仅是中华民族生存史上一个新界标,更是中国学术新生命的一个起点。③ 同时,抗战时期也是马派史家群体崛起的关键时段,其撰述特色、学术转向与批判手段颇值得关注。当然,我们也要意识到,对这一时期马派史家与史学的认识,如果以抗战、战后、1949年后等为断限的话,容易在理解上强为割裂,而看不清整个马派史学的走向。故而,本节并不完全囿于抗战时段,而部分延及战后,以便更为清晰地梳理马派史家在20世纪30、40年代的发展趋向。

从整体上来看,抗战时期在重庆的马克思主义史家,如郭沫若、翦伯赞、侯外庐、吕振羽等人,在史学的撰述方式、叙事手法、历史观念、学术素养上,皆能够融会贯通,有其独到的优长之处。在叙述手法上,他们笔端向下,为民众写史,符合民众的时代要求,文笔讲求通俗生动,以浅白的表达、故事性的叙事风格取胜。他们论述史实简明扼要,在具体历史人物与史事的阐述上,多有弦外之音,夹叙夹议之中幽现过人的史识。在史学观念上,他们史观明晰,以人民为本位,注重劳动人民在历史上的地位。在学术素养上,他们学有根底,或深受传统文化的熏陶,或有着较为深厚的马列主义学养。故而,战时马派史家的崛起也是情理之中的事情。

---

① 许冠三:《新史学九十年》,长沙,岳麓书社,2003年,第474页。
② 《翦伯赞全集》(第七卷),石家庄,河北教育出版社,2008年,第278页。
③ 丁则良:《中国史学之新趋势》,《大国民报》1943年4月21日。

在撰述方式上,战时的马派史家面对民众的内外彷徨之感,以唯物史观的理论贯穿经纬,以明晰的语言、通俗的白话、生动的历史人物事件来阐述中国历史,并以叙议结合的方式借史实折射当下,颇能鼓动人心。

一、面向大众的写作方式

抗战时期马派史家能够迅速崛起,并占据学术界半壁江山的一个重要原因就是他们面向民众的写作方式。比如邓初民《中国社会史教程》、吴泽《中国社会简史》等书,都是以大众教育为目的而写的中国史读本,其写作体裁、表述手法,皆希冀以通俗而简明的文字描写中国历史发展的轮廓。①

首先,在语言风格上,马派史家的文章文笔洗练、喜用短句,文字简洁明快,且以史实与当时的政情互为影射;作品多语带情感、煽动性强,使人在阅读时有强烈的代入感,能够引发共鸣。在表述上,多用"第一人称方式写历史,容易让读者产生代入感,侧重暴露既往历史的黑暗面,并用简明概括的语言解释为什么会发生。"②其次,在诠释手法上,马派史家所撰写的作品以通史类居多,阅读的受众群体多为普通民众,特别是那些易于接受革命思想的青年人。马派史家著史更多的是为了现实政治斗争的需要,而非为纯粹的专业性写作。故而,这一写作模式有着战斗性、通俗性、影射性、行动性等色彩。最后,马派史家也能够把握时代的风向,以历史剧的方式来提升影响力。历史剧提升了中共在国统区开展文化活动的能力,能够以艺术展演、文字批判的方式,隐晦地借古讽今。

(一)以人民史观来彰显农民起义的革命性与正义性

关于人民史观,郭沫若直言道:"我的好恶的标准是什么呢?一句话归宗:人民本位!"③故而,他认为从思想史的角度来看,王阳明无疑是以一个革命者的姿态出现的,而屈原是民族诗人和革命诗人,④而《甲申三百年祭》引起的风波是帝王思想与人民思想的斗争。⑤ 后来,在《十批判书》中,郭沫若还掘发了孔子的人民思想与反叛色彩。他认为,在思想体系方面,孔子顺应了当时社会变革的潮流,是站在人民立场上的,孔子企图建立一个新的体系作为新来的封建社会的韧带。后来,这种反叛色彩被孟子等人粉饰

---

① 翦伯赞:《读两种通俗著作后:略论中国史的分期》,《联合周报》1944年第3期。
② 李孝迁:《革命与历史:中国左派历史读物》,《中共党史研究》2017年第5期。
③ 郭沫若:《我的历史研究:序"历史人物"》,《大学(成都)》1947年第6卷第3~4期。
④ 郭沫若:《屈原研究:屈原的艺术与思想》,《中苏文化》1942年第11卷第1~2期。
⑤ 郭沫若:《我的历史研究:序"历史人物"》,《大学(成都)》1947年第6卷第3~4期。

得看不清楚了。而廖季平、康有为所倡导的"托古改制"的说法确实是道破了当时的事实。① 郭沫若认为,孔子提倡的"仁",乃是牺牲自我以为大众服务的精神,这种仁道顺应奴隶解放潮流。在这里,郭沫若有意彰显了孔子的革命性、人民性,其实也有些托古改制的色彩,只不过这种言说放置于历史的脉络之中,便显得更为隐微了。

当然,《十批判书》在语言风格上,能将古语转换成现代人的语言,并将其文学化、通俗化,这就使得读者有强烈的时代代入感。有时候,借史学以为经世致用,比理论上的纯粹探讨,更能吸引民众和知识青年的加入,在研究上也更为踏实可靠。比如,墨子反对过激、反对寇乱盗贼式的革命者、拥护现行王权,这都为郭沫若所批判。同时,郭沫若有着极强的问题意识,会抛出一些极能抓人眼球的议题,比如宗教为何不能产生于中国等,进而在正反两方的论辩中抛出自己的观点。

以翦伯赞而言,他笔端常带感情,在修辞上喜用骈句、对仗、排比,给人以强大的感情号召力。比如《南明史上的弘光时代》一文,从政权的性质、可耻的内战、人民义勇军的兴起、伪军大反正的局面、最后的支持者——张献忠的残部等几个侧面,用揭幕剧的形式,将晚明历史加以述说,跌宕起伏,易于人读。最后,文章以《永历实录》之跋文收尾,层层递进,让读者于读史之中,不禁慨然当下政局。②

翦伯赞重新评判了历史上的"正""伪"问题,认为正统主义就是以"皇帝至上""封建世袭"为原则辩护现存政权合法性的工具;故而"神灵一经确定,则为不可侵犯之象征。如果再有人反对这个神圣,不管反对的有无理由,都一律被指为盗、为贼、为匪、为叛为逆";实则"神圣与盗贼,相去无几。"③ 又如在评价历史剧的改良问题时,他说京剧中的很多题材都是表彰封建主义精神,以至于把汉奸、刽子手视为英雄。比如黄天霸本是一个投降满清、捕杀爱国同志的"叛徒""汉奸",却在剧中被塑造为一个典型的英雄。这都是对历史事实认识不清、时代观念过于模糊所致。④ 这明显地体现了翦伯赞的人民本位思想。再如《东晋初黄河南北的坞屯垒壁》认为,东晋时期的沦陷区,到处都是"人民军的坞屯垒壁,因而匈奴人在中国所遇到敌人,不是中国的官军,而是中国的人民军"。偏安江左的东晋政府对流人非但不帮助,反而加以压迫,终致王朝覆灭,究其责任,东晋的衮衮诸公实为罪魁。⑤

---

① 郭沫若:《十批判书》,上海,群益出版社,1947 年,第 83~84 页。
② 翦伯赞:《中国史论集》(第二辑),第 291 页。
③ 翦伯赞:《论"正"与"伪"》,《生存》1946 年第 1 卷第 1 期。
④ 翦伯赞:《关于平剧改良的外行意见》,《新闻报》1946 年 10 月 21 日。
⑤ 翦伯赞:《东晋初黄河南北的坞屯垒壁》,《大学(成都)》1947 年第 6 卷第 1 期。

在史料的择取上，翦伯赞也从人民本位出发，认为史部以外群书史料的可靠性，高于史部诸史，正史的可靠性不如杂史。"历代史官，大抵变乱是非，曲笔阿时。见皇帝则曰神圣，见反对皇帝者则曰盗贼，简直变成了统治阶级的纪功录。像这样专捧统治阶级而以人民为敌的历史，当然不可信。"①翦氏认为，二十四史乃史料集成，其不可靠的原因有：循环论的观点、正统主义的立场、大汉族主义的传统、主观主义的思想、政治的限制导致忌讳多端。故而，正史不如正史以外的诸史，正史以外的诸史又不如史部以外之群书。这种对官方史学价值的过分贬低，亦有失偏颇之嫌。

同时，翦伯赞在论述宋、明史事时使用人民义勇军、义军等表述，所指多相近又宽泛，包括李自成等起义军，也涵括地方士绅领导的地方武装等。同时，他抨击那种"见帝王，则曰神圣；见革命的豪杰，则曰盗贼"的封建正统史观。比如，他讲南明时期江南一带的人民义勇军，"由于战术与战略上的幼稚，以致都先后为满清所消灭，但他们英勇赴敌，百折不回，鞠躬致命，死而后已的精神，实足以照耀千古"。②他在《南宋初年黄河南北的义军考》中，又论述了南宋初年太行山、五马山等地义军前赴后继、接踵而起的抗金故事，进而论及山西、河北一带红巾的崛起，认为他们虽然没有组织与计划，不为朝廷所重视，还被南宋政权诬为盗贼，却是"不顾生死以捍御民族国家的忠义之士，都是今日中国民族儿女最好的模范"。③这种将义军褒奖为民族英雄而将马士英之流视为汉奸的"二元对立"的历史观，特别能够获得民众的共鸣，激发阅读热情。当然，这一"英雄—汉奸"式的历史表述方式，在无意中遮蔽了历史的复杂面相。

（二）反对模拟古典，喜用比喻的手法，追求语言的灵动与通俗

使用当世的语言，而不故作高深，可以说是马派史家的一个重要特色。以翦伯赞而言，他崇《史记》而抑《汉书》，论司马迁则说："决不故为深奥，作出一些让他同时代的人看不懂的文章，以显出自己的高深典雅；反之，他引用古文，多改为汉代的当时所通用的言语"，④认为司马迁的优长，不仅是笔调上活泼多样，不故作高深和刻意模仿古人；更是善于组织史料，能够抓住每个人物的特点和神韵，使其跃然纸上，萧疏欲动。

在具体的史学撰述中，翦伯赞也力图践行通俗。比如，他在《中国史纲》

---

① 翦伯赞：《史料与史学》，上海，国际文化服务社，1946年，第4页。
② 翦伯赞：《论南明第二个政府的斗争》，《中苏文化》1941年第8卷第1期。
③ 翦伯赞：《南宋初年黄河南北的义军考》，《中苏文化》1941年第8卷第5期。
④ 翦伯赞：《论司马迁的历史学》，《中山文化季刊》1945年第2卷第1期。

(第一卷)的序言中说:"为了给读者以具体的概念,这本书对于各时代的古器物,均附有图片。为了给读者以空间的概念,这本书对于各时代的历史活动范围,都附地图。为了给读者以时间的概念,这本书对于各时代的历史发展,都附有大事年表。而这些插图、地图及年表之绘制,就占了本书写作时间的三分之一。因此,这本书,我虽不敢说它已经把殷周及其以前的古史从神话的霉锈中洗刷出来,但至少它已使这一段古史显出了他本来的面目。一言以蔽之,从神的历史还原为人的历史。"①同时,翦氏还喜欢用辩证法的排比和浅近的比拟,以短句取胜。以《正在展开中之史学的反动倾向》中的部分段落为例:

> 史学的复古运动者,也就企图以腐朽的古典学派作武器,进攻科学历史学派的城堡。
> ……
> 假如把史学方法比作镜子,则乾嘉学派的方法是铜镜,逻辑学的方法是玻璃镜,而科学史观则是 X 光线。至于乾嘉学派的末流之末流,他们手中所有的,则不过是他们祖传下来的一面生了锈的铜镜而已。
> ……
> (古典学派)只是抓剔糟粕,吹求阙失,企图剿袭陈说,翻为新论,钩稽幽隐,用眩流俗。而其所钩稽与所吹求,又皆支离断烂,无关弘旨,僵死干枯,绝无生气,正如一大旧货摊,破铜烂铁,无所不有,而一无可用。
> ……
> 史料的整理与鉴别,是研究历史最基本的工作,但史料不就是历史,正犹砖瓦不就是房屋,秫黍不就是酒。然而今日之古典派,却指史料为史学,是直指砖瓦以为房屋,指秫黍以为酒,其为错误,尽人皆知。②

修饰性、技巧性的表达,再加以文学性的巧妙修辞,文章文采斐然。这里,将史学以镜子做比喻,将史料与历史的关系比作砖瓦之于房屋、秫黍之于酒,把马派的史学方法比作 X 光线。同时以短句排比铺陈开来,语言的通俗性和煽动性大为增强。这种语言风格比侯外庐、范文澜等人显得更为活泼、灵动,而又有强大的情感驱动力。

---

① 翦伯赞:《中国史纲》(第一卷),重庆,五十年代出版社,1944年,第6页。
② 翦伯赞:《正在展开中之史学的反动倾向》,《文萃》1947年第2卷第15~16期。

翦伯赞在论及中国历史研究的方法论时,认为历史的发展是"社会的客观条件与人类的主观斗争之辨证的统一",应当注意内外矛盾之转化,考察意识诸形态之发展;且比喻道"我们要小心,不要被他们迷住,否则看风筝的人,就会跟着风筝飞上天呵!"①他认为,要在复杂的史实背后,看清其特殊性与一般性背后的历史发展规律,才能避免犯观念论、机械论的错误;而过于强调特殊性或者一般性,则是神经衰弱的历史家感官上的幻觉。

概而言之,在历史写作上,翦伯赞多着眼于流变与动乱、王朝鼎革、英雄与奸佞、族群融合与分裂、流寇爱国等话题。有时候他也喜欢通过述说自我的小故事,以充沛的情感彰显力,以小见大,折射出历史与现实的关联与互动。比如,《我的氏姓我的故乡》主要讲家族的故事,并通过家谱及自身见闻而见时代之变迁、民族之融合与流徙。翦氏的原祖乃是回族人,自哈勒之东而徙中土,其中一支又转徙湖南,演变为汉人。又如《常德桃源沦陷记》讲桃源县城从和平走向战争的历史,可算是自身体悟的地方史撰述的经典。②作者以文学的手法,记述了这座城市在战争之下沦为废墟的过程。这种以文学的笔触来述说历史变迁的写法,容易给读者以强大的代入感和共情力。

再以郭沫若的《十批判书》为例言之。有些学人用阶级论来梳理历史的变化,容易牵强与呆板。而郭沫若却没有这种缺点,他能把中国历史中的一些古语与文化韵味,较为契合地融入唯物史观的表述之中,这是其较同时代马派学人的优胜之处。比如,他在论述庄子时说:"大凡一种思想,一失掉了它有反抗性而转形为御用品的时候,都是要起这样的质变的。在这样的时候,原有的思想愈是超然,堕落的情形便显得愈见彻底。高尚其志的一些假哲学家,其实倒不如卢生、侯生之流率性成为骗子的,倒反而本色些了。"③郭氏认为庄子的门生也会坠入流俗之途。这种既富有哲思又能启蒙人的言说方式,让人不得不会意于当下社会问题,与当时有着许多暗合之处,确实能打动读者之心。

郭沫若谈人物,论其行为与思想,与学院派严守学术话语的规整表述多有不同。他以比喻、譬喻、类比等手法,将古人行为置于现代语境之下,让人虽未见古人,而能感其言、睹其行。《十批判书》中精妙的文辞、巧妙的排比,以及犀利而又有些诙谐的表达,让人读来忍俊不禁。比如,他论述荀子思想的驳杂,"他的寿命长,阅历多,涉猎广,著述富,是使其驳杂的一些因素。书非成于一时,文非作于一地,适应环境与时代自然不免有所参差。但他并不

---

① 翦伯赞:《略论中国史研究》,《学习生活》1943年第4卷第5期。
② 翦伯赞:《中国史论集》(第二辑),第350~375页。
③ 郭沫若:《十批判书》,第184页。

纯其为儒,而是吸收了百家的精华,确是无可否认的事实";"文庙里面的冷猪头肉才没有荀子的份,这怕就是那些言'术'的窜杂成分误了他吧。那些'术'本来是后代的官僚社会的渡世梯航,尽管人人都在遵守,然而却是不好见天日的东西,于面子问题大有关碍。就这样,荀子便只能做狗肉,而不能做羊头了。"①以冷猪肉、羊头狗肉来比拟荀子学说及其在后世的遭遇,让人心有神会,不禁捧腹。

同时,郭沫若将文学化的表述手法融入史学表述之中,这就呈现出让人惊异与赞叹的效果。比如,他在批判韩非时说:"他是那样的不厌烦,不屈挠,不急躁的条分缕析,分而又分,'可亡也','可亡也',像海里的波浪一样,一波接着一波,一浪叠一浪,不息气的卷地而来,轰隆一声打上崖岸,成为粉碎,又回卷而逝。"②以文学的手法来写思想史,文史交融、相得益彰,这是正统学院派所难以达到的写作方法。

马派史家在叙事过程中,为了便于民众的理解,喜欢采用多重的比喻方式来表达自身所要达到的效果。翦伯赞在论及史学方法与史实的关系时说:"正犹如解剖刀之于尸体,他只是一种工具而已。假若知道了历史方法,而不用以剖析具体的历史,即无异一个医生,有了解剖刀不进行尸体的解剖一样,结果历史方法就变成了无用的废物。"③翦氏认为方法本身并不是历史,也不会自动变成历史。

以侯外庐而言,他的文章虽然有时被视为艰涩难懂,但也能使用文学化语言来表达战争对旧秩序的瓦解以及新秩序的塑造。他在《新的时代与新的文艺》中说道:

> 战斗代替了妥协,抗战吞括着默忍;炮火洗刷了装饰,破坏撞击着静恬。
>
> 从前的奴役历史,披架上协调,默忍,装饰,静恬的外衣,把旧时代的旧生活,束缚成了"剧场"式的偶像,复由维护旧的真实的人们,把偶像升华,或神化成了永恒的典型,通过了旧的意识范畴,指导旧的社会生活。在这里,最出色的人文主义者,呐喊似的,亦曾抗议了暴力;最常见的怀疑主义者,讽刺似的,亦曾企图描画着暴力的"现形";最善于想像的理想主义者,乌托邦似的,亦曾憧悻幻觉中的远景;最厌恶旧真实而畏怕新真实的悲观自然主义者,幻灭似的,亦曾

---

① 郭沫若:《十批判书》,第218页。
② 同上书,第305页。
③ 翦伯赞:《怎样研究中国史?》,《文化通讯(上海)》1948年第6~7期。

呻吟着生人的毁灭(或以性的放纵形式装潢出消极的抗议)。然而，暴力的魔手，是在本质上维持着旧的真实，不，丝毫不允许紊乱了旧的真实的制序。①

侯外庐以文学化、煽情式的表达手法暗示到，这是一个要求解放与进步、推翻奴役与压迫的时代，战争是对旧秩序的一种打破，在时代大变局中，知识分子应当有所作为。

(三)博通与专精、客观与致用的微妙平衡与矛盾

政治立场不同、学术趋向各异的马派史学家们，在史学撰述中对博通与专精、客观与致用可谓是各有侧重，能融于一炉且兼顾各方、保持微妙平衡的史家似乎并不多见。在战争时期，救亡压倒一切，史家们治学背后，或隐或显透露出的民族情感与时代关怀，可以说是其共同之处。民众偏好博通、致用、浅近的史学作品，而学术界则以专精与客观的评判为尚。于是，在对抗战时期马克思主义史学家的评价上，因立论点的不同，而出现了不同的声音。

其一，在唯物史观的指导下，写出史料与方法兼顾、专业与通俗并称的作品，成为战时马派史家所普遍追求的目标。但是，作为史家理想追求的通史撰写，要达到融会贯通，实现博通与专精之间的微妙平衡，又绝非易事。有时在史实与现实的折射和互动中，不免会主观剪裁史实、过度阐释，出现强史料以就我的缺憾，这也被视为马派学人的一个通病。马派史家当时的作品即带有非学术因素的时代痕迹，有人甚至称马克思主义史家为"宣传派"。

其二，马派史家的一个突出特色，即是以纵贯古今的撰述，来表达其自身主张，进而达到影响乃至改变社会的目的。马派史家的撰述目的，不仅是要影射现实，更是要通过历史来动员民众，改造社会。故而，他们的书写方式和叙事手法，特别注重民众的易读性和接受性。因此，在历史的撰写上，马派史家特别注重赋予历史行动者以思想性，让逝者拥有复活的生命感，赋予其某种当前的存在感。诚如法国历史学家阿隆所言："历史，便可以备设想为生者叙述的死者的历史——只有生者去做诠释，去理解死者并重新使死者具有生命，那些死者才会具有意义。"②

---

① 侯外庐:《新的时代与新的文艺》,《中苏文化》1940年第6卷第5期。
② 〔法〕雷蒙·阿隆:《历史讲演录》,张琳敏译,上海,上海译文出版社,2016年,第168页。

二、对社会现实的影射

马派史家经常通过对社会变乱与易代之际的历史研究,来影射当时的社会现实。这种借古讽今、古为今用的史学撰述方式的产生,与当时国共党争、抗战形势的走向有着密切的关联。从积极方面上来讲,这达到了传统史学以史鉴今、讽寓当下、激励抗战的效果;从消极方面而言,这也将史学衍变成党派斗争的宣传工具,成为"影射史学"的滥觞。

从时间上来看,纵观1937~1949年,马派史家在史学撰述上的影射色彩,呈现出近似"U"字形的走向。这一论述背后是随国共政争及时局的变化而出现的论调上的调整。从时间上而言,"皖南事变"是一个重要的分水岭。1937~1941年,马派史家对国民党多是规劝、讽寓之论,希望借其能一致对外、实现全民抗战;1942~1945年是马派史家学术性增长而影射性消退的时期;1946年以后,随着国共之争的加剧,马派学人逐渐转向了对国民党政权的抨击,且语调越来越激烈,火药味越来越浓。马派史家作品的影射方式也就由暗讽、隐喻转为了明喻、直喻,走向了另外一个阶段。

具体而言,抗战军兴之后,翦伯赞撰写政论性文章的热情一度压倒了史学撰述。"皖南事变"之后,国统区的政治高压迫使他转向史学,开始以王朝鼎革之际的历史暗讽当下。

(一)以王朝鼎革之际的史实讽喻国民党

其一,对历史上统治者的对内对外政策有所取向。翦伯赞从辩证法的角度论述了辽沈沦陷以后的明史,即历史规律决定了明代的覆亡和今日抗战胜利的可能性。他认为辽沈的陷落并非袁应泰的"招降政策"使然,而是明代政府的"弃地政策"所致。翦氏认为明亡的原因在于,"宦官专政,植党营私,政治贪污,国防废弛,既不能集中人才,共赴国难;复不能澄清社会,消弭内乱"。① 他还认为,明末对外弃地、议和的妥协投降,对内诛杀忠臣良将的昏庸,贪腐专制的阉党政治,②以及在这一背景下形成的"攘外必先安内"政策,都是明亡的主因。其二,借明代御倭战争之史实,来规劝国民党能够捐弃前嫌、改弦更张、一致对外抗日。翦氏认为明代软弱的国策,是倭寇横

---

① 翦伯赞:《辽沈沦陷以后的明史:纪念"九一八"九周年》,《中苏文化》1940年第7卷第3期。
② 翦伯赞认为,认为阉宦之祸,乃是明代日渐腐败,走向灭亡的原因之一,他说"人民也以为阉党与士大夫对立,国内党派纷争,不能团结一致,抵御满兵,实是亡国灭种的征象。然而,各人立在各人的利益上,终不能形成统一的意识,此明代所以终于覆亡也"。参见翦伯赞《论明代阉宦及阉党政治(读史笔记之七)》,《读书丛刊》1941年第2卷第7期。

行的原因。而这是朝廷奸佞党权、商人汉奸行为、官兵不睦、将帅不和、人民与政府不合等所致。翦氏言"假使明代政府,能铲除奸佞,肃清敌探,减轻苛税,抚绥人民,赏有功而罚贪污,则倭寇之患,或不致如此之久且炽也。惜哉!而竟未及此,徒使后之读史者,为之太息";"当明代倭寇子孙,又正在中国重演出明代之一幕",这种历史的遗痛、遗恨值得今人深省。故而,取明代抗倭战争之优长,而规避其弱点,对今日抗战意义重大。① 其三,借两宋时期的汉奸与傀儡组织,来讨伐汪伪政权的卖国投敌行径。翦氏讲到秦桧对内摧毁抗敌救亡战线,对外做敌人之内应,"在几百年以后的今日,我们读史至此,尤不禁为之发指。不幸,今日又出现了汪精卫之流,其出卖民族出卖国家,如出一辙,这真是无独有偶之民族败类!"继而认为"今日的中国政府,是具有抵抗外族侵略决心的革命政府,这与宋代官僚的腐败政府,在本质上又是不同的";"在今日蒋委员长领导之下,深信不但两宋的悲剧不会重演,而且两宋的惨痛历史,将成为我们今日争取民族解放彻底胜利的启示!"② 这实为以史实来警戒国民党政权能够对内肃清汉奸、卖国贼以及妥协动摇的投降分子,从而坚定民族团结、一致对外的信念。其四,"皖南事变"之后,翦伯赞以由明末政权内部、起义军内部矛盾所导致的外族入侵的史实,来寓意民族统一战线的重要性。他认为史可法与李自成同为明末抵抗外族侵略斗争的英雄,但两个集团却相互敌视和对立,南明政权的覆亡是由于"他没有克服社会内在的矛盾,因而给敌人以各个击破的机会";"在大敌当前,而统治阶级不能集中力量,乃至形成两个互相对立的政府,这已经是一种失败的现象"。③

马派史家借王朝兴衰的史实,附以通俗的阐释、说明,来讽喻国民党集权专制、腐败无能。当时,他们多聚焦于历史腐败奢侈、宦官外戚等问题。以翦伯赞而言,他以春秋笔法讽刺国民党消极抗日、积极剿共,控制社会舆论,军队逃跑主义、军内腐败、克扣军粮,"要做皇帝,不在于鼎之有无,而在于德之有无;无德之人,即是有鼎,亦将失之",其实是影射当时的献鼎风波。同时,他又言"统治阶级奢侈者必有难"等问题。但是,作者有时候为了讥讽当下,而对史实的诠释有所偏离。比如,对蒍贾不庆贺子文之事,《春秋》记述重心在于蒍贾批评子文用人错误而使国家败亡;而翦伯赞对此评曰:"我之所以不贺你,因为您们的整军,是对内的,你们对内打胜仗,对外打败仗,这有甚么可贺?"④这一解释也就显得偏颇了。

---

① 翦伯赞:《论明代倭寇及御倭战争》,《中苏文化》1940年第6卷第6期。
② 翦伯赞:《两宋时代汉奸及傀儡组织史论(续完)》,《抗战周刊》1940年第41期。
③ 翦伯赞:《论辛亥革命与中国历史之新的转向》,《中苏文化》1941年第9卷第2~3期。
④ 翦伯赞:《春秋之义》,《中华论坛》1945年第4期。

（二）预示旧时代的终结与新的时代的降临

抗战结束后，学生风潮和民主人士的抗争风起云涌，马派史家讽喻的方式开始由隐喻转为明喻，攻击色彩更为明显。特以作品发表的时间为序，举例如端：

1945年，翦伯赞发表《两汉的尚书台与宫廷政治》，以两汉宫廷政治的组织走向为例，认为皇权过于集中于宫廷内闱，会导致大权旁落，"外戚宦官，迭起窃政，皇帝竟变成了他的亲戚和奴才用以升官发财的傀儡"，①终至王朝崩塌，从而阐释了权力的过分集中乃是亡国之象的道理。1946年他又撰写了《论东汉末的党锢之祸：中国士大夫所领导的第一次政治抗争》，借东汉末的党锢之祸，来论述"外戚宦官走进朝堂，士大夫就必然退回田里"的历史定律问题；且说历史上的士大夫是民主与和平的中坚，而宦官是政治改良的阻碍，"士大夫政治抗争的失败，就是农民大暴动的信号"。② 这预示着国共和谈失败之后，必然是人民武装革命的洪流。同年发表的《论陈涉吴广的起义》，借陈胜吴广起义的史实，说革命"不要因为有了贵族、豪杰、贤人、缙绅，就忘了农民，不要不相信自己的干部"；"要推翻专制皇帝，独裁政治，唯一的办法，就是拿起武器，起来革命"。③ 其影射意味更为明显了。翦伯赞有时候还借助虚构的历史故事，来影射国民党苛捐徭役的繁重。他借"孟姜女哭长城"在不同时期的演变，感叹今日也有成千上万的"万喜良"死于徭役和战伤，造成"活的出去，死的也不得回来"④这一家庭悲剧。1947年《陈东与靖康元年的大学生伏阙》一文，以北宋靖康元年大学生伏阙的事迹阐述太学生在紧急年代挺身而出、发起请愿运动，是对政府投降政策的严厉批判，而领袖陈东也是中国知识青年学习的人物。⑤ 对于国民党视学生风潮为共产党唆使的指控，翦伯赞说的更为直白："执政者最要紧的，是要有健康的头脑，不要和神经衰弱者一样，遇事疑神疑鬼。近来，政府对于每一件风潮，都不针对风潮的原因，去澄清风潮，而用一句话推得干干净净：'共产党煽动'。对学潮也是如此。是的，在学生之中，也许有被共产党煽动的，但为什么一煽就动？政府应该追求这个原因。然而，一直到现在，我们没有看到政府有追求原因的表现。"⑥之后他发表了《论西晋的豪门政治》，言"豪门政治，似

---

① 翦伯赞：《两汉的尚书台与宫廷政治》，《中华论坛》1945年第5～6期合卷。
② 翦伯赞：《论东汉末的党锢之祸：中国士大夫所领导的第一次政治抗争》，《理论与现实（重庆）》1946年第3卷第2期。
③ 翦伯赞：《论陈涉吴广的起义》，《中国学术》1946年创刊号卷。
④ 翦伯赞：《"孟姜"与"孟姜女"主题的意义》，《新闻报》1946年12月30日。
⑤ 翦伯赞：《陈东与靖康元年的大学生伏阙》，《大学（成都）》1947年第6卷第2期。
⑥ 翦伯赞：《为学生辩诬》，《人世间》1947年第4期。

乎和内战是分不开的,特别是西晋的豪族,他们几乎是在内战中诞生,在内战中成长,又在内战中灭亡";认为他们自身奢侈相尚、贪污横行,却刀锋向内勾引外族搞内战,最终招致了五胡乱华之悲剧。文末感叹曰:如此的政权,安得而不亡。其意喻所指甚为明显,乃是当时被陈伯达所指陈的"四大家族"①。

(三)重新评判历史上的忠奸贤愚问题

翦伯赞借"桃源逸史氏跋永历实录之文",论曰:"永历之际,孤臣孽子,不出于世禄之家,儒者之林,而出于盗贼流寇与草野下士也";进而质问道:"果谁为顺而谁为逆,谁为忠而谁为奸,又谁为孤臣孽子而谁为盗贼流寇也?"②从人民的立场对"忠奸"问题进行重新评判,认为明末的流寇盗贼和草野下士才是社会的中坚,其则是暗指被国民党所诋毁的"共匪"实为中国民众所依托重心所在。

众所周知,史学关注当下的前提必须建立在求真求实的基础之上,史家对当下的指涉,应当小心推论,以免厚诬先贤。时至内战时期,马派史家们利用史学对国民党进行了严厉批判;随着政争的加剧,这种以古喻今、古今对照的实用主义手法,也不免出现过分比附的现象,出现了强史实以就我的谬误。

第五节 马克思主义史家群体的转向与论争

一、马克思主义史家群体转向的背景

20世纪20、30年代,史观派与史料派曾一度势如水火。唯物史观派在社会史大论战中不免存在机械主义、公式主义的毛病,易于将唯物史观的公式,套用于中国古代史实之中。后来,他们开始慢慢转向于用唯物史观所揭示的一般规律来阐释中国历史。抗战军兴后,马派史家汇聚于重庆、成都、昆明、延安等地,其力量的迅速崛起与如下因素有莫大关联。

(一)马克思主义中国化、学术中国化潮流的促动

抗战时期的学术中国化运动,是马派史家撰述转向的一个重要原因。

---

① 翦伯赞:《论西晋的豪门政治》,《大学(成都)》1947年第6卷第5期。
② 翦伯赞:《南明史上的永历时代》,《中华论坛》1945年第10~11期。

抗战救亡的现实和学术的内在发展理路,要求史学必须回应这个动乱的时代变局,回应民众的诉求。20世纪40年代前后,知识界开始参与政治,在整体左倾和激进的背景下,马派史家应运而起,以作品中的战斗性、革命性色彩受到民众的欢迎。翦伯赞即向当时的文化人呼吁,作品应从少数精英的消遣品和装饰品,转而成为"指导实践生活的现实的战斗工具",具备实践性色彩[1]。这就促使史家发挥以史为鉴的传统号召力,以通俗手法来撰写中国历史。

从外在政治环境来看,毛泽东于1938年在中共六届六中全会上提出了"马克思主义中国化"的号召。他在《改造我们的学习》中,专门谈到了历史研究中的"中国化"问题,"不论是近百年的和古代的中国史,在许多党员的心目中还是漆黑一团。许多马克思列宁主义的学者也是言必称希腊,对于自己的祖宗,则对不住,忘记了。认真地研究现状的空气是不浓厚的,认真地研究历史的空气也是不浓厚的。"[2]这一论断对马派史家的撰述有着强烈影响。他们不再一味地以照搬苏联的学术讨论为满足,开始关注中国历史的特殊性。

郭沫若在关于"民族形式"的讨论中认为,"在中国目前,固须充分吸收外来的营养,但必须经过自己的良好的消化,使它化为自己的血、肉、生命,而从新创造出一种新的事物来"[3]。他认为学术不是政治的奴婢,而是政治的主人,期望学者们以科学的精神来领导政治[4]。金灿然响应说:"今后研究中国历史的方向何在呢?那便在于历史唯物论的中国化,也就是说,运用历史唯物论的基本原则来分析、研究中国固有的历史材料,把历史学带到真正的科学道路上。"[5]在倡导"为中国老百姓所喜闻乐见的中国作风与中国气派"学术风气的影响下,1941年前后,郭沫若、翦伯赞、侯外庐等人的撰述纷纷转向以中国史研究为重心。以郭沫若而言,抗战初始之后,他更多地关注于文学、诗作与抗战宣传,1941之后的撰述便更多地转向史学。

(二)"皖南事变"的影响

当然,抗战时期及以后,马派史家的政治身份(或政治倾向)与学术创作的关系,一直为国民党所忌惮。"皖南事变"后,国统区厉行对左翼文化人的

---

[1] 翦伯赞:《抗战中的文化和文化人》,《前进》1937年第1卷第12期。
[2] 《毛泽东选集》(第3卷),北京,人民出版社,1991年,第797页。
[3] 郭沫若:《"民族形式"商兑》,《春秋》1940年第1卷第3~4期。
[4] 郭沫若:《学术工作展望(代发刊词)》,《中国学术》1946年创刊号。
[5] 金灿然:《中国历史学的简单回顾与展望》,《解放日报》1941年11月20~22日。

白色恐怖。很多马派史家为避免政治迫害,被迫离开大城市,搬入乡村郊野的僻静之地。他们的作品减少了对政治的过分关注,撰述风格也一改原有的革命性味道,转向较为纯粹而精深的史学研究。这种转向体现在作品数量增加、研究方法融通与超越、史学作品质量与纯粹性提升等诸多方面。当然,作品的写作与刊登出版所产生的社会影响力,并非是同步性,而有着一定的滞后性。这一转向是被迫而非主动为之,从郭沫若、翦伯赞与友人的书信中可明显获知。一旦政治空气发生变化,马派史家作品中的政治性便很快会压倒学术的纯粹性。1943年,特务组织中统负责人徐恩曾,在"向蒋介石呈报调查苏联向我文化界活动情形"中说:

> 收买左倾文化人方面,被收买之左倾文化人,如张申府、邓初民、侯外庐、刘亚子、王昆仑、郭沫若、夏衍、沈钧儒、陶行知、翦伯赞等,其收买方式不一。最近中共文化人发起为苏联写出中国丛书,凡较知名文人大都被邀请写作。此类文人无形中为其收买或利用。最近在各杂志报章所发表之中国艺术、中国文学、中国哲学、中国教育、中国经济、中国语言、中国历史、中国地理……等等,皆为此类丛书之一部分。至苏联及中共两方主持收买文化人之人物,苏联大使馆秘书费多洛夫及苏联对外文化事业委员会驻中国代表米拉舍尔夫斯基二人主其事。中共以驻渝代表周恩来及新华日报职员戈宝权负责。[①]

故而,马派史家被某些政治倾向有别的人视为接受苏联支持,似乎也是在情理之中的事情了。1947年国共内战之后,中共开始将部分马派学人疏散至解放区、香港等安全区域。

(三)学术发展的内在驱动力

除上述国民党对左派学人的政治迫害外,长期的战争压力也促使学者们转向史学研究。1940年以后,抗战进入相持阶段,学术界弥漫着一种沉闷的气氛,学术研究也受到重重阻碍。胡绳追忆道:

> 实际的形势使人更加看出抗战的胜利和中国问题的解决绝不是短期间可以奏效的事,也就逼得人不能不从更深远处来研究中国的历史

[①] 台湾"国史馆"档案:《徐恩曾向蒋介石呈报调查苏联向我文化界活动情形》,1943年7月6日,全宗名称:蒋中正"总统"文物,数位典藏号:002-060100-00178-006。

和实际,由这里来追寻解决中国问题的线索。所以就形成了这一时期中国历史研究风气的旺盛。拿抗战时期各方面的学术研究成绩来看,恐怕也不能否认,中国史的研究是比较最有成绩的一方面。

……

所以有人认为,这几年间的历史研究著作较多是由于逃避现实的结果,或只是为了避免检查,以古论今。这种看法是并不合乎事实的。固然的确由于文化迫害的结果,对于中国当前实际问题的研究比较不如历史研究那样发达,但研究历史的目的仍是为了由过去而灼见现在和将来,不能谓逃避现实。但同时,历史研究的意义也绝不只是讽喻式地以古论今。人们是在认真地从历史研究中发现规律,由这些规律而使人对于现实的某一方面得到启示。①

这段话道出了战时史学转向的内在驱动力问题。通过对历史发展规律的追寻,以获得针对抗战苦闷现实的某些启示,也是当时马派史学家自觉转向中国史研究的原因之一。

二、转向:方法的合流与政治的隔阂

抗日民族统一战线建立后,史观派与史料派的对抗色彩有所减弱,出现了融合的迹象。唯物史观派中出现了向公认史学准则靠拢的动向。其实,这一合流的倾向并非是单向靠拢的行为,而是史观派和史料派似乎不约而同地认识到了自身在回应时代命题时所面临的局限性,而不得不选择自我调试和合流。顾颉刚对这一点看得颇为清楚,他在1940年《史学季刊》的发刊词中说:

作考据者常诋史观为浮夸,谈史观者亦讥考据为琐碎。近岁以来,辩争弥烈。然历史哲学家每以急于寻得结论,不耐细心稽察,随手掇拾,成其体系,所言虽极绚华,而一旦依据之材料忽被历史科学家所推到,则其全部理论亦遂如空中蜃阁,沙上之重楼,幻灭于倏忽之间,不将叹徒劳乎!故凡不由历史科学入手之历史哲学,皆无基础者也。……知无史观之考据,极其弊不过虚耗个人精力。而无考据之史观则直陷于痴人说梦,其效惟有哗惑众愚而已。②

---

① 胡绳:《近五年间中国历史研究的成绩》,《新文化》1946年第2卷第5期。
② 顾颉刚:《发刊词》,《史学季刊》1940年第1卷第1期。

顾氏对史料与史观的优劣,可谓洞若观火。他认为,现在史料派与史观派截然分为两途的现状,不利于史学之发展,故而各举其弊而谋求两者的交融与整合。当然,顾颉刚仍然侧重于从史料入手的做法,认为在此基础之上方有良好史观形成。

其实,马派史家也逐渐意识到了这一点,而且在此后作品的撰写中开始践行史料与史观的有效统一。诚如胡绳所说,"学术工作在表面上比较潜默的状态下已通过了一次深刻的反省过程。对于过去的学术工作的成绩回头做了自我的批判,看出了教条主义的毒害,看出了主观主义的作祟。这一步反省过程应该是学术工作再出发的起点";因为"空洞的概念和教条无助于解决问题,必须从中国的历史和现实的具体条件下,才能解决。"[①] 战时提出的学术中国化、大众化的口号,对马派学人来说是一个直接的刺激,纯粹的理论性探讨似乎已经变得不合时宜。

以史学方法的融通而言,马派史家不再视史料与史观为对立隔阂的两面,而愿意折中其间,寻求融合。1943年,翦伯赞在《略论中国史研究》中以和缓的语调阐述了当时马派史家对中国史研究的方法与态度。他说,实验主义者虽然使用的是乾嘉学派的旧途辙,这种看似琐碎的、疏通辨证、训释辑补的老方法,却是研究历史的必要的前期工作。文章认为新的历史学家应该"带着他们已经知道了的方法论,走进中国历史资料的宝库,去用历史资料来考验方法论";应当注重历史一般性与特殊性之辩证、各民族种族间的交流与融合、中国史与世界史之关联、内外矛盾之转化等诸形态的问题。[②] 文章的火药味变淡,而学术味道变浓,力求在方法论上能够客观的吸取各家的优长,达到某种折中融合之效。

郭沫若在《青铜时代》的"后续"中也表达了类似的态度:

> 我是以一个史学家的立场来阐明各家学说的真相。我并不是以一个宣教师的态度企图传播任何教条。在现代要恢复古代的东西,无论所恢复的是哪一家,事实上都是时代错误。
>
> ……
>
> 我确实的感觉着,民主的待遇对于古人也应该给与。我们要还他个本来面目,一切凸面镜凹面镜乱反射镜的投影都是歪曲。我们并不要因为有一种歪曲流行,而要以另一种歪曲还它。如矫枉而过正,依然

---

① 胡绳:《学术工作的方向》,《读书与出版》1946年复刊第5期。
② 翦伯赞:《略论中国史研究》,《学习生活》1943年第4卷第5期。

还是歪曲，答复歪曲的反映，只有平正一途。

我自己也不敢夸说，我已经是走上了这一步，但我是努力向着这个目标走的。我尽可能搜集了资料，先求时代与社会的一般阐发，于此寻出某种学说所发生的社会基础，学说与学说彼此间的关系和影响，学说对于社会进展的相应之或顺或逆。

……

有的朋友认为干这种工作有点迂阔而不切实用，自己也有些这样的感觉，特别在目前的大时代，而我竟有这样的闲工夫来写这些问题，不免是对于自己的一个讽刺。但有什么妙法呢？迂阔的事情没多人肯干，像我这样迂阔的人也没有别的事情可干。①

抗战后期，政治环境日渐严苛，郭沫若也转向了"迂阔"的史学研究一途，以考证为手段、以唯物史观为准绳来清算中国古代思想，将马克思主义唯物辩证法融入中国化的史学研究中。

当然，马派史家也认识到，这种理论一旦落实到史学作品撰写的实践中，并不能顺利地沿着完美路径完成，而是有着很多的冲突与矛盾。抗战结束后，马派史家更为注重史料与方法的融合，甚而有更为强调史料重要性的倾向，认为史料才是史学走向科学的阶梯。翦伯赞即言："我强调史料对历史研究的重要性，并不是说方法不重要；反之，没有正确的方法，不但不能进行历史之科学的研究，即从事于史之搜集与整理，亦不可能"；②也就是说"用科学方法，进行史料之搜集，整理与批判；又用史料，进行对科学方法之衡量与考验。使方法具体化于史料之内，史料溶解于方法之中。"③当然，马派史家并不局限于史料与方法的融通，而是希望借助唯物辩证法，在分析、综合、类比史料的基础上有所超越，从史料中寻得历史的原理和规律。

另外，在战前早已聚讼纷纭的中国史分期问题，在抗战军兴后并未结束讨论，马派史家仍活跃地争论着。但是，这样的论争已经超越机械方法论之间的隔空对垒，而开始转向以史料来论证自身观点的正确性。翦伯赞在评论邓初民《中国社会史教程》和吴泽《中国社会简史》两部作品时就说："我们各人都要用可靠的史料来证明自己的论点，而不要用空话去原则地高调阶段性。因为研究历史，不是用既定的一般理论去套具体的历史，而是从具体的历史中去发现他的阶段。"④

---

① 郭沫若：《青铜时代》，第295~300页。
② 翦伯赞：《史料的搜集与辨伪》，《青年学习（重庆）》1946年第1卷第5期。
③ 翦伯赞：《略论搜集史料的方法》，《中华论坛》1946年第2卷第3期。
④ 翦伯赞：《读两种通俗著作后：略论中国史的分期》，《联合周报》1944年第3期。

时间推至1949年,当记者问身在香港的翦伯赞研究历史以何种方法最为妥当时,他回答道:"任何历史原理原则都是从历史事实中抽象出来的,只有从历史中抽象出来的理论才是正确的理论,研究历史的人,要懂得科学方法,同时也要掌握丰富的历史资料,而并不空谈理论,是要从那里去找资料运用资料,即如何把死的资料变成活的历史。"①从社会史大论战中的偏重理论到理论方法与史料并重,是马派史家的一个重要转向。同时也要承认,这种转向是一个漫长和迟滞的过程。马派史家从侧重方法转向追求史观与史料的融通,而学院派则开始了方法与理论的追寻之路。

但是,这种融合与靠拢只是当时史学转变的一个侧面,其融合的程度不应被过分夸大。毕竟,马克思主义史家著述的转变,总是不可避免地与其本身的政治身份相关。在国共合作的早期,马派史家著述风格的变化,始终与国共合作的"冷暖"相关。质言之,政治与马派史学家的关系,是解读这一时期马派史家与史学的一个重要侧面。另一方面,与学术研究的融合(亦或可言之"整合")相对应的是,史学家们政治上日渐分化,史家的独立性日渐消弱了。

概而言之,两派就像是逆向而行的路人,或许曾经打过照面乃至握手,但也不过是匆匆作别,不曾深交。遗憾的是,1949年之后,受政治潮流的影响,这一转向戛然而止了,甚至出现了更为严重的回流。

三、马克思主义史家对历史和当下的批判

抗战时期是马派史家迅速崛起的一个时段。他们有着强烈的理论优越感,且能从中国古代史家的优秀传统中汲取养分,他们作品的批判性、战斗性色彩浓厚。这一时期,国民党利用历史研究来粉饰现实、歪曲现实的倾向也相当盛行,"有人从历史研究中证明中国不能实行民主或中国早就有了民主;也有人从历史研究中证明法统、道统、正统之神圣,由来为一党专政的政权辩护。"②为了廓清这些错误的历史观念,马派史家们进行了激烈的斗争和批判。概而言之,马派史家的批判,一是回视中国历史,进行批判与重新梳理;二是面向当下史学诸弊病,予以揭发和批判。

(一)对传统史学批判精神的继承

很多马派史家认为,有灵魂的史学著作必须具备批判精神。比如,翦伯

---

① 陶洪:《在香港访翦伯赞》,《鞭》1949年第3期。
② 胡绳:《近五年间中国历史研究的成绩》,《新文化》1946年第2卷第5期。

赞在论述司马迁时,即赞叹其"敢于揭发历史的黑暗,抨击人类的罪恶。他带着一支秃笔,走进中国历史学的领域,用他敏锐的眼光、正义的观感、生动的笔致、沉重的言语,纵横古今、褒贬百代"。换言之,翦氏认为司马迁的不朽在于其所撰述的作品是有灵魂的,"史记不是一部死板的纪述历史,也是一部生动的批判的历史";《史记》这部作品,"不仅是为了叙述历史,而且也是为了批判历史";"不是为了清算古人,而是为了要从古史中找出一些历史教训,教育他同时并世的人"。① 他认为批判和鉴戒乃是司马迁著作的真谛之所在。

又如,在论述刘知幾时,翦伯赞褒奖其对正史、杂史都能以批判的眼光审视,论史料则敢于怀疑、非圣和打破成见,论叙事则要工美,论书法则主直书,论历史方法则"尝寓褒贬与夺之意",这种不以成败论英雄的历史观念、不迷信灾祥符瑞和圣贤经传的怀疑态度,乃是刘知幾以科学的精神对中国史学作了一次总清算,故而《史通》是"一部富有灵魂的历史著作"。②

翦伯赞认为,刘知幾在史学体裁上,坚决反对模拟已经废弃了的古典体裁,主张应用当时流行的体裁。"历史体裁,不是一成不变的,而是随时发展的,学者不应以古为高,妄事模拟。若必欲模拟,则其著述,必不能为当代读者所接受。"③历史虽是述说古人之事,却是给当代人读的。因此,翦伯赞反对陈死的古代语言,主张应用作者当时流行的语言为群众写史、为平民百姓写史,让读者更能增加历史与当下互通的体验感。故而,在著述文体的民众接受性上,马派学人的著作高于学院派一等。

可以说,翦伯赞将《史记》《史通》视为两部有灵魂的历史著作,而其灵魂的内核则是必须具有批判的精神,其中所特有的褒贬与夺、借鉴讽刺的手法也转化至马派史家的史学撰述之中,成为其特有的风格。当然,这一批判方式在很多人看来不免有些过于苛责了。比如,翦伯赞在《史料与史学》中言"五德循环"说的天命观念充满二十四史,即是一例。④

(二)对学院派之正统——胡适派史家的批判

马派史家在治学方法、学术门径与政治倾向上与胡适派等主流学人多有不同,具体表现为对学院派之正统——以胡适为领袖的"布尔乔亚历史

---

① 翦伯赞:《论司马迁的历史学》,《中山文化季刊》1945年第2卷第1期。
② 翦伯赞:《论刘知幾的历史学》,《中山文化季刊》1945年第2卷第2期。
③ 同上。
④ 毓:《新书介绍:〈史料与史学〉(翦伯赞著)》,《图书季刊》1946年新7卷第3～4期。

家"的批评,其目的是要在对过去、对当下史家历史观的批判中建立自己的历史哲学。① 马派学人认为,在这个抗战的伟大变革时代,史学应当配合抗战的现实行动而写作,不应再埋头于闲情逸致的经院式的史学考订与理论玩弄。"当着今日这样一个伟大的历史变革时代,我们为了改变历史,创造历史,主观的创造,固然是必要的;但同时,对于作为指导现实斗争的最高原理的历史哲学,尤其是必要的。"② 马派史家们开始寻求通过新的历史哲学与历史书写,去改变、创造和引领这个时代的发展。

首先,对胡适"实验主义"历史方法论进行批驳。1938 年,翦伯赞出版《历史哲学教程》,书中批判了经院史学易犯的"悲观主义""失败主义"错误。翦氏认为中国史研究上的实验主义,在具体的研究上,把中国史玄学化,迷惑于历史的零碎现象,拒绝对历史之本质的说明。同时,机械论者也无耻地从事于唯物论的修正、割裂与歪曲。

1940 年,翦伯赞撰写《中国历史科学中的实验主义》一文,综括了实验主义者历史方法的几点问题:(1)从主观概念论出发,因而否定历史发展之客观的规律性;(2)以陈死的进化论为中心,因而否认社会经济在历史发展中有任何质的突变;(3)以机械的因果律代替历史发展之一般的全面性;(4)强调历史发展中之主观的创造作用,而无视客观条件对主观作用之制约或规定性;(5)强调历史的偶然性,而无视历史的必然性。他认为实验主义者仅承认达尔文学说中的进化论,而否认其物种突变论;承认连续性的和平进化,而否认历史的变革性。这就导致了"五四"以来史学的割裂、混乱与曲解,使得零碎、假设、无批判否定、怀疑一切的历史学大行其道。③ 同时,胡适派史学未能很好地回应抗战时代的需求,还是沿着既有的学术研究取向往前走,自然容易失去号召力。但是,马派史家将其视为玄学,认为其仅承认历史中的量变而否认质变,马派史家也因此陷入偏颇和误解之中。可以说,马派史家的论述多采用先行批判的方式,他们似乎意识到必须批倒胡适这个权威,才能让自身拥有一席之地。故而,语言风格颇为犀利,但是对实验主义到底是什么,似乎没有完全看清楚。时间推至 1943 年,翦伯赞对实验主义者的批评变得缓和甚而更为客观起来。他在讲马派史家的中国史研究方法时提到,实验主义者对史料进行疏通辨证、训释辑补,虽然失于琐碎,却是研究历史的一个前提工作。④ 这个时候,马派史家更多地开始超越批

---

① 伏生:《略评〈历史哲学教程〉》,《上海周报》1939 年第 1 卷第 7 期。
② 翦伯赞:《历史哲学教程》,长沙,生活书店,1938 年,第 315 页。
③ 翦伯赞:《中国历史科学中的实验主义》,《读书月报》1940 年第 2 卷第 3 期。
④ 翦伯赞:《略论中国史研究》,《学习生活》1943 年第 4 卷第 5 期。

判,而力图呈现自身对历史研究的方法与态度。

抗战胜利之后,国共党争日趋激烈,马派史家对以胡适为首的"古典学派"的批评又重新燃起,且批评的语调更为高昂。1947年,翦伯赞在《正在展开中之史学的反动倾向》中将中国史学划分为互为对抗的两大阵营,一是以马派史家为代表的科学历史学派,另一是以胡适等人为代表的古典学派。他把胡适比作刘歆,说"刘歆虽然和王莽一同埋葬了,但'刘歆型'的文化奴才,直到现在,依然存在";且言今日的古典学派,实已由"史料的整理"堕落到"史料的玩弄",而且坠入视玩弄史料为史学正宗的误区。而以蒋介石为代表的复古运动者推崇古典学派的目的,在于这个学派"具有回避现实,学以为学的传统,足以愚弄青年,僵化青年。他告诉青年,治史的目的不是为了致用,而是为了娱乐;不是为了从历史上吸收经验与教训,而是昏迷于废纸堆中,不省人事。这样习而久之,一个青年,便会变成没有思想没有灵魂的废物,便会变成不辨黑白,不辨是非的呆子";而"今天的青年,已经不是乾嘉时代的青年,他们是不会被玩弄的。他们对于专制独裁的暴政,不是容忍,而是反抗,他们决不会从斗争的前线,退到'时代的后院'。"① 翦氏这篇文章的战斗性色彩远远大于史学的纯粹性。1948年,侯外庐也写了《胡适、胡其所适?》文章,对其大加挞伐。② 此时,马派史家的撰述,其目的已经不再是用来诠释历史,而是以唯物史观为旗帜,借历史以发动青年、反对专制与暴政了。③ 而胡适作为学院派的宗主,已经成了一个被批判的"箭垛式"的人物。④

其次,对胡适史学观点的批评,郭沫若是绕不过去的一位。郭沫若《屈原研究》一书开篇就批驳了胡适质疑屈原是否存在的观点,认为"屈原不仅是存在的,而且很幸运地连他的生卒年月日都是可考的,这要算是古人中的仅有的一例"。⑤ 郭沫若进而从屈原的身世与作品、时代与思想三个层面进行了阐述。此外,《青铜时代》的《驳〈说儒〉》,开篇即以胡适和某女士关于文化动态的通信作为引子,发了长篇的议论,所驳斥的乃是胡适《论学近著》的

---

① 翦伯赞:《正在展开中之史学的反动倾向》,《文萃》1947年第2卷第15~16期。
② 侯外庐:《胡适、胡其所适?》,《野草文丛》1948年第9期。
③ 时任国民党党史馆员的杜呈祥认为,翦伯赞的这篇文章"很明显地是专为了攻击曾经参加国大制宪的胡适先生写的,根本是一篇政治性的东西,而不是站在纯学术观点上写的";且说"硬把中国的史学界划分成两大壁垒:古典学派和科学的历史学派,还硬要把他自己塞入到'科学的历史学派'里面去。说不定还梦想做一下这个科学的历史学派的'领导人物'"。参见杜呈祥《论翦伯赞的史学方法》,《中央周刊》1947年第9卷第23期。
④ 逯耀东:《把胡适当成箭垛》,《史学危机的呼声》,台北,联经出版事业公司,1987年,第131页。
⑤ 郭沫若:《屈原研究》,重庆,新文艺出版社,1941年,第10~11页。

第一篇《说儒》。这里的某女士，指苏雪林。胡适致苏雪林的信中言：

"叛国"之徒，他们的大本事在于有组织。有组织则天天能起哄，哄的满城风雨，像煞有几十万群众似的，

不知为什么，我总不会着急。我总觉得这一班人成不了什么气候，他们用尽方法想要挑怒我，我总是"老僧不见不闻"，总不理他们。

你看了我的一篇《〈西游记〉的第八十一难》没有？（《论学近著》）我对付他们的态度不过如此。这个方法也有功效，因为是以逸待劳。我在一九三〇年写《介绍我自己的思想》，其中有二三百字是骂唯物史观的辩证法的。我写到这一页，我心里暗笑，知道这二三百字够他们骂几年了！果然，叶青等人写这一页文字忙了几年，我总不理他们。①

面对胡适对唯物史观的轻蔑与抹杀，郭沫若认为这是过于自私和自负的表现，"像胡适博士和某女士的那种骂法，就骂断武汉北平的几条街，我相信，对于中国的文化，中国的青年，是一点好处也没有的。"②郭氏认为《说儒》一文，文章虽然博引宏征、高瞻阔步，有数万字之多；却存在着如下问题：(1)三年之丧并非殷制，(2)论"正考父鼎铭"之不足据，也就是说胡适所依据重要资料时不可靠的，(3)"玄鸟"并非预言诗。进而，郭沫若在《青铜时代》第十部分又论述了儒的发生与孔子的地位。③ 郭沫若对胡适《说儒》的批判，除了学理上的辩驳外，更折射出双方不同的文化和政治主张。

再次，对胡适派学人顾颉刚的批判。战时，顾颉刚发表《中华民族是一个》的论述后，引起了各方争论。马派史家也参与其中，翦伯赞批评顾氏犯了幼稚的错误，把民族与民族意识、国家概念混同，将其视为一种主观的心理现象，同时又陷入了抽象名词的讨论，而"不曾把中华民族与其现实的斗争关联起来，作统一的生动的研究"。④

最后，对部分史家"封建主义破灭论论"的批判。部分学院派史家认为中国历史是千头万绪不可究及的，不存在所谓的封建主义，中国社会的阶级对立在两千年前即伴随着封建主义的消灭而破灭了，故而当下的中国是不需要阶级斗争了。翦伯赞撰写长文，批评其为"荒谬的呓语"。⑤

---

① 胡适、苏雪林：《关于当前文化动态的讨论（通讯）》，《奔涛》1937年第1期。
② 郭沫若：《青铜时代》，第112页。
③ 同上书，第118~137页。
④ 翦伯赞：《论中华民族与民族主义：读顾颉刚续论"中华民族是一个"以后》，《中苏文化》1940年第6卷第1期。
⑤ 翦伯赞：《关于"封建主义破灭论"之批判》，《中山文化教育馆季刊》1937年第4卷第1期。

(三) 对国民党文化独裁和法西斯史学的批判

马派史家批判的另一个指向是对法西斯倾向史学——"观念论"的批判。在历史学科内,长期存在着观念论者和唯物论者的论争。针对有些学者鼓吹战争、暴力是历史前进的动因的说法,翦伯赞认为,观念论者此前谈"理性支配历史",如今却陷入"暴力支配历史"的泥淖之中,已经成为国家法西斯主义的合唱队员,其撰述也成为了政治宣言。①

当时的一个重要的指向是对以秋泽修二为代表的"侵略史观"的批判。抗战时期,秋泽修二出版了《支那社会构成》《东方哲学史》等书。他的书中涉及很多问题。比如对中国社会的分期,他认为"周以前的时代,即所谓'商殷'时代(纪元前十八世纪到十二世纪),大体上是氏族制度时代;所谓'周'(经过所谓春秋战国一直到秦)代,则是奴隶制度的社会经济形态时代;从秦汉到唐代这个长期间(从纪元前二——三世纪到七世纪),封建制度已经有了部分的确立,但就整个说来,这个时期,还是从奴隶制度到封建制度的转化时期;而隋唐以后一直到十七世纪的中顷(约当清代后期),才明确地是封建制度时代;这时以后,即清代后期以后,是封建制度的崩溃和资本主义的发展时期。"②这就与马派史家的认识上有很大不同。更为大家所关注的乃是秋泽修二通过社会分期问题的分析,认为中国古代手工业和商业资本的发展并未促成新的生产方式,反而导致了中国封建社会的腐败与不可调和的矛盾,最终推演出了"中国社会的亚细亚的停滞性"的结论。进而,他认为东方哲学发展到一定阶段后,即表现为整体的停滞性;③中国古代的唯物论与辩证法发展不充分,甚而出现某种退步。这一为日本侵略中国制造舆论的做法,引起了马派史家的强烈批判。比如,吕振羽发表文章批判秋泽修二的中国社会"停滞论":

> 他不过把"东方文化"转译为"中国社会特有的停滞性"——所谓"亚细亚的停滞性",把"儒学精神"转译为"父家长制"的"集权的专制主义",把"王道主义"转译为"停滞的"中国和"前进的自立的日本之结合"的"新东亚秩序"。
>
> 日阀口中的"东方文化"、"王道主义"、"儒学精神",最易符合郑孝胥、王克敏、梁鸿志、陈中孚一类旧社会残渣的脾胃,……最能符合周佛

---

① 翦伯赞:《历史科学中的观念论及其批判》,《中山文化教育馆季刊》1937年第4卷第3期。
② 〔日〕秋泽修二:《中国哲学史》,邬由译,重庆,三通书局,1941年,第1页。
③ 〔日〕秋泽修二:《东方哲学史》,汪耀三、刘执之译,重庆,生活书店,1939年,第21页。

海、陈公博、梅思平、罗君强等一类汪派汉奸的脾胃。①

马克思主义史家通过批判日寇和汉奸的神学史观、复古主义观念，来科学地阐明历史发展的规律性，进而批判地继承中华文明的优秀遗产。

同时，马派史家对"中国文化西来说"进行了驳斥。比如，吴泽发表了《地理环境在社会历史中的作用》和《中国人种起源论》等文，驳斥中国人种"西来说""东来说""南来说"等理论，认为中国人种文化起源于中国的本土。

1945年，翦伯赞发表《学暴与术力》一文，阐述了中古至近代的统治者以暴力来侵害学术思想自由的做法，且说"近来的法西斯匪徒，却妄想用暴力来进行文化思想的统治，他们把刺刀插在学术的胸膛上，而另外制造一般文化的奴才，去歌颂他们的专制与独裁，歌颂他们的杀人与放火，歌颂他们无廉耻的贪污和无人性的屠杀。他们就把这种卑鄙的颂词、简单的政治口号，当做文化，当做学术，而让真正的学术，躺在血泊之中。他们以为如此，真正的学术，就会消灭，伪学术就会抬头的。"②翦氏认为，从政治暴力到学术暴力的延伸，或可摧残学者的肉体，但不能摧毁学术本身。到了1948年，身在香港的翦伯赞对国民党的批判更为猛烈，他在《复冯焕章先生书》说"在中国史上，我们可以找到流氓皇帝如刘邦，也可以找到强盗皇帝如朱温，但绝找不出西崽皇帝，因为这是殖民地的特产。如果一定要举出一个例子，只有石敬瑭略相近似"。③ 文章将蒋介石比作流氓、强盗和西崽，实已成为了战斗性的檄文，无史学客观性可言了。

四、对马克思主义史家作品的批评与回应

很多一流的学院派史家，如顾颉刚、朱希祖、金毓黻、王献堂等，都在日记中对阅读马派史家著作的体会有所著录。朱希祖对翦伯赞的《中国史论集》《中国史纲》、侯外庐的《中国古代思想学说史》《船山学案》《中国近世思想学说史》有精彩的评论。金毓黻在撰述《中国史学史》时，即"弗取学派之说，以捐偏党之见"，对马派史家的评述也显得较为公允，只是在战乱与政争交相迭起的年代里，他的主张似乎未为时人所注重。

以史为鉴的史学也被视为"实用主义的史学"，历史学家想对过去赋予

---

① 吕振羽：《伟大的历史时代与史学创作》，《中苏文化》1940年抗战三周年纪念特刊。
② 翦伯赞：《学暴与术力》，《中华论坛》1945年第2期。原文似谈"学术"与"暴力"之间的关系。
③ 翦伯赞：《复冯焕章先生书》，《野草文丛》1948年第10期。

现实性,而达到此类型的方式之一,便是希望政治家、我们自己时代的人能从历史中吸取教训。① 抗战时期,马派学人追求史学的经世功能,以反省为主题的史学大受民众欢迎。

(一) 对翦伯赞及其著述的批评

《中国史纲》(第一卷)出版之后,《图书季刊》即发表评论,认为此书的优点是改变了既往崇古薄今的心理,但也容易将史学之假说作为充分证据,以推测、孤证而下断语,且说"与其名此卷曰史纲,无宁名之史论"。② 在学院派看来,马派史家的史论色彩过于浓厚,乃是其缺憾所在。

翦伯赞的《中国史纲》(第二卷)出版之后,褒奖者有之。如《图书季刊》的评论认为,此书与第一卷相较,"此卷较着实,较前卷有进步,且文笔亦较前卷流畅许多";特色如下:"一是能够注意历史上的经济因素;二是于中国史中扼要述说世界形势,使读者得一比较,养成历史的整体概念;三是矫正前卷作风,重视述说历史上之人物;四是充分利用近来考古上之新发现;五是颇能注重秦汉时期的意识形态。"其论说细致通辟,可称为学术界之佳作。③

同时,对《中国史纲》(第二卷)持批评态度的亦所在不少。比如,正在中国大学历史学系就读的学生安志敏,即在《燕京学报》上进行了直率的批评,他认为此书在内容上错误累累、触目皆是,不禁让人大失所望。具体表现在:考古资料不足;忽视人类学、语言学、考古学之研究,而对民种问题妄加臆断;叙述之谬误,以个人意见为转移,不顾史实正确与否;插图多不注出处,且无详细说明,说明中亦有错误等。究其原因,乃是"依据资料太少,未能充分利用考古资料,兼以个人主见甚深,致歪曲事实颇多。对中外学者研究结果既未能充分利用,而个人之见解又多无所根据,遂致虚耗精力,徒费篇幅"。④

在对翦伯赞著作诸多的批评者当中,中央大学历史系的教授缪凤林是火力最猛烈的一位。一个重要原因乃是他在政治倾向上与国民党走得颇近。缪氏在《中央周刊》等刊物上发表了大量批判马派著述的文章。这些文章常常撷取部分讹误而否定一书之价值。这背后其实是国共政争氛围下的政治歧见使然。

---

① 〔法〕阿隆:《历史讲演录》,张琳敏译,第110页。
② 《图书介绍:〈中国史纲〉(第一卷)》,《图书季刊》1944年新5卷第4期。
③ 毓:《〈中国史纲〉(第二卷)》,《图书季刊》1946年新版第7卷第3~4期。
④ 参见安志敏《书评:〈中国史纲〉(第二卷)》,《燕京学报》1947年第32期。

缪凤林对翦伯赞《中国史论集》的批判之处，更多的是指出内容上的不确与讹误。缪氏言此书半面之中即发现了六处错误，认为翦伯赞作为新派的历史学者薄负时誉。且讽刺道，历史"皆有客观的准则，绝非隐蔽在某一旗帜之下，或受某一祖国某一主义的庇护，即可仰天而谈信笔胡说也。从前赵高指鹿为马，一时颇售其奸伪，但时越两千年，鹿依然是鹿，马依然是马。听说翦君尚编有中国史，余愧未见其书，不知其对赵高往事有若何论列也。请看今月之域中，是否赵高之天下！"①将翦伯赞比作赵高，认为其受苏联和中共暗中支持，著作为指鹿为马式的作品。缪氏这篇文章已脱离了正常学术论争的范畴，而成为政治攻讦。

对翦伯赞的《中国史纲》第二卷，缪凤林点出了三十余条谬误，比如著作中论城濮之战"以秦为楚"；以秦孝公（惠文君之父）为秦孝王；论"商君决裂井田"之事，指战国时代为春秋时代；误以巴蜀为今日四川全境；以"秦始皇曾铸造重千金或二十四万斤的钟鐻和金人"，盖误千石为千金，以张守节正义所引三辅旧事"二十四万斤"之言为史纪本文；错指斯坦因为安特生等。他进而批判道："全书中却充满着指鹿为马式的叙述和议论。像这样的史著一而再的发见，今日的域中，虽尚不是赵高的天下，但赵高的确实存在，是没有疑问了！"②他认为此书引文错误、论断荒谬，并诋毁翦伯赞为无知之妄人，是赵高的私淑者及崇拜者。这就变成了对著者的诋毁和攻击。

（二）对侯外庐及其著述的批评

1938年前半段，侯外庐的很多文章多发表于《时事类编》等时事类期刊，多为关注战争的时事类文章，无史学文章，如《论解放战》《民权主义的理论与建国》《论抗日民族统一战线的根据》《抗战建国纲领与宣言中之民族问题的民主意义》《中山先生论苏联》《晋西北战地动员的经验与教训》《欧洲的"慕尼黑"与东亚和平》《论和平机构》。1938的后半段，他开始在《中苏文化》撰稿。1939年，他开始写学术文章，如《抗战二年来中华民族创作出的新历史》《中国革命同盟会的精神》等。同时他还研究孙文学说，如革命理论、知难行易学说等。从1940年后半段开始，侯外庐才转向了史学研究。研究内容还更多地体现在方法论、理念上的论争。至1941年，他才开始大

---

① 缪凤林：《书评：看了翦伯赞〈中国史论集〉第一面之半》，《中央周刊》1947年第9卷第52期。原文"请看今月之域中"之"月"似为"日"。
② 缪凤林：《又看了一册指鹿为马的史著：略评翦伯赞〈中国史纲〉（第二卷）》，《中央周刊》1948年第10卷第19期。

量发表与中国史相关的论文。

或许受到早期研读并翻译《资本论》的影响,刚踏入思想史研究时,侯外庐的语言风格并不以活泼、通俗见长。他喜用长句、倒装句式,不免给人以艰涩难懂,甚而有些佶屈聱牙之感。比如,1939年发表的《中国学术的传统与现阶段学术运动(未完)》还有着套用革命理论来分析近代以来学术史脉络的痕迹。① 据侯外庐言,《社会史论导言》搜集了《资本论》与其他文献中有关社会经济构成的决定论之史料二百余条,并对史料撮要提领、综合编成;以便对中国社会史论方法论上的武断有一个清算的检讨。② 当时,很多学者批评《社会史论导言》引文过多、文字隐晦、缺少活泼性。侯外庐解释道:"因为我的谨拘的性格,常让严正的方法论所笼罩着,所以时常在文字中间缺少活泼性,甚至隐晦到断片简括的不满自己的意思。例如'共产主义运动的特别的原始形式'一句引语,我不该发挥孟彩尔的'万年乐士',用形式可能性到真实可能性的说明,把思维过程史作一个具体的介绍,同时把十五六世纪农民战争民主主义中的社会主义意识明显地提出,而只一笔交代,这是我的懒惰(或者说是苦衷)。"③ 侯氏的苦衷在于,他不愿意为了文章的通俗性而牺牲方法的严谨性。

1942~1944年年初,侯外庐发表了《历史阶段的了解》《论晚清百年来金融贵族的成毁》《申论屈原思想:衡量屈原的尺度》《屈原思想渊原底先决问题》《东方古文明理解之钥匙》《中国古代文明起源考》等文,更多地关注于"亚细亚生产方式"、中国古代文明的起源、屈原所处的时代、近代票号与买办等论争和认识上。此后,他开始更多地侧重于中国古代思想史的研究。1944年,侯外庐的《船山学案》和《中国古代思想学说史》出版之后,《图书季刊》分别评论道:

> 是书对船山哲学,类皆先标出大意,继引船山原文一两段,以当说明;或于船山一两段之后,加以简短之解释。船山所用术语,如"道"、

---

① 侯外庐言:"这一伟大的综合世界学术传统继承运动,在民十三年前后,恰和五四以后中国学术的表面现象,即和自由主义的退休现象,形成一个对立。换言之,在革命深刻化的国民革命运动中,自由主义从五四运动本身中分化出来,发展而为超现实的文化形式论战,或文艺苦闷思想,而革命的民主主义在新的历史条件下,发展而为'重新研究三民主义'(中山先生十三年讲演词)的理论统一战线。自由主义的学术,虽然宣扬于全国的大量刊物报章,可是,进步理论都普遍要革命青年的浓厚意识中。"从这段可以发现,侯外庐在表述上略显散乱,这或许反映出他在研究转向时的某些不适应。参见侯外庐《中国学术的传统与现阶段学术运动(未完)》,《中原月刊》1939年第3期。
② 侯外庐:《中苏史论:〈社会史论导言〉》,《中苏文化》1939年第4卷第2期。
③ 侯外庐:《书评:略论方法问题》,《理论与现实丛刊》1940年第1卷第4期。

"理"、"气",已相当费解。著者所释,仍未能明晰。①

> 侯君书中多驳近人学说,于梁启超、胡适、冯友兰诸氏尤甚,但侯君之说,似乎未有以胜于诸氏。侯君自序谓过去治中国思想史者有许多缺点,有以古人名词术语附会现代科学为能事者,有以思想形式之接近而比拟西欧学说者,侯君自信无此积习。(案前一积习,本书似未能免。而比拟之处又不一而足。)其实,比拟有助读者之了解,未必是病,要看是否正确与是否不穿凿附会耳。侯君是书文字艰涩,若能加以芟除整理,当更便于读者。②

评论认为,侯外庐文字艰涩难懂,引文多有错误,从标题到内容难以一目了然。面对批评,侯外庐似乎显得比较自信,他在《中国古代思想学说史》再版"序言"中表示,本书尝试用自己的语言来表达古人的思想,重在决疑,而不过分追求今文家们那种以言语取胜的做法:

> 至于以难懂二字抹煞拙著的评断,我只笑一笑而已。……重在决疑,这是基本的研究,……故关于史料的辨伪,书籍的引证,治史方法的究明,以及历史发展规律的严格应用,评论古人思想的步步深入,占据了主要的篇幅,实在来不及在书里插花;……我不相信,历史上主要的疑难未决,就能自由其谈,编成有益于青年而无毒素的东西来。③

不得不承认,侯外庐在早期的思想史研究中,希望把"中国古代的散沙般的资料,和历史学的古代发展法则,做一个正确的统一研究"④。这种将理论套用于中国古史研究的做法,似乎有些急于求成。

另外,对很多读者反映"其文难懂"的意见,侯外庐的好友纪玄冰对此有颇为中肯的分析。他认为《中国古代思想学说史》的语言风格体现在探索式的语调、谨慎的语法、范畴性的语汇、理智严肃的论争、诗意的断案等方面,

---

① 《图书介绍:〈船山学案〉(侯外庐著)》,《图书季刊》1944年新5卷第4期。
② 《图书介绍:〈中国古代思想学说史〉(侯外庐著)》,《图书季刊》1944年新5卷第4期。
③ 侯外庐:《中国古代思想学说史》"序言",上海,文风书局,1946年,第2~3页。
④ 侯外庐将自己的学术成绩总结为三点:(1)弄清楚了"亚细亚生产方法"的理论,(2)谨守着考证辨伪的一套法宝,(3)新历史学的古代法则的中国化。参见侯外庐《我怎样研究中国古代史》,《青年知识(重庆)》1947年新5卷。

此为其优长所在。同时,此书乃学术中国化开端时期的拓荒之作,学术价值性和通俗性有所偏差是在所难免的。这是因为:"其一,在学术处女地上拓荒的学者,其自觉的首要任务是解决问题与建立体系";"其二,在拓荒阶段上,旧有语言与外来语言都不能直接使用,往往不得不通过了接种方法,脱胎换骨的驱使着它们,甚至有时还需要另起炉灶的创造新的语言。于是,专门的著作又不得不通过新的文体表现出来。"①故而,作品在学术的严谨性和通俗性上很难周详,而文字上的偏失也与作者过分忠于典籍成语的偏好有很大关联。

侯外庐的另一位好友杜守素提到了撰写述评的困难,"它要对于所介评的书忠实:不歪曲,不夸张,切切实实地勾画出该书的真相,不埋没其著者的用心。它尤要对于读者负责,因为介评原是为了便利读者的,不是敷衍,更不是捧场;要紧的,能够联系着该书所研究的对象,告诉读者怎样地去阅读。"②他也承认侯外庐的著作确实有很多弱点,比如引用多而说明简、运用成语不及加以说明、没有更好地融化资料等。

在诸多的批评者中,缪凤林算是最激烈的一位。1945年6月,侯外庐的《近代中国思想学说史》出版后,缪氏即在《中央周刊》撰文大加批判,言侯外庐论及颜习斋部分,错误不下数十次之多;论述章实斋亦多有问题。他说:"我上周评翦伯赞中国史论集,发觉每行有一个错误,曾作不幸的预言:'再过十年,也许那时的出版品,每句要有一个错误。'不料,相隔仅仅十天,我评述侯君这部《近代中国思想学说史》,竟在上述一段引文中发现每句有一个以上的错误,我除咋舌之外,真不想再作什么预言了。"约而言之,缪氏所指摘的主要是不通文理、句读错误、前后矛盾等问题。但是,后面将翦伯赞、侯外庐诬为"妄人",且说"利用文字作这样文理不通的书,并利用印刷纸张从事出版行世,毒菌所至,真使谬种流传,伊于胡底!"③这近乎人身攻击和政治攻讦了。

(三)对郭沫若及其著述的批评

作为马派学人的旗手,郭沫若史学作品的出版一直引起学术界的关

---

① 纪玄冰:《批评与介绍:思想史研究的新果实:评侯外庐著〈中国古代思想学说史〉》,《读书与出版》1947年复刊第2卷第5期。
② 杜守素:《批评与介绍:〈近代中国思想学说史〉介评》,《读书与出版》1947年复刊第2卷第8期。
③ 缪凤林:《书评:慢谈思想学说且先通达文理:评侯外庐〈近代中国思想学说史〉》,《中央周刊》1948年第10卷第2期。

注。当时,学界对郭沫若的批评主要体现在《屈原研究》《甲申三百年祭》等作品上。

1943年7月,《屈原研究》由群益出版社印行。此后,在马派史家内部引起了诸如侯外庐等人的颇多论争,缪钺等其他学者也多有评论。缪钺在《评郭沫若著〈屈原研究〉》中认为,此书不拘守旧闻,亦不盲从新说;取资凭证;斟酌情理;运思深锐,文笔朗畅。同时,缪氏认为郭沫若能够修正旧说,考证屈原被放逐仅为一次,而非两次,此乃眼明心细,可以减去许多舛误纠葛之处。但缪钺对屈原的生卒年及作品与郭沫若颇有些不同意见。缪氏认为"殷周时代为奴隶社会"的说法站不住脚。殷周的奴隶多为贵族祭祀殉葬之牺牲品,社会生产的主要分子绝非奴隶。因为胡厚宣在《甲骨学商史论丛初集》中即得出结论:殷代虽有奴隶,然不能因此即谓殷代为奴隶社会,至少在今日发现资料之所示,确是如此。进而,缪钺对郭沫若在文中将五种社会形态说的理论强行渗入屈原研究,深表不同意。他说《屈原研究》一书之《屈原时代》《屈原思想》两篇,"畅论中国自殷至春秋中叶为奴隶社会,详征博引,不惮烦言(屈原时代一篇共二十二页,而论奴隶社会者占十页,屈原思想一篇共四十二页,而论奴隶社会者占十六页。)其目的无非在说明春秋战国间由奴隶制渐变为封建制,乃奴隶解放之时代,屈原之思想为此时代意识形态之反映。"①他认为其以冗长的笔墨阐述殷周奴隶社会论,让人有喧宾夺主、离题过远之感。这篇探讨文章可算是纯粹的学术争鸣,无党派与意气之争。

郭沫若《甲申三百年祭》刊出之后,在国统区行销数千册,国民党对此大为敏感。因为从时间上来看,崇祯在位十七年而国亡,与当时国民党执政时间相同;而崇祯亡国也被指影射国民党的败局。《中央日报》称其为"亡国思想",组织火力进行批判。

《中央日报》的社论认为,《甲申三百年祭》"散布悲观的种子,要造成空虚的幻象",体现了一种战败主义、亡国主义思想。②叶青认为,郭沫若在身份上是文学家兼马克思主义者,《甲申三百年祭》体现了一种失败主义思想,而此书是从现实出发的"借题发挥"——借历史事实来发表对于现实的见解。具体而言,叶青认为郭沫若是以"三百年前的甲申来说明他所见到的三百年后的甲申",故而这部作品是"他对于现实的认识和主张之表白,因而是他底思想之表白,尤其他底政治思想之表白"③。叶氏认为论史而借题发挥以影射现实,原属常事,但不应对史实故加曲解与篡改。而郭沫若的褒贬态

---

① 缪钺:《评郭沫若著〈屈原研究〉》,《思想与时代》1943年第29期。
② 《纠正郭沫若的亡国思想》,《尖兵》1944年第7卷第7~8期。
③ 叶青:《批判:郭沫若〈甲申三百年祭〉平议》,《民族正气》1944年第2卷第4期。

度,即批评崇祯皇帝,歌颂李自成、李岩、宋献策等人,显然是反对政府、赞成流寇的。黄本义在《评郭沫若底李自成主义》中说:"郭沫若所怀的幽情,及其病根,只是奴隶性加上浪漫主义。"①更有人批判郭沫若"拿中兴的政府,比作待决的崇祯;拿杀人如麻的草寇,比作民族英雄,有的人还在说郭沫若是作翻案文章,我却说他在出卖天良,拿自己的良知出卖了换金卢布"②。这些火药味甚浓的批评更多地折射了国共两党在意识形态上的论争。

综观前述,我们可以发现,马派史家在这种批评与反批评的论争过程中,逐渐树立了在民众中的影响力和自身的学术地位。除了外在的政治因素外,另一个原因就在于,他们总是话题的设立者,或者是批判挑起的一方,这就在论争中占据了优势。其批判与影射的国民政府中所存在的诸多种种弊病,亦是百姓所遭遇和闻见的,故而马派史家的著述易于激起民众内心的认同。

当然,马派史家也面临着如下问题:(1)学术严谨性欠缺。在择取、诠释史料时容易出现误用、错讹之处。(2)史论色彩过于浓厚。在历史撰述中以今释古的做法,易于走向牵强附会之途,其极端者则走向了史学为政治服务的歧路。面对犀利的批评,马派史家也有所改进。以翦伯赞而言,他后来开始注重搜求史料,以求弥补自身史学作品的缺憾与硬伤。

第六节 何以认识?

抗战时期,各派史家的治学取向虽各有不同,但史学必须对严峻的社会现实有所回应的观点,逐渐成为各界的共识。今日的抗战时期史学研究多观其"演变",而不触及其"传承"。"演变"与"传承"为战时史学的两条主线,舍去其一,即不能看出战时史学的整体场景。我们要从战时政治的压力,地域上的变化,国共党争的演变,面对批评者的自我调适,个人诉求与方法论的使用等多个方面来看待马派史家与史学的转变。从民众接受和专业评判的双重角度,来看待马派史家的崛起和地位,似乎显得更为客观一些。马派史家们在撰述过程中,着力避免过于抽象的论断、原理式的叙述和大民族主义的观念;以灵动的笔触、通俗的论说方式面向民众写作,这是其大受欢迎的重要原因。

---

① 黄本义:《评郭沫若底李自成主义》,《尖兵》1944年第7卷第11~12期。
② 刘三:《郭沫若离开了上海》,《中央周刊》1948年第10卷第5期。

抗战后期和内战时期,评论风向就有了较大的改变。对于马派史家撰述的风行,当时以学界正统自居的中研院史语所学人亦有深切感受。1947年春天,翦伯赞应大厦大学的邀请做学术演讲,讲题是《中国历史学的道路》,听众竟然达到了一千人左右。《人物杂志》在刊出演讲文章时,将正值50岁的翦伯赞作为杂志封面,隆重推介。① 同年3月,贺昌群曾对夏鼐感叹道:"近来一般青年,即习史学者亦在其内,对于当前社会问题,颇为关切,对于史学著作,亦喜读综合性的,对当前社会有关的,故考据文章,如陈垣、胡适等所作者,已非现下思想界之主潮。而左派历史学以唯物史观而整理,虽肤浅,亦大受欢迎,惟真正之鹄标,在作以考据为基底之断代通史。"②此段描述,可看作是对当时的史学趋向切中肯綮的评价,远超当时史家的长篇大论。

面对马派史学作品的风行,就连主张史学通俗化的顾颉刚也发出了"范文澜、翦伯赞们编的书各处畅销,为什么我们不能与之争锋呢"③的感慨。傅斯年在之前也曾言,在史料之外亦应注重史观,亦可见潮流所及。1947年10月,中研院提名郭沫若为院士候选人,从而引发诸多争论。虽有朱家骅、萨本栋等人反对,但郭沫若最终仍以14票对7票的结果通过,列入院士候选人名单中。④ 此亦可见马派学人也得到了学院派的最高认同。这也反映了史学界的整体转向——唯物史观派开始超越考证派,成为史学之主潮。但不可否认的是,马派史家似乎还未达到为学院派集体认同的地位。

马派学人的史学作品,与国共党争不断变化的政治氛围休戚相关,既不能将其简单以影射史学、政治化史学概而论之,也不能摒弃史学撰述背后复杂的政治环境,而仅审视其学术价值性。应将马派史家群体置于学术与政治互动的环境下,看待他们学术小环境与政治大环境的互动关系,以及文章的学术性与政治性之间此消彼长的角力关系等。

---

① 舒翼:《史学家翦伯赞》,《人物杂志》1947年第2卷第10期。
② 《夏鼐日记》(卷四),上海,华东师范大学出版社,2011年,第113页。
③ 《顾颉刚书信集》(第三卷),北京,中华书局,2011年,第164页。
④ 关于郭沫若的入围,"胡适之询问主席以离开主席立场,对此有何意见。朱家骅氏谓其参加内乱,与汉奸罪等,似不宜列入;萨总干事谓恐刺激政府,对于将来经费有影响,吴正之先生谓恐其将来以院士地位,在外面乱发言论。巫宝三起立反对,不应以政党关系,影响及其学术之贡献;陶孟和先生谓若以政府意志为标准,不如请政府指派;胡适之先生亦谓应以学术立场为主"。参见《夏鼐日记》(卷四),第150～151页。

第五章 抗战时期史学作品的学术评价与争议

在深受西方影响的中国现代学术机制中,学术奖励制度因其严格、公正的评审机制,成为体现学者学术水准的一项指标。那么,这一奖励机制在民国时期传入中国后,其评判原则与标准如何、学术审议与评价方式运作机制如何?既有研究多以民国教育部学术审议委员会为视角,对部分获奖作品进行个案式探讨,但对史学获奖著述的分析,却付之阙如。故而,本章以中国第二历史档案馆所藏"申请书及审查意见"为中心,参以申请人及评审人的日记、书信及文集资料,对20世纪40年代史学著述的评判标准问题略作探讨。

第一节 "学审会"的成立与运作

1938年,国民政府为建立统一的学术标准,成立了全国性的学术评定机构——"学术审议委员会"(简称"学审会")。此会的任务之一,即审议和奖励高校的学术研究事项,在国家层面对学人的著述与发明,建立一套高级别的奖励机制。[①]"学审会"聘任的委员为政学两界的精英分子,多具备海外留学背景,乃学有所成、造诣精深之士。其中,既有高校领导、行政部门负责人,也有各学科的学术权威。作为国家层面对学术作品进行评定的最高机构,"学审会"的申请者颇多,其中既有业已成名成家的学者,如陈寅恪、汤用彤、郑天挺、张西堂等,更有在学术界崭露头角的中青年学人。与此同时,为了保证评审的公正性和客观性,"学审会"也聘请了外审专家,他们多深孚众望,在自身领域有较高的话语权。以史学而言,当时负责审查的专家即有

---

① 中国第二历史档案馆编:《中华民国史档案资料汇编》(第五辑第二编),"教育(一)",南京,江苏古籍出版社,1997年,第77页。

胡适、陈寅恪、钱穆、顾颉刚、吕思勉、金毓黻、柳诒徵、缪凤林、雷海宗、萧公权、汤用彤、萧一山、张其昀等人，可谓备集一时之选。

在奖励的运作方式上，"学审会"除了参照欧美等国的标准外，也在日后的评审过程中不断加以完善。其一，奖励范围初定为三类：著作分文学、哲学、自然科学、社会科学、古代经籍研究，科学发明分应用科学、工艺制造，美术分图画、音乐、建筑、雕塑。① 其二，每种的奖励金额度自二千元至一万元不等。随着战时法币贬值，奖金额度也不断增加。1947年，一等奖奖金已增至三千万元。② 其三，在申请方式上，候选人可以由教育部径行提出、学术审议委员会推荐，也可以自行申请。其四，评审以宁缺毋滥为原则，每年审查时，倘某类无最佳之著作或发明时，即暂停该类之奖励。③ 其五，对于评奖标准及等次规定颇为严苛，以有特殊创建、独立体系、系统叙述等为佳作。④ 该项奖励一共举办了六届，直到1948年因战事而中止。

申请评奖的史学作品按规定呈报后，经教育部统一安排，寄送给相关领域的专家学者。申请作品的评奖流程为：先由两到三名专家进行初审；在出具审查意见和评定等级后，交由"学审会"各小组审查并给出意见；进而提交"学审会"常会和大会讨论；最终评定优胜作品等级，并在报刊中予以公布。⑤ 历届获奖人数在三十名到七十八名不等。⑥ 随着评奖运作经验的积累，再加上时局的变化，在实际操作过程中，"学审会"的审查方式和评定标准也在不断地改进和完善。

那么，20世纪40年代，"学审会"所聘请的专家，是如何审查作品的呢？以下章节以陈寅恪的《唐代政治史述论稿》和柴德赓的《鲒埼亭集谢三宾考》为例，略述书稿撰写出版过程与评审意见，进而分析奖次评定背后的影响因素。

第二节　陈寅恪《唐代政治史述论稿》的评审

在论及陈寅恪《唐代政治史述论稿》评审意见之前，似有必要将此书一波三折的出版过程稍作厘清。

---

① 《教育部学术审议委员会聘任委员选举办法》，《教育法令汇编》，重庆，正中书局，1940年，第10页。
② 《学审会通过三十五六年度学术奖励》，《教育通讯月刊》1948年第5期。
③ 《教育部举办民国三十年度著作发明及美术奖励要》，《高等教育季刊》1942年第2期。
④ 中国第二历史档案馆编：《中华民国史档案资料汇编》（第五辑第二编），"教育（二）"，南京，江苏古籍出版社，2000年，第189页。
⑤ 参见左玉河《中国近代学术体制之创建》，成都，四川人民出版社，2008年，第652～656页。
⑥ 《教育部学术审议委员会会议记录》，中国第二历史档案馆，档案号：五—1350(1)。

一、《唐代政治史述论稿》的刊刻与反响

1940年7月,陈寅恪借道香港赴英讲学,至港后欧战爆发、航线中断,困顿之际,应陈君葆等人之请在香港大学任教。《唐代政治史述论稿》乃是他在港大授课所用的讲义。① 1941年1月,陈寅恪将书稿整理完毕后,即从香港邮寄至上海付梓刊刻,但因通讯迟滞,书稿遗失不明;后由邵循正帮助整理成书,书名题作《唐代政治史述论稿》。② 陈氏致傅斯年等人的信函亦称:"将此两年所著之唐代政治史及晋书补证等稿(皆港大演讲底稿)誊写清楚,呈候校正。此二稿当在港危迫时,已将当时写清之本托人带与上海浙江兴业银行王兼士,因恐死亡在即故也。"③此后,香港沦陷,陈寅恪赴英任教的计划破灭,被迫返回内地,相继任教于广西大学、成都燕京大学。1942年8月,陈寅恪在致傅斯年的信中即告知,书稿数日内可写校完工,"西大如能代出固佳;不能,则将唐代政治史寄呈削正付刊。"④同年12月,在给杨树达的信中,陈寅恪称《唐代政治史》已付印,⑤所言似乎不确。实际上,此书直到1943年5月,才作为中央研究院历史语言研究所专刊,由重庆商务印书馆出版。此书初版自序写于1942年的七夕,或许因战时纸张缺乏、印刷困难,拖延至次年方才付梓刊刻。《唐代政治史述论稿》出版后,学界反响强烈。夏承焘在日记中即言:"略翻一过,极佩服其精博。近日治中古史者,诚卓然一大家。余曩年妄欲治宋史,见此杰作,可以缩手矣。"⑥王育伊评论道:"本书所以异于时人所讥之琐碎考据,亦异于剪裁陈言纂辑成书之史钞,更大异于具有成见与含有宣传性之史论。"⑦他认为此书的出版,是对琐碎考据学与宣传性史学的一个回击。

第三届"学审会"的评奖公告于1944年4月公布。根据规定,申请时间应在1943年9月之前。《唐代政治史述论稿》出版于1943年5月,可谓是恰逢其时。此书最终获得了第三届教育部学术著作奖励一等奖,推荐人是傅斯年。申请奖励说明书的"内容要点"中写到:"本书据著者自序称,系继《隋唐制度渊源略论稿》而作,以补充前稿之未备也。"⑧

---

① 《陈君葆日记全集》(卷二),香港,商务印书馆(香港)有限公司,2004年,第23页。
② 卞注曰:"当时通讯迟滞,达失不明。及民国三十三年二月重庆商务印书馆初版之本,乃由邵循正先生整理成书,书名题作《唐代政治史述论稿》。"恐有误,因重庆商务印书馆之初版时间为1943年5月。参见卞惠僧《陈寅恪先生年谱长编(初稿)》,北京,中华书局,2010年,第203~204页。
③ 《陈寅恪集》(书信集),第84页。
④ 同上书,第93页。
⑤ 杨树达:《积微翁回忆录·积微居诗文钞》,第195页。
⑥ 夏承焘:《天风阁学词日记》(第六册),第519页。
⑦ 王育伊:《评〈唐代政治史述论稿〉》,《图书评论》1943年第4卷第3~4期。
⑧ 《教育学术审议各项油印资料》,中国第二历史档案馆,档案号:五一1429(2)。

二、评审与分歧

《唐代政治史述论稿》申请后,"学审会"寄送的审查专家为吴稚晖和柳诒徵,二人的评审意见如下:

> 思想正确、参考详赡、结构完善、叙述甚有系统,对于前人学说间有改进,在史评中自有独立体系。作者循由武力而强盛、由强盛而兴文教,文教既盛、武力涣散,又各恃残余之武力分为党派,由党派而促衰败之理,以为史评。虽非发明,惟引据翔实、创制谨严、立论平正,是其特长。此项著作已流行于社会,自有参考之甚大价值,无特别奖励之必要,以给予名誉奖励为当。(吴稚晖)

> 是书探穴史籍、钩沉发覆,树义若坚城、□事如审枵。自唐代皇室、臣僚、蕃将、阉寺之家世著眼,推及政策之演变、□□之□□,河朔之分崩、胡族之迁徙,皇位之继承,党派之起□,□串□举;系统分明而措辞□□、行文周密,姑假假说、自发疑难。虽河朔不无汉化,李党亦重进士,少数特例,无碍原则。并世罕才,实罕其匹,曷胜叹服。是为有独创性、发明性、对于学术确有特殊贡献之著作,应给予以奖励。①(柳诒徵)

观两人的审查意见,吴稚晖认为"无特别奖励之必要,以给予名誉奖励为上";柳诒徵对陈著则推崇备至,列为一等奖。吴稚晖的治学侧重中西哲学思想阐发、汉语语音与文字学等方面,国学功底颇为深厚,对唐代政治史却未有精深的研究。吴氏的审查意见认为,《唐代政治史述论稿》对唐代政治内在脉络及其互动的阐释,虽自有"独立体系",却并非发明,最终评定请给予名誉奖励。

那么,吴稚晖何以有此低评呢?首先,可能与吴氏对中国文化的偏见有关。陈立夫曾言,吴稚晖先生"也曾有一时比较不重视中国文化,他在五四运动时曾主张漆黑一团的宇宙观,并一度要把线装书掷到茅厕里去。"②抗战军兴后,吴氏发现传统文化可以激励民族士气,态度也转向肯定和赞同,所论多在"历代盛衰之历史",以求当权者能有所鉴戒。但吴稚晖对陈寅恪所著《唐代政治史述论稿》中的观点难以抱同情之理解,当属不诬。其次,或许是吴稚晖在评奖等次上有个人偏好。他在给其他申请作品的评奖过程中

---

① 《教育部学术审议各项油印资料》,中国第二历史档案馆,档案号:五—1429(2)。
② 陈立夫:《成败之鉴——陈立夫回忆录》,台北,正中书局,1994 年,第 241 页。

也多用"名誉奖励",或不给予明确等次。① 当然,吴稚晖的这一评价,却无意贬低了《唐代政治史述论稿》独创性价值。与此形成鲜明对比的是,柳诒徵认为陈寅恪行文周密,其著"有独创性和发明性",当属持平之论。

按照"学审会"规定,"如审查者二人意见悬殊时,另请第三人审查。"② 两位初审人有不同意见时,就会被提交给其他学者再次评定。因所见史料有限,我们对于《唐代政治史述论稿》是否交由"第三人"审查,以及"第三人"是否真实存在,皆不得而知。除《唐代政治史述论稿》本身的学术价值、陈寅恪至高的学术声望外,作为此书的推荐人和"学审会"委员的傅斯年,或为此著荣膺一等奖奖励提供了有力帮助。

据《竺可桢日记》及档案,傅斯年出席了1943年12月15日～17日的"学审会"会议,分在第二组。此组的召集人为吴稚晖,当时的参加者还有陈布雷、柳诒徵、张君劢、徐悲鸿、顾毓琇等人。陈寅恪此时刚从广西大学转至成都燕京大学任教,寄居在观音岩的俞大维家中。当时的"学审会"委员竺可桢、傅斯年、柳诒徵等多与其有过晤面和交谈。③ 同时,作为部聘教授,陈寅恪与当时一流的文史学者也多有交谊。

"学审会"评定结果出来之前,陈寅恪曾致信傅斯年称,"燕大所付不足尚多,以后不知以何术设法弥补?思之愁闷,古人谓著述穷而后工,徒欺人耳";且言所欠预支旅费被挪作他用,难以按时归还,"学术审议会奖金如有希望可得,则请即于其中在渝扣还,以省寄回手费。"④ 可知,初至成都燕京大学任教的陈寅恪,因全家患病而各项开支甚多,生活至为窘迫,请求补发研究费、米贴与生活补助费以维持生计。由中研院垫支的旅费也不能按时偿还,陈氏只好寄希望于"学审会"的奖金。

第三节 柴德赓《鲒埼亭集谢三宾考》的评审

柴德赓毕业于国立北平师范大学史学系,1936年到辅仁大学任专任讲师,颇得陈垣青睐,与余逊、启功、周祖谟并称"陈门四翰林"。1944年,因不

---

① 吴稚晖作为审议人的评审意见,未给具体奖励等次的例子还有:(1)唐君毅的《道德自我之建立》,吴稚晖的评定:名誉奖励,张君劢评为:一等奖;(2)胡洪受的《大学释义》,吴稚晖认为"列于释经著作中尚未完美",未给等次。参见《教育部学术审议各项油印资料》,中国第二历史档案馆,档案号:五—1429(2)。
② 《教育部七年来学术审议工作》,《中华教育界》1947年第1卷第1期复刊。
③ 《竺可桢日记》(二),第719～725页。
④ 《陈寅恪集》(书信集),第94、96页。

堪忍受沦陷区北平的政治气候，他只身南下，到白沙女子师范学院任副教授。《鲒埼亭集谢三宾考》乃是其在辅仁大学任教时期的作品。

一、《鲒埼亭集谢三宾考》的撰写与发表

北平沦陷后，身处辅仁大学的陈垣开始提倡"有意义之史学"，以考证结合史论，借史学以讽喻当下。他在学校开设了"史源学实习"课程，以全祖望《鲒埼亭集》、顾炎武《日知录》为教材，目的在"亦欲以正人心，端士习"。①柴德赓在此前后对《鲒埼亭集》精心研读，开始撰写《鲒埼亭集谢三宾考》，并于1943年端午节完成。②

对于撰述动机，柴德赓在《专门著作申请奖励说明书》的"著作经过"中说："作者因身处北平，目观汉奸之无耻，适读全祖望《鲒埼亭集》，屡提及夫己氏者，因加考索，知即明末汉奸谢三宾，遂遍检群书，费时一年有余而成此文。"③书稿共六卷二十四章，除了阐明谢三宾在晚明史上的地位及其投降清朝的经过外，还考证其出处、生平及子孙，并考证疏通晚明史籍中的矛盾舛误之处，征引史籍达84种之多。全书在细密考证、择断史实的基础上，对晚节不保、两次降清的谢三宾予以批判，阐述了柴德赓的爱国幽旨；可谓是集考据、义理于一体，达到了别阐微旨的境界。④

值得注意的是，陈垣《通鉴胡注表微》的撰写也始于此时。检阅陈垣与友人往还的书信，我们可以发现，《鲒埼亭集谢三宾考》与《通鉴胡注表微》的撰写，也是陈垣与柴德赓师徒二人切磋商榷的过程。两人在治学中交流频繁，配合默契，以至柴德赓南下后，陈垣在治学上还有些不适应，竟有"无人可商"的慨叹。他在给陈乐素的信中说，"青峰兄常有信否，余极念之。……余极愿他回辅仁也。《表微》拟在《学志》发表一部分，汝有何意见，可以助我。青峰走后，余竟无人可商榷也"；"出处篇亦油印一份，已寄青峰，他能知我心事也"；"青峰情形，殊可念，吾甚欲其北来，未知途中易走否也？"⑤可知师徒之间感情甚笃，在治学上颇能相互砥砺、共求精进。

《鲒埼亭集谢三宾考》撰成之后，发表于《辅仁学志》1943年第12卷第1～2期上。陈垣对此文推崇备至，认为是"一流作品"，将文章寄送柳诒徵、

---

① 《陈垣全集》（第23册），第92页。
② 张承宗：《柴德赓与他的老师陈垣》，《学海》1991年第2期。
③ 《一九四五年度学术奖励著作申请书及审查意见》，中国第二历史档案馆，档案号：五—1360(2)。
④ 张承宗等编：《百年青峰》，第166页。
⑤ 《陈垣全集》（第23册），第851、856、865页。

方豪等学者进行传阅和推介。他在给陈乐素的信函中说道："柳翼（柳诒徵）极称许《谢三宾考》,可见有目共赏,非阿所好也。"柳翼乃柳诒徵。在致方豪的信中亦称："《谢三宾考》乃柴君精心结构之作,在近年出板界中似尚是第一流文字。"①可见,柴德赓凭借《鲒埼亭集谢三宾考》,已经得到了部分学者的赏识。在呈送教育部"学审会"评议之前,此文已经获得了中央研究院论文一等奖。

1944年,在白沙女子师范学院任教的柴德赓,听闻教育部奖励学术作品的公告后,便开始准备申请。为方便起见,他邀请同校的魏建功和时任院长的谢循初作为介绍人。两人对作品的评语为："此作虽仅了一公案,而方法与精神,皆足为斯学楷式;其主要贡献当在中国史学方法及史家之态度上。至于考证周密,引据博洽,犹余事耳。"②他们认为柴著非但考证精妙,其撰写模式更值得效法,所论至为精当。魏建功在北平时即与柴德赓相从甚密,对其治学方法与理念颇有了解;1937年魏氏南下时还曾赠诗唱和,以表心迹,作为介绍人也是在情理之中。③

从审核要求上来看,两位介绍人的身份似乎与教育部所规定的专家资格不符。"学审会"规定,介绍人须为："(1)曾任或现任专科以上学校校长、院长或教授,担任有关该项著作或发明之科学者。(2)曾任或现任研究所之研究员,原系研究该科(之)学者。(3)对于该项科学研究确有研究已有重要著作者。"④上述三点,皆要求介绍人应为申请作品所属领域的著名学者。谢循初专功心理学,魏建功侧重于古典文献学,虽为各自领域的名家,却与明清史研究少有交集。不过,《鲒埼亭集谢三宾考》还是顺利通过了审核。

二、评审与争议

"学审会"收到《鲒埼亭集谢三宾考》申报材料后,将其寄送给了金毓黻和钱穆进行审查。

金毓黻的审查意见为："谢三宾人不足称,且为全谢山先生所痛恶,特以作者熟读《鲒埼亭集》,遂一一为之考稽。于本书外,征引参考书籍多至八十余种。一时兴到之作,遂裒然成钜帙。且作者文笔,亦极似谢山,几如水银

---

① 《陈垣全集》(第23册),第852、96页。
② 《一九四五年度学术奖励著作申请书及审查意见》,中国第二历史档案馆,档案号:五—1360(2)。
③ 张承宗:《柴德赓先生已刊论著与诗文目录系年》,张承宗、何荣昌主编:《青峰学记——柴德赓教授纪念文集》,南京,江苏文史资料编辑部发行,1992年,第286页。
④ 《申请三十三年度学术奖励应行注意事项》,《福建省政府公报》1944年第1615期。

泻地,无孔不入,考谢三宾本事之不足,且及其子孙焉。于其子孙褒之不容口,不以三宾之故而加贬词,亦以明善恶之不相掩,即为谢山对三宾之异称,凡十三种,亦特为考证,则其他可知矣。此作此极小题目,却能毫无遗憾,诚近顷之佳作也。"①金氏在评语中对《谢三宾考》褒奖有加,认为此文以小见大,考稽详确,且思想正确、资料详赡、时有创建,应被评定为二等奖。

翻阅《静晤室日记》可知,金毓黻也将评语誊录到日记之中。日记中的评语,除了部分词句与档案中的审查意见略有差异外,其余皆同。除评语之外,金氏还附了一句:"柴君为陈垣弟子,曾执教于北平辅仁大学,故所学极有师法。近岁南来,为江津女子师范学院教师。"②所言"极有师法",实则金毓黻也窥探到《鲒埼亭集谢三宾考》在撰写方法和学术理念上,深深地烙上了师承的痕迹。1946年6月9日,金毓黻在致柴德赓的信中,谈到了此前审查其论文的情况,"前奉大笺及《谢三宾考》等两种均已拜领,前在重庆承教育部命审查学术论文,已将谢考细读一过,即羡佩其精博,□又益《宋臣官考》为下走研讨宋史学之助,尤感厚惠",③颇称赞《谢三宾考》之精博。

另一初审专家钱穆也接到《鲒埼亭集谢三宾考》的评审函件,将此文评定为第三等。在审查意见中,钱穆先肯定了文章的学术价值。钱穆认为作者在史实考证上,能对谢三宾史料爬梳抉剔,譬如开荒;所写谢氏一生事迹,几于首尾完具,宏识毕备;对史料的运用,也能钩稽甚勤、征引丰富、用心缜密。同时,钱穆也点明了文章撰述的弦外之音,"其时北平正在沦陷期间,作者笔底盖尚有无限感慨,无限蕴结,欲随此文以传者,固非漫无旨义,徒矜博闻之比。"④钱穆意识到《鲒埼亭集谢三宾考》与传统的考证文章多有不同,文章表为考论谢三宾史迹,实则超越了传统考证的窠臼,借阐释贰臣谢三宾的降清事迹,以批判沦陷区汉奸的无耻行径,这也是秉承了其师陈垣"有意义之史"的做法。

在一番肯定之后,钱穆将话锋一转,开始对以《鲒埼亭集谢三宾考》为代表的治学倾向进行了批评。他先以《史记·留侯世家》为例,解读司马迁的著史方法。钱穆认为,留侯张良与刘邦纵论天下之事甚多,被誉为"运筹帷幄掌中,决胜千里之外";但《史记》对君臣二人商议谋略之事多不著录,

---

① 《一九四五年度学术奖励著作申请书及审查意见》,中国第二历史档案馆,档案号:五—1360(2)。
② 金毓黻:《静晤室日记》(卷八),第6011页。
③ 柴念东编:《青峰草堂往来书札》,北京,商务印书馆,2015年,第23页。
④ 《一九四五年度学术奖励著作申请书及审查意见》,中国第二历史档案馆藏,档案号:五—1360(2)。

何也？因其与刺秦王、得兵书、辅高祖、灭项羽等重大历史事件相比，不值一书，故删去不录，此乃"千古著史大法，亦千古考史大法"。钱氏认为，谢三宾毕竟为一地方人物，与明朝兴亡的关系并不大，费尽心力予以考证，不甚值得。

接着，钱穆开始对"为考据而考据"的治学风气提出了自己的看法：

> 近人每高言考据，其意若曰为考据而考据，即已尽学问之能事。不知考据疏密是一事，题目大小另是一事，若题目一小，则考据虽密，终不能认为学术界不可少之著作。故同样考一人物，如考蒲寿庚与考谢三宾，其所费精力有以同样艰难，然其所得结果，其所实际贡献于学术界者，则大小迥为不侔矣。故为考据工夫者，其最大本领还在炼选题目，题目一定，则其工夫实已十完六七矣。平心论之，此文用心之细，立论之平，皆足证作者之学养，然试思一学者读竟此文，究竟对晚明世局所谓天下所以存亡者，增添几许智识矣。一研究晚明史者，果于谢三宾其人必具若何之认识与瞭解乎？若专以为考据而考据作藉口，谓此等文字可为从事考据者作一实例，则自来可为考据学示例者已尽不乏，又何烦屋上作屋乎？窃意此文功力皆到，作意亦佳，惜其为近代为考据而考据之风气所惑，因此，狮子扑绣球亦用全力。若论其在学术上之贡献，则即就专治晚明史之专门范围论之，此文之所得，亦未谓得居一重要之位置也。①

柴德赓认为谢三宾乃"晚明史上一个重要人物"，因史书无传、记载隐名，故而专门详加考证一番。② 钱穆却持不同意见，他说此文选题过小，如以降清的谢三宾与叛宋降元的蒲寿庚做比较的话，则考证两者史实的学术贡献可谓是迥然有别；柴氏的文章是"狮子扑绣球"，将学术的功力用错了地方。

细阅评审意见，即可发现，钱穆批评所指并非仅在《鲒埼亭集谢三宾考》一文上，而更多的是对胡适、傅斯年等学界主流——"科学考订派"进行批判。当时的钱穆对"为学问而学问""为考证而考证""无所为而为"的治学态度并不满意，渴求从历史文化的影响力与治学的价值层面，进行新的探讨。这一点在《国史大纲》中即有明确批评，认为这派学人多以科学方法之名为

---

① 《一九四五年度学术奖励著作申请书及审查意见》，中国第二历史档案馆藏，档案号：五—1360(2)。
② 柴德赓：《鲒埼亭集谢三宾考》，《辅仁学志》1943年第12卷第1~2期。

傍依,"惟尚实证,夸创获,号客观,既无意于成体之全史,亦不论自己民族国家之文化成绩。"①这一时期的钱穆,开始从考证向文化思想史转变,更为注重史学的社会功能,这就与那些以科学方法治史的学人们分道扬镳了。

抗战军兴以来,史学界面临着新的挑战,史学与史家能否回应国家救亡,成为一个重要的命题。在此背景下,学术以致用的风气日盛,民族主义思潮开始复兴。钱穆在1941年初的《齐鲁学报》发刊词中,将战时的中国与晚明、嘉道时期相类比,认为桐城文学、乾嘉考据皆是余丝残泪,无补于国难。他感慨道:"凡吾学人之所欣赏而流连者,其果异于古原之夕阳乎?所发奋而努力者,其果异于春蚕之作茧,蜡炬之自烧乎?所矜重而夸大者,其将勿为垂尽之余丝,欲干之残泪乎?"②他认为在这个风雨如晦的国难时期,学人的治学方式也应当改弦易辙,考据、义理不可偏废,学史当求经史,以补时艰。

钱氏曾不止一次提到"中国学问主通不主专,中国学术界贵通人不贵专家"。③因此,他对优秀史家的评价标准也发生了转变,认为新的史学家必须对现实有恳切的关怀,对各学科能相当知晓,并能以哲学的思辨来融通经纬条理,这也是钱穆所追求的理想境界。④

弟子们的回忆也进一步印证了钱穆的学术转向。严耕望记述其师的话说:"我们读书人,立志总要远大,要成为领导社会、移风易俗的大师,这才是第一流的学者;专守一隅,做得再好,也只是第二流。"⑤李埏亦记述其师的教导:"学史致用有两方面,一是为己,二是为人。为己的意思,是自己受用;为人就是为国家、为社会。近世史学界崇尚考订,不少学者孜孜砣砣,今日考这一事,明日考那一事,至于为何而考,则不暇问。"⑥显而易见,钱穆要求自己的学生在治学时,应讲求贯通与致用,不必拘泥于琐屑考订的旧途辙。他对"琐碎的考订主义者"大为不屑,认为史学"为己"的同时,更当"为人";这就与胡适所提倡"为己之学是学问的根本途径"⑦的观点,有绝大的反差。可以说,此时的钱穆,不只是与胡适、傅斯年、顾颉刚等不相容,与当时新派

---

① 钱穆:《国史大纲》,北京,商务印书馆,1991年,第4页。
② 钱穆:《发刊词》,《齐鲁学报》1941年第1期。
③ 李振声主编:《钱穆印象》,上海,学林出版社,1997年,第92页。
④ 钱穆:《中国今日所需要之新史学与新史学家——本文敬悼故友张荫麟先生》,《思想与时代》1943年第18期。
⑤ 严耕望:《如何学好历史——严耕望的治史三书》,沈阳,辽宁教育出版社,2006年,第274页。
⑥ 李埏、李伯重:《良史与良师:学生眼中的八位著名学者》,北京,清华大学出版社,2012年,第61页。
⑦ 《胡适书信集》(中册),第903页。

的治学风气也有不少扞格。① 钱氏以考据成名,之后开始注重心性义理的阐发与哲学层次的反思。对此,李方桂曾评价道:"他(钱穆)搞的历史研究与我们不同,我们或多或少是根据史实搞历史研究,不,他搞的是哲学,他是从哲学观点来谈论历史,因而跟我们搞的大不相同。"②总之,1945年的钱穆在治学上已经转向较大命题、通论色彩的大叙述,以求自身的学问与时代能够有所呼应。

综观吴稚晖、柳诒徵、金毓黻、钱穆四人的评审意见,我们不难发现,审议人的个人脾性、知识结构、学术素养与史学观念。是影响申报作品能否获奖,以及奖次高低的重要因素。其背后则体现了时代变局与治史趋向的互动关系。

第四节 史学获奖作品的统计与分析

由教育部"学审会"组织的著作发明奖励活动是参评作品选优汰劣的过程。许多年轻学人因评奖而确立自身的学术自信,也有作品在评议人的辣评之下暴露缺憾与瑕疵。因为作品评奖尤重独创性,贵能有所发明,因袭抄录、漫无剪裁、体例驳杂、牵强附会的作品在初审时即不获通过。

表5-1 教育部学术著作受奖助者一览表·史学部分(1941—1947)

届别	姓名	奖级	著作名称	初审审议人及评定等级
第一届 (1941 年度)	杨树达	二等	春秋大义述	未详
	黎锦熙	三等	方志今议	未详
	罗倬汉	三等	史记十二诸侯年表考证	未详
	陆懋德	三等	中国上古史	未详
第二届 (1942 年度)	郭宝钧	三等③	中国古铜器学大纲	马衡:二等;唐兰:勉有参考价值
	陆懋德	二等	史学方法大纲	金毓黻:应予奖励;陈寅恪:二等奖
	胡厚宣	二等	甲骨学商史论丛	商承祚:二等
	罗香林	三等	国父家世源流	孙哲生:甚正确,有价值,应奖

---

① 王汎森:《近代中国的史家与史学》,第156页。
② 《李方桂先生口述史》,王启龙、邓小咏译,第81页。
③ 《第二次中国教育年鉴》将郭宝钧的作品列为"二等";档案所列"常会所拟给奖等:三等",参见《教育部学术审议各项油印资料》,中国第二历史档案馆,档案号:五—1429(1)。故而,《第二次中国教育年鉴》记载有误。

(续表)

届别	姓名	奖级	著作名称	初审审议人及评定等级
第三届（1943年度）	汤用彤	一等	汉魏两晋南北朝佛教史	柳诒徵：一等；吕澂：三等
	陈寅恪	一等	唐代政治史述论稿	柳诒徵：一等；吴稚晖：不给等次，予以名誉奖励
	刘节	二等	中国古代宗教移植史研究①	缪凤林：二等；徐中舒：三等
	曾资生	三等	中国政治制度史	柳诒徵：二等；萧公权：三等
	郑天挺	三等	发羌之地望与对音论文三篇	柳诒徵：三等；陈寅恪：三等
	王焕鑣	三等	曾南丰年谱	陈寅恪：三等；王易：二等或三等奖
	邓广铭	三等	宋史职官志考正	方壮猷：三等；陈寅恪：三等
第四届（1944年度）	罗根泽	二等	周秦两汉文学批评史	未详
	劳幹	一等	居延汉简考释	未详
	萧一山	二等	清史大纲	未详
	简又文	二等	太平军广西首义史	未详
	蓝文徵	三等	中国通史（上卷）	未详
	洪启翔	三等	古代中日关系之研究	未详
	施之勉	三等	古史摭实	未详
	王伊同	三等	五朝门第	未详
第五届（1945年度）	姚薇元	二等	鸦片战争史事考	未详
	柴德赓	二等	鲒埼亭集谢三宾考	金毓黻：二等；钱穆：三等
	孙文青	三等	南阳草店汉墓画像集	卫聚贤：三等；顾颉刚：三等，陆咏沂：三等
	严济宽	三等	中国民族女英雄传记	钱穆：三等；钱用和：未拟给奖（或为疏忽之故）
	王玉哲	三等	鬼方考	陆咏沂：三等；柳诒徵：二等
	周荫棠	三等	中国近代文官出身之途径	钱端升：三等；史尚宽：二等，萧公权：三等或二等
	罗仲言	三等	中国国民经济史（上册）	罗志如：三等；赵兰坪：有得二三等奖之价值
	许毓峰	奖助	周濂溪年谱	金毓黻：三等；汤用彤：不予奖励
	朱谦之	奖助	哥伦布前一千年中国僧人发现美洲说	沈刚伯：二等；雷海宗：似不应予以奖励

---

① 刘节的《中国古代宗教移植史研究》实为二等，《第二次教育年鉴》所载有误。

(续表)

届别	姓名	奖级	著作名称	初审审议人及评定等级
第六届（1946、1947年度）	张西堂	二等	颜习斋学谱	柳诒徵：二等，胡适：二等
	马学良	二等	撒尼保语法	闻宥：二等，罗常培：未评等级
	施之勉	二等	汉史考	三个评议人皆评为二等
	刘铭恕	二等	中外交通史论丛	陈寅恪：二等，陈垣：二等
	曾仲谋	三等	广东经济发展史	赵兰坪：二等，陈岱孙：三等
	张秀勤	三等	日本史正名篇	缪凤林：二等，李季谷：三等
	徐松石	三等	泰族童族粤族考	缪凤林：三等，吕思勉：三等或二等，顾颉刚：一等
	杨明照	三等	汉书颜注发覆	钱穆：二等，顾颉刚：三等，陈延杰：不给奖

参见中国第二历史档案馆所藏档案，如《一九四六至一九四七年学术奖励摘要及学术奖励作品审查意见表》，档案号：五—1359(3)，《一九四六至一九四七年学术奖励摘要及学术奖励著作审查意见表》，档案号：五—1359(1)，《一九四六至一九四七年专门著作申请奖励说明书及学术奖励著作审查意见》，档案号：五—1358(1)，《一九四六至一九四七年学术奖励摘要及学术奖励著作审查意见表》，档案号：五—1358(4)，《一九四六至一九四七年学术奖励摘要及学术奖励著作审查意见表》，档案号：五—1358(5)，《全国学术团体概况报告表及学术奖励摘要》，档案号：五—1351。

综观这些申请作品的评审意见，可以隐约发现审查专家遵循着一些或隐或明的原则与标准。

一、追求作品的纯粹性和学术性，摒弃意识形态的影响。涉及三民主义、国父遗教、国民党党史等意识形态的著作，即使推荐人、审查人为政学两界的元老或实力派人物，也基本不会在最终评定中获奖。例如，对周曙山《五十年来中国国民党史表解》，梁寒操、陈立夫各评为三等、二等，但大会决议不给奖。梁寒操的审查意见为："思想正确，选用材料颇具剪裁，叙述亦殊简要，可供一般学校课本之用。"陈立夫的审查意见为："具有相当之独创性及学术价值，但不能跻于最高等之地位。"又如崔书琴《三民主义新论》，其推荐人是冯友兰，评审人为张道藩、梁寒操和陈立夫，皆为政学两界的重要人物，梁、陈二人皆评定为二等，张拟请不必给奖，大会决议不给奖。①

二、在评审意见中，审查人的学术权威性是评奖的重要参照。因名额有限，"学审会"在对评奖作品进行抉择去取时，多采取了如下办法：

首先，在评审意见较为一致的情况下，终评结果依照评议人划定的等次。例如，对王玉哲的申奖作品《鬼方考》，柳诒徵评为二等，陆咏沂评为三等。柳氏评审意见为："由徐中舒鬼方在晋近地之说引申，引证详确，思议平允，绝非故意翻案，穿凿附会，海宁王氏复生，对兹说亦当首肯，请给予二等

---

① 《一九四六至一九四七年学术奖励摘要及学术奖励著作审查意见表》，中国第二历史档案馆，档案号：五—1359(3)。

奖。"陆咏沂的评审意见为："此文虽非独创性及发明性之著作，然能根据旧说参考群籍，加以订正，自成一家之说，亦是有价值之作品。"最终，大会采纳了柳诒徵的评定意见，定为二等奖。①

其次，评审意见不一致的情况下，终评的结果与评审人的学术权威性有莫大的关联。如陈垣、胡适、陈寅恪、汤用彤、顾颉刚等人的评审意见就甚为重要，直接影响终评结果。例如，对陈延杰的参评作品《周易程传参正》，钱穆审查意见为："本书网罗众说，折中求是，虽无特殊创建，而整理前人成说，确有贡献，似可予以第二等奖。"汤用彤的审查意见为："本书未见具有独创性。"汤氏寥寥数语，却分量颇重，此书最终未能获奖。② 又如，对杨明照的《汉书颜注发覆》，钱穆认为，此书虽有缺陷，却搜罗靡细、用力不浅，乃颜注之忠臣，评为二等；顾颉刚认为，本篇之发明性不高，惟确具学术价值，评为三等；陈延杰认为，此书诋毁前说太甚，评定为不给奖。最终，大会评定为三等奖。③

再次，当初审意见出现较大分歧，难以达成统一意见时，"学审会"多采取折中态度，作品未列等次，但给予物质奖助，以示褒奖。例如，对朱谦之《哥伦布前一千年中国僧人发现美洲说》，沈刚伯的审查意见为："此文引证甚详，论断颇辩，对此二百年久极未决之案，虽未必遂成定论，但确能扫除希勒格派之曲见，可于旧说大有改进之点。评定为二等奖。"雷海宗的审查意见为："全书观点，极不正确治史最忌自我夸大，作者似认美洲之发现为中国之光荣，极力牵强附会，非证成见为事实不可。此书无可详论，以下二点较值得注意。（一）书以'中国僧人发现美洲'为名，而实际所谓'中国人'乃'蜀宾人'。称后者为'中国人'与称'爪哇人'为'荷兰人'同无道理。（二）各史描述'扶桑'之文字，类皆不着边际，如凭想象，可能之解释极多。惟一具体而不可随意附会者乃'有马车，牛车，鹿车，国人养鹿，如中国畜牛'。古墨西哥非只无牛马，且无任何为人服役之家畜，此乃史实与定论。作者对此点只作不忠实之抹煞，实违历史作者之根本立场。建议不给奖励。"最终，作品虽不在获奖等次之列，却给予奖助金，以资鼓励。④

三、有些作品虽为佳作，却受制于"学审会"的规定、获奖名额的限制和

---

① 《一九四五年度学术奖励著作申请书及审查意见》，中国第二历史档案馆，档案号：五—1360(2)。

② 同上。

③ 《一九四六至一九四七年学术奖励摘要及学术奖励著作审查意见表》，中国第二历史档案馆藏，档案号：五—1359(2)。

④ 《一九四五年度学术奖励著作申请书及审查意见（初审不合格者）》，中国第二历史档案馆藏，档案号：五—1360(1)。

申请者自身的原因,而有遗珠之憾。例如,对陆懋德的申奖作品《史学方法大纲》,评审人金毓黻和陈寅恪皆评价颇高。但因陆氏上届已经参选获奖,根据"学审会"新规,已获奖者不可再次申请,故而未能获奖。又如对罗常培的《贡山俅语初探》,初审李方桂等评价颇高。但因罗氏感觉作品未能尽善,中途来函请求撤回修正,也未能获奖。① 另外,申请作品的竞争颇为激烈,获奖率较低。1941年申奖作品232件,获奖者30人;②1942年申奖作品222件,获奖者48人。③

四、教育部"学审会"的评奖过程并非尽善尽美,也存在着一些问题。其一,介绍人对申请作品最终获奖与否的作用似乎并不明显。其二,审查作品的过程中,部分评审人并未能遵守评奖规则,有些人寥寥数语即作罢,有些则忘记评定等次。其三,有些评审人以数量而非质量衡量作品的优劣,其评判方式也值得商榷。例如,郑天挺的申奖作品即因分量太少,而被降低等次,评为三等。④ 其四,从获奖的概率来看,人文社会学科的获奖作品以文学、历史居多,其他如教育类、艺术类作品,获奖较少。其五,马克思主义史家的作品,受党派歧见等因素的影响,未能出现在申请者和获奖者之列。其六,部分评审人的意见,并未能在大会终评中受到尊重。

总而言之,著作评审是作品间的直接较量,也是一个大浪淘沙、选优汰劣的过程。在评定过程中,讲求实证、信而有据,而不是观念先行、悬揣无凭,这是当时主流学人的治学原则。

---

① 《教育部学术审议各项油印资料》,中国第二历史档案馆,档案号:五—1429(1)。
② 《教育部举办民国三十年度著作发明及美术奖励述要》,《高等教育季刊》1942年第2期。
③ 《教育部学术审议各项油印资料》,中国第二历史档案馆,档案号:五—1429(2)。
④ 蒋梦麟曾致书郑天挺云:"大著之价值,金认为应得二等,因分量太少,故与他相较只能给三等。"郑天挺则认为:"余能得三等已觉过分,绝无所怨。但学术论文而以份量衡量,斯所未喻,决意辞不接受。"参见《郑天挺西南联大日记》(下册),第829页。

第六章　高校文科研究所与战时中国史学的发展

20世纪20年代的整理国故运动,促成了中国史学研究机构的创建,北大国学门、清华国学院等高校学术研究机构纷纷建立。其他高校亦多闻风而动,效仿筹设,一时间国学院遍及大江南北。另一方面,具有国家背景的独立的史学研究机构,亦多筹办,如中研院史语所即为当时史学机构运作的典范,他如北平研究院史学研究所等地方性学术机构也形成规模。诸多学人对这一时期的学术机构,已有较为全面地阐发和探讨。

以高校创设的国学院而言,当时并未形成现代意义上的学术分科体系,而文科研究所的创设,则使得学科门类更为精细化和正规化。既有对中国史学研究机构转型的研究,特别是对文科研究所的关注,显得甚为薄弱,对其创建缘由、创建过程、运作方式、学术成绩、后世影响等层面,缺少更为全面的论述和系统的把握。本章以此为中心,试图从整体上对辅仁大学、北京大学、燕京大学、东北大学、金陵大学等高校的文科研究所予以整体论述。文科研究所的创设虽有早晚,然其真正地运作和开展学术研究,则是在学人或困守孤城、或颠沛流离西南天地间的抗战之时。故而,对这一问题的论述属于战时中国史学的范围之内。

第一节　文科研究所创设的背景

文科研究所的创建,既是国家政权进行学术统合与整体控制的手段;又是学界以西方学术为基准,要求学术专业化与规范化的结果;更是中国学术现代化发展道路上的必然过程。

一、国家对学术整合的结果

1927年定都南京后,国民政府开始对文化进行有效统合与控制。在此背景下,国民政府教育部以法令、法规的形式,将高校原有的国学院、研究院所进行不断的规范化和统一化。

1931年,国民政府颁布了学位授予法,将文科学位分为学士、硕士、博士三级。其第四条规定:"有学士学位,曾在公立或立案私立之大学或独立学院之研究院或研究所继续研究二年以上,经该院所考核成绩合格者,得由该院所提出为硕士学位候选人。硕士学位候选人考试合格,并经教育部复核无异者,由大学或独立学院授予硕士学位。"①有关博士学位的培养与授予权问题,民国时期虽有规定,然并未真正实施,故不在探讨范围之内。②

随后,教育部又制定了《学位分级细则》(1935年5月23日)、《硕士学位考试办法与考试细则》(1935年6月至1936年4月)、《教育部施行学位授予法的训令》(1935年5月至1936年4月)。规定各大学经部核准设立研究院、研究所,办法如次:(1)参加硕士学位考试之研究生,应以各大学研究院或研究所、曾依大学研究院暂行组织规程第七条规定,将该生资格证件,报部核准有案者为限。(2)举行硕士学位考试之大学研究院或研究所,如尚未依照大学研究院暂行组织规程第九条之规定,将研究生应习之课程及论文工作呈经本部核准。应于举行考试前补报备核。(3)举行硕士学位考试之大学研究院或研究所,应依照硕士学位考试细则第七条之规定,先期拟具校内外委员名单呈部核准。(4)关于考试一切事宜,应由各该大学研究院或研究所与考试委员会,依照硕士学位考试细则之规定分别办理。③ 同时民国教育部以法令的形式,规定学位授予法于1935年7月1日实施。法令对学生的入学考试、学习年限、毕业论文审查、学位授予等方面均做了具体规范,完成了近代中国学位制度的基本建设。设立研究所的各高等院校只是在上述法令的基础上,根据自身情况对具体规定略有增删而已。

在此背景下,各高校中诸如国学研究所等名目纷杂的学术研究机构,即在国家行政法令的统一整合下,纷纷建立研究生培养与学位授予机制。这些研究所亦经教育部核准得以建立。

民国政府对教育的支持并未因战争而中辍。当时为激励爱国精神、团结御侮,民国政府开始推行"中国本位文化建设运动"。时任教育部次长的

---

① 中国第二历史档案馆编:《中华民国史档案资料汇编》(第五辑第一编),"教育(一、二)",第1406页。
② 据王云五回忆,"因两院对于博士学位之授予初时十分慎重,以国内大学研究所成立尚不多,且为时未久,遂迟迟有待。继而抗战军兴,学校转徙,图书仪器大半丧失,研究环境多不适宜,不得不搁置。"王云五:《谈往事》,台北,传记文学出版社,1965年,第83页。
③ 中国第二历史档案馆编:《中华民国史档案资料汇编》(第五辑第一编),"教育(一、二)",第1408~1409页。

吴俊升曾撰《论国难期内的教育》一文,认为"对于吾国文化固有精粹所寄之文史哲艺,以科学方法加以整理发扬,以立民族之自信。"①在此背景下的学术研究亦力求与国际相竞,"为建立学术标准,有学术审议委员会之设置。为培植研究人才,令各校增设研究所各研究学部。为奖励学术研究,特设学术奖金。"战时的教育部部长陈立夫,在回忆自身成就时亦言:"战前,各大学本有研究所的设置,系由各大学有适当导师及优良设备之院系研究室发展而成。二十五年度共有二十二研究所,分三十五学部,研究生共七十五人。战事发生后,各大学因迁校关系,研究工作多未能继续进行。教育部于二十七年拨给经费,就设备与人才较优的国立大学,酌量增设研究所,同时并令旧有研究所恢复招生。至三十三年,大学研究所增至四十九所。各所共设八十七研究学部。研究生共有四百二十二人。比较战前,数量增加几倍。"②可见,抗战之时是中国大学研究所和研究生数量增长的重要时期。当然,战时高校国家化的历程,亦出现诸多弊端,如顾颉刚即言:"陈立夫蓄意统制教育界,非其私人必加以困厄,逼其脱离,属其私人,则无论如何办得坏,亦与维持。"③

在此背景下,各高校的文科研究所纷纷成立,如北京大学文科研究所、清华大学文科研究所、东北大学文科研究所、国立中山大学研究院文科研究所、国立四川大学文科研究所、南开大学文科研究所、浙江大学文科研究所等。从源流上看,这些文科研究所多由原国学院、文史研究所等研究机构转化而来。抗战军兴后,研究机构一度停顿,而后又重设并复兴光大。

二、学人倡导与学术专业化的要求

整理国故运动,催生了诸多国学研究机构的产生。时至20世纪30年代中后期,真正意义上的中国现代学术体制建立后,文科研究所方以更为细化和专业化的面目出现。而文科研究所最终上升为国家层面,以政令的形式得以有效的实施,与部分精英学人的大力呼吁和提倡有莫大关系。

高校研究所之设,既是国民政府对教育整合的需要,亦与学界名流的倡导密不可分。蔡元培、汪敬熙等人皆"极力鼓吹各大学研究所之必设,藉作留学政策之转变,渐达我国学术之独立"。④ 比如,1935年初,蔡元培即在《东方杂志》发表《论大学应设各科研究所之理由》一文,文章指出,大学不设

---

① 吴俊升:《论国难期内的教育》,《文化建设》1936年第2卷第6期。
② 陈立夫:《成败之鉴——陈立夫回忆录》,第277～278页。
③ 《顾颉刚日记》(第五卷),1943年1月5日,第7页。
④ 庄:《设立研究所之商榷》,《北平周报》1935年第103期。

研究所有数端弊病,"(一)大学无研究院,则教员易陷于抄发讲义,不求进步之陋习;(二)大学毕业生除留学外国外,无更求深造之机会;(三)未毕业之高级生,无自由研究之机会。"文章虽言"非全由崇拜外人之心理",实则多有与欧美各国学术体制相比堪,乃至竞争的心理在。因为"欧美各国,除独立研究院外,各大学无不有相当之研究院故也。其研究院中方面之多,导师之努力,既为我国所望尘莫及。""当时的中国学生,如要在毕业后有所研究,惟有出国一途,而出国则又靡费甚众;故而,本土培养研究型学人乃是至善之法。"①

1934年《大学研究院暂时组织规程》出台后,傅斯年在表示称许的同时,也指出了高校研究所设立的条件:仿照西方实行讲座制。同时认为,研究院所非徒以招收研究生为专务,以免研究生沦为"不是兼职挂名之求'科名'者,便是不得职业之可怜虫,或是本校毕业无出路,恋恋于宿舍之无房租者";如果"研究所但为招收之研究生而用,则大学本身难免更要高中化了。"②可见,傅氏对高校研究所的设置不甚热心。

然而并非所有学人皆赞同高校研究所之设,当时即有持异议者。"从各方面而论,我国实有设立研究所之必要,无庸赘言,惟如何设立,实有商榷之余地。……我国之任何人才均感缺乏,在学术方面尤其显然,试以各大学每年之争聘教授,政府与大学之争夺人才即为明证也。……欲使各系均设研究所,则裨益毫无,而弊病滋多。于是严格言之,一个大学只能设立一二种学科之研究所,该研究所当不能拉尽该学科之专家,为其导师,当不能达到最满意健全之理想。在图书与仪器方面亦有种种困难,断难完备。吾人鉴于种种困难,以为各大学无须设立研究所,一切学科之研究所概由中央研究院办理,中央研究院为全国学术之最高机关,亦为全国专家之集中机关。"③但是,上述质疑并未能阻碍国家力量之下高校研究所筹设的进程。

文科研究所的创设,既是学术发展的内在要求,也与中国学术与国际接轨的愿望相契合。在此背景下,国民政府即核准较有实力的高校创办研究所。以研究所而言,一般分为文科研究所、理科研究所、法科研究所三类。而文科研究所之下则又可分为史学、中国文学、外国文学、人类学等部。但是,在创建之初和创建的过程中,各校因师资力量强弱有别、研究侧重不同,故而文科研究所多仅设一部或两部,而史学部则是各校中设立的重点。以1936年在北平设立的研究所为例,经教育部核准的有——国立北京大学:

---

① 蔡元培:《论大学应设各科研究所之理由》,《东方杂志》1935年第32卷第1期。
② 傅斯年:《大学研究院设置之讨论》,《傅斯年全集》(第五卷),第38~39页。
③ 庄:《设立研究所之商榷》,《北平周报》1935年第103期。

文科研究所（中国文学、史学二部），理科研究所（数学、物理、化学三部），法科研究所（暂缓招生）；国立清华大学：文科研究所（中国文学、外国文学、哲学、历史四部），理科研究所（物理、化学、数学、生物四部），法科研究所（政治部、经济部）；私立燕京大学：理科研究所（化学生物学部），文科研究所（历史部），法科研究所（政治学部）。① 更多的高校研究所，则是在此后不久被批准设立的。

当时的研究所亦非泛滥而设。为了保证高校研究所的质量，根据教育部《大学研究所暂行组织规程》的规定，凡"除大学本学系一般经费外，有确定充足之经费专供研究之用"，"系内图书仪器设备堪供研究工作之需"，"师资齐备"之大学得设研究所。"各研究所应与各学系打成一片，并依学系名称称为某某研究所"；研究所"设主任一人，由有关学系主任兼任之，系内之教授、副教授、讲师、助教等均为研究所之工作人员，不得另支薪津，亦不得因此减少教课钟点"。②

第二节　战时的北京大学文科研究所

在研究所的创办过程中，北京大学无疑引领时代潮头。以名称而言，早在 1918 年即有"文科研究所"之称，而后历经北京大学研究所国学门的创设。1932 年研究院成立后，国学门改称研究院文史部。1934 年，研究院再次改组，研究院文史部改称文科研究所，并由胡适担任所长，这可谓是北大文科研究所肇始。当时，研究所分编辑室、考古学室、金石拓片室、明清史料整理室、语音乐律实验室五部。③ 1935 年通过《国立北京大学研究院暂行规程》，规定所长由院长兼任，研究生的指导与管理亦由各院教授担任；同时，在研究所的运作，研究生入学、考试、毕业要求，教授职责等方面，皆有详尽的规定。④ 抗战军兴后，文科研究所于 1939 年在昆明恢复。因抗战初期，日本经常轰炸市区，文科研究所由靛花巷迁往昆明东北郊龙泉镇宝台山。1944 年，敌机不断来扰，研究所又迁回昆明才盛巷。1945 年随校迁回北平，1952 年停办。历任所长有胡适、傅斯年、汤用彤、罗常培等。

---

① 吴惠龄、李壑编：《北京高等教育史料》（第一集），第 445 页。
② 萧超然等编：《北京大学校史（1898—1949）》（增订本），北京，北京大学出版社，1988 年，第 411 页。
③ 国立北京大学出版部编：《国立北京大学五十周年纪念文科研究所展览概要》，北京，国立北京大学出版部，1948 年，第 1 页。
④ 吴惠龄、李壑编：《北京高等教育史料》（第一集），第 19~22 页。

抗战之前，北大文科研究所已取得较为丰硕的成绩。当时的主要工作有：(1)参加西北科学考察和整理居延汉简，(2)整理艺风堂金石拓片，并编辑成书，(3)编辑清代汉文黄册目录，(4)整理甲骨、封泥、古钱，并编写释文，(5)设计语音实践仪器，调查绥远、江阴方言。另外，在出版方面则有《国学季刊》《北京大学研究院文史丛刊》刊行。①

一、战时文科研究所的恢复与成绩

与清华大学文科研究所注重文学相较，北大文科研究所则更为注重史学一门。战时，研究所恢复后，制订了如下规划：(1)招收研究生，(2)设立工作室，(3)成立编辑委员会。研究生招考的部门分史学、语学、中国文学、考古学、人类学、哲学六门。工作室分文籍校订、中国文学史、中国语言、英国语言、宋史、明史、中国哲学与宗教七室，各由文学院教授负责主持。

虽值抗战军兴，学人颠沛流离之际，但研究所学人仍相互砥砺、著述不辍。1939～1945年，研究所印行的论文达20种，分别为：向达《唐代俗讲考》、罗常培《贡山俅语初探》、汤用彤《言意之辨》、郑天挺《隋书西域传附国之地望与对音》和《隋书西域传缘夷之地望与对音》、唐兰《王命传考》、朱自清《文选序"事出于沈思，义归于翰藻"说》、高去寻《汉崖墓题识"内"字之一解》、陶元珍《张江陵书牍诗文解题举例》、许维遹《释衺》、容肇祖《唐贞元册南诏使袁滋题名拓本跋》、吴晓玲《元曲作家生卒新考》、叶玉华《院本考》、谢文通《现代英文诗》(英文)、马大猷《国语中的语音的分配》、张清常《周末的音名与乐调》、王崇武《跋谷应泰明史纪事本末》、陈忠寰《论柏拉图巴曼尼得斯篇》(德文)。除室内研究工作外，还有两种出外调查工作：一种是考察西北史地，一种是调查西南少数民族语言。考察西北史地的时间为1942年。中央研究院刚组织西北史地考察团时，文科研究所即派向达参加。1944年，西北史地考察团发掘敦煌、民勤、张掖、武威等处古墓，文科研究所研究生阎文儒亦参与此项工作。②

二、研究生之培养

1939年，北大文科研究所恢复招生，公布招考研究生办法，包括研究范围、资格、考试程序、考试科目、修业期限及待遇、考期、报名地点等七项内容。首次招考研究生十名。当时考试科目分史学、语学、中国文学、考古、人

---

① 《北京大学文科研究所记事》，《国立北京大学国学季刊》1950年第7卷第1号。
② 参见王学珍、郭建荣主编《北京大学史料》(第四卷)，北京，北京大学出版社，2000年，第574～575页。

类学五部,分(修业)期限两年。待遇月给生活费五十元。考试分两次举行,第一次考试接收论文于当年七月十五日截止,八月五日考试。应试者于证件论文初审合格后,即分别通知,在昆明或重庆应试。报名地点为昆明才盛巷二号。① 最终,第一次录取的研究生名额为:史学部分三名,语言学部分三名,中文部分一名。

从具体的操作层面看,当时北大文科研究生的招考虽有诸多要求和限制,然而真正录取的程序也非单一刻板,而在某种程度上有些随意的色彩。如王利器报考时考期已过,故而去拜访傅斯年,请求予以考试的机会。当时他答题不过几行,即被傅氏定为研究生。傅斯年亦言"你早就取了,还准备给你中英庚款的奖学金"②。

表6-1 北京大学、清华大学文科研究所师生情形统计表

北京大学文科研究所1941年度第二学期			
部名	主任(负责人)	教员数	研究生数
史学部	姚从吾	专任五人,兼任一人	八人
语学部	罗常培	专任二人,兼任一人	三人
中国文学部	罗常培	专任二人,兼任一人	共六人
共计:教员13人,学生17人。			
北京大学文科研究所1943年度第二学期			
部名	主任(负责人)	教员数	研究生数
史学部	姚从吾		六人
语学部	罗常培		四人
中国文学部	罗常培		五人
人类学部	姚从吾		一人
共计:研究生16人。			

---

① 当时考试的范围包括:(1)史学部分:通史中各段,哲学宗教史、经济史属之。(2)语学部分:汉语学各科,边地语言,英吉利语言学属之。(3)中国文学部分:中国文学史及文籍校订属之。(4)考古部分:考古学及金石学属之。(5)人类学部分:物质及文化人类学属之。考试资格:(1)公私立大学文学院毕业者,但其他学院毕业者有适当之论文者,亦得应考。(2)著有论文者。(3)年龄三十岁以下,身体强健者。修业及待遇:(1)研究生修业期限为两年,但成绩优良而工作未能结束者得延长一年。(2)在第一年修业期中,每人每月给予生活费五十元,并由本校供给住宿。(3)在修业期中应遵守本校各项规则,并服从导师之指导。(4)在第一年修业期满后,考核成绩,其成绩及格者继续给予生活费,其成绩特优者得外加奖金,成绩不及格者停止修业。(5)全部修业满期后,考试及格由本校依照部章给予证书,并择成绩尤佳者留校服务,或介绍工作。参见《国立北京大学文科研究所招考研究生办法》,北京大学等编:《国立西南联合大学史料》(三),"教学科研卷",第432页。

② 《王利器自述》,高增德、丁东编:《世纪学人自述》(第四卷),第202页。

（续表）

清华大学文科研究所1941年度第二学期			
部名	主任(负责人)	教员数	研究生数
历史学部	雷海宗	专任六人	二人
社会学部	陈达	专任三人	一人
中国文学部	闻一多	专任三人	二人
外国文学部	陈福田	专任八人	一人
哲学部	冯友兰	专任四人	四人
共计：教员24人，研究生10人。			
清华大学文科研究所1943年度第二学期			
部名	主任(负责人)	教员数	研究生数
历史学部	雷海宗	专任六人	四人
外国语文部	吴宓	专任五人，兼任三人	五人
中国文学	闻一多	专任四人	四人
哲学部	冯友兰	专任四人	四人
共计：教员26人，研究生17人。			

北京大学等编：《国立西南联合大学史料》（三），"教学科研卷"，第530～533页。

专任教员主要是由大学部教授兼任。兼任教授指由他校教员及其他职员兼任者。当时北京大学文科研究所的专职研究员甚少，一度"仅讲师二人，讲员一人，助教三十"①。仅以1941、1943两学期的对比而言，当时的导师与研究生的比例，北大为1∶1.3左右，清华为1∶0.52左右。研究生多由各学科名师指导，在一定程度上保证了培养的质量。

表6-2　北京大学文科研究所研究生情况及毕业论文一览

姓名	所部别	论文题目、方向	导师	年龄	籍贯	入学时间
肖雷雨	文,中国文学	六朝散文		25	广东大浦	1942年9月
李孝定	文,考古学	甲骨文研究	董作宾	24	湖南常德	1941年9月
王利器	同上	吕氏春秋	汤用彤、唐兰	27		1941年9月
王叔岷	同上	谈庄论丛	汤用彤	27	四川简阳	1941年9月
王达津	同上	尚书与金甲文的比较研究	唐兰	26	河北通县	1941年9月
李荣	同上	古声韵学	罗常培			1942年9月
梁东汉	同上	古文字学	唐兰、罗常培			1942年9月
黄匡一	同上	古文字学	罗常培、唐兰			1942年9月
金启华	同上	杜甫诗	罗庸、游泽承			1942年9月
萧雷南	同上	六朝散文	罗庸、罗常培			1941年9月
董庶	同上	相和乐考 吴歌西曲考		28	河南博爱	1940年9月

① 萧超然等编：《北京大学校史（1898～1949）》（增订本），第410页。

（续表）

姓名	所部别	论文题目、方向	导师	年龄	籍贯	入学时间
逯钦立	同上	诗纪补正		30	山东巨野	1939年9月
殷焕先	文，语学	连绵字之研究	罗常培、唐兰	30	江苏六合	1941年9月
高华年	同上	黑夷语研究		24	福建南平	1940年9月
方龄贵	文，史学	元上都考	姚从吾、邵循正	24	吉林扶馀	1942年9月
程溯洛	同上	宋金归地交涉详考	姚从吾、毛子水	27	浙江永嘉	1941年9月
魏明经	同上	礼器问题与宋代理学	贺麟、郑昕、陈康	29	河南邓县	1941年9月
王永兴	同上			28	辽宁辽阳	1940年9月
王玉哲	同上	猃狁考	唐兰	29	河北深县	1940年9月
阎文儒	同上			31	辽宁义县	1939年9月
傅乐淑（女）	同上	元明汉籍中所记蒙古色目人的生活	姚从吾、郑天挺、邵循正	25	山东聊城	1943年9月
余培忠	同上	通鉴纪事本末与通鉴校读（侧重读其书）	郑天挺、姚从吾	25	湖南保靖	1943年9月
李埏	同上	范仲淹评传				1943年9月
胡庆钧	文，人类学	四川西部宗族之调查与研究（后改为：川边宗族调查）	姚从吾	23	湖南宁乡	1942年9月

北京大学等编：《国立西南联合大学史料》（三），"教学科研卷"，第467～469页；《国立北京大学周刊》1950年第7卷第1号。

表6-3 北京大学文科研究所研究生毕业论文一览

年度	姓名	论文题目
1941年	刘念和	《史记汉书文选旧音辑证》
	周法高	《中古音三篇》
	王明	《合校太平经导言》
	马学良	《撒尼倮语语法》
	杨志玖	《元世祖时代汉法与回回法之冲突》
	任继愈	《理学探源》
	阴法鲁	《词与唐宋大曲的关系》
1942年	逯钦立	《诗纪补正》
	董庶	《相和乐考、吴歌西曲考》
	高华年	《黑夷语研究》
	殷焕先	《诗骚连绵字研究》
1943年	王利器	《吕氏春秋比义》
	王玉哲	《猃狁考》
	王叔岷	《读庄论丛》

(续表)

年度	姓名	论文题目
1944年	李孝定	《甲骨文字集释》
	魏明经	《唐宋间理学的先导》
	王达津	《尚书中代名词之研究》
	胡庆钧	《叙永苗族调查报告》
	阎文儒	《唐代西京考》
	李荣	《切韵音律中的几个问题》
1945年	方龄贵	《元朝建都及时巡制度考》

北京大学等编:《国立西南联合大学史料》(三),"教学科研卷",第467～469页;《国立北京大学周刊》1950年第7卷第1号。

北大文科研究生的培养有如下特点:(1)多为一学生双导师,甚至是三导师。(2)学生入学研究之论文方向多为中型乃至宏观性的题目;而最终撰写的论文,则又多为专门性问题的探讨。(3)研究所虽分史学、语学和中国文学三部,然而研究生的论文则多与史学关涉。(4)研究生的招生规模很小。

对于研究所的培养方式,杨志玖言:"入学后主要是自学,可到联大自由听课,但不参加考试。一年后导师出几道题算做学年考试。联大常举办学术报告会,研究生要听讲。这种学习方法使研究生有充分的时间读书、思考和撰写论文,平时也常和导师见面,请教、商讨问题。这种管而不死,活而不乱,充分信任和发挥学员的学习主动性的方法,到今天仍有可供参考之处。"①

研究生的论文撰述,乃至其学术立足点的形成,亦与当时颇具激励性和灵活性的培养方式紧密相连。以当时的研究生杨志玖而言,他撰写《元世祖时代汉法与回回法冲突》时,即多受其师姚从吾启迪。他从《永乐大典·站赤》中发现了马可波罗离华的证据,后撰写《关于马可波罗离华的一段汉文记载》一文,初发表于《文史杂志》1941年第1卷第12期,顾颉刚在"编辑后记"中对此文大力推荐,汤用彤亦写信褒奖。傅斯年更为看重,不但将此文推荐给中研院学术评议会,更将其推荐给哈佛大学《亚洲研究杂志》。② 杨志玖至此于学术界崭露头角。另外,学人之间亦多有切磋,且助益极多。王玉哲回忆当时学习古声韵学方面的常识道:"很大程度上是和我做研究生时的同学马学良、周法高和殷焕生的帮助分不开的。"③

这些研究生毕业之后,亦有多重选择。如王利器毕业后回川大任教,并成

---

① 《杨志玖自述》,高增德、丁东编:《世纪学人自述》(第五卷),第120～121页。
② 参见杨志玖《我在史语所的三年》,《新学术之路:"中央研究院"历史语言研究所七十周年纪念文集》(下册),第785～786页。
③ 《王玉哲自述》,高增德、丁东编:《世纪学人自述》(第四卷),第465页。

为川大文科研究所的讲师。杨志玖则有多重选择，或北大助教、或史语所助理研究员、或齐鲁大学讲师，最终还是选择到西南联大之一的南开大学当教员。

第三节　辅仁大学文科研究所

一、创建及师资力量

除院长及系主任外，辅仁大学教员分五种：教授、副教授、讲师、教员及助教。辅仁大学的研究所分文、理二科，研究期限至少二年。其中文科研究所包括：史学部、人类学部、经济学部。当时，整个文科研究所仅有成立于1937年的史学部一部。

表6-4　辅仁大学文科研究所史学部与史学系教职员对照表

1937、1938年度文科研究所史学部教职员一览		
姓名	职位、职称	所授课程
张星烺	文研所史学部主任、教授	
沈兼士	文研所所主任、教授	初期意符字之形态与性质
陈垣	教授	清代史学考证法
叶德礼	教授	日本文明史
胡鲁士	教授	西洋文明史
雷冕	教授	宗教之起源及其发展，人种学及史前研究法
司徒资	教授	西洋史学方法概论
余嘉锡	教授	文章著作源流
史禄国	名誉教授	俄国膨胀史，亚洲东北史地
1937、1938年度史学系教职员一览		
姓名	职位、职称	所授课程
张星烺	系主任、教授	秦以前史，宋辽金元史，南洋史地，欧化东渐史
陈垣	教授	魏晋南北朝史，中国史学名著选读
叶德礼	教授	日本文明史
胡鲁士	教授	西洋上古史，西洋文明史，公教史
司徒资	教授	西洋中古史，西洋近世史
余嘉锡	（国文学系教授）	秦汉史
史禄国	名誉教授	俄国膨胀史，亚洲东北史地
张鸿翔	讲师	隋唐五代史，明清史，中国历史研究法
韩儒林	讲师	中央亚细亚民族史
刘厚滋	讲师	金石学
王静如	讲师	新疆考古概要
王光玮	讲师	地理学概论

(续表)

1940 年度文科研究所史学部教员一览		
姓名	职称	所授课程、课时、学分
包敏	教授	西洋史学研究法（讲授高深西洋史学方法。注重史料之来源判断与分析。研究生必修，每周二小时，讨论一小时，全年六学分）
陈垣	教授	清代史学考证法（取清儒史学考证之书，如顾氏《日知录》等为课本，注重实习，因其所考证者而考证之，观其如何发生问题，如何搜集证据，如何判断结果，由此可得前人考证之方法，并可随时纠正其论据之偶然误。研究生必修，每周二小时，全年四学分）
胡鲁士	教授	1.古代西洋史学史（讲述希腊与罗马大史学家之小传，主要著作，方法，文体及其意义。并选读希罗多德等人之作品。隔年讲授，研究生必修，每周二小时，全年四学分） 2.近代西洋史学史（讲述近代欧美之历史家及其学派，尤注重十九世纪及二十世纪。并选读兰克、麦克莱等人之著作。隔年讲授，研究生必修，每周二小时，全年四学分）
施格莱	社会经济学系教授	印度哲学（讲授印度之耆那，吠陀波罗门，佛教，印度各派思想之发达史，隔年讲授，研究生选修，每周三小时，全年六学分，本年度不授）
1940 年（较 1938 年度）史学系新增教员一览		
姓名	职称	所授课程、课时、学分
包敏	客座教授	
安祺乐	教授	西洋中古史（与胡鲁士同教授此课程。概述中古初期拜占廷、阿拉伯、法兰克诸国之历史，二年级必修，六学分）
柴德赓	讲师	中国史纲要（内容分年代、官制、地理、经济、姓氏、民族等门，一年级必修，全年四学分），中国历史研究法（内容分史料考证著作三部分，二年级必修，四学分）
牟传楷	讲师	魏晋南北朝史（注意汉民族衰落，三国鼎立，八王及五胡之乱，汉民族自保，民族迁徙，等问题，二年级必修，全年四学分），清代学术史、历史地理
余逊	讲师	秦汉史（以政治社会经济诸问题为经，以学术思想为纬，二年级必修，全年四学分）

(续表)

姓名	职称	所授课程、课时、学分
叶德禄		隋唐史(述及隋唐五代政治制度之沿革,学术思想之变迁,社会经济之状况;次及民族之迁徙,文化之移动。三年级必修,全年四学分)
赵光贤	教员	上古史(概述埃及、巴比伦诸国之历史,稍详于希腊、罗马史,一年级必修,全年六学分)

按,较1938年度,去职的教师有:余嘉锡、叶德礼、司徒资、史禄国、韩儒林、刘厚滋、王静如。

1939年度文科研究所史学部课程一览

姓名	课程名称	每周学时	每年学分
陈垣	清代史学考证法	1	2
司徒资	西洋史学方法概论	2	4
胡鲁士	西洋文明史	3	6
叶德礼	日本文明史	2	4
史禄国	俄国膨胀史	2	4
史禄国	亚洲东北史地	2	4
雷冕	人类学及史前史究研法	2	4
雷冕	宗教之起源及其发展	2	4
沈兼士	初期意符字之形态与性质	1	2
余嘉锡	文章著作源流	1	2

1947年度文科研究所史学部课程一览

姓名	课程名称	学时、学分	讲授内容与目的
陈垣	史源学实习	每周2小时,全年4学分	择近代史学名著一二种,逐一追寻其史源,检照其合否以练习读一切史书之识力及方法,又可警惕自己论撰时不敢轻心相掉也
胡鲁士	史学研究法	每周2小时,全年4学分	本课讲授西洋史学方法,注重史料之来源、判断与分析
胡鲁士	西洋近世史学史	每周2小时,全年4学分	本课讲述近代欧美之历史家及其学派,尤注重十九世纪与二十世纪,并选读兰凯、麦可来、蒙森、丹尼飞、巴司脱等人之著作
雷冕	原始民族社会生活	每周2小时,全年4学分	本学科对各原始民族之社会情形作详尽之研究,特别依文化史民族学派之学说,分析其社会组织与经济生活之关系,并将原始民族之文化与史前史之发现相比较
施格莱	英国海外发展史	每周2小时,全年4学分	讲授自都铎王朝至十八世纪英法竞争之英国殖民史,十九世纪之英国海外发展;首先叙述自由主义时期(1820—1856),次述帝国主义时期(1858—1914),最后述其衰落时期(1914—1945)

(续表)

姓名	课程名称	学时、学分	讲授内容与目的
方豪	中国宗教史	每周2小时，全年4学分	侧重于我国宗教思想之起源，我国古代宗教思想之成分及汉以后，佛教、回教、摩尼教、火祆教、景教、犹太教、天主教与新教输入情形与传布经过
柴德赓	清代学术史	每周3小时，全年6学分	本课以申明百年来学术兴盛之原因及其影响为主旨，并阐明当时学者治学方法及态度与各种学术发展概况
赵万里	宋元俗文学	每周2小时，全年4学分	此课程注重宋元戏曲之研究，详其源流，论其价值，并述其对于当时后世之影响
叶德禄	唐代社会研究	每周2小时，全年4学分	研究唐代之社会情形及风俗，尤注意其所受西域之影响

1947年度史学系教员一览	
职称	教员
教授	陈垣（兼史学研究所主任）、张星烺（兼史学系主任）、安祺乐、柴德赓、方豪、张鸿翔、胡鲁士、施格莱
副教授	赵光贤、蔡思客
讲师	胡贺岭、黄玉蓉、时眉鸣、叶德禄、余逊

《私立北平辅仁大学一览》，1938年，第29～33页；《私立辅仁大学一览》，1939年，第65～74页；《私立北平辅仁大学一览》，1940年，第43页；《私立北平辅仁大学一览》，1947年，第28～35页、134～136页。

通过表6-4，可做如下总结：(1)辅仁大学文科研究所史学部的教师，多由史学系教职员兼代。同时，又有国文学系沈兼士、余嘉锡，以及人类学系的雷冕（亦任辅仁大学教务长）、史禄国等一流学人的加入，从而充实了学术队伍。(2)史学部所授课程，虽与史学系多有重叠，但亦体现了更为专精的一面。(3)本土培养的年轻一代学人，成为教师中的新生力量，并承担本科教学工作。如余逊代替其父余嘉锡授课，柴德赓的授课更多的是传承陈垣衣钵，而这些新教员又多由文科研究所培养。(4)学人授课更具有经世色彩。如牟传楷的魏晋南北朝史课程讲授"汉民族衰落、汉民族自保、民族迁徙"，叶德禄的隋唐史课程则言"民族之迁徙，文化之移动"，皆具有浓烈的经世当下，以史为鉴的色彩。(5)自1940年始，文科研究所教员，开始发生变化。(6)文科研究所教员非纯粹研治史学者，如施格莱、雷冕等具有其他背景与学科的学人亦被聘请前来授课。课程也并非局限于史学范围，更涉及人类学、社会经济学等层面。

另外，史学活动并未因战事而终止。1941年4月，校长陈垣和历史系主任张星烺再次发起成立史学会，并主持会务，史学系和其他各系爱好历史学的师生共同参加。该会以研究历史、砥砺学术、联络感情为宗旨，以团体研究和个别研究相结合，由本校教授担任顾问并指导工作，同时聘请校内外名人演讲。① 演讲内容皆系平日研究心得，主要有：陈垣《官书与私书》、张星烺《历史之辅助科学与基础》、余嘉锡《论治史学当自出手眼》。当时年轻研究生亦多有参与演讲，如牟润孙、柴德赓、胡鲁士、余逊、顾随、张鸿翔、王光玮、叶德禄、孙人和、赵光贤等。②

二、研究生之培养

辅仁大学文科研究所对研究生入学、培养及毕业等，皆有详细的规定：

(1)研究生入学资格：凡投考研究所者，须为国立、省立及已立案之私立大学或教育部承认之外国大学毕业生，至少有一种外国语作对译之能力，经入学试验录取后，方得入所。研究生入学试验科目须有四种，由部主任临时定之。(2)培养之方法：研究生入所后，即由部主任指定导师，并应于最短时期内与导师商定所应修习之学科及研究之计划。文科研究生修习学分成绩最少：二十八学分、五十六成绩分。研究生已研究一学年以上，其所习之课程均经审查及格者，得应初试。初试定为口试或笔试，由部主任及考试委员二人主持，以验其是否能进行研究工作。(3)毕业论文：研究生论文办法由部主任及导师指定，研究生论文应于暑假之两个月前交部主任。(4)毕业考试：凡研究生研究二学年，修满规定学分成绩分，必修课均及格，并经初试合格，呈交毕业论文者，得应硕士学位毕业考试。合格者，经本校教务委员会通过，并教育部复核后，由本校授予硕士学位。③

表6-5 1944年度辅仁大学文科研究所史学部研究生概况

姓名	籍贯	通讯处	论文题目
高景成	北京市	北京前外煤市街甘井胡同九号	契文小学
周长海	河北河间	北京崇外中二条四二号	西藏经济社会研究蠡三则
许棣芬	浙江绍兴	北京崇外包头胡同二〇号	战国策集释
谢斯骏	四川眉山	四川眉山县大北街一二八号	历史学的可能性
林传鼎	福建闽侯	福州驿前桥率庐	中国人的情绪及其表现

北平辅仁大学编：《辅仁年刊：民国三三年》，北平，辅仁大学印书局，1944年，第1页。

---

① 孙邦华：《身等国宝志存辅仁——辅仁大学校长陈垣》，第242页。
② 《史学会成立经过》，《辅仁学志》1941年第10卷第1~2期。
③ 北平辅仁大学编：《私立北平辅仁大学一览》，1947年，第7~15页。

以史学部的毕业论文题目而言,研究内容并非完全限于史学一科,更有文学、社会经济学、心理学的内容。当时,研究所史学部第一届毕业生(1940年)共有六名,其中有德籍一人,即丰浮露司铎(Rev.Eng.Feifel)。他们的论文题目为:赵光贤《明失辽东考原》、赵卫邦《中国古代丧葬风俗与祖先崇拜》、陈祥春《中国辟疫法术考略》、丰浮露"Translation and Annotation of the First Three Chapters of Pao P'u Tzu"、刘厚泽《历代黄河河工制度研究》、叶德禄《唐代社会西域化》。① 第二届毕业生为葛益信,第三届为陈奇猷,第四届为高福会。② 第七届为郭预衡(论文题目为《纵横家研究》)、刘迺龢(即刘乃和,论文题目为《三国演义史徵》)。③ 可见,史学部研究生规模甚小,研究生培养更具有精英化色彩。

第四节 其他高校的文科研究所

一、金陵大学文科研究所

抗战军兴后,金陵大学西迁,经汉口、宜昌、万县、重庆而抵成都,承四川省政府及华西大学的协助与合作,于1938年复学。当时在校教职员145人,学生387人。

早在1936年秋,金陵大学奉教育部之令,开办文科研究所史学部,并成立委员会,由当时文学院刘国钧、中国文化研究所徐养秋、史学系贝德士三人为委员。同时由中国文化研究所研究员及史学系教授充任导师,图书设备则由中国文化研究所供给。

学校西迁后,中国文化研究所原有藏书多有散佚,学人纷纷星散。于是增聘史学教授,聘请刘国钧、王绳祖、徐益棠、陈恭禄、李小缘为委员,以李小缘为主任。文科研究所史学部的基本方针为:"先以发展中国史之研究为基础,俟中国史之基础稳固,即依照原有规定计划,逐渐扩充于其他各史。"同时,文科研究所亦拟定研究生史学必读书单。至于研究生的培养,研究生录取数量甚少。自1940年秋始,开始招考研究生,当年录取一名,所选论文题

---

① 《本校学术消息》,《辅仁学志》1940年第9卷第1期。
② 北平辅仁大学编:《辅仁大学毕业同学录》,北平,辅仁大学印书局,1943年,第21~55页。
③ 《本校三十五年度史学研究所及文史两系毕业论文目录》,《辅仁学志》1947年第15卷第1~2期合刊。

目为《东汉尚书制度考略》。1942年秋季又录取一人,专攻宋代学术思想史,所选论文题目为《叶冰心年谱》。①

金陵大学文科研究所的研究方向亦结合研究员之专长。首先,中国文化研究方面主要涉及:(1)中国文化研究。成立中国文化研究所,创办专刊十余种,文学、历史、社会各系均与之有所联络。研究所以阐明本国文化之意义,培养研究本国文化之专门人才,协助本校文学院发展史学及国文课程,推动本校师生研究本国文化为宗旨。(2)中日战事史料纂辑。由中国文学系同人组织。主要搜集战事经过、外交始末、抗战人员事迹、死难烈士行状、匹夫忠义壮行等。同时购书籍数百种、照片若干、实物若干,编就索引,剪贴报纸等。其次,边疆研究主要有:(1)西康社会调查。1938年由柯象峰、徐益棠等至甘孜等地从事调查。(2)考察夷民生活。(3)川边考察猡猡民族。(4)创设边疆社会研究室。1941年9月该室成立,主要对边区民族文化与边疆问题做有系统之学术研究。研究室由徐益棠、卫惠林主持。研究计划包括:相关资料及论文卡片之编制、边疆社会研究资料之搜集与整理、边疆民物标本整理保管、边地人文地图绘制等方面,并发行《边疆通讯》双月刊。

在史学方面,则有商承祚的商周文化研究,王伊同的五朝门第研究、北朝门第研究,刘国钧的六朝思想史研究,刘铭恕的宋辽金元制度专题研究,徐益棠的本国民族史、历史地理研究。其他目录学类的又有李小缘等所撰《史籍考》、刘国钧《六朝著述目录》、李小缘《四川书目》等。②

当时研究员著述,可分甲、乙两种,当时共刊行17种,稿成待刊者有11种。

表6-6 金陵大学中国文化研究所刊物一览(只存样本,在蓉不能发行)

丛刊(甲种)			
作者	著述	册数	版本
商承祚	福氏所藏甲骨文字考释	1	玻璃版
商承祚	殷契佚存	2	玻璃版
商承祚	十二家吉金图录	2	玻璃版
商承祚	浑源彝器图	2	玻璃版
孙文青编,商承祚校	南阳汉画像汇存	2	玻璃版
福开森编,商承祚校	历代著录书目	6	铅印本
黄云眉	古今伪书考补正	1	铅印本
黄云眉	邵二云先生年谱	1	铅印本
陈登原	颜习斋哲学思想	2	铅印本
蔡桢	词源疏证	1	铅印本

① 《五十五年来之金陵大学》,成都,蓉新印刷工业合作社,1943年,第3~11页。
② 同上书,第3~37页。

(续表)

丛刊（甲种）			
作者	著述	册数	版本
孙几伊	河徙及其影响	1	铅印本
丛刊（乙种）			
贝德士	西文东方学报论文举要	1	铅印本
李小缘	云南书目	未印完	铅印本

戴安邦：《金陵文摘》，成都，金陵大学发行，1943年。另，《南大百年实录》编辑组编《南大百年实录·南京大学史料选下》（南京，南京大学出版社，2002年，第294～298页）中亦有类似介绍，微有不同的是，后者的"丛刊乙种"中，增加了"王伊同，《五朝门第》印刷中"字样。

文科研究所主任刘国钧在《史学论丛》中谈到了当时学术研究的社会情境："虽中原板荡，寇氛枭张，避居内地，时虞空袭，而讲学不辍，钻研未废。要亦懔于时艰，未敢自逸。各教授于讲学之余，时有撰述。既已于金陵学报，斯文半月刊，及财政经济论丛中，陆续贡于当世。今史学系同仁复裒集论文专著若干篇，命曰《史学论丛》，列为文史丛刊之第二种。窃维民族危亡，文化为基；爱国爱家，读史为本。"① 借史学撰述，以维系民族文化于不坠，进而彰显爱国爱家之情，乃当时史家的普遍心态。

表6-7　金陵大学文科研究所史学部毕业生名册

年度	姓名	籍贯	论文题目
1942年	汤定宇	江苏昆山	东汉尚书制度考略
1943年	张继平	四川华阳	叶水心先生研究
1944年	刘骏	四川遂宁	唐代赋税制度史述论
1945年	程天赋	四川万县	东晋南北朝之经济开发及平民生活

《南大百年实录》编辑组编：《南大百年实录·南京大学史料选下》，第294～298页。

二、清华大学文科研究所

1940年8月，清华大学中国文学系在位于昆明龙头村的北京大学研究所内设置研究室，后来扩充改为文科研究所。为应对研究需要，清华大学文科研究所租借昆明龙泉镇司家营十七号为所址。历史、外国语文、哲学三部之研究工作均已由各相关学系分别进行。因此，创立伊始，清华文科研究所的研究工作多偏重于中国文学一部。主任为闻一多，导师共六人，均由中国文学系教授兼任，文学组导师为闻一多、朱自清、浦江清，语言文字组导师为

---

① 刘国钧：《发刊词》，《史学论丛》1941年第1期。

闻一多、王力、陈梦家，古书校订组的导师为闻一多、许维遹。研究生入学后，"各导师并就个人研究计划，分别指导文科研究所之教员、助教从事搜辑材料、校订训释、考证编纂、整理抄录诸工作。"① 后来，清华大学文科研究所主任由冯友兰兼任，史学部主任为雷海宗。

从"清华研究院二十八、二十九年度研究生毕业成绩统计"中，可知"二十八年度毕业生：历史学部：王栻，初试成绩82.62分，论文成绩82分。二十九年度：历史学部：吴乾就，初试成绩77.1分"。② 清华大学文科研究所自1933年至1943年间，历史学部共毕业研究生8人，其中包括邵循正等。当时，清华文科研究所录取人数不多，又因当时惟有成绩优异者方能获得名额有限的奖学金，故而多数人不免生活困顿，甚至学业中辍。

表6-8 清华研究院史学部毕业生一览（部分）

姓名	第X届	论文题目	年龄	籍贯	毕业时间
王栻	六	清代汉族大臣之出身与世家	29	浙江平阳	1940年7月
吴乾就	八	The Mussulman Rebellion in Yunnan Province during Ching Dynasty	31	广东新会	1942年7月
欧阳琛	十一	火器考	32	江西宜春	1945年7月
蒋相泽	十二	清初内阁考	29	贵州安龙	1946年7月

北京大学等编：《国立西南联合大学史料》（三），"教学科研卷"，第469～470页。

三、燕京大学文科研究所

燕京大学研究部之设，可追溯至未迁新校之前。此间，招收研究生达十余人，然真正授予硕士学位者仅一人；盖因当时研究生的修业年限仅为一年，时限短而压力大，以致多数人未能毕业。③ 此后，国民政府教育部相继颁布《学位授予法》（1933年）和《大学研究院组织法》（1934年），燕京大学研究院得以规范化发展。

以燕京大学文科研究所历史学部而言，1926年，学校开始正式授予硕士学位，此后十年间，毕业者共21人。时至1931年，培养方式方有变更，"设立

---

① 北京大学等编：《国立西南联合大学史料》（三），"教学科研卷"，568页。
② 同上书，第465～466页。
③ 按，1928年，哈佛燕京学社在燕大成立了国学研究所，陈垣教授被聘为所长，当时选出五位研究教授并招收五名研究生，但办理后成绩未见理想，注册人数逐渐减少。燕大文史资料编委会编：《燕大文史资料》（第三辑），第19～20页。

文理法三科研究所,进行规范的入学考试,毕业年限亦延长为二年,中期有基本考试,此后始得开始专题之研究"。① 1935年夏,历史学部正式成立。

燕京大学文科研究所史学部研究生,学制两年,第一年主要为预备基本史学知识和准备课业考试;基本史学内容经考试及格后,方由学部导师一人或二人指导,作专门史学论文的撰写。为便于师生交流,当时"导师与研究生,每一月或两月,轮流在各导师住宅聚会一次,个人亦可临时提出问题,共同讨论。"②第一学年中国史阅读书目如下表:

表6-9 燕京大学1939年第一学年中国史指定阅览及温习之史书

中国史课程	甲、史实之部	马骕《绎史》、袁枢《通鉴纪事本末》、陈邦瞻《宋史纪事本末》、谷应泰《明史纪事本末》等
	乙、典章制度之部	马端临《文献通考》、蔡方炳《广治平略》、王庆云《熙朝纪政》等
	丙、史学考论之部	王鸣盛《十七史商榷》、赵翼《廿二史劄记》、《四库提要》、黄汝成《日知录集释》、翁元圻《注困学纪闻》等
	丁、史学批评之部	浦起龙《史通通释》、章学诚《文史通义》等

《燕京大学研究院同学会会刊》,第1~3页。

另外,《燕京大学研究院章程》规定:"本研究院设院长一人,得由本大学校长兼任,各研究所及所属各部各设主任一人,得分别由有关之院长系主任兼任之。"③故而,燕京大学研究院院长为陆志韦,设有文科、理科、法科三研究所。文科研究所所长由历史学部主任洪业兼任。

表6-10 燕京大学文科研究所历史学部教师一览(1938年度)

姓名	所授课程
洪业(主任)	远东近世史、史学研究法、目录学、年代学
王克私(Philippe Devargas)	西洋史、基督教史
容庚	考古学、古文字学
邓之诚	秦汉以来各代史、中国文学史
齐思和	中国上古史、西洋史
张星烺(兼任)	辽金元史、中西交通史

燕京大学研究院同学会会刊出版委员会编:《燕京大学研究院同学会会刊》,第21页。

---

① 《燕京大学研究院同学会会刊》,北平,燕京大学研究院同学会会刊出版委员会,1939年,第8页。
② 同上书,第4页。
③ 吴惠龄、李壑编:《北京高等教育史料》(第一集),第195页。

当时历史学部可谓名士云集。教师除任教于辅仁外,亦多有兼职。如辅仁大学的张星烺即兼任燕大史学部导师,而容庚则属于国文系,亦为史学部导师。

当时,研究所学人已具备较为成熟的研究意识。如赵承信即言:"在好的大学里,只问你研究的是什么题目,而不问你是哪一系,所以在研究领域里,只有研究的对象,而不必顾及研究所属的范围。"①这种既具有学科意识,而在具体的研究中又不受学科掣肘的学术理念,实为精卓之论。

表 6-11　燕京大学文科研究所同学论文题目(或选题)及导师一览(1938—1941 年度)

年度	姓名	年级	题目或选题	导师
1938 年	蒙思明	研三	元代社会阶级制度	
	刘选民	研三	清代东三省设治始末	
	张玮瑛	研三	清代漕运	
	陆钦墀	研三	英法联军之役史	
1939 年	葛启扬	研三	六书说史	陆志韦、张尔田
	何炳棣	研一	未定	未定
	王钟翰	研一	未定	未定
	艾尔温(R.G.Irwin)	研特	Lu HSun's China	未定
	王世襄	研一	中国画论文	容庚、郭绍虞
1940 年	侯仁之	研三	天下郡国利病书续补(山东之部)	洪煨莲、邓之诚
	曹诗成	研三	诗经中蔬菜植物考	邓之诚、洪煨莲
1941 年	王伊同	研三	五朝门第	

《燕京大学研究院同学会会刊》,第 117~119 页。

因一年级学生多为基础课程的学习,所以论文选题多未定。学生的培养基本为双导师制,论文的选题则并不完全局限于史学一隅,如《诗经中蔬菜植物考》,则不免需综括历史、文学、植物学等诸学科,可谓是交叉性的学科选题。其次,虽然研究生学制规定为两年,但研究生的实际修业年限多为三年。再则,当时文、史选题并未完全泾渭分明,如艾尔温研讨鲁迅的选题,在今日看来已不完全属于史学范围。

研究生的相关著述及毕业论文,多发表于《史学年报》《燕京学报》等刊物,或由哈佛燕京学社编印成书,以此激励研究生学术研讨。当时,虽处沦陷之域,而师生撰述不辍,相关的史学演讲与讨论会积极开展。

---

① 《燕京大学研究院同学会会刊》,第 43 页。

表 6-12　燕京大学文科研究所导师、同学的史学论著及演讲（1939 年度）

作者	著述
洪业	《阎真宪先生遗稿五种》，《史学年报》第 2 卷第 5 期。 《研究论文格式举要》，燕大研究院印。
容庚	《八十七种兰亭考》，《文学年报》第 5 期 《殷周彝器通考》，《燕京学报》专号 《重订金文编》，商务印书馆印刷中
齐思和	《战国制度考》，《燕京学报》第 24 期 《战国宰相表》，《史学年报》第 2 卷第 5 期 《史学年报十年来之回顾》，《史学年报》第 2 卷第 5 期 Biography of Yen Jo-chu（阎若璩传），Dictionary of Chinese Biography of Ching Dynasty（Edited by Dr. Hunrmel Library of congress, Washington U.S.A. 本年内出版。） Biography of Wn Fu-tzu（王夫之传） Book Review of Swann's Pan Chou（评班昭传），Chinese Social and Political Science Review, Vol XXII, No 2. 1938.（本书评业已译成法文，载《法文朋友半月刊》第 2 卷，第 19—20 期。）
邓之诚	官制沿革备论，《史学年报》第 2 卷第 5 期
王伊同	《德氏前汉书译注订正》，《史学年报》第 2 卷第 5 期
王钟翰	《清三通之研究》，《史学年报》第 2 卷第 5 期
何炳棣	《英国与门户开放政策之起源》，《史学年报》第 2 卷第 5 期
侯仁之	《王鸿绪明史列传残稿》，《燕京学报》第 25 期
曹诗成	《匕器考释》，《史学年报》第 2 卷第 5 期
杨明照	《吕氏春秋高诱训释疏证》，《文学年报》第 5 期 《太史公书称史记考》，《燕京学报》第 25 期
葛启扬	《卜辞所见之殷代家族制度》，《史学年报》第 2 卷第 5 期
演讲人	演讲内容与类型
张尔田	"清史稿纂修之经过"，历史学会演讲会
齐思和	"欧洲与中国封建制度之比较"，历史学会演讲会
邓之诚	"大清律"，历史学会演讲会
王钟翰	清三通之编纂过程，历史学会演讲会
何炳棣	张荫桓之生平，历史学会演讲会
侯仁之	明史稿，历史学会演讲会
曹诗成	古代食之研究，历史学会演讲会
葛启扬	六书之研究，历史学会演讲会

《燕京大学研究院同学会会刊》，第 122~136 页。

在上述文章的撰写者中，燕大文科研究所史学部的研究生占了很大的比例。当时为便于学人交流治学经验，便组织了历史学演讲会，无论师生皆可就自身研讨所得，广布于众，进而裨益学术。

此外，在 1927 年成立的燕京大学历史学会，在战时依然进行活动。学会组织者多为燕大研究生。1937 年度职员有主席陆钦墀，文书程世本，财务兼庶务股杜洽，参观股蒙思明，演讲股刘选民，研究兼出版股齐思和、侯仁之、王钟翰。1938 年度职员有主席侯仁之，文书王伊同，财务兼庶务股罗秀贞、陈瑜，参观兼演讲股刘选民，研究兼出版股齐思和、谭其骧、王钟翰。

表 6-13　燕京大学历届历史类毕业研究生名录(1926 年至 1938 年)

届别	姓名	毕业论文	备注
1926	杜联喆	清史名人生卒年表	曾任职于 Library of Congress, Washington D.C., U.S.A
1927	杨昌栋	Plan for Study of Some Contributions of Christianity to Europe in the Middle Ages	曾任福州祭酒岭协和职业学校校长
1928	张天泽	西王母考	曾任上海商务印书馆编审委员
1929	李崇惠	石达开日记之研究	已故
1931	张立志	康熙帝之研究	曾任济南齐鲁大学历史系教员，现在四川成都
1931	朱士嘉	中国地方志综录	现任本校图书馆中日文编目组组长
1932	谭其骧	中国内地移民史（湖南篇）	曾任北平辅仁大学历史学系讲师，现任本校历史学系兼任讲师
1932	叶国庆	平闽十八洞研究	曾任厦门大学历史学系教员
1933	李懋恒	明代倭寇	曾任北平培华女中历史教员
1933	陈源远	唐代驿制考	曾任南京水利委员会档案整理员
1933	邱继强	春秋时之交通	曾在岭南大学任职
1933	薛澄清	张燮及其《东西洋考》研究	曾任厦门大学历史学系教员
1933	严星甫	五胡乱华考	未详
1934	张维华	《明史》佛郎机和兰意大利亚三传注	曾任济南齐鲁大学历史学系教员，现在云南大学
1934	陈观胜	The Growth of Geographical Knowledge Concerning the West in China during the Ch'ing Dynasty	曾在清华大学社会人类学系研究，现在 Hawaii University, Hawaii
1934	冯家昇	辽史与金史新旧五代史互证举例	曾任北平大学历史学系讲师，现在 Library of Congress, Washington D.C., U.S.A
1935	梁愈	明初控制东北考	现在本校图书馆任职
1936	李子魁	汉代郡县考	未详
1936	李延增	汉代官制研究	北平宣内石灯庵甲二号
1936	邓嗣禹	唐宋元明清中枢官制研究	现在 Library of Congress, Washington D.C., U.S.A

(续表)

届别	姓名	毕业论文	备注
	王育伊	宋徽宗至孝宗时代宋金之国交	现在云南昆明
	翁独健	元代政府统各教僧的官司和法律考	现在法国巴黎12,Rve De Vaugirard,Paris,VI
	姚家积	明季遗闻考补	未详
	邝平樟	唐代公主和亲考	现在法国巴黎12,Rve De Vaugirard,Paris,VI
1937	张诚孙	中英滇缅疆界问题	北平北城大方家胡同二号张德海先生转
1938	赵丰田	晚清五十年经济思想史	现任本校引得编纂处编辑
	刘选民	清代东三省设治始末	现任本校图书馆采访组日文采访主任
	陆钦墀	英法联军之役史	上海南京路集贤里十四号娄凤韶先生转
	蒙思明	元代社会阶级制度	现任成都华西协和大学教职
	张玮瑛	清代漕运	现任本校历史学系助理

《燕京大学研究院同学会会刊》,第142~146页。

燕大文科研究所学人在毕业后或任教于高校、或任职于学术机构,且在此后的研究中取得卓越成就。比如,历史学系 1940～1941 年新聘教员,其中"裴文中、翁独健、聂崇岐、侯仁之、王钟翰诸先生任教席,分授史前考古学、蒙古史、辽东史、宋史、中外地理、清代政治史等课"。① 其中,翁、聂、侯、王四人,皆为燕大研究生毕业。后来,这批教员成为燕大学术的中坚力量。

其他学人,如蒙思明于 1938 年毕业后,即离开沦陷区北平,南下四川成都的华西大学任教,后又应顾颉刚之邀任教于齐鲁大学。而蒙思明 1938 年发表于《燕京大学学报》专号第 16 期的《元代社会阶级制度》一书,则是奠定其学术地位的成名之作。

四、金毓黻与东北大学文科研究所

从师承上看,金毓黻承学于黄侃、朱希祖等学者,属章太炎一系。从学人群体上看,金毓黻虽与北大同门交往甚密,然又与占居主流的胡适派学人多有不同。从研究方向上看,东北史、宋辽金元史乃是金毓黻所擅长的方面。此外,金氏对中国史学史、清史等亦多有成就。在学术交游上,与金毓黻过从甚密的学者,主要集中于东北同乡、东北大学学人(如臧哲先、

---

① 程明洲辑:《史学界消息》,《史学年报》1940 年第 3 卷第 2 期。

雪曼等）、中央大学学人（如沈刚伯等）。金毓黻喜以诗文与友人相唱和，似乎亦可归为旧派学人。然其学术理念和撰述方式，则又迈越老辈学人，自成一家。

（一）金毓黻与东北大学文科研究所之设

东北大学文科研究所设立于1942年，其前身为"东北史地经济研究室"，主持者为金毓黻。金氏乃著名的东北史地学家，东北情结深厚，此前曾任中央大学史学系主任。后经臧启芳的盛情邀请，方至东北大学任教，并组建研究机构。故而，东北大学文科研究所的发展，实与金毓黻有莫大关系。

1938年，萧一山转至四川三台的东北大学，并任文理学院院长。尔后，金毓黻继任。金毓黻在东北大学的历程基本如下：1940年8月，请辞中央大学教职，并应臧启芳之邀至东北大学任教，时为兼职。此间他筹办东北史地经济研究室，并任史学教授兼文科研究所主任，创办《志林》杂志，此为东北大学有学报刊物之始。1943年秋，任东北大学专职教授；1945年3月，离开东北大学，重返中央大学并任文学院院长。

学人杨曾威曾记述道："二十八年秋季，辽阳金静庵先生来东大主持史地系，金先生个人对于辽史用力甚深，著作等身，因此也引起个人对于东北史地的兴趣，是年冬便向金先生建议，并合拟东北史地降级研究之计划，由于校长臧哲先先生之赞助，送呈教育部核准，于二十九年夏，在三台西门外马家桥成立东北史地经济研究室。成立之初，材料甚感缺乏，历史方面，因金先生个人所藏书籍甚多，学校方面关于普通中文书籍也略有所藏，还不甚感觉匮乏。……到现在为止，已经出版者有东北集刊七期，此外有东北图志和东北要览，则为参考书的性质，只能算是编辑，不能归入研究。"[1] 具体而言，研究室设于"城之西郊，长平山麓，建筑草屋数椽，用作室址，室设主任，聘金毓黻教授主持，另聘史地经济名教授杨曾威、萧一山、吴希庸诸氏分任各组研究员，研究生五人，分历史语言，地理地质，社会经济三组从事研究工作。"[2]

从东北史地经济研究室到文科研究所，这一转变过程则又与国民政府对研究院所的统合密不可分。1942年4月，时为教育部部长的陈立夫前来考察，"对本室成绩，甚感满意，且以在东北未收复之前，研究筹划工作实为

---
[1] 杨曾威：《我们研究东北的态度方法和目的》，《东北集刊》1945年第8期。
[2] 《国立东北大学文科研究所概况》，《东北集刊》1945年第8期。

将来定复建设之指针,本室使命既重大如此,组织当应扩充,乃依大学研究院所组织法于三十一年八月改室为所,而国立东北大学文科研究所于焉成立,内设史地学部,分历史,地理,经济史地三组。"① 接着,文科研究所迁入城内,并以国本中学旧址为所址。

当时的教员陈述回忆:"1940 年冬,四川三台东北大学成立东北史地经济研究室,金静庵主其事,我被聘为研究员研究东北历史,地理、经济分别由该系的两位教授兼。东大在城里,研究室在城外还有几里路。住在研究室的,除了金先生和我,还有几位研究生。金先生半年在重庆,半年来三台。研究室附设两套石印机,一面印《东北集刊》,一面印研究东北的专著如《东北通史》、《东北书征》等,还承印东大的学报《志林》。"② 当时,东大文科研究所的教员,还有丁山、陆侃如等人。此后,又延聘陆懋德、杨曾威、李光忠分任历史、地理、经济三组导师,师资阵容颇为强大。

东北大学文科研究所亦注重研究生之培养,1943～1945 年,已有三届毕业生,共计 12 人:

表 6-14　东北大学文科研究所研究生情况一览(1943—1945)

届别	历史组	地理组	经济组	合计
第一届	3	1	1	5
第二届	2	无	1	3
第三届	2	2	无	4
合计	7	3	2	12
毕业后服务单位	东北大学:3 人;东北大学文科研究所:2 人;国立西北大学:3 人;国立编译馆:1 人;国立边疆学校:1 人;东北教育辅导委员会:1 人;安东省教育厅:1 人。			

《国立东北大学文科研究所概况》,《东北集刊》1945 年第 8 期。

研究所毕业生亦多有专题性撰述,如张亮采《补辽史交聘表》《宋辽国际关系研究》,杨锡福《东北交通地理》,满颖《东北农业地理》,王慧民《东北经济图表》等,多为资料翔实、考订精核之作。研究方向主要侧重于东北地区,论文的经世情结甚为浓厚。

(二) 东北大学文科研究所的史学研究

早期东北大学文科研究所的研究重心,主要集中于东北地区。"举凡有

---

① 《国立东北大学文科研究所概况》,《东北集刊》1945 年第 8 期。
② 《陈述自述》,高增德、丁东编:《世纪学人自述》(第四卷),第 181～182 页。

关东北之文献,靡不多方收集,九一八后日伪在东北之经营与调查,已有若干材料,惟在日伪窃占时期,此项日文资料,殊不易传带后方,本所则尽力设法,多方收罗,关于伪国地图及满洲事情案内所,满洲日新闻社,满铁调查所等等与日本各出版机关所刊印之有关东北书籍,理念征购已达三百册,故本所虽在后方,但研究东北现状,亦有最近资料可资供给。"①当时撰述的论文,分为专题研究和专书编纂两种。前者收集若干专论并汇编成册,称为集刊,如《东北集刊》《志林》等即为此类。后者则有《东北要览》《东北图志》《东北交通地理》《东北农业地理》《东北风俗丛谈》《东北通史(上册)》《东北要览》补辽史交聘表》《东北文献拾零》《东北古印钩沉》《辽海书徵》等。同时,为促进世人对东北的认识并加深对沦陷区的记忆,文科研究所还举办了文物展览会。以1944年双十节举办的展览会为例,当时虽有雨水之阻,但三日内来观者仍达三千人,影响颇大。② 当时研究东北问题,不仅是学术之必要,更是流亡学人、师生的一种心理情结。

金毓黻执教东北大学,不唯是学术研讨之故,更是一种东北情结使然的结果。这种地域的认同和情感的归属,在《静晤室日记》中多有流露:"东大文科研究所诸子联名函促余归三台,情辞均挚。"③此外,身处西南之地的金毓黻,多有流人之感,"夫今日侨寓西南之流人,籍于河朔中原及东南各省者,所在皆是,非止东北四省为然。抑过江名士之喻自别有在,亦非吾东省流人所敢当。独是四省之土久沦,而仍各立省政府以相统属,是与晋代之侨郡同符。每诵杜甫诗'支离东北风尘际,漂泊西南天地间'之句,不啻于千余年前预为今日写照,盖不禁感慨系之矣。晋室南渡,终以不竟。王谢大族,流宕不归,其于江左,虽有筚路启辟之功,而于故乡,未副重睹承平之望,此非吾流人之所愿闻也。若夫杜甫之世则不然。客蜀七载,喜赋收京,结伴还乡,家人无恙。是则今日之敌国外患,不类西晋之永嘉,实同中唐之天宝,异日扫荡敌氛,收复辽沈,禹域重光,还乡愿遂,宜如何洗涤积岁之瑕秽,宜如何建立百年之大计,是又为十数年来艰苦挣扎之流人,所责无旁贷者。"④此种东北学人的流亡情结,更使得金毓黻在主持文科研究所时附加了地域认同的色彩。同时,让东北学人为学界所知所重,亦为金氏的一大愿望。在与友人的信札中尝言:"今年东大邀请蓝孟博、高晋生君来校,……吾东北

---

① 《国立东北大学文科研究所概况》,《东北集刊》1945年第8期。
② 金毓黻:《静晤室日记》(卷八),第5690页。
③ 同上书,第5907页。
④ 金毓黻:《今后东省流人之动向》,《东北集刊》1942年第3期。

人素少纯粹学者,今既可与国内名流争席,吾侪应多方游扬,使各方知吾乡之有人也。"①

总而言之,金毓黻主持下的东北大学文科研究所,无论是在刊物创办、史学撰述上,还是在研究生的培养方面,皆取得不凡成绩。其学术研究注重东北文化之发掘和重建,则又是影响深远之事。

上述所论,以北大、清华、辅仁、燕京、金陵东大等高校的文科研究所为例,述其成立始末、学术侧重与研究生培养的模式,力图以此为侧面来看待抗战时期高校史学机构的运作与成绩。当然,抗战时期的其他高校亦多有文科研究所之设,如浙江大学设有文科研究所史地学部,②中山大学、中央大学亦有文科研究所之设。

第五节　战时文科研究所的本土化转向

20世纪20、30年代的"整理国故运动",催生了诸多国学研究机构的产生。此后,学科分野日趋显现,专门的史学研究机构——文科研究所,得以普遍创设。文科研究所从发凡起例的草创,到趋渐规模壮大,也反映了史学研究专门化和人才培养本土化的历程。

当时高校研究院所的设置和研究生的培养,出现制度化、规范化和国家化的倾向。抗战之时,高校文科研究所的发展并未因战争而迟滞。这也是战时中国学术发展的重要特点。从源流上看,文科研究所多由高校国学研究院转变而来。虽然战时高校多有迁徙,师生亦多流离于西南天地间,然而文科研究所的规模并未因此缩减,反而有扩充趋势,实为战时学术的一个重要特色。

从文科研究所创建背景上看,高校研究人才的培养,最早以清华国学院和北大文科研究所为代表,开创了本土研究人才培养的先河。后来,中央研究院、北平研究院等学术研究机构的相继成立,则具有浓厚的政治色彩。两者皆未形成全国性、制度性、普及性的研究模式。文科研究所的创设,使得史学专业研究人才的培养模式,由西洋转向本土,大批本土研究型人才相继产生,从而奠定了中国学术此后发展的基石。

---

① 金毓黻:《静晤室日记》(卷六),第4637页。
② 1943年,浙江大学文科研究所的研究生人数为:"(本部)文130人,研究生28人,(以系而论)史地61人,研究部:史地12人。"《竺可桢日记》(二),第654页。

表 6-15　战时研究所、学部、研究院数量一览

年度	1937	1938	1939	1940	1941	1942	1943	1944	1945	1946
研究所数	18	23	30	30	36	45	42	49	49	51
学部数	23	26	46	51	64	75	69	87	90	95
学院数	158	163	170	192	192	197	198	195	192	272

徐堪等编:《中华民国统计年鉴(1948)》,南京,主计部统计局印,1948年,第312页。

表 6-16　战时高校留学人数一览

年度	1936	1937	1938	1939	1940	1941	1942	1943	1944	1945	1946
文科	108	20	2	1	8	3	15	37	8	——	94
法科	227	61	7	9	10	11	39	53	11	——	145
商科	64	33	1	1	7	4	13	84	10	——	57
教育	64	24	3	9	7	2	6	7	5	——	25
小计	463	138	13	20	32	20	73	181	34	——	321

徐堪等编:《中华民国统计年鉴(1948)》,第317页。

由表 6-15、6-16 可知,抗战时期,中国研究院所、学部的数量呈现递增态势;与此相对应的是,外出留学的文科生锐减,从 1936 年的 463 人降至 1944 年的 34 人。究其缘由,与战争因素的制约有关。抗战军兴后,"政府统制外汇,限制留学,大学毕业生出国留学机会减少,而当此抗战建国正在迈进之际,学术研究需要尤大。教育部有鉴于此,对于国立各大学原设有研究院所者,除令充实外,近并令人才设备较优之各校,增设研究所,由部酌给各校补助费用。……为奖励研究所学生起见,每学部并由部给予研究生生活费五名,每名每年四百元。各学部之其他研究生,并令各校自行筹给津贴。"①在此背景下,研究人才的本土培养又是大势所趋了。

时任教育部部长的陈立夫,推行战时高校教育统一化的方针,在教科书编订、教师资格审查、教师聘任等诸多方面,不遗余力地进行整合。文科研究所的设置,也是国家力量使然的结果。陈立夫本人对出国留学者,抱持着消极态度,他说:"凡留学何国,即一切学何国。今后留学政策不能不留意。否则将来留学生不免数典忘祖,认贼作父,卖国求荣,殊为危险。"②他认为学习西方易生数典忘祖之弊,对国家民族殊无益处。此虽为偏激之论,却也代表了国民政府高层对知识分子留学的守旧心态。

与此对照的是,彰显本民族文化思想的"中国化"潮流为政府所推崇。1938 年 4 月公布《战时各级教育实施方案纲要》,其中关涉学术研究者有

---

①　《国立各大学扩充研究院所》,《教育杂志》1939 年第 29 卷第 12 号,第 52 页。
②　《陈立夫日记》(下),中国社会科学院近代史研究所《近代史资料》编辑部编:《近代史资料》(总 132 号),第 181 页。

二:(1)对于吾国文化固有精神所寄之文、史、哲、艺,以科学方法加以整理发扬,以立民族之自信。(2)对于社会科学,取人之长,补己之短,对其原则整理,对于制度应谋创造,以求一切适合于国情。该纲要并规定"全国最高学术审议机关应即设立,以提高学术标准。"依据此纲要,教育部制定了《各级教育实施方案》,其中"学术研究及审议"分四条:"(1)各大学研究所应由各大学有适当导师及优良成绩设备之院系研究室发育而成,并与之联络为一体。(2)各大学研究所之研究科目及研究计划,应由教育部统计并筹划之。(3)教育部应设立全国最高学术审议机关。(4)全国最高审议机关,应由教育部征询全国各大学及国立研究院之意见,并就其所推举之学者聘定组织之。"①当时,为了使研究所的设置更为制度化和规范化,国民政府还设立了全国范围的学术审议机关,以提高学术标准。故而,自1943年始,硕士论文的审查划归教育部学术审议委员会复核。复核时先请专家一人详阅,再提交该会常委会审查,审查通过则由教育部核授学位。

表 6-17　部分大学获历史学硕士学位者一览(1943年5月至1946年年底)

大学及科部	姓名	论文题目
中山大学文科研究所史学部	曾祥和	两汉匈奴史表
	黄福銮	南洋华侨革命史
	戴裔煊	宋代钞盐制度之研究
	王庆菽	唐代小说中所表现的妇女问题
	梁钊韬	我国古代巫术——宗教的起源及其发展
	陶丘常	我国近代思想方法论史
	区宗华	中国海关总税务司史研究
	李肇英	两汉礼俗研究
	王启树	古时贵州土著宗族考
东北大学文科研究所史地学部	张亮采	补辽史交聘表
	单演义	商周群狄考
	王惠民	东北币制研究
	史亚民	补魏晋职官志
	金铄	近世东北国际关系研究
浙江大学文科研究所史地学部	余文豪	元初汉军考
	胡玉堂	古代雅典民主政治与雅典帝国
	刘熊祥	清季十年联俄政策
	徐规	宋代妇女之地位
	王爱云	贵州开发史

---

① 王寿南:《抗战时期的文化活动》,中华文化复兴运动推行委员会主编:《中国近代现代史论集30》(第26编),台北,商务印书馆,1986年,第1066~1067页。

(续表)

大学及科部	姓名	论文题目
武汉大学文科研究所史学部	谭华英	唐元明三代封藏关系考
	郭守田	濊貊源流考
金陵大学文科研究所史学部	汤定宇	东汉尚书制度考略

教育年鉴编纂委员会编:《第二次教育年鉴》,台北,文海出版社,1986年,第80页。

值得注意的是,文科研究所的西化背景亦相当浓厚,如学科课程设置、讲授、论文写作、学位评定等,皆是借鉴西方学术体系并加以吸收的结果。可以说,文科研究所作为民国教育系统培养级别人才的机构,在全国高校中普遍设置,一改中国学术人才多由外来培养的模式,对中国学术的自主化、本土化影响深远。

在纷乱的战争时局下,高校文科研究所的普遍创设,促成了中国学术的现代化和史学人才培养的本土化。在史学机构的发展上,则形成了史语所与高校文科研究所史学部并驾齐驱的局面。此外,文科研究所的建立,也使得"国学正式为现代科学体制所取代,史学也因此而与国学分道扬镳"。[①] 同时,专门性学术研究机构的建立和日渐完善,对学术职业化及学科体制化起了重要作用。仿效西方引入并建立的文科研究所,使得中国的史学研究从"个人主义时代",转入"团体运动时代"。[②]

总而言之,经过学人呼吁和国家政权的学术整合,文科研究所得以创设、复建于颠沛流离的抗战之时。大量史学著述亦创作于此时。战时文科研究所史学研究生的培养模式,成为民国以降史学人才培养的样板。今日史学研究生的招考方式、课程内容、学业时限、研究方法与理念,即与战时文科研究所的相关理念多有契合之处。

---

① 刘龙心:《学术与制度:学科体制与现代中国史学的建立》,第315页。
② 左玉河:《中国近代学术体制之创建》,第702~703页。

第七章 爱国主义、群体争竞与政治纠葛下的战时史学场景

第一节 战时中国史家民族观与节操观的重新审视

既有对战时史家著述与史学活动的探讨，多从爱国主义、民族主义侧面加以论析；而对抗战军兴之下的史家，因地域之别、生存之需、外部环境优劣不同，而面对的爱国的泛化与压力问题，则少有述及。本节为切入点，重新审视"中华民族是一个"的论争，并兼及沦陷区史家节操观问题。

一、爱国的逾越："中华民族是一个"论争的再审视

对抗战时期"中华民族是一个"的论争，无论是从概念上的"民族""种族"之异同，还是从论争的过程与影响，学界皆有论及。然而，论争的真正缘起、论争中学理层面与政治层面的纠葛、爱国主义之下的利益诉求等问题，仍有进一步探讨的必要。

（一）论争的缘起

这场论争，始于1939年2月13日顾颉刚在昆明《益世报·边疆周刊》上发表的《中华民族是一个》一文。① 接着，费孝通写信与之商榷。随后，顾氏将此信以《关于民族问题的讨论——答〈中华民族是一个〉一文》之名，发

---

① 顾颉刚在此文中认为："中国没有许多民族，只有三种文化集团——汉文化集团、回文化集团、藏文化集团。中国各民族经过了数千年的演进，早已没有纯粹血统的民族。尤其是'汉族'这个名词，就很不通，因为这是四方的异族混合组成的，入关后就接受了汉文化而成为汉文化集团的一员了。……这三种文化，汉文化是自创的，藏文化是取于印度的，回文化是取于阿拉伯的，一个中国人可以随着他的信仰而加入一个文化集团，不受限制。"顾颉刚：《中华民族是一个》，《益世报·边疆周刊》1939年第9期。

表于《益世报·边疆周刊》。① 该文从民族学的角度对一元化的民族观提出质疑,从而促成了争论的真正展开。此文发表的初衷,本为学术上的纯粹性探讨,而后则不免逾越了这一范围。

继费孝通此文后,顾颉刚又发表《续论"中华民族是一个"答费孝通先生》再行申说,②使得这场论争日渐扩大。此后,学术背景不同、政治立场有别的学者如傅斯年、吴文藻、翦伯赞、白寿彝、张维华、陈碧笙、马毅、陶云逵等纷纷著文立论、阐发观点,或赞同附和、或批评指摘,从而形成了当时一场重要的学术论争。

从表面看,此事源于顾颉刚、费孝通二人学术观点的歧异。然而,从当时顾颉刚撰写的环境看,《中华民族是一个》一文的产生,实与傅斯年有莫大关联。对此,顾颉刚在日记中有详细的记述:"1939年2月7号星期二。作《中华民族是一个》,约四千字,未毕。……昨得孟真来函,责备我在《益世报》办《边疆周刊》,登载文字多分析中华民族为若干民族,足以启分裂之祸,因写此文以告国人,此为久蓄我心之问题,故写起来并不难也。"③

很显然,顾颉刚作此文的直接动力,虽自言乃"久蓄我心之问题",实则源于傅斯年对其责备的信函。傅斯年在此信中言:"有两名词,在此地用之,宜必谨慎。其一为'边疆'。……其次即所谓'民族'。……夫云南人既自曰:'只有一个中国民族',深不愿为之探本追源;吾辈羁旅在此,又何必巧立各种民族之名目乎!今日本人在暹罗宣传桂滇为泰族 Thai 故居,而鼓动其收复失地。英国人又在缅甸拉拢国界内之土司,近更收纳华工,广事传教。即迤西之佛教,亦自有其立国之邪说。则吾辈正当曰'中华民族是一个'耳。此间情形,颇有隐忧。……如巧立名目以招分化之实,似非学人爱国之忠也。基此考量,以数事供之吾兄。一、边疆附刊之名,似可改为'云南'、'地理'、'西南'等,边疆一词废止之。二、……莫谈一切巧立名目之民族。三、更当尽力发挥'中华民族是一个'之大义,证明夷汉之为一家,并可以历史为证。"④

从此信中,可见傅斯年对"民族""民族主义"以及边疆词汇等概念使用的敏感性。其实,作为一个强烈的爱国主义者,傅氏对学术性词汇的警惕早已有之。从20世纪30年代初《东北史纲》的编撰,到1935年《中华民

---

① 费孝通:《关于民族问题的讨论——答〈中华民族是一个〉一文》,《益世报·边疆周刊》1939年第19期。
② 顾颉刚:《续论"中华民族是一个"答费孝通先生》,《益世报·边疆周刊》1939年第20期。
③ 《顾颉刚日记》(第四卷),1939年2月7日,第197页。
④ 傅乐成:《傅孟真先生的民族思想》(上),《传记文学》1963年第2卷第5期。

族是整个的》嘶力呼喊,他决然反对战前某些北平学人所倡的"民族自治"和"文化中立区"的建议,甚至不惜与其师胡适断交,皆是这一强烈爱国情结的体现。

（二）爱国主义之下的学术、政治与利益纠葛

从学理上讲,"中华民族是一个"理论本身乃与顾颉刚固有的学术理念存在着某种程度的背离和冲突。在《古史辨》中,顾颉刚曾将"层累的造成的中国古史"观念进一步阐发为:(1)打破民族出于一元的观念,(2)打破地域向来一统的观念。① 时至1932年,顾颉刚在致洪业的信中,亦认为"中国人全为炎黄子孙"的观念应当予以摈弃,而代之以"一个合于理智的新信仰"。② 很显然,顾氏原有观念是否认民族一元论的,与"中华民族是一个"的论调,多有冲突和抵牾。故而,《中华民族是一个》的政论性色彩较为浓厚,不能以纯粹的学术性探讨视之。

即使如顾颉刚所言,此乃"久蓄我心之问题","闻之甚喜,德不孤也"。③ 然而,这种态度的转变亦有远因。顾颉刚一直抱有"学术以救国"的信念。早在20世纪30年代初,他即在北平创办"三户书社"(后改为通俗读物编刊社),即以"楚人三户,亡秦必楚"意寓之,希望抗日救国、救亡图存。后为日人忌恨,落入黑名单,他亦不得不潜离北平。此外,他又创办《禹贡》杂志,从关注沿革地理到注重边疆史地,亦有学术以经世救国之意。之后,他到西北进行考察,亲闻亲见民族冲突的惨状,"因为我到西北去时,在民国十七年回民大暴动之后十年,在这暴动区域里,处处看见'白骨塔'、'万人冢',太伤心惨目了,经过十年的休息,还不曾恢复元气,许多的乡镇满峙着秃垣残壁,人口也一落千丈。到西宁时,一路上看见'民族自决'的标语,这表示着马步芳的雄心,要做回族的帝王。我觉得如果不把这种心理改变,边疆割据的局面是不会打破的,假借'民族自决'的美名。延迟了边民走上现代文化的日期,岂不成了反而成了民族罪人。所以发表这篇文字,希望边民和内地人民各个放开心胸,相亲相爱,同为建立新中国而努力,扬

---

① 顾颉刚:《古史辨自序》(上册),北京,商务印书馆,2017年,第12～13页。
② 对于这一新的信仰,顾颉刚勾勒为:"(1)中国无所谓汉族,汉族只是用了一种文化统一的许多小民族。(2)这许多小民族未统一时是互相仇视的,但统一之后则即一视同仁、不存什么隔阂。(3)因为中国有此文化,没有偏狭的民族成见,故得吸收新兴的种族(如五胡及辽、金、元等)的血液而维系于不敝,否则早该灭亡了。(4)中国的民族虽无偏狭的成见,但确有抵抗的精神。(5)当革命胜利时,中国民族并无寻仇的成见,仍尊重被革命者之种族的存在。"顾洪编:《顾颉刚学术文化随笔》,北京,中国青年出版社,1998年,第3～4页。
③ 《顾颉刚日记》(第四卷),1939年3月4日,第206页。

弃这种抱残守缺的心理。"①这段心路历程,料必对其后来的治学、论政产生深远影响。

顾颉刚此番改弦更张,乃是因爱国心的驱策和友人傅斯年的提醒,唯恐陷入"不爱国"的歧途。从中亦可见学术求真与爱国求用之间的无形冲突。而具有强烈民族意识和国家观念的傅斯年,自评为一个"狂热的爱国者"。②傅斯年在此次论争中不免渗入了自我臆测的成分。他在致朱家骅、杭立武信函中称:"(《中华民族是一个》)引起了'民族学家'云大教授吴文藻的不满,吴命他的学生费孝通加以反驳,说中华民族不是一个"。并进而说:"夫学问不应多受政治之支配,固然矣。若以一种无聊之学问,其恶影响及于政治,自当在取缔之列。吴某所办之民族学会,即是专门提倡这些把戏的。他自己虽尚未作文,而其高弟子费某则大放厥词。若说此辈有心作祸,固不然,然以其拾取'帝国主义在殖民地发达之科学'之牙慧,以不了解政治及受西洋人恶习太深之故,忘其所以,加之要在此地出头,其结果必有恶果无疑也。"③

吴文藻乃中国人类学、民族学研究的开创者。其弟子费孝通所著此文,本为纯粹学理性的探讨,而被称为拾西人之牙慧、有包藏祸心、为无聊之学问。这些评论实为非理性之言。作为"史料派"的领军人物,傅斯年亦曾留学西欧,对当时的民族学、人类学理论亦多有了解,如他所主持的史语所下设的第四组即以民族学与人类学属之。而傅氏谓吴文藻所办"民族学会"为无聊之学问,应予取缔。这种以政治手段来决断纯粹学术论争,除却爱国情结使然外,则又不免夹杂门户之见与派别之争。

傅斯年认为吴、费的言论会在云南发生不良的影响,"因吴是中英庚款董事会派到云大去的,乃致函此会的董事长朱骝先、总干事杭立武两先生,希望将吴他调,以免发生事端。"④本为学术性的论争与观点的歧异,而最终演变为政治攻讦和个人挞伐。以今日观之,这种对待民族问题的态度,"把民族说成是一个同一的、在时间中不断演化的民族主体,为本是有争议的、偶然的民族建构一种虚假的统一性。"⑤

从学科层面上讲,此次论争也是历史学和民族学在 20 世纪的初次交

---

① 《顾颉刚自述》,高增德、丁东编:《世纪学人自述》(第一卷),第 25～26 页。
② 傅乐成:《傅孟真先生的民族思想》(上),《传记文学》1963 年第 2 卷第 5 期。另外,傅斯年亦自言:"我之性格,虽有长有短,而实在是一个爱国之人。"《胡适秘藏书信选》,第 793 页。
③ 傅乐成:《傅孟真先生的民族思想》(上),《传记文学》1963 年第 2 卷第 5 期。
④ 同上。
⑤ 〔美〕杜赞奇:《从民族国家拯救历史:民族主义话语与中国现代史研究》,王宪明等译,北京,社会科学文献出版社,2003 年,第 2 页。

锋。中国历史上有着"殷鉴""经世致用",甚而为当下政治服务的史学传统。当这一传统,遇到民族学、社会学等西化理论时,不免有所冲突。同时,探讨的特殊环境,即正值民族危亡之秋,决定了这一结局的不可避免性。

顾颉刚或乃一理性的爱国者;然而,在傅斯年的激励下,虽言自身亦有此意,但最终创作了偏向宣扬爱国的文章。陈平原曾言:"随着现代学科的建立,原有的'师门'与'家法',作用不太明显。倒是学科之间的隔阂以及由此而萌发的'傲慢与偏见',构成了学术发展的巨大障碍。"①而在这场论争中,傅斯年对费孝通等人类学家的过激批判,除了爱国主义与纯粹学术探讨之间颇为矛盾的"张力"外,学科之间的隔阂与分途,也是不可避免的误解因素之一。

人类学家吴文藻,以及其学生林耀华、费孝通、瞿同祖、李安宅等皆出国深造,并巍然成家,吴氏学人可谓卓然成派。然而,在这场论争中,他们与傅斯年发生冲突,而终被傅氏以政治手段加以压制。学术探讨与政治要求一致性的或隐或显的压力,使这场论争在一开局,即处于一种不均衡的状态。总之,论争双方缺少共同而纯粹的学术讨论平台,其中夹杂了过多的国家意识、阶级对立、政治歧见和学科偏向,这场论争也就超越了纯粹学术探讨的范畴。

此一论争对当时的学人影响至深。后来岑家梧《西南种族论》一书即对"民族"与"种族"的概念细加别择、特为申说。胡体乾在此书的序言中,对当时因概念而引发的爱国之争,有颇为接近本真的理解。② 时过境迁的五十年之后,费孝通提出了中华民族"多元一体"的理论模式,则是在某种程度上对原有观念的固守与延伸。

二、沦陷区史家的节操观

"七七事变"以后,北平学人纷纷南下,而仍有部分史家,出于主客观的诸多因素,不得不以留守者的面目出现。在"爱国主义"语境这种较为一元

---

① 陈平原:《中国现代学术之建立——以章太炎、胡适之为中心》,第17~18页。
② 胡体乾《关于种族名词及民族政策》(《今日评论》1940年第3卷第17期)中言:"关于'种族'这个名词的使用。在过去文献中,西南各族常被唤作'民族'。家梧先生在书中却不用'民族'之称,而称为'种族'。如此称法是否正当? 一年以前,顾颉刚先生在《益世报·边疆周刊》上发表《中华民族是一个》一文,主张西南各族实是种族,不该称作民族,以致将民族统一,民族独立等观念,混杂。当时即有人反对,以为种族和英文 Race 相当,是体质团体;民族和英文 Nation 相当,是体质文化团体。西南各族既是体质文化团体,自然应称为民族。……前数年曾有人把体质文化团体称为民族,把政治利益团体称为国族或族国。但是,近年来的民族自决,民族独立,民族统一,民族至上等口号,已经把政治利益团体称为民族的观念,广远传播,深刻印于全国人心,不能再把体质文化团体称为民族了。至于种族一词,人类学家用以称体质团体,其范围可大可小,……所以称西南各族为种族没有大问题,此称民族较妥当些。"

模式的探讨中,不免忽略了这些史家生存与著述的真实情形。

总体来讲,北平史家多以避世、杜门谢客等形式"潜在抵抗",他们潜心著述,似乎有避世之嫌;但实则是在生存自保的前提下,寓爱国情结于史学著述之中。

除前所述的陈垣、余嘉锡等人,其他的留守史家,如身处北平的孟森、洪业、侯仁之,身处上海的吕思勉、周予同、周谷城等史家,皆能操守志节,不事敌伪。虽身处沦陷之地,但仍能著书撰文,寓爱国气节于激扬文字之中。

史家谢国桢在战时则面临着出处两难的矛盾。《谢国桢自述》中言:"1938年春,中华文化基金会孙洪芬先生叫我返回北平典守北平图书馆的金石图书,因之又回北平任职。在这以前我本来为中日庚款基金会所办的东方图书馆编写《续修四库全书提要》一书,因为某种关系,周作人就延聘我到伪北京大学史学系担任功课,我还误认为站在红楼上,'楼犹此楼也,土犹此土也',大讲其祖国的历史和'华夷之辨'的事迹,实在是失去了民族气节。因之,北平图书馆袁同礼馆长勒令我辞职,我只有承傅增湘先生的好意,经他介绍我到川帮私营大中银行聊司笔札,并协助傅沅老编纂《绥远通志》一书,这也不过是混些事儿和遮耳盗铃而已。这些事情我不说,人们也会知道,我不如坦白地交代出来,作为一篇反面教材,供同志们毫不留情地批判而已。"①

谢国桢在"伪北大"讲席时,依然大谈"华夷之辨";后经袁同礼的提醒才幡然醒悟,辞职他就。谢国桢因此而愧疚不已、郁郁终生。而更多的学人,对此段经历则选择了沉默和内心的自我谴责。

除却学人地处沦陷区本身所蕴含的"不爱国"色彩外,所处沦陷区地域的不同,也在"事伪"之事上面临着不同的压力,从而形成迥然有别的评判。香港沦陷后,学人陈君葆留守香港,曾是日本所占冯平山图书馆的雇员,在日本军官肥田木等监督之下,负责史籍整理与搜集工作。究其缘由,实与保护冯平山图书馆所藏的珍本古籍有关。陈氏亦自言:"冯平山图书馆的事本来我可以置之不理的,但为着中央图书馆的一批书,为着顾全别人,我竟动于一'义'字而不顾一切了。"②此间,陈君葆亦保护陈寅恪等著名学人安全离港,投奔大后方。战后,陈君葆因保护、追讨书籍和保护校产之功,获英国皇室颁发 O.B.E.勋衔,友人李幼成赞曰:"民族异宝得以巍然不坠,此功此德何止胜造七级佛图已也?……传曰:不有留者,谁守

---

① 《谢国桢自述》,高增德、丁东编:《世纪学人自述》(第一卷),第383页。
② 《陈君葆日记全集》(卷二),第55、45页。

社稷,若斯使命,卒底完成,责任之重,磨折之深,应付之苦,境况之危,可从想见。"①

史家金毓黻的遭遇则更为隐晦和曲折。东三省顷刻沦陷时,他因来不及出逃而遭囚禁,被迫出任伪职,后于1936年假借日本逃至国统区。② 在与东北大学学子的信笺中曾言:"仆主东研,忽忽五载……遭时不造,重更忧患,颇矜名节,遂窜南服。"③为保存名节,金毓黻最终选择了南下。此段沦亡经历,亦成为其不可言说的隐痛。他在日记中,对其友人文仲公的遭遇不免扼腕叹息:

> 此公心地清白,了然于中外华夷之辨,特以不能自脱羁绁,俯首以受束缚耳。或谓公位至方面,何难以死报国。此语诚然;然以此责公,亦失之过苛。世之丧心病狂甘心从贼者,亦复何限?公不能死,亦未尝甘心从贼,宁受幽辱,以待天曙,志亦苦矣。天既曙矣,公志可获申;而世人以不能死职为公罪,从而重遣之,使公之志竟永不得白于天下后世;然则丧心病狂甘心从贼之徒,又将何以处之?清室覆亡以来,中外大吏以膺变乱死于所事者,寥寥可数。南北分疆,军阀割据,朝秦暮楚之士往往而在,未闻中枢以法绳之,由是世风为之日下,此非一朝一夕之故也。④

不唯如此,金毓黻的《岳飞之死与秦桧》一文,亦潜藏着这一信息;以至于"编辑后记"中特加申说:"《岳飞之死与秦桧》一文,当是大家所极欲一读的,但读至中间颇使人这样担心:金先生是要替秦桧辩护吗?然而读了后就知道金先生不但没有给他辩护,反更把杀死岳侯的谋主指明了,这真是前人所未发的至论;至于博征推断之详细正确尚是余事。"⑤借此解释以免读者误解。

---

① 《陈君葆书信集》,广州,广东人民出版社,2008年,第146~149页。
② 关于金毓黻的个人经历,可参看金景芳《金毓黻传略》,《史学史研究》1986年第3期;《金毓黻学术年谱》(初稿),《学术研究丛刊》1987年增刊。
③ 金毓黻:《静晤室日记》(卷八),第5907页。
④ 同上书,第5936页。
⑤ 金毓黻:《岳飞之死与秦桧》,《文史杂志》1940年第1卷第6期,第14页。金毓黻在此文中言:"宋代之传统政策,一为严防武臣跋扈;二为以文臣制武臣。所谓士大夫之政治,亦由此传统政策演成。……宋代之权臣,皆非能　擅其权,乃窃弄天子之权,以自作威福耳。借使高宗赦免秦桧之相位,桧必俯首听命,无力以与之抗。宋之诸相,大抵如此,终宋之世无奸相逼君之事,即由于此。然则桧之杀飞,未曾取旨于高宗,岂其然哉?盖高宗所畏恶者,厥惟武臣跋扈,桧周内飞部下告讦以证其为跋扈,是为飞不免于死之主因;杀一以儆百,亦高宗之所愿也。"

金毓黻对名节看之甚重，而终不得解；又因曾经历东北沦陷区的愁苦时段，故对沦陷屈节之人，实能报以"了解之同情"，而非仅仅在爱国情绪之下"一味斥责"。故而，金氏在论述历史人物时，不时暗喻当下被忽略的伪东北官员、学人，认为他们亦多有爱国之心，与觍颜于日人的卖国者，实迥然之别。

三、几点思考

总而言之，抗日战争时期的史家，不免背负了更多的爱国压力：他们既是历史的亲历者，又是历史事件的撰述者，更为洞悉华夷之辨、恪守节操的重要性。然而，战时的爱国主义、民族主义话语在一定程度上屏蔽了史家本身所面临的生存压力、门户之见等诸多问题，使得对战时史学的探讨难以全面深入和有效展开。

首先，抗战军兴之际，民族至上观念的盛行，历史学与民族学等学科的话语分歧等，皆使得"中华民族是一个"的讨论人言人殊。胡适曾言："我不认为中国学术与民族主义有密切的关系。若以民族主义或任何主义来研究学术，则必有夸大或忌讳的弊病。"①此次"中华民族是一个"的论争，已经逾越了纯粹学术性探讨的范畴，综括了学科之间的隔阂、民族情绪与纯粹学术性探讨的潜在矛盾、爱国主义背后的利益冲突等诸多问题。

其次，仅以地域本身而论，身处沦陷区的史家，与身处"爱国之地"的西南、西北地区的史家相比，不免面临着更多的"节操"压力。时南迁学人魏建功，对此颇有较为公允的认识："若沈兼师、余季老巍然为后生砥砺风节，居危处恶，心境视吾辈辗转后方者艰苦殆有过焉耳。"②另外，史家身处沦陷区本身，即潜在地暗含着爱国不力、操守不谨，甚至是有失操守的嫌疑。陈垣对此亦多有深切体认，在《通鉴胡注表微》中即感慨："其人虽处异邦，忠心祖国，数十年如一日，卒至举族以殉，可哀也已。叶绍翁曰：'中原既陷敌，忠义之士，欲图其国，挈而南向本朝者甚众，盖祖宗之泽，时犹未泯也。然则通国者，岂可以其沦陷久而外视之？'"③此又为借有宋一代史事，而感慨沦陷区节义之士所遭受的压力。而许多学人在生存压力、日伪诱逼等诸多因素下，任教于"伪北大"等校，则更被视为失节之举了。而当时的亲历者则更多认为"这种事情往往是暧昧的，不是黑白之间的选择，而是灰色的深浅"。④

---

① 《胡适来往书信选》，北京，中华书局，1979年，第497页。
② 杨树达：《积微居友朋书札》，第123页。
③ 刘乃和编：《陈垣卷》，石家庄，河北教育出版社，1996年，第600页。
④ 〔美〕陈毓贤：《洪业传》，第148页。

最后，沦陷区学人的抉择，变得更为多元化。有人选择了坚忍归隐，有人选择了消极抵抗，有人更是屈节事伪，还有一部分人则因不经意地丧失节操而饮恨终身。故而，对战时史家的民族观、节操观等问题的探讨，更应该"重新放入那段布满约束与选择的历史中去，摆脱过去过于简单极端的两种观点"，①并对这一复杂的现象条分缕析。唯有如此，方可对抗战时期知识分子的抉择问题，有更为接近本真的理解和诠释。

第二节　战时史学机构间的竞争
——以顾颉刚的遭遇为个案

随着史学走向现代化之途，学科分野日益明显，学术分工渐趋明晰，学术群体间的交流与互通有无成为不可避免的趋势。因战时学术资源相对匮乏，学术机构间多有竞争与合作。

一方面，由于战时学术资源如书籍、资金的匮乏，学人群体的流离，加之战事造成的社会动荡，学术合作成为亟待加强的课题。除前述史语所与北大文科研究所的合作外，多校协作办刊也是当时的一个重要变化。如《中国文化研究汇刊》即由华西大学、齐鲁大学、金陵大学三校共同创办。具体而言，则由华西大学中国文化研究所、齐鲁大学国学研究所、金陵大学中国文化研究所，组成了联合出版委员会。此刊成为战时学人学术交流的重要媒介。

另一方面，抗战时期，大学院系、科研院所间亦多有竞争。例如，中央大学颇欲与北京大学争正统，师资很强。以历史系而言，中央大学的教授则有顾颉刚、金毓黻、丁山、沈刚伯、郭廷以、白寿彝、贺昌群、蒋复璁、韩儒林等人。而其他如史语所、辅仁大学、燕京大学、齐鲁大学等科研机构，在人才培养、资金获取、期刊创办与发行等层面，多有或明或暗的争竞色彩。既有研究多关注于学术机构间的合作问题，而对其竞争少有述及。本节从顾颉刚自身体认的视角出发，对抗战时期史学机构与社群间的竞争关系，略作探讨。

一、顾颉刚学术世界中的"竞争者"

史学机构间的合作与竞争受到诸多因素的影响，而其首要者，则与领军人物的示范作用有莫大关系。胡适曾言："学术合作事业，最重要的条件还

---

① 〔法〕卢瓦耶：《流亡的巴黎：二战时栖居纽约的法国知识分子》，张文敬译，"序言：水的故事"，桂林，广西师范大学出版社，2009年，第18页。

不在金钱,而在领袖者能与人合作,使人人能尽其所长,使人人各自负责任,即是人人各自负其功过。"①学术领军人物的合理统筹与精心擘划是学术机构得以生存壮大的必要因素。以史语所而言,其领导者傅斯年甚为注重学术分工与学人群体的合作,他曾在《新青年》上撰文道:"中国学术,以学为单位者少,以人为单位者转多,前者谓之科学,后者谓之家学;家学者,所以学人,非所以学学也。历来号称学派者,……数传之后,必至黯然寡色,枯槁以死。……中国学人,每不解计学上分工原理。分工之理不明,流毒无有纪涯。"②日后创办历史语言研究所,并归于中央研究院之下,即是这一设想的实践。

民国学术机构间竞争多已有之,据周一良回忆:"北大清华之间虽不无门户之见,但大体上这两所国立大学和史语所关系较近。而燕京是教会大学,自成格局与体系,与这三个机构都比较疏远。近年我才听说,洪先生与傅先生这两位都具有'霸气'的'学阀',彼此间的关系也不融洽。所以,像我这样燕京毕业的学生,被史语所吸收过去,洪先生定是于心不甘的。因此趁派人去哈佛学习的机会,把我重新拉回燕京。"③而借聘学人也需要获得研究机构主政者的允许。比如,1941~1942年,中央研究院、中国博物馆、中国地理所三家组织西北史地考察团,李济在筹划此事时想借助学人向达,遂写信请负责西南联大文学院的汤用彤玉成此事,④后经获允。而金毓黻便未有如此运气,金氏曾有借聘史语所学人董同和的打算,请傅斯年予以批准,然最终被傅氏代为谢绝。

抗战军兴后,顾颉刚南下就任成都齐鲁大学国学研究所主任等职。此间,大肆招揽学人,扩充研究队伍。顾颉刚颇有建立"学术重镇"⑤的想法,甚为注重对年轻学人的招揽与培养。学术机构在史家的争夺上日趋激烈。一日,顾颉刚读德国人威纳根"谁有青年,谁有前途"之语,即曰:"读此一语,始知傅孟真、张其昀、洪煨莲辈所以欲致我于死地之故。"⑥

(一)顾颉刚与北平研究院

身为北平研究院副研究员的韩儒林,薪水微薄,生活困窘;后经顾颉刚介绍到华西大学任教,以解决拮据的生活问题。然这一举动,不免招致北平

---

① 《胡适书信集》(中册),第902页。
② 傅斯年:《中国学术思想界之基本误谬》,《傅斯年全集》(第四卷),第1214~1215页。
③ 周一良:《毕竟是书生》,北京,十月文艺出版社,1998年,第29页。
④ 李济谟:《从清华园到史语所:李济治学生涯琐记》,北京,清华大学出版社,2004年。
⑤ 《顾颉刚日记》曰:"闻胡焕庸对学生说,'伍叔傥系政客,顾颉刚系学阀'。甚望胡君所言不虚,使我真能成学术界中之重镇也。"《顾颉刚日记》(第五卷),1943年4月14日,第58页。
⑥ 《顾颉刚日记》(第四卷),1940年5月4日,第371页。

研究院负责人徐旭生的不满。其实,顾颉刚多方招揽学人、扩充研究队伍,使得其他研究机构多有怨言,甚而有"反顾派"之称。"旭生、芝生、彦堂、从吾等俱反我,将组织'反顾派'。噫,唐僧取经,许多妖魔均欲尝其肉,但他由西天回来时,这些妖魔何处去了?尝感我太无妒忌心,只希望人家好,又太多同情心,唯恐一夫不得其所。别人的态度太和我不同了!我现在不干社会事业,不入政治生涯,看他们怎样倒我吧?"①

后来,顾颉刚与徐旭生的关系日渐疏远。"在泰华寺见徐旭生信,辞通俗社副社长职,函谓'非有他故,实以与顾君已到不能合作之地步,君子交绝,不出恶声,只有学鲁迅先生你来我去的一法'。噫,为我介绍鸿庵至华西,竟使其一气至此乎!谁教你们不能顾鸿庵的生活呢?我自己也有不好的地方,就是同情心太多,'禹思天下有溺者,犹己溺之;稷思天下有饥者,犹己饥之',要使几个有希望的人们能够发展他们的才力而已。"②可以说,学术观点的歧异,加之双方在年轻学人争夺上的矛盾,终使二人走向分途。

(二) 顾颉刚与史语所

史语所年轻学人胡厚宣,因齐鲁大学藏有大量甲骨,而至齐鲁大学国学研究所从事研究。但是,在薪水支付问题上,两大学术机构产生矛盾。"中央研究院历史语言研究所寄齐鲁大学信,谓我们给厚宣一年薪水,其任务为:(1)在滇买书,(2)抄录中研院所藏甲骨文材料。如此诬赖,实是羞人。"③对于顾、傅间的矛盾,顾颉刚亦感叹道:"孟真真是我的政敌,他处处不肯放过我。'不招人忌是庸才',予当自慰也。孟真与我,真所谓'有功亦诛,无功亦诛',有功则激起其妒心,无功则快其笑骂。"④

(三) 顾颉刚与燕京大学

顾颉刚的弟子张维华,曾转述翁独健的话说:"独健对他说,'你们不必和燕大竞争',盖燕大研究工作,几乎无人,不禁打也。然我辈岂欲与燕大竞哉!"⑤齐鲁大学与燕京大学的竞争,则与哈佛燕京学社颇有关联。当时,齐鲁大学办国学研究所,其资金得哈燕社的资助。然而,顾颉刚致力的精英化研究趋向与哈燕社侧重基础教学的方针多有背离。对于哈燕社的苛责态度,顾

---

① 《顾颉刚日记》(第四卷),1939 年 4 月 14 日,第 58 页。
② 同上书,1941 年 4 月 2 日,第 515 页。
③ 同上书,1940 年 9 月 6 日,第 425 页。
④ 《顾颉刚日记》(第五卷),1944 年 4 月 18 日,第 271 页。
⑤ 《顾颉刚日记》(第四卷),1940 年 4 月 28 日,第 369 页。

颉刚推测道:"齐大办研究院,得哈佛来信大为批驳,刘校长正拟力争。想此又是洪煨莲玩的把戏,即翁独健西山语,谓齐大不必与燕大争胜耳。按燕大研究所为洪氏把持,不想向好处走,保守,敷衍,孤立于学术界之外,而欲保持其一尊之地位,不让别的机关办好,此非所谓'己不能修,又畏人修'耶?洪氏如有本领,看能把我打倒否?并能打倒宾四与诚之否?"①

(四) 顾颉刚与浙江大学

齐鲁大学国学研究所研究员钱穆出走,并任浙江大学教员,此举使得顾颉刚甚为不满,"张其昀有政治野心,依倚总裁及陈布雷之力,得三十万金办《思想与时代》刊物于贵阳,又垄断《大公报》社论。宾四、贺麟、荫麟等均为其羽翼。"②

上述仅以学人争夺为例,略述战时顾颉刚与其他学术群体间的竞争关系。在顾颉刚的心中,与之相竞争的三股学术势力分别出自史语所、燕京大学和中央大学,且言:"我在此间做事,眼中出火者有三方面:一傅孟真方面,二洪煨莲方面,三张其昀方面。道高一尺,魔高一丈,固亦有此。终望身体不太坏,以真实之成绩破彼辈之魔法耳。"③然而,抗战时期的顾颉刚,在创建学术社群的过程中,也有诸多因素的掣肘。

二、史学社群兴衰背后的因素

对于史家与政治的纠葛和分合,王汎森以傅斯年为例,曾表述:"在那样的一个时代,成为'学霸'或'学阀'必须有学术以外的网络、绵密的政府关系,同时与仅有的一些基金会如中基会及中英庚款委员会,保持密切的关系。而傅斯年正好具备了这样的条件。……傅斯年实际上也常成为广大学者与政府及基金会间的桥梁。在民间资源绝少的年代里,这是极为关键的一种关系。……尤其是抗战期间,大量知识分子贫病交迫,为知识分子请求各种补助成为他的要务,傅氏成为照顾知识分子的知识分子。这样的恶角色也使得他在政治态度上不可能与国民政府决裂。……他只是'御史',而不是革命者。"④顾颉刚本是事业心甚强之人,尝自言:"许多人都称我为纯

---

① 《顾颉刚日记》(第四卷),1940年7月3日,第397页。后来,顾颉刚在日记中又言:"哈佛来信,谓我'尚书学'编刻八年,至今未报账,问我交稿抑退钱。此不言可知洪煨莲捣鬼。'尚书学'账目俱在北平,而责我以交账,将强迫我到北平乎!"参见《顾颉刚日记》(第四卷),1941年1月9日,第470页。
② 《顾颉刚日记》(第四卷),1941年11月10日,第602页。
③ 同上书,1940年4月28日,第369页。
④ 王汎森:《思想史与生活史有交集吗?——读"傅斯年档案"》,《中国近代思想与学术的系谱》,第337~338页。

粹学者,而不知我事业心之强烈更在求知欲之上。我一切所作所为,他人所毁所誉,必用事业心说明之,乃可以见其真相。"①然而,这一强烈的事业心,却在战时的乱局中,遭遇到诸多制约。

(一) 政治掣肘

史家朱希祖对学术社群建立的必要性,颇有体会。"现代的学术,非闭户读书可以做成功的,更非专靠书本可以做成功的。就史学而论,闭户读书,一切史料个人不能齐聚;一切历史的辅助学科,一人不能尽知,人类的历史,世界各国多有关联,多有记载,一人不能尽识,所以孤独讲学,虽有所著作,必不能完备。"同时,他对政治之于史学的掣肘,亦多有清醒的认识。"近来学校方面,大都有政党的牵制,因此同是研究史学的,而有彼此不能合作之心,而不能超然为真正之学者。我们要打破史学为政治的附属品,而为社会的独立事业。"②

以顾颉刚主编《文史杂志》的历程,即可看出其学术事业所遭遇的政治掣肘。抗战时期的顾颉刚,在主掌齐鲁大学国学研究所之际,又受到组织部长朱家骅的邀请,编辑《文史杂志》。③ 顾颉刚初意拒绝,且由齐鲁大学校长代辞。然终经不住朱家骅函电交驰、盛情相邀,而勉强就任。为表示专事学术之心,顾颉刚特提出如下条件:

"一、与朱先生直接发生关系,不假手他人。二、不在都会工作,免被人造谣破坏。三、我对边疆极感兴趣,且深知此问题之解决与将来建国有大关系,正可利用今日边民对于抗战之注意,加强其与中央政府之联系。四、此间边疆学会甚望改为四川分会,而将总会设在重庆,由朱先生派人组织,将来边疆工作即以会中名义行之。五、依我经验,边疆工作之最重要者为设立职业培训班,授以公民教育、边疆史地、医药卫生、畜牧商业、边地语言各种学科,造就一班终身为边疆工作之人才,且随时将边地情形报告,造成一通信网。而由会中常川巡逻督察,予工作良好者以鼓励。此事为我力之所及,

---

① 《顾颉刚日记》(第四卷),1942年5月31日,第689页。
② 朱希祖:《发起中国史学会的动机和希望》,《朱希祖文存》,上海,上海古籍出版社,2006年,第332~333页。
③ 《文史杂志》,由朱家骅发起,社长为叶楚伧,主编为卢逮曾(后为顾颉刚继任),隶属于国民党中央委员会秘书处,受秘书长吴铁城领导。顾颉刚到任后,聘史念海、魏建猷等人任编辑,编辑部设于柏溪,1944年4月编辑部迁至北碚,《文史杂志》出了中国近代史专号、中国经济史专号。(周育民:《风雨八十载——魏建猷传》,姜义华主编:《史魂:上海十大史学家》,第366~367页。)对于此刊创办的缘由,顾颉刚曾言:"蒋委员长演讲,有文学史学为国民精神所寄托,我们应提倡文学史学以唤起民族意识之语,中央党部因办《文史杂志》。"(《顾颉刚日记》(第五卷),1945年4月30日,第450页。)

可以负责做去。六、朱先生如以此事为可行，当详拟计划，惟请勿公布。在五年内，不论旁人如何破坏，均请朱先生勿听。届期如无所绩，甘受严厉之责罚。"①

然而顾颉刚到重庆后，具体的学术工作却遭受诸多阻碍。究其缘由，则是牵涉朱家骅与CC派的矛盾。此外，顾氏发起中国边疆学会，在从事边疆刊物创办的过程中，也受到这一因素的制约。顾颉刚日记曰："重庆有人为我造谣言，说我前至西北数年，花了五十万元，毫无成绩。今朱先生又欲起用，必无好结果云云。"②流言与非议使得顾氏颇为郁郁。而随着《文史杂志》的创办，其间的矛盾也日渐显现，"（朱家骅）拉予赴渝，谓边疆语文编译委员会，将来可扩大为亚洲史地研究所，隶中央研究院，予方欣然接受副主任委员职务。然彼会实际负责者，李永新也，予又何必为此傀儡乎！"③顾颉刚本有大展宏图之想，却受到陈立夫势力的诸多阻挠。陈立夫等人又非议刊物开支过于浩繁，顾颉刚亦愤愤道："教育部及中央通讯社方面均指摘《文史杂志》，谓为规模庞大而无成绩，愆期太久。接此两机关皆顾樕所出入者也，然所以愆期之故即由顾樕不负责任而来，而彼乃以此詈我，一何可笑。至于规模，则本社仅七人耳，如何说得上庞大。"④同时，顾颉刚多不驻所，文史社内部也矛盾重重。而《文史杂志》的出版，亦多有迁延，难以走上轨道。到了1944年3月间，"党政考核会拟将《文史杂志》经费停发，谓其无与于主义宣传。"⑤此为顾颉刚主持文史社的终结。顾氏对这一惨痛的经历甚为感伤，且自誓："从今以后不作政府官吏，免使我清白之身反负贪污之谤！"⑥

可以说，顾颉刚的学术与事业之心甚浓，在政治上虽依靠朱家骅之襄助，而学术乃其最终追求的旨归。顾颉刚与蒋介石曾有相晤："到黄山谒见蒋总裁。与总裁谈整理中国古籍事。……今日蒋与予谈经学，而只知山东神童江希张，使我心冷。"⑦这一"心冷"的认识，也使顾氏始终游离于国民党政治圈之外。⑧ 后来，顾颉刚与朱家骅也日渐疏远，尝言："予性不蒙狐媚，

---

① 《顾颉刚日记》（第四卷），1941年4月30日，第527页。
② 同上书，1941年8月30日，第574页。
③ 同上书，1941年11月30日，第610页。
④ 《顾颉刚日记》（第五卷），1943年4月29日，第63页。
⑤ 同上书，1944年4月15日，第269页。
⑥ 同上书，1945年4月30日，第453页。
⑦ 《顾颉刚日记》（第四卷），1941年7月13日，第557~558页。
⑧ 顾颉刚亦曾担任国民党参政员等职，然对政治多不究心。尝言："今晚览报，悉予当选为参政员。此出骝先及顾墨三两公好意。予不娴政治，无能为役，而在此救死不遑之际可以解决生活问题，亦一佳事。使值太平之世，则必不就。"《顾颉刚日记》（第四卷），1942年7月28日，第714页。

不会蝇营,自知不适于政界生活,故决然舍去。"①而他寄希望以政治资源来辅助学术研究的心愿,终面临左支右绌、功败垂成的境地。

(二) 经费短缺

外来资金的支持对研究机构的发展助益匪浅。胡适曾言:"中国当前学术界最大的困难是经费不足。我们学术界并不是没有人才,但是经费不足,学者们啼饥号寒,研究工作无从谈起。"②抗战时期的顾颉刚亦面临这一问题。

在顾颉刚主持齐鲁大学国学研究所期间,研究所的资金多源自哈佛燕京学社的资助。顾氏注重研究所的精英化和研究性色彩,这与哈燕社倾向普及教育的理念多有不同。故而,双方在创办学术刊物的问题上产生分歧,"雷仁福承爱立资夫之意,欲取销华西、金陵、齐鲁三研究所之自办刊物而代以联合学报,今日与予谈,予允取销《齐鲁学报》、《国学季刊》二种而留《责善半月刊》,得其同意。"③最终,在创办报刊的问题上,顾颉刚不得不有所妥协。

同时,顾颉刚创办《文史杂志》时,亦面临资金短缺的问题。"文史社经费每月八千四百元,居今之世,甚感窘迫,因是向戴先生请求。先生允自本年十一月起,渠独捐每月千元,予请作文史图书馆之用,又由三民主义丛书编纂委员会月拨千元,予请为文史丛书稿费之用。"④但是,具体到资金的落实,则又因政治派分的矛盾而受到阻碍。因《文史杂志》属中央党部所办,属中央秘书处,受秘书长吴铁城的领导。顾颉刚与吴氏素无交往,为杂志资金事登门拜访,不幸吃了闭门羹。"去了三次始得见,而态度甚冷,对于增加经费事恐不易相助。予为骝先拉来,而系统则属于秘书处,所谓'妾身不分明',办事安望能如意乎!""《文史杂志》本欲自商务收回自印,惟吴铁城态度既如此,而王云五又表示可再重庆分馆排,只得取消原意。奔波多日,等于白费,益见作事之难。"⑤

另一方面,战时货币贬值、物价腾贵,亦使得学术事业的筹办日趋艰辛。"今日做事,得朱(家骅)、顾(孟余)两先生之信任,可以放手做去矣,而今日钱不值钱,购置一物恒较战前加数十倍,而两先生手头又无钱,竟有走不通之苦。我费了十分气力,竟得不到一份效果,奈何!"⑥

---

① 《顾颉刚日记》(第五卷),1945年6月18日,第483页。
② 齐思和:《论如何争取学术独立》,《东方杂志》1947年第43卷第10期。
③ 《顾颉刚日记》(第四卷),1941年11月12日,第603页。
④ 同上书,1941年10月28日,第597页。
⑤ 同上书,1941年11月21、24日,第606~608页。
⑥ 同上书,1942年8月29日,第730页。

(三) 学人纠葛

顾颉刚主政齐鲁大学国学研究所期间,本有宏图之志,然上有校长不肯完全放权,下则研究所内部矛盾横生,这也是其离所他去的原因之一。当时"盖校长大权独揽,而又营私舞弊,账目不公开,既不值得为彼负信任,而又不愿受其压制也";① 又言:"刘校长必不让我辞职,但行心既动,已按捺不住。谁教他和西山在此两年之内处处束缚我乎!"又由于顾颉刚身兼多职,疏于所务,使得"所中分门别户,水火浸甚。现在男同人、女同人、胡家、我家,分开四处伙食。"② 诸多学人矛盾,也使得齐鲁大学国学研究所的学术合作事倍功半,相关研究计划多功败垂成。

务广多荒③、"能爱人而不能用人"也是他人对顾颉刚的评价。后来,贺昌群对顾颉刚亦有善意提醒:"渠以为宜致力于事业,盖予有气魄,能作领导也。惟予之弊在于开端时规模太大,以致根柢不能充实。"④ 友人王树民亦言:"予能爱人而不能用人,凡不熟悉者觉其为好人,愈熟悉则愈发现其劣点,浸以疏远。予自思,盖入予门甚易,而为予任事綦难,以愈接近之人责以

---

① 《顾颉刚日记》(第四卷),1941 年 5 月 8 日,第 528、530 页。
② 同上书,1941 年 4 月 2 日,第 515 页。
③ 1943 年春,顾颉刚在展望自己工作时,曾做如下计划:

(一)种类	(二)工作机关	(三)推行对象	(四)最后目的
(甲)玩具(史地类)连环画、画片、儿童博物馆	赵广顺家、亚光舆地社	幼稚园 小学	(普及历史常识)
(乙)名人传、地理丛书	商务印书馆、民族复兴研究会	中学 大学	通俗的中国通史 (此事必及身见其成功)
(丙)历史图表	亚光	中学 大学	
(丁)中国文化小丛书	中西书局	中学 大学	
(戊)整理廿四史	齐鲁大学 史学会	大学 研究所	(提高学术水准)
(己)史学辞典、史籍索引、分类史料集	齐鲁大学 史学会	大学、研究所	准备作正式的中国通史 (正式的通史当于百年后作,此一世纪只能作准备功夫)
(庚)研究论文	文史杂志社、史学会	大学、研究所	
(辛)古籍整理	编译馆、商务		
(壬)古史辨	开明		

而上述种种计划,终其一生仍多有未竟,抑或可见其贪多务广的性格。《顾颉刚日记》(第五卷),1943 年 4 月 30 日,第 65 页。
④ 《顾颉刚日记》(第五卷),1943 年 8 月 31 日,第 139 页。

成功亦愈迫切,世上有志者不多,故动多拂逆也。如谭其骧、张维华、杨向奎、王树民、杨中一皆是。尚有潘家洵、吴世昌、李一非等皆起初极密切而后来疏远,此虽不尽为予之过,而予之不能用人亦可见。"① 顾颉刚对这一问题也多有认知,尝言:"予最能号召群众,而不能组织民众。盖一件没有作好,就想做第二件事,以致前一件事只得放弃,此贪多之害也,不可不改!"②

三、余论

既有对学术社群间合作与竞争问题的探讨,多从学术旨趣、研究趋向、政治理念等层面予以解读。这一探讨路径诚然能够较为客观地反映当时学术社群的流变。但同时,亦不能忽视学术群体竞争中所隐含的非学术性分歧,这包括学术机构间的学人争夺、人事纠葛、资金短缺、领军人物因个性之别等。抗战时期的顾颉刚辗转多处,兼任多职,③然学术事业却处处受制,事倍功半。顾颉刚曾言:"我辈无组织,最易给人各个击破。……他们结党营私,我们亦必结党营公,方可抵制。然我辈出路多,个人可以独立生存,故结党亦必结不紧也。""予自省,在学界中二十余年,在政界二年,学界争名,政界争权,大有蹙之靡所骋之概。"④抗战后期至1949年,顾颉刚日渐与国民党疏远,而自身所凭借的政治资源随之枯竭,"最不幸者为无权而有名。盖有名使人畏,而无权又使人不畏也。予本无用世之志,徒以青年蚁附,而又爱才心重,不得不为之游扬,以是起人忌嫉,恒惧予之势力入其机关,凡所绍介,皆致疑猜。使予有权在手,人将忍之,今则无有,则排挤之,压抑之,固惟其所欲矣"。⑤战时学术资源奇缺,这迫使顾颉刚不得不凭借政治力量,以求自身或学术团体的生存与发展。然而,国民党内派系众多,互为倾轧不断,顾颉刚以书生姿态折冲其间,不免左支右绌。

学术群体的形成需要诸多因素的共同合力。稳定性(如资金来源、生源、师资、期刊与著述的出版发行等),学术机构与社群的实体性(依托于高校或国家层面的支持而形成政府背景的研究机构、固定的研究场所、设备、

---

① 《顾颉刚日记》(第四卷),1942年2月7日,第640页。
② 《顾颉刚日记》(第五卷),1943年9月10日,第153页。
③ 抗战时期,顾颉刚所兼职务甚多,主要有:"1.北平研究院 2.燕京大学 3.补助西北教育设计委员会 4.齐鲁大学国学研究所 5.文史杂志社 6.中央大学出版部 7.边疆语文编译委员会 8.中英庚款补助科学人员案(附中央研究院奖金案、铨叙部审查案)9.高等考试 10.教育部工作 11.边疆学会 12.通俗读物编刊社 13.边疆教育委员会 14.史地教育委员会 15.《文史教学》。"《顾颉刚日记》(第四卷),1942年10月10日,第746页。
④ 《顾颉刚日记》(第五卷),1943年4月27日,第618~619页。
⑤ 同上书,1945年6月30日,第488页。

图书资料等），学术群体的精英化等，皆是学术社群成功的重要因素。贺麟即言："现代学术集团形成的重要因素是该集团领袖的学术地位和个人魅力"；"现代学术集团形成的关键，在于学术环境和人才的培养，而资金和必要的物质条件则依赖于前者而发挥效用。"①而顾颉刚在塑造其"学术重镇"的过程中，则尚不具备上述因素，最终导致其学术事业功败垂成。战时顾颉刚的遭遇并非个案，这也是抗战军兴纷乱图景中，中国史学群体所遭遇诸多困境的一个缩影。

第三节 学术整合与政治分野

战时的中国史学，受诸多因素的影响发生改变。除对史学本身的关注外，史学与政治的关联，亦是不容忽视的问题。此间，治史方法有别的史家，在史学著作的撰写与表述上，出现了相互借鉴、互为取长补短的现象。与治史方法、史学理论的融合倾向相较，战时史家的政治立场，并未出现明显的趋近倾向。反而，史家群体间的政治分野变得更为泾渭分明，从而形成一种"二律背反"的矛盾现象。

一、战时史学的学术融合倾向

自胡适提倡"整理国故"以降，学人多疏离政治，埋头于故纸堆，力求做窄而深的考据学问。一时间国学刊物大量创办，各高校国学院纷纷建立，并以此为尚②。在此背景下，中国史学的研究，也开始由传统走向现代。

20世纪30年代初，历经社会史大论战，马克思主义史家日渐为人瞩目，成为一股不容忽视的学术力量。同时，史家治史的观念与方法之别，也经此而变得更为明显。如"古史辨"之于考证派史学一样，社会史论战直接催生了唯物史观派学人的崛起。③ 不同派分的史家的治学理念迥然有别，甚至势同水火，以至于后世学人在综论这一时期的史学时，多不免做"史料派"与"史观派"的区分。

---

① 贺麟：《学术与政治》，《当代评论》1941年第1卷第16期。
② 比如，1927年顾颉刚南下组建厦门大学国学研究院时，即言："国学研究院的成立由于他们学时髦，并不是由于学问上的要求。"《顾颉刚致胡适》，"1927年2月2日"条，《胡适秘藏书信选》，第577页。
③ 比如，冯友兰划分为疑古派、释古派和信古派，钱穆分为传统派、革新派和科学派，周予同分为史料派和史观派，许冠三分为考证学派、方法学派、史料学派、史观学派、史建学派等。

然而，这一学术分途的现象，随着抗日战争的爆发而发生变易，即史学的融合与相互借鉴倾向日益明显。对此问题，周予同、许冠三、王学典、王晴佳等学人，皆有阐述。周予同认为："最近数年，即'七七事变'以后，史学界已渐有综合各派或批评各派而另形成最后新史学派的趋势。"①许冠三亦暗示："三十年代中期起，几乎所有明智的少壮派专业史家已开始确认，在历史研究中，方法、理论与材料实缺一不可。"②王学典则主要从"从强调'一般'到注重特殊""从追求致用到向往求真""从偏重方法到兼重材料"三个层面，论述了马派史家的转变及其合流倾向。③ 王晴佳虽未直言这一倾向，也认为抗战史学的变化实则是对梁启超"新史学"的一种复兴，史观取代方法，成为战时史学的主要线索。④

上述各家观点，对战时史学的合流问题，或只言片语，或仅从马克思主义史家单方面予以论述，不免难以窥见当时学术流变的整体图景。面对史学合流的学风，当时的非马克思主义史家是如何应对的？战时史学融合的主客观因素究竟有哪些？这仍有进一步探讨的必要。

对于非马克思主义史家而言，抗日战争的变局，亦使得他们对自身所持有的史学观念有所反思，并试图寻求解决之道。当年凭借整理国故运动而擎起"疑古辨伪"大旗的顾颉刚，即意识到这一问题的严重性。他在《史学季刊》的发刊词中即提醒道："学者因其所习，蔽于所闻，无达观之雅量，以为事不相谐，义无可合，故作考据者常诋史观为浮夸，谈史观者亦讥考据为琐碎。近岁以来，辩争弥烈。然历史哲学家每以急于寻得结论，不耐细心稽察，随手掇拾，成其体系，所言虽极绚华，而一旦依据之材料忽被历史科学家所推到，则其全部理论亦遂如空中蜃阁，沙上之重楼，幻灭于倏忽之间，不将叹徒劳乎！故凡不由历史科学入手之历史哲学，皆无基础者也。历史科学家惯于研索小问题，不敢向大处着眼，其视考据工作为史学家之终极使命，谓解释之事惟当贻诸社会学家及哲学家，非史学家所当问津者。"⑤顾氏认为，以考据为依托的史料派与以义理阐发而声名鹊起的史观派截然分途，不利于史学的发展，故

---

① 周予同：《五十年来中国之新史学》，《学林》1940年第4期；亦见《周予同经学史论著选集》，上海，上海人民出版社，1996年，第521页。后来，周予同在回忆此文的撰述时，亦言"史学总因社会的急变而起反应，抗战的爆发必将促使各派爱国的史家互相撷取优点，'加以批判的综合，而渗透以高度的争取民族解放的信念'"。参见《周予同自述》，高增德、丁东编：《世纪学人自述》（第一卷），第249页。
② 许冠三：《新史学九十年》，第3页。
③ 王学典：《20世纪中国史学评论》，第92~140页。
④ 王晴佳：《论二十世纪中国史学的方向性转折（续）》，《中华文史论丛》2001年第1辑。
⑤ 顾颉刚：《发刊词》，《史学季刊》1940年第1卷第1期。

而各举其弊而谋求两者的交融与整合。然而,细察顾氏表述的主旨,除了提倡史料派与史观派的相互借鉴外,其持平之见中亦不免有所侧重:在研究历史之初始阶段,还是应从史料入手,在此基础之上,方有良好史观之形成。显然,作为胡适派学人的顾颉刚,更为看重考据之学的价值。

除却上述马派与非马派史家的合流倾向外,非马克思主义史家群体内部亦有要求学风整合的呼声。当时主掌中央大学历史系的金毓黻,亦著文力求消弭这一分野的现象。"向日以为分道扬镳不可治为一炉者,今则共聚一堂,以收风雨商量之雅。盖学术以互竞而孟晋,譬之江河分流,以俱注于海,其趋不同,而其归一也。违难以来,迁渝续课,本系爰有历史学会之组织,并因时与地之便利,从事巴蜀史迹之考察,甲骨文字之整理,同学诸子,交相勖勉,欲以研治所得,分期刊行,就正当世。"①作为章氏门生的金毓黻,既受北方学界之浸染,又获南学之真谛。他倡导不同学风派别的史家,在学术上予以融会贯通,亦可见战时史学转变的一个侧面。② 当时对考据之学的反省,似乎已经成为大势所趋,"近两年,所谓'国学'里面的'考据之学',忽然很倒霉了。好些'学府'里吹出来的'学风',是要吹倒他。社会上的'清议',也要议倒它。还有煌煌'典谟训诰'之文,更在痛斥之不遗余力。罪名是什么呢?曰:支离破碎。只要回头看看考据学的历史,对于这种攻击,这样的罪名,就不难了解,而且自然要会心微笑的。"③

而被后世学人目为"史料派"领军人物的傅斯年,在论及史料与史学的关系时,似乎仍延续其一贯的风格。"本所同人之治史学,不以空论为学问,亦不以'史观'为急图,乃纯就史料以探史实也。"然而在字里行间中,他的语气又不免有所松动,"史学可为绝对客观者乎?此问题今姑不置答"。④ 而傅氏在谈及此后著述的打算时,则更为明显地看到了这一转变的迹象,"论我之学问,自觉方在开头,但现在不学问了,就在此时著书,而且把考据之书放在后面,目下先写《我的哲学》。这些《哲学》包括下列各书:一、《文化斗争》;二、《原人》;三、题目未定,其意思是 Causality and Chance in History;四、想练习一下,我有无写传记之才,以明太祖为题(近发现他许多事)。这便够我病人办的了,考据之书再说。"⑤此番设想,不免与"一切史学皆是史

---

① 金毓黻:《弁言》,《史学述林》1941年第1期。另外,《静晤室日记》中所载的"弁言",与此略有不同。
② 另外,桑兵对金毓黻在南北学风合流中的作用,有详尽论述。参见桑兵《金毓黻与南北学风的分合》,《近代史研究》2008年第5期。
③ 舒芜:《饮水思源尊"考据"》,《新华日报·新华副刊》1944年10月30日。
④ 傅斯年:《〈史料与史学〉发刊词》,《史料与史学》,重庆,独立出版社印行,1945年,第1~2页。
⑤ 《傅斯年致胡适》,"1942年2月6日"条,《胡适秘藏书信选》,第793页。

料学"的观念大相径庭。其亦自言"考据之书再说",亦可见当时学风转变。

以创办《战国策》刊物、提倡"国家至上,民族至上"而闻名的雷海宗,对当时包括史家在内的学界现状,大加挞伐,"新君子也与旧君子同样的没有临难不苟的气魄。后方的情形一旦略为和缓,大家就又从事鸡虫之争;一个弹炸就又惊得都作鸟兽散。这是如何可耻的行径!但严格来讲,这并不是个人的错误,而是根本训练的不妥。未来的中国非恢复春秋以上文武兼备的理想不可。"①看来,当时学界水火不相容,以考据为尚的学风真到了非整合不可的境地了。

但是,在这种倡导学术整合的风气中,马克思主义史家无疑显得更为主动些,而史料派学人的转变则较为迟疑和犹豫不决。随着战后国共的分裂以至内战,这种昙花一现的史学借鉴与交融的景象,变得不再有可能。

二、战时史家的政治分野

既有对战时知识分子的关注,多从学术合作、学人交流的方面,予以关注和重构。而对学人间的政治分野,多囿于时局之关系,阐述较少,实为缺憾。

与梁启超、章太炎等经世型的知识分子不同,胡适派虽也一度钟情于"好政府主义",然 1927 年以后,即日渐与政治疏离。就连其学生顾颉刚,亦劝阻道:"我希望先生的事业完全在学术方面发展,政治方面就此截断了吧。……我敢请求先生,从此与梁任公、丁在君、汤尔和一班人断绝了吧。"②顾颉刚、傅斯年、陈垣等一流史家,亦多从原有浓厚的政治情愫中脱离出来,力争在学术上竞争于西人。然而,这种讲求政学分途的研究趋向,并未坚持太久。

抗战军兴以后,学人经世之心日增。脱离当下政治的书斋式学问,变得越来越不合时宜。胡适、傅斯年等人创办《独立评论》,畅谈时政、建言献策、针砭时弊。顾颉刚则创办《禹贡半月刊》、通俗读物编刊社等,研究重心由疑古辨伪,转向研讨边疆、激励民众抗日救亡。

马克思主义史家参与政治的态度则更为明显。这种政治热情甚至一度压倒了学术的客观性。翦伯赞致欧阳纳敏的信中曾坦言:"我有时热情太高,几乎使人分不出是论文还是宣言。我不想再过教授的生活,把许多时间,都用在经院式的研究。我教了一种'经济学说史',简直把我拖到中世纪去了。"③此间翦氏所撰的《南宋初年黄河南北义军考》《论两宋的汉奸及傀儡组织》《论明代的阉宦及阉党政治》《论明代的倭寇与御倭战争》《论南明第

---

① 雷海宗:《君子与伪君子——一个史的观察》,《今日评论》1939 年第 1 卷第 4 期。
② 《顾颉刚致胡适》,"1927 年 4 月 28 日"条,《胡适秘藏书信选》,第 582 页。
③ 《翦伯赞全集》(第七卷),第 278 页。

二个政府的斗争》《桃花扇底看南朝》《南明史上的弘光时代》《南明史上永历时代》等文,皆有以论带史、借古喻今的倾向。

而这一问题,则多为非马派史家所诟病。《图书季刊》的"书评"部分,对此多有论及。例如,王育伊在评论《唐代政治史述论稿》一书时,即言:"近人多诟病考据之学,谓其流于琐碎,无裨世用。惟是史学以探求真实为最高理想,原不必悉以资用,则考据又乌可废? 陈氏是书所讨论之诸问题为吾国中古史关键所在,不但李唐三百年之盛衰兴亡而已。此本书所以异于时人所讥之琐碎考据,亦异于剪裁陈言纂辑成书之史钞,更大异于具有成见与含有宣传性之史论。"①

进一步而论,不同政治派分的史家,在总结战时史学的成就时,也各自表述,甚至有偏执一端、是丹非素的嫌疑。如郭沫若在《战时中国历史研究》中,对抗战之时中国通史的编纂成就,予以总结:"最近一两年来由于中国学术界的努力,已经逐渐得到了解决。不久以前有两部值得注意的中国一般历史书出版。这是中国历史研究上的一件凸出的大事。一部叫做《中国历史简编》,是延安的历史家范文澜、吕振羽和尹启明合写的。……另一部书是翦伯赞的《中国史纲》。这部书的名称虽叫做史纲,实则是一部大书。全书还没有完成,现在只出了叙述秦以前时代的第一卷。"②对于战时通史编纂的成绩,仅以马克思主义史家的"一部半"著作代表,而对其他史家通史编纂的成就,全然不予以理会。

与郭沫若对《中国史纲》的推重相较,非马派史家对此书则多有指摘,"翦君将过去史家所说之有巢氏,燧人氏,伏羲氏,神农,皇帝等等,皆解释为时代的名称",此为史实之讹误;对其"新人种之外来"一节,亦多有可议;至于"翦君此卷写古代农奴奴隶制悲惨境况"则又有厚古薄今的嫌疑了;并定位"此卷曰史纲,无宁名之史论"。③ 双方对同一著作做出如此迥异的评判,推究其因,则多与史家身份所造成的各自表述的偏执或有关联。史家之间因政见不同、党派歧异而形成的泾渭分明的局面,并未因抗战军兴而变得有所缓和。

同时,观《静晤室日记》《顾颉刚日记》《五石斋日记》等民国史家的日记,对马克思主义史家的记载亦寥寥可数,而与马克思主义史家的真正交往则又更为稀疏了。当时党派色彩不算明显的顾颉刚在日记中对郭沫若的记载,也是因其学术之成就而着墨的,两人并未有真正意义上的会晤。对与翦伯赞、吴泽等人的往来,则记载曰:"到吉林路,效庵引翦伯赞、吴泽(瑶青)

---

① 王育伊:《评〈唐代政治史述论稿〉》,《图书季刊》1943年第4卷第3~4期。
② 郭沫若:《战时中国历史研究》,《中国学术·创刊号》1946年第1卷第1期。
③ 《〈中国史纲〉第一卷》(图书介绍),《图书季刊》1944年第5卷第4期。

来。同到吴泽家。……伯赞与予初交而作深谈,不知将有关于前途否?"①后又有几次会面,也是只言片语,对双方学术交流的情况,顾氏日记中缺略不详。而《静晤室日记》中,对马派史家的评述道:"郭沫若盛赞吕氏与翦伯赞之通史,盖两氏均为左派作家,与郭氏气味相投故耳";"若翦伯赞则拾人牙慧,自命左派作家,斗筲之士,何足算也"。②

抗战之时,政见不同的史家之间在史学方法上或有借鉴,但学人的政治分歧所导致的观念不同,直接决定了这一合流的倾向,难以走向深入。

三、战时史学"二律背反"倾向之分析

无论是20世纪20年代的科玄论战,还是此后的社会史大论战,皆使得马克思主义史学日渐彰显,并成为一股不容小觑的社会思潮。在与形形色色的理论学说相论争的过程中,马克思主义史学也在不断自我构建和完善。可以说,从早期生硬地套用马克思主义史学的理论概念、追求超越国别的一般性规律,到抗战时期追求民族性和特殊性,马派史家在批判"他者"的过程中,也日渐形塑了自身的理论框架。

但是,在这一转变的过程中,马克思主义史家与胡适派学人的分野也日渐明朗化。1929年的《中国古代社会》称:"胡适的《中国哲学史大纲》,在中国的新学界上也支配了几年,但那对于中国古代的实际情形,几曾摩着了一些儿边际?社会的来源既未认清,思想的发生自然无从说起。所以我们对于他所'整理'过的一些过程,全都有从新'批判'的必要。"③马乘风《中国经济史》于"诸家批判"部分,抨击"古史辨"为"放置在'断头台'上的'中国古史'",④且谓胡适、傅斯年倡导历史偶然论,皆全然不解唯物史观之故。马派史家与胡适派学人泾渭分明的姿态,日渐明显。

对于抗战时期的史学转向,有学人认为"资产阶级传统史学,这时在历史观和方法论方面,不少人发生了可喜的变化,逐步接近与倾向唯物史观"⑤。其实,其间的转变是很有限度的。只是一个短暂的象征性的"合流"而已。这与当时的统一抗战、"皖南事变"后马克思主义史家向纯粹性学术的转化、地域性的接触更为频繁等因素息息相关。

由马克思主义史家的这一转变所形成的学术成果,直到抗战后期,才真

---

① 《顾颉刚日记》(第五卷),1944年5月8日,第280页。
② 金毓黻:《静晤室日记》(卷六),第6161、6347、6348页。
③ 郭沫若:《郭沫若全集》("历史编"第一卷),北京,人民出版社,1982年,第7页。
④ 马乘风:《中国经济史》,北平,中国经济史研究会,1935年,第507页。
⑤ 叶桂声、刘茂林:《抗战时期的中国历史学》,《晋阳学刊》1986年第5期。

正在著述中体现出来。而抗战之后的内战时期,又因史家政治身份的日渐分野,他们又由合到疏,甚至出现对立的局面。以纯粹学术标榜的史家,其实都或隐或现地有一种政治倾向的存在。两派相互不承认的态度,可谓贯穿了几乎整个 20 世纪的中国史学。

由上述可知,战时的学术虽已出现程度或深或浅的合流之势,而与此同时,政见不同的史家之间的分野程度则日渐明显,从而在一定程度上形成了学术合流与政治分野的"二律背反"倾向。这似乎是一种矛盾的现象,然而,究其原因,则与战时复杂而纠葛的政学环境密不可分。

推究战时史学出现的互相借鉴与融合的风气,似由下列数端因素促成。其一,在政治层面上,抗战军兴,学术界所形成的爱国主义、民族主义治学取向,促使政见不同、观点有别的史家,在此问题上形成较为一致的观点。可以说,"在这发扬民族文化的迫切要求之下,我们必须打开沉闷的局面,造成活跃的气象;抛弃空洞的议论,实行深刻的探讨;肃清轻浮的习尚,养成朴实的态度;铲除机械的论断,建立求真的研究,这样,方能对于我们的国家民族真有些实际的效验。"[①]经世当下、发扬民族文化以激励国人,成为战时史学的主旨。与此相应,不同政治色彩与派分的学人在学术的交流理应更为广泛而富有借鉴性。如避居日本的马派史家郭沫若得以回国,即可见当时的政治环境已有松动的迹象。这也为不同派分史家的交流提供了有利的政治环境。其二,在学术层面上,社会史大论战之后,马派史家崛起,并成为史学界不可忽视的力量。经过社会史大论战的洗礼,马克思主义史家开始反思从概念到表述的空疏,转向在史料求真基础之上的义理阐发。与此相较,整理国故运动之后所形成的考据风气,在抗战军兴的背景下,不免遭到诟病。同时,欧风西雨之下的以西学为标向的治史态度,亦出现种种形而上的弊端。学术中国化的呼声日渐显现。仅就史学著述的治史方法、撰写体例、内容取舍等层面而言,史家之间多有融合的迹象。其三,在地理环境层面上。抗战爆发后,原有凭借京沪等地高校的史家,亦纷纷南下。西南的重庆、成都成为学人聚集之地。地理空间上的便利,也为学人间的史学交流提供了某种潜在的可能。

可以说,从纯粹学理性的层面而言,这种不同史学流派间合流的倾向,确实存在。然而,对战时史学的合流倾向不应做过度解读与阐释。在某种程度上,因政治歧异而形成的不同身份,最终导致史家之间的真正交流难以有效而深入地开展。首先,抗战期间,中国史学受诸多因素的影响而发生变革。但是,这一转变并不代表政治派分有别,甚至是对立的史家群体之间,

---

[①] 《编辑后记》,《文史杂志》1941 年第 1 卷第 9 期。

形成了广泛意义上的合流。在不同政治背景的史家群体之间,真正意义上的交流与合作,实则很有限。如有之,也不过是短暂的象征性的昙花一现而已。对此做过多的主观推论,不免与当时史学界的真实场景有所背离。其次,马克思主义史家与非马克思主义史家的治学路径的根基虽多相近,然所据理论方法、史学观念、当下的史学追求多有不同,使得两者的交汇之处甚少。二者的借鉴,也多体现于对具体史实考证的探讨上。最后,自社会史大论战之后,马克思主义史家开始崛起,并成为不可忽视的学术力量。然而,其身份的双重性——既是史家,又是宣传家,最终决定了他们在史学的撰述中,不可避免地出现史论结合、借古讽今的倾向,而其极端者更不免有"以论代史"的嫌疑。故而,战时的马克思主义史家,难以获得顾颉刚、金毓黻、傅斯年等史家的承认与推崇,亦在情理之中了。

第四节　战时中国史学的场景及其可能

学术与世变的关系,是20世纪中国史学难以回避的重要命题。沈刚伯曾言:"世变愈急,则史学变得愈快;世变愈大,则史学变得愈新。这原因是不难推测的。因为人们大都抱着鉴往知来的目的去读历史,一逢世变,便想从历史中探寻世变之由;求之不得,自然不满意于现有的史书,而要求重新写过。"[①]在世变日亟、民族危亡的抗战时期,中国史学应当如何书写、史家群体扮演着怎样的社会角色、史学撰述的环境与学术成绩如何、身处不同地域的史家又面临哪些抉择等,皆是今日学人应重新加以审视的问题。

首先,本书追溯了战前史学发展的"黄金时代",并对史家与政治的分合变化稍作分析。同时,分析了战争之下的史家群体,何以留守与南迁。史家个体在去留问题的权衡上,受到政治迫害、生存压力、家庭束缚多重因素的掣肘,其中有因避免政治迫害、保全名节而南下者;亦有因老、病及家庭拖累,甚而资金短缺,难以成行者。故而,除却爱国主义的驱策外,史家在留守与南下的问题上,实有更为具体而细致的考量。

其次,留守北平的史家群体,面临着更为复杂的政治环境和生存压力。在这一背景下,史家之间的学术交际与撰述空间呈现出灰色调。有相互砥砺志节,进行潜在抵抗者;亦有绝缘于政治纷扰,闭门谢客而潜心著述者;更

---

① 沈刚伯:《史学与世变》,中华文化复兴运动推行委员会主编:《中国史学论文选集》(第二辑),台北,幼狮文化事业公司,1981年,第74页。

有以遗民孤臣自比,茕茕孑立于学界之外者;当然也不乏迫于政治、生存压力,而徘徊于爱国正义与屈节事伪之间者。在这一背景下,陈垣、余嘉锡等史家的撰述倾向,出现了不同程度的转变。具体而言,陈氏所著的《通鉴胡注表微》撰成于战后的1946年,或不应仅以战时著述视之。但陈著的微意所在,除却彰显爱国精神外,亦不乏影射当下的资鉴色彩。辅仁大学的余嘉锡转向小说考证之途;陈垣则走向"寓民族意识于考证文字"之中的有意义之学。燕京大学的洪业与邓之诚等史家,选择了政治与学术的固守,最终不免遭受牢狱之灾。而具有清遗民色彩的某些老派学人,则以北京古学院为依托,日渐活跃于沦陷区的北平城,其暧昧的政治背景,加之追求复古的学术旨趣,使得这段史实多被忽视和遗忘。

再次,南迁的史家群体,多因不同的政治背景、学术旨趣而形成。以刊物《中苏文化》为依托,聚集了大批马克思主义史家,他们虽遭受政治迫害与报刊审查,却仍能撰述不辍。其学术论争影响深远,从而形成了战时不容忽视的学术力量。同时,国民党官方背景的史学编纂,亦因国家正统性塑造的需要而得以开展。如党史编纂委员会、国史馆与中日战事史料征集会等机构的创设与运作,即为此例。本书也以顾颉刚领导的齐鲁大学国学研究所为例,论述了学人群体间的纠葛与学术成绩。

复次,战争的特殊环境促成了史家培养模式的转变。本书以高校文科研究所为例,对北大、清华、辅仁、燕京等高校文科研究所史学部的师资力量、研究生培养模式等问题,加以条分缕析,以求对这一被易于忽视的问题重加定位。文科研究所的创设,使得史学专业研究人才的培养模式,由西洋转向本土,大批本土研究型人才相继产生,从而奠定了现代中国史学发展的基石。

最后,本书对既有从爱国主义与民族主义的视角,诠释战时中国史家的民族观与节操观的分析模式,予以重新审视和反思。这一话语一定程度上屏蔽了史家本身所面临的生存压力、门户之见等诸多问题,使得对战时史学的探讨难以全面深入和有效展开。同时,本书对战时史学合流倾向重加审视,并认为学术整合与政治分野的矛盾,促成了战时中国史学发展的"二律背反"倾向。

可以说,既有对战时中国史学的研究,因各家表述的侧重不同,所勾勒出来的历史场景,亦千差万别。① 抗战时期的史家与史学,与1937年以前

---

① 诸多学人对20世纪中国史学的整体场景,做了各有侧重的回顾和总结。值得注意的是,王学典《"二十世纪中国史学是如何被叙述的——对学术史书写客观性的一种探讨"》(《清华大学学报》2008年第2期),从意识形态立场、门户之见、学术好恶、方法论自恋等侧面,对学术史叙述的分裂现象予以整体论析,并对客观学术史叙述的终极可能,提出了某种展望。

相比,是断裂的、转折的,还是连续的?这一直是本书思考的问题。有些议题,如爱国主义无疑成为主流的叙事;与启蒙相伴而生的实验主义和历史考证学,乃至传统的史学编纂;似乎慢慢地开始由中心转为边缘。这种变动在表面上看,似乎是一个大的转折。其实,在学术的内在发展脉络里,研究方法、撰述方式,乃至论题的选择,都有一个缓慢的内在衍变过程,并非到了1937年就有了大的转折。

如果从地域上来看战时中国史学与史学家的分布,我们就会发现,他们有些集中在政治中心区,如国统区的重庆、成都与昆明及其周边;有些留守在沦陷区的北平、上海等处;也有些奔赴延安红色革命区;更有因逃难散乱在小城市乃至乡野之中。他们或凭依政府研究机构、高校、中小学;或离群索居在偏僻村镇;或租赁陋室于乱世大城;或漂泊港台与海外;呈现出一个既有中心区域又有零散的分布状态。如果从政治派分、人际互动,以及实际的交往社群等层面,则又会有新的划分。但是,我们的研究取向,总是希望能够从这纷乱的头绪里,梳理出某些隐约可见的规律或者是主次来。

本书以地域之下的史家群体作为探讨的出发点,论述史家的撰述环境、学术转变、政治抉择与学术成绩;分析史学机构的运作过程,以及史家群体间的合作与竞争关系;并进而反思在爱国主义、民族主义话语下,史家所面临的爱国、生存等压力问题。以地域视野下的史家群体作为切入点,从史学机构、史家抉择、史学论争等侧面加以论述,以求对抗战时期的中国史学有一个更为合理的认知。

对战时中国史学的把握,何以客观而公允,是一个诚可思之的问题。既有的探讨主要是从爱国主义、民族主义的视角,对当时史家及其著述中所体现的精神予以彰显。借学术以救国,成为当时史家的潜在共识;为挽救民族危亡的现实需要而进行历史撰述,成为重要的书写方式。具体到当时的史家,其"学术的使命,已不单单是皓首穷经,传承文化,它同时意味着中国学者必须在纷乱的时局形势下,承担起以学术的绵力对一个濒临崩塌的民族精神的拯救,承担起对中国文明独立自尊的社会信仰的一种保证和许诺。"[①]在此背景下,爱国主义与民族主义成为抗战时期史学著述与义理阐发的重要方式。

毋庸置疑,抗战时期史家的爱国主义与民族主义情结,是至为浓厚的。因为,"在中国的民族主义,是那些本身就是接触地带产物的知识分子的生产结果,无论他们是在中国的中国人,在国外读书、作研究的中国知识分子

---

① 钱文忠编:《陈寅恪印象》,上海,学林出版社,1997年,第2~3页。

或是海外华人。"①作为社会精英分子的史家群体,成为民族危难之际重塑国家意识、激励民族士气的重要力量。然而,后世史家对此不免做了过分"凸显"的诠释。② 因此,回到当时的学术语境,对此问题进行细致和理性的分析,显得尤为必要。具体而言,史家从事史学撰述具体情形如何?其治学旨趣、政治倾向的转变受到哪些因素的掣肘?对史家的爱国精神与民族情结如何把握而不致偏失?诸多问题,皆有待重新审视。

另外,我们对战时史学的探讨,无论是以爱国与民族主义为视角,还是以学术流派为划分标准,皆是以宏大的历史叙述为主轴,对当时中国史学的整体场景予以建构。在此背景下,对史家因政治环境不同、爱国压力有别、生存环境相异而形成的爱国泛化与压力问题;对史家与社会政治环境的互动,史家个人、社群之间的竞争与合作问题;对不同地域下史家的生存状态、心理状态、政治抉择等问题,加以关注,就显得尤为必要。

再则,既有对民国史家群体的划分,受诸多因素的影响,衡量标准多有别异,少有较为一致性的观瞻。③ 后世学者中,有按照相近的学术观点、史学观念而分者,亦有按史学专业期刊、史学机构而归类者,更有以政治理念、师承渊源来区别者,这不免使得我们对战时中国史学的体认多有困惑之感。

那么,我们对战时史学的整体性论断,能否客观反映当时史学的情形而不致走向偏颇呢?政论性色彩的史学论争与纯粹的学理性探讨之间,可否混为一谈而不加以别择呢?对战时的史学著述,是以当时的评价为依据,还是以后世的建构和追认为标准?诸如此类问题,正是本书论述的重心所在。

---

① 〔美〕阿里夫·德里克:《中国历史与东方主义的问题》,魏格林、施耐德:《中国史学史研讨会:从比较观点出发论文集》,台北,稻香出版社,1999年,第141页。

② 艾尔曼即认识到民族主义书写过分凸显所造成的失真现象:"当今全世界的初级和高等教育历史课本的'国史'里,弥漫的国族主义式的说法,即为一例。举一端而言,历史事件与人物的阐述,和'叙事风格'就十分相似,结果史学家的心态(例如中国的'褒贬'的传统)和疑旨(problematique)很难跟小说家的'设局'和'角色刻画'的技巧有所区分。如果史学家连后现代对史学正中要害的批判都无法接受,那么独立于'国史'之外的历史学的未来发展不免遭受伤害,当代的史学研究难免走上一条漫无方向的政治道路,就像两个世纪以前的经学一样。"〔美〕班雅明·艾尔曼:《中国文化史的新方向:一些有待讨论的意见》,《台湾社会研究》1992年第12期。

③ 例如,许冠三《新史学九十年》一书,即侧重于史家因方法不同而形成的流派之别。王尔敏似乎对这种以"史学流派"为划分标准的书写模式,多有不满。他认为"周予同总结新史学50年,把其内涵分出各样流派,著名流派分别为疑古派、信古派、释古派、考古派,又分出考据派与义理派。10年前许冠三又出书《新史学九十年》。他也大肆分别流派"。又言"我对于20世纪30年代史界学人抓紧科学二字的张皇欺诳,夸诞轻躁,深自表达疏远,不与同流"。(参见王尔敏《20世纪非主流史学与史家》,桂林广西师范大学出版社,2007年,第4~5、2页)王氏对许冠三的评骘,或是一种"非主流"的心态,也未可知。

窃以为,民国史学诠释的歧异现象或与如下因素有关:

首先,学人对民国史学层累勾勒。以今日观之,这种对战时中国学术的重构与塑造,不免出现"层累地造成的中国近现代学术史"之势。这种"层累"或可由如下方面造成:(1)追慕先贤的情结。今日学术界对前辈之业绩有望之弥高、唯有浩叹之感。在此背景下,追溯先辈学术"旗帜",成为寄托志向的一种手段,在对先辈学人的描述上多正面塑造而少反面借鉴。(2)为师者讳、为尊者讳的史学传统。后世出版的纪念性文集、回忆录,多彰显先辈学人的丰功伟绩,而少言及其缺陷与不足,如有之,亦多委婉其词。许多亲历者的回忆与追溯,亦多有隐晦。(3)史家因史学观念、政治理念、学术侧重、师友群体各不相同,对民国史学场景的勾勒多有别异。在对民国学术予以总结时,学人多从自身的学术视野出发,以今日观念来审视民国的史学场景。

其次,后世正统性话语塑造。对民国思想史、学术史、史学史的探讨以1937年为重要的分水岭。"七七事变"之后的史学研究,受到了更为复杂的限制:(1)学术与政治的矛盾更加明显,学人与党派的合作、纠葛、冲突日渐凸显。(2)学术著作的撰写,因著者个人体验不同、政治倾向性有别,对战时史学的勾勒则多有别异。(3)党派分野之下的史学著述,亦因政治气候的变动,而呈现出不断变化的学术景象。诸多史家在描述这一时期的史学版图时,因所处立场、利益派别的不同,而自我构建出不同的历史场景。其中,一个重要的争执即是何为主流、何为正统的问题。有学者即言:"抗战胜利,代表了国家真正一统,近代中国的诞生,民族主义的满足,故而所有参与抗战的党派自然也都必须强夺胜利的荣誉和功劳,对统治者而言,抗战胜利的功劳,是统治合法的基础,争取胜利的果实,而掌握统治权,就是掌握历史的解释权,从而又可以回过来巩固和强化统治的地位。"[①]政治本身所驾驭的学术力量,或不免因政权之更迭而呈现出"成王败寇"的史学勾勒。在后世的描述中,有意无意间片面化、曲解了当时学术的真实场景。这一误读与后世史家所处的时代环境、自身所使用的话语方式、史家的世界观和方法论密切相关。

最后,史家自身视野局限。后世学人受自身学术视野、政治观念等因素的掣肘,对史学著作的撰述过程、史家的思想转变及政治观念等问题进行解释时,不免会得出表象合理、实则似是而非的结论。而且,这一偏颇多被宏

---

① 杨开煌:《国共官方解释"抗战史"之心态对比》,《纪念抗日战争胜利五十周年学术讨论会论文集》,香港,香港珠海书院亚洲研究中心,1996年,第77~78页。

大的历史叙事,以及爱国主义、民族主义的话语所遮蔽、所掩盖。

  概言之,对战时史家群体的研究,不应以后来者的姿态妄作褒贬,或进行过于范式化的解读和推演,而更应以当时的学术语境、亲历者的书写和时人的相互评价,作为衡量与分析的基点。唯有如此,方可对战时的史学场景有一个更为本真的了解。

主要参考文献

〔美〕阿里夫·德里克:《革命与历史:中国马克思主义历史学的起源 1919~1937》,翁贺凯译,南京,江苏人民出版社,2005 年。
〔法〕阿隆著:《历史讲演录》,张琳敏译,上海,上海译文出版社,2016 年。
卞惠僧:《陈寅恪先生年谱长编(初稿)》,北京,中华书局,2010 年。
柴德赓:《史学丛考》,北京,中华书局,1982 年。
《陈君葆日记全集》,香港,商务印书馆(香港)有限公司,2004 年。
陈平原:《中国现代学术之建立:以章太炎、胡适之为中心》,北京,北京大学出版社,1998 年。
陈其泰:《20 世纪中国历史考证学研究》,北京,北京师范大学出版社,2004 年。
陈以爱:《中国现代学术研究机构的兴起:以北大研究所国学门为中心的探讨》,南昌,江西教育出版社,2002 年。
《陈寅恪集》(书信集),北京,生活·读书·新知三联书店,2009 年。
〔美〕陈毓贤:《洪业传》,北京,北京大学出版社,1996 年。
《陈垣全集》,合肥,安徽大学出版社,2009 年。
《邓广铭全集》,石家庄,河北教育出版社,2005 年。
《邓之诚日记》,北京,北京图书馆出版社,2007 年。
董毅:《北平日记》,北京,人民出版社,2009 年。
〔美〕杜赞奇:《从民族国家拯救历史:民族主义话语与中国现代史研究》,王宪明等译,北京,社会科学文献出版社,2003 年。
杜正胜编:《新学术之路:"中央研究院"历史语言研究所七十周年纪念文集》,台北,"中央研究院"历史语言研究所,1998 年。
封越健、孙卫国编:《郑天挺先生学行录》,北京,中华书局,2009 年。
《傅斯年全集》,台北,联经出版事业股份有限公司,1980 年。
《傅斯年信札》,台北,"中央研究院"历史语言研究所,2011 年。
高增德、丁东编:《世纪学人自述》,北京,北京十月文艺出版社,2000 年。
葛剑雄:《悠悠长水——谭其骧传》,上海,华东师范大学出版社,1997 年。
《顾颉刚读书笔记》,台北,联经出版事业公司,1990 年。
《顾颉刚日记》,台北,联经出版事业公司,2007 年。
《顾随全集》,石家庄,河北教育出版社,2014 年。
郭沫若:《青铜时代》,上海,群益出版社,1946 年。
郭沫若:《十批判书》,上海,群益出版社,1947 年。

洪业:《引得说》,北平,燕京大学图书馆影印,1932年。
侯外庐:《韧的追求》,北京,生活·读书·新知三联书店,1985年。
侯外庐:《中国古代思想学说史》,上海,文风书局,1946年。
《胡适书信集》,北京,北京大学出版社,1996年。
〔日〕吉川幸次郎:《我的留学日记》,钱婉约译,北京,中华书局,2008年。
《翦伯赞全集》,石家庄,河北教育出版社,2008年。
《晋阳学刊》编辑部编:《中国现代社会科学家传略》(1~10),太原,山西人民出版社,
　　1982~1987年。
金毓黻:《静晤室日记》,沈阳,辽沈书社,1993年。
《李方桂先生口述史》,王启龙、邓小咏译,北京,清华大学出版社,2003年。
《林一厂日记》,北京,中华书局,2012年。
《刘节日记》,郑州,大象出版社,2009年。
《潘光旦日记》,北京,群言出版社,2014年。
《启功全集》,北京,北京师范大学出版社,2009年。
《钱宾四先生全集》,台湾,联经出版事业公司,1998年。
《钱玄同日记》,北京,北京大学出版社,2014年。
〔日〕桥川时雄:《中国文化界人物总鉴》,京都,株式会社名著普及会,1940年。
《容庚杂著集》,上海,中西书局,2014年。
桑兵:《治学的门径与取法——晚清民国研究的史料与史学》,北京,社会科学文献出版
　　社,2014年。
《沈从文全集》(第十八卷),太原,北岳文艺出版社,2002年。
孙本文等编:《中国战时学术》,上海,正中书局,1946年。
王汎森:《近代中国的史家与史学》,上海,复旦大学出版社,2010年。
王学典、陈峰编:《二十世纪中国史学史论》,北京,北京大学出版社,2010年。
王学典:《新史学与新汉学:20世纪中国史学评论续编》,上海,上海古籍出版社,2013年。
吴惠龄、李壑编:《北京高等教育史料》(第一集),北京,北京师范大学出版社,1992年。
《吴宓日记》(第六册),北京,生活·读书·新知三联书店,1998年。
夏承焘:《天风阁学词日记》,杭州,浙江古籍出版社,1992年。
《夏鼐日记》,上海,华东师范大学出版社,2011年。
《谢国桢全集》,北京,北京出版社,2013年。
余嘉锡:《余嘉锡文史论集》,长沙,岳麓书社,1997年。
《郑天挺西南联大日记》,北京,中华书局2018年。
周明之:《胡适与中国现代知识分子的选择》,雷颐译,桂林,广西师范大学出版社,
　　2005年。
《周作人散文全集》,桂林,广西师范大学出版社,2009年。
左玉河:《中国近代学术体制之创建》,成都,四川人民出版社,2008年。

后　记

本书的初稿是我 2008～2011 年在南开大学求学时的博士学位论文。毕业之后，因学术兴趣的转移，曾一度搁置对书稿的进一步完善。2017 年，研究课题获得国家社科基金后期资助立项后，重新将书稿拾起，进行了修订和增删。

毕业至今，一晃十年，回溯往昔的求学之路，颇为值得庆幸，师长惠我者多，朋辈助我者亦多。

博士求学期间，业师姜胜利教授，性格宽和平易、学识谨严博通。对我早期论文选题的一变再变，老师不以为忤，反而鼓励多做探求。所谓传道受业，非仅为学术一途，也涵括品行与识见的潜移默化。老师惠我深且远者，或多在于后者。

教研室其他师长，亦惠我良多。乔治忠教授睿智幽默，学识渊博通达，为我辈感佩。孙卫国教授谦谦君子，我曾担任其助教一学期，多次请教，受益颇多，至今难忘。论文撰写期间，亦得朱洪斌老师鼓励，甚为可感。此外，至为感谢博士学位论文答辩时，瞿林东、陈其泰、赵伯雄等教授的谆谆教导；感谢学院刘泽华、常建华等教授的指点迷津。

在武汉大学求学期间，我所学方向为明清史，导师是周荣老师。我是他指导的第一个硕士研究生，师生之间多以朋友相待，其乐融融。学院的张建民、陈锋、谢贵安、杨华、杨国安、任放等教授，亦多有教导，让我初窥学术堂奥。

工作之后，颇得宁波大学诸位师友的提携与帮助，使我读书治学有一个较为温馨的小环境。访学期间，香港浸会大学的李金强教授帮助颇多，至今难忘。此外，香港浸会大学的周佳荣教授、美国加州州立大学的李斐亚（Sophia Lee）女士、中国人民大学张永江教授、台湾"中央研究院"近代史所潘光哲研究员，亦为我论文的撰写提供了诸多便利。

另外，同辈好友在学业与生活上，对我多有襄助。谨此感谢时培磊、高希中、张光华、胡现岭、童杰、李春利、杜维鹏、曹新群、武波、李曰强、赵树国、王学斌、杨大远、曾磊、范矿生、张笑龙等，恕不一一列举。

当然，在此书的撰写过程中，中国国家图书馆、中国第二历史档案馆、台湾"国史馆"、北京市档案馆、上海市档案馆、南开大学图书馆、武汉大学图书馆、香港中文大学图书馆等机构，提供了资料查阅的便利。这种辗转各地获取资料的日子，是最难以忘却的美好时光。

最后，感谢所有亲人的无私帮助与时时鼓励，让我在读书与工作中无惧困难，奋勇前行。

郑善庆
二〇二一年十二月十二日于姚江畔家中